质量管理

主编　胡铭　　副主编　金文莉

WUHAN UNIVERSITY PRESS
武汉大学出版社

图书在版编目(CIP)数据

质量管理/胡铭主编.—武汉:武汉大学出版社,2023.8
ISBN 978-7-307-23880-0

Ⅰ.质… Ⅱ.胡… Ⅲ.质量管理 Ⅳ.F273.2

中国国家版本馆 CIP 数据核字(2023)第 143343 号

责任编辑:陈 红　　责任校对:汪欣怡　　版式设计:马 佳

出版发行:**武汉大学出版社**　(430072 武昌 珞珈山)
(电子邮箱:cbs22@ whu.edu.cn 网址:www.wdp.com.cn)
印刷:湖北恒泰印务有限公司
开本:787×1092 1/16　印张:22.5　字数:534 千字　插页:1
版次:2023 年 8 月第 1 版　2023 年 8 月第 1 次印刷
ISBN 978-7-307-23880-0　定价:69.00 元

前　言

越来越多的人认识到，质量是企业竞争力和国家竞争力的核心，是组织在全球化的竞争市场上取得成功的最重要的因素之一，也是人民安居乐业和享受美好生活的重要保障。搞好质量管理正在日益成为各类组织实现持续发展、构筑千秋基业的必由之路。时至今日，质量管理的内容已经十分丰富了。从质量管理发展的历程来看，它包括质量检验、统计质量管理、现代质量管理三个阶段。特别是现代质量管理阶段，全面质量管理的理念已被世界各国所接受，全面质量管理正从工业企业逐步推广到交通运输、邮电、商业、金融、卫生、教育等企事业。随着国际贸易的发展，国际标准化组织(ISO)在总结各国全面质量管理经验的基础上，制定了ISO9000系列标准，形成了"ISO9000热潮"，贯彻ISO9000系列标准成为质量管理的重要内容。摩托罗拉公司提出的六西格玛(6σ)战略代表了质量管理的一种新思维，也就是说，如何通过新的理念来激发人的意识和组织的潜能。当前，六西格玛战略已呈现出普及蔓延之势，因为它代表了质量管理中不断改进的方向。同时，随着信息技术的发展，以及由此而提出的大数据的挑战，人们解决质量问题的方法、手段必然会更为完善和丰富，出现了诸如试验设计与田口方法、可靠性工程、质量成本分析、精益管理与六西格玛方法、供应链质量管理以及基于深度学习、定制化生产模式下智能制造过程的在线质量监控与诊断等。

为了全面反映上述质量管理的内容，我们使用质量专家朱兰提出的三部曲，用包含质量计划、质量控制和质量改进的质量三元论的思想来描述质量管理。根据朱兰的观点，为建立有能力满足质量标准的工作程序，质量计划是必要的。为了掌握何时采取必要措施纠正质量问题就必须实施质量控制。质量改进有助于发现更好的管理工作方式。管理就是不断改进工作，这也是质量专家戴明提出的PDCA循环的一个核心。本书具体设计如下：第一章质量管理概述是质量管理的导论，从不同角度认识质量和质量管理，解读质量管理专家的相关思想、理论；第二章国际质量标准认证与全球质量奖、第三章质量管理体系的建立与运行这两章介绍两种质量管理评估与评价的方式方法；第四章质量设计与创新、第五章可靠性工程基础、第六章试验设计与田口方法这三章阐述朱兰三部曲中的质量计划；第七章质量控制与卓越绩效、第八章质量管理统计方法这两章介绍朱兰三部曲中的质量控制；第九章质量改进与持续创新、第十章精益与六西格玛管理这两章叙述朱兰三部曲中的质量改进。

本书比较全面、系统地阐述了质量管理的理论及其相关技术和方法，并通过案例来进行融会贯通，以使读者能学以致用。本版具有以下几个特点：第一，对质量管理中的常用统计方法进行了全面阐述，增强具体方法的应用，系统地介绍了质量改进的新、老七种工具和技术，使定性方法与定量方法相结合，强调从系统全面的观点看待质量和质量管理问题，具有集成性和系统性；第二，引入供应链质量管理、六西格玛管理等内容，吸取田口设计等目前理论界和企业界研究和关注的热点，使本书内容现代化，并基于企业的不同实际情况，建立持续改进的机制和方法；第三，将质量管理与质量经济分析相结合，特别是增强了关于质量成本的研究，并且理论阐述与案例相得益彰。

由于本书的特色在于质量管理理论与工具方法的系统性，因此，它非常适用于作为高等院校经济与管理类专业质量管理课程的教材，也可以作为各种组织质量管理培训的教材，还可以作为质量管理工作者的自学用书。

本书得到中南财经政法大学教务部本科教材立项的资助，全书由中南财经政法大学胡铭教授担任主编，武汉学院副教授金文莉担任副主编。教材编写工作的分工大致如下：全书由胡铭设计框架结构并统撰，其中，第1~5章由胡铭负责编写，第6~10章由金文莉负责编写。书中疏漏、错误之处敬请广大读者不吝指正。

最后，衷心感谢武汉大学出版社的编辑为本书的出版所做的辛勤工作！

胡铭　金文莉

2023年6月

于武汉南湖

目　录

第一章 质量管理概述

本章是质量管理的导论，共分六节。第一节介绍提高产品质量的意义和从不同角度认识质量；第二节叙述质量管理经历的三个阶段及其特点；第三节解读质量管理专家的相关思想、理论及质量管理的基础知识；第四节阐述全面质量管理的特征及其基本要求；第五节介绍质量成本的分类及其计算；第六节分析开展质量管理的一些基础工作，主要包括标准化、计量、质量信息、质量责任制和质量教育工作。

第一节 质量的意义与认知

一、提高产品质量的意义

著名质量管理专家朱兰博士在其著作《质量控制手册》中提出了“质量大堤”的概念，他指出：当今人类“生活在质量大堤的保护下”，“在质量控制的防护堤后面，不仅有个人，而且还有国家及其经济”。一个国家的防务和声望在某种程度上是用其武器装备的质量和可靠性来衡量的，人们的日常安全和健康依赖于产品的质量，企业生产的产品的竞争力在很大程度上取决于产品的质量和可靠性，因此，提供产品的企业在产品质量方面承担了重大责任。具体地，我们可以从消费者、企业和国家三个方面说明提高产品质量的意义。

(一)提高产品质量有利于保护消费者权益

由于新技术的不断涌现，消费者对新产品的质量会提出更多、更新、更严的要求，尤其是在买方市场的条件下，消费者对产品质量的要求会更加挑剔。为了维护消费者的合法权益，规范市场经济秩序，《反不正当竞争法》《产品质量法》《消费者权益保护法》等法律法规相继颁布，为维护消费者权益提供了法律保障。改革开放以来，我国产品质量有了较大幅度的提高。但是，总体质量水平与经济发达国家相比仍有一定差距。据中国消费者协会有关调查资料统计，全国每年受理消费者投诉信件中，对产品质量问题的投诉占投诉总量的大部分，成为危害消费者权益的主要原因。产品质量直接关系到消费者的利益，质量低劣不仅给消费者带来经济上的损失和精神上的烦恼，有时还会威胁到消费者的健康和安全。因此，如何保证和提高产品质量，满足广大消费者日益增长和多样化的需要，已是当前保障消费者合法权益的紧迫问题。

(二)提高产品质量有利于提升企业核心竞争力

产品是企业竞争力的载体。由于买方市场的形成和消费观念的变化，产品质量作为企业竞争力的关键因素正日益受到广泛的认同，质量已成为竞争成败的关键因素。事实上，高质量的产品更具有合理的成本和富有竞争性的价格。离开了质量改进而单纯地降低成本并不能真正持久地提高产品的市场竞争力。相反，持续的质量改进将会导致相对成本的合理下降。事实证明，高质量的产品在竞争中总能处于有利的地位。

提升企业竞争力的途径很多，但是，不论通过何种途径，都必须以产品的质量优势为基础。没有质量优势，其他一切手段都软弱无力，只能得益于一时，而不可能取得长期竞争优势。相反，如果企业产品在品种上新颖，质量上过硬，深受消费者喜爱，销售量上升，则增加产量不仅是可行的，也是必然的。同时，由于市场份额的扩大，适当的提价非但不会影响销售，反而有助于拉开和一般产品的档次，突出其市场地位，有利于形成其名牌地位。至于成本，随着质量持续改善，不良品率的降低，生产规模的扩大，以及企业内部各项管理工作的进步，成本的合理降低也是必然之事。所以，质量是提升企业竞争力的基础，提升企业竞争力的巨大潜力蕴藏在产品质量之中。在当今消费品市场普遍缺乏热点的情况下，名优产品、高质量产品仍是人们选购的主要目标，而低质产品或质量不能使人放心的产品即使价格便宜也少人问津。从顾客的角度看，质量好、功能强、可靠性高、寿命长的产品能为自己带来更多的实惠和好处。所以，企业必须不懈地追求品种创新和质量改进来满足消费者不断增长的消费需求，在激烈多变的市场竞争中求生存、求发展。只有让消费者满意，产品才能被消费者接受，企业才可能取得自己的收益。

从产品质量的形成来看，质量和产品的开发设计过程、制造过程、销售和使用过程都有关，因此，涉及企业的方方面面，是企业经营管理活动的综合结果。为了提高质量，需要从企业经营管理的所有方面进行持续的改进，并通过质量体系将影响质量的所有要素有机组织起来。因此，通过质量管理，能有效地促进企业的生产与运作管理、人力资源管理、财务管理、物资管理、设备管理等各方面管理工作的改进，从而提高企业经营管理的总体水平。

(三)提高产品质量有利于增强国家经济实力

随着经济活动国际化趋势的增强，国际市场对各国经济发展的促进作用和重要性明显提高。不参加国际竞争就有可能被排斥在世界经济体系之外，这导致各国市场日益对外开放。我国实行对外开放顺应了世界潮流，这给我国经济发展带来了机会和挑战。当前，世界经济的发展正经历着由数量型增长向质量型增长的转变，市场竞争已由价格竞争为主转向以质量竞争为主，质量代表了一个国家的科学技术水平、管理水平和文化水平。一个国家的经济增长，很大程度上取决于其产品在国际市场上的占有量，我国必须提高产品质量，才能在国际市场的竞争中处于主动地位，才能最终保持经济增长的速度和水平。因此，质量战略已成为我国振兴经济的一种必然选择。

当今，科学技术和生产力的不断发展，使得国际市场的竞争日益激烈。质量管理界已流行“世界级质量”之说。所谓“世界级质量”也就是世界最高水准的质量。任何国家的产品，如果达不到世界级质量的水准，就难以在国际市场的竞争中取胜。参加国际贸易组织的国家，在无法采用关税壁垒等保护方式的情况下，甚至难以在国内站稳脚跟。正如质量管理专家哈林顿(H. J. Harrington)所说，这不是一场使用枪炮的战争，而是一场商业战争，战争中的主要武器就是产品质量。因此，21 世纪是质量的世纪，质量是人类社会发展的永恒主题。

二、质量的定义

人们就质量问题经常发生争执。“高质量花费更高还是花费更低?”大家常常各执己见。一些人认为花费会更高，另一些人则认为花费会更低。问题的症结在于“质量”这个词，同样的读音，同样的字形，却有着多重含义。为了有效地加以管理，就必须从顾客的角度对“质量”这个词的定义达成共识。

《朱兰质量手册：通向卓越绩效的全面指南》(以下简称《朱兰质量手册》第 6 版)一书提出，本书第 3 版最早给出了一个具有普遍性的定义，“质量”就意味着“适用性”。戴明博士使用了“符合要求”这一提法。摩托罗拉公司的荣誉主席罗伯特·高尔文用“六西格玛”来描述与缺陷相关的高质量水准。有些则主张质量意味着世界级、同业之最，卓越绩效则是现在的提法。

这些定义大多不太适用于服务性组织。为了找到一个广泛性的、适用于任何场景的术语，《朱兰质量手册》第 6 版对以前的定义进行了修正。几十年来《朱兰质量手册》一直主张质量意味着适用性(fitness for use)。这里的用途是由购买、使用产品和服务或受到产品、服务影响的顾客所规定的。如果企业理解顾客的需要，它就应该能够设计出适用的产品和服务。可是，由于越来越多的服务性行业在应用质量管理的方法，此前的质量定义就变得不够充分了。

因此《朱兰质量手册》第 6 版构造了一个新的定义。质量意味着适目的性(fitness for purpose)。无论企业生产产品还是提供服务，它都必须适合其目的。为了适合目的，任何产品和服务都必须具备能够满足顾客需要的正确特征，并且以最少的失效来加以提供，必须能够真正满足顾客的要求，并取得优异的业务绩效。

“质量”这一词语所包含的众多含义中的两个方面对于质量管理而言是极为重要的。第一是满足顾客需要的产品特征，更高的质量使企业能够：提升顾客满意度，使产品畅销，应对竞争要求，增加市场份额，提高销售收入，卖出较高价格，降低风险，这将主要影响销售收入，从这个角度看，质量越高费用越高。第二是免于不良，更高的质量使企业能够：降低差错率，减少返工和浪费，减少现场失效和保修费用，减少顾客不满，减少检验和试验，缩短新产品面市时间，提高产量和产能，改进交货绩效，这将主要影响成本，从这个角度看，质量越高费用越低。因此，质量对收入和成本两方面都有影响。

首先，质量对收入产生影响。“收入”是指总收入，它可以来自销售收入、预算拨款、学费、政府基金等。在这种情况下，“质量高”意味着为顾客提供的产品或服务的特征能满足他们的需要。这些特征使产品或服务更加畅销。顾客追求并购买更高质量的产品，从而为厂商带来了收入。质量领先者能够卖出更高的价格并获得更多的收入，这几乎已成为定论。

其次，质量对于成本具有巨大的影响。“成本”指组织为了满足顾客需要所花费的货币总量。从质量的角度来说，成本包括为了设计和提供高质量的产品和服务所造成的花费，以及由于低质量而产生的成本或损失。在这种情况下，质量意味着没有办公室差错、工厂缺陷、现场不良等方面的问题。“高质量”意味着更少的差错、缺陷和不良。顾客感知到的产品或服务的质量低，通常都属于不良、缺陷、差劲的响应时间等。要提高这种类型的质量，组织就必须掌握普遍的质量改进方法论。这种方法论常被称为“突破”或“六西格玛”，它是一种系统地用于减少这类不良数目或降低“劣质质量成本”的方法论，应用这类方法可以实现更高的质量水平和更低的成本。

质量对于成本的影响和对于收入的影响存在着交互作用。具有缺陷的产品和服务不仅增加了供应商和顾客的成本，还会影响其再次购买。吃了产品缺陷苦头的顾客当然不愿再次从同一个供应商处购买。他们也不会对这类信息保密，会广而告之，这会影响到其他潜在购买者的决策，从而对供应商的销售收入产生负面影响。

三、从不同角度认识质量

对“质量”的定义尚未达成共识，人们根据个人在企业所扮演的不同角色来认识“质量”，质量的含义也随着质量的发展和成熟而在不断地演变。

（一）产品质量维度

《质量管理：集成的方法》（第 2 版），介绍了不同的质量定义或质量维度，其中哈佛商学院的戴维·加文汇集出一个最著名的质量维度。加文发现大部分的质量定义如下：

难以形容的：质量是一种直觉的感知，只可意会不可言传，如同美丽或爱。

基于产品的：质量存在于产品的零部件及特性之中。

基于用户的：顾客满意的产品具有好的质量。

基于制造的：符合设计规格的产品具有好的质量。

基于价值的：物超所值的产品具有好的质量。

利用上述 5 种质量定义，加文提出了 8 个质量维度，这些维度描述了产品质量，需要注意的是，质量的不同维度并非相互排斥。

第一个维度是产品性能。性能是指产品达到预期目标的效率，如汽车的燃料效率。一般而言，好的性能与好的质量是同义语。

第二个维度是特征。特征是指用来增加产品基本性能的产品属性，是蕴涵在产品之中的许多“新花样”。

第三个维度是可靠性。可靠性是指产品在设计的使用寿命期内，一致地完成规定功能的能力。如果一个产品在其设计的使用寿命期内故障率很低，则该产品具有相当高的可靠度。

第四个维度是符合性。符合性是设计产品时将产品的性能量化，如容量、速度、大小、耐久性等，是一种传统的质量定义。这些量化的产品维度被称为规格，规格可容许少量的变动，即容差。产品质量符合性定义的优点在于方便量化。然而，很难对服务的符合性作出量化的规定。

第五个维度是耐久性。耐久性是指产品能忍受压力或撞击而不会出现故障的程度。如电灯泡便是一种不太耐用的产品，非常容易受损且无法修复。

第六个维度是可服务性。可服务性是指产品易于修复。如果一个产品可以很容易地修复且很便宜，则该产品具有很好的可服务性。如果维修服务是快速的、有礼貌的、易于获得的且有能力的，则该产品一般可视为具有良好的可服务性。

第七个维度是美感。美感是指一种主观感觉特征，如味觉、触觉、听觉、视觉及嗅觉，是以产品属性满足顾客偏好的程度来测量其质量的。例如一般认为真皮内饰的汽车比较具有美感。

第八个维度是感知质量。顾客以他们感知的好坏来评价产品与服务，这就是感知质量。大学篮球队的票选排名就是一个感知质量的最佳例子。在许多情况下，排名是基于过去的输赢记录、球队知名度、学校传统及其他因素。同样，品牌形象、品牌知名度、广告数量与口碑这样的影响因素也会影响顾客的感知质量。

(二)服务质量维度

服务质量比产品质量更难定义。虽然服务和产品有许多共同的特性，但是由于顾客的大量参与，服务具有更多样的质量特性。

三位来自得州 A&M 大学的市场营销教授帕拉苏拉曼、蔡特哈梅尔和贝里提出了著名的服务质量维度列表用来测量服务质量性能。

第一，有形性。有形性包括服务设施、设备、人员和沟通材料的外表。例如，一家旅馆的寝室用品泛黄，必将得到比较低的质量评分。发廊需要营造环境的灯光氛围，要求发型设计师穿着优雅，因为顾客会认为穿着优雅的设计师能提供好的发型设计。

第二，服务可靠性。服务可靠性不同于产品可靠性，原因在于它涉及服务提供者可靠地、准确地履行服务承诺的能力。例如，公司可能会仅依据名声来招聘顾问。如果该顾问能提供顾客所需要的服务，顾客将会很满意，并付给顾问费。

第三，响应性。响应性是指服务提供者帮助顾客并迅速提供服务的意愿。例如，当你打电话给银行寻求服务时，他们多久才会响应？你的问题很快得到处理了吗？或者你必须为听长时间的“等待音乐”而支付电话费吗？服务人员总是在三声铃声前就响应，而不必转接他人服务吗？

第四，保证性。保证性是指员工所具有的知识、礼节以及表达出自信与值得信任的能力。如果要动心脏手术，你必定想要一位有能力的而不是健忘又没有条理的医生来主刀。

第五，移情性。顾客渴望服务公司给予个性化的关怀。如果一家餐厅的员工始终只注重效率，那么他们将无法让顾客感觉其需求的重要性，进而影响服务质量及顾客再度光临的意愿。

值得注意的是，服务设计应努力使这些不同的服务维度同时得到处理，对服务公司来说，如果响应性和服务可靠性不足的话，那么只提供移情性也是不够的。

要想全面理解质量在一个企业的不同部门中所起的作用，就必须认真理解关于质量的各种观点。由于不同职能部门的人说着不同的“语言”，为了提供能够满足顾客需要的产品，在企业内外部的不同节点上，就需要有不同的质量视角。因此，多重质量维度就是一个沟通问题。如果企业中的不同部门对质量的理解各异，企业的战略计划将无法保持一致。若能了解不同的质量定义和维度，则能采取办法为沟通和计划提供一个良好的基础，各个部门可通过分享共同的质量定义而朝共同的目标迈进。此外，了解顾客想要的多重质量维度可促使产品与服务设计的改进。

第二节　质量管理的发展历程

质量管理的产生和发展过程走过了漫长的道路，可以说是源远流长。人类历史上自有商品生产以来，就开始了以商品的成品检验为主的质量管理方法。根据历史文献记载，我国早在2400多年以前，就有了青铜制刀枪武器的质量检验制度。随着社会生产力的发展，科学技术和社会文明的进步，质量的含义也不断丰富和扩展，从开始的实物产品质量发展为产品或服务满足规定和潜在需要的特征和特性之总和，再发展到今天的实体，即可以单独描述和研究的事物(如某项活动或过程，某个产品，某个组织、体系或人及其任何组合)的质量。来源于传统手工业的质量检验管理引入了数理统计方法和其他工具之后，就进入了“统计质量管理”阶段；后来质量管理与系统工程结合又迈进了“现代质量管理”阶段；进而逐步完善并从管理科学体系中脱颖而出，派生成“质量管理工程”。

按照质量管理所依据的手段和方式，我们可以将质量管理发展历程大致划分为以下三个阶段。

一、质量检验阶段

质量检验阶段从18世纪中叶欧洲工业革命开始，直到20世纪30年代第二次世界大战爆发前，是质量管理形成和发展的积累和准备阶段。当时，人们对质量管理的理解还只限于质量的检验，检验工作是质量管理活动的主要内容。其主要特点是严格把关，对已完成了的全部产品进行事后的、百分之百的检验。而由谁来执行检验这一职能则有一个变化过程：初期的检验由工人自己进行，工人依靠自己的手艺和经验把关，故有人称为“操作者的质量管理”。

其后，美国出现了以泰勒(F. W. Taylor)为代表的“科学管理运动”，“科学管理”提出了在人员中进行科学分工的要求，并将计划职能与执行职能分开，质量管理的责任就由操作者转移到了工长，其专门监督、检查对计划、设计、产品标准等项目的贯彻执行。这就是说，计划设计、生产操作、检查监督各有专人负责，从而产生了一支专职检查队伍，构成了一个专职的检查部门，这样，质量检验机构就被独立出来了，有人称为“工长的质量管理”。

后来，由于公司规模的扩大，这一职能又由工长转移到专职检验人员，由专职检验部门实施质量检验，有人称为“检验员的质量管理”。

质量检验是在成品中挑出废品，以保证出厂产品质量，这确实可以保证产品质量。但这种事后检验把关，无法在生产过程中起到预防、控制的作用，废品已成事实，很难补救；且百分之百的检验，增加检验费用，随着生产规模进一步扩大，在大批量生产的情况下，这样做在经济上是不合理的；而且缺乏系统的观念，责任不明，一旦出现质量问题容易扯皮，推诿责任。

二、统计质量管理阶段

统计质量管理阶段始于第二次世界大战期间，但在战后才得以广泛应用和传播。其主要特点是应用数理统计原理和抽样技术对生产过程进行控制，以预防不良质量产品的出现，即进行事前的、预防性的生产过程控制。

早在20世纪20年代前后，一些著名统计学家和质量管理专家就注意到事后质量检验的弱点，尝试运用数理统计学的原理来解决这一问题。例如，美国的质量管理专家休哈特(W. A. Shewhart)提出了控制和预防缺陷的概念，并发明了控制图，把数理统计方法引入质量管理中。他认为质量管理不仅要搞事后检验，而且在发现有废品产生的先兆时就进行分析改进，从而预防废品的产生。控制图就是运用数理统计原理进行这种预防的工具。因此，控制图的出现，是质量管理从单纯事后检验转入检验加预防的标志。1931年，休哈特出版了第一本质量管理科学的专著《工业产品质量经济控制》。同时美国人道奇(H. F. Dodge)和罗米格(H. G. Romig)提出的抽样检查法，是其间的另一个重要贡献，它既能保证一定的质量要求，又能大大地减少检验工作量。

然而，休哈特等人的创见，只有少数美国企业开始采用。第二次世界大战开始以后，统计质量管理才得到了广泛应用。这是由于战争的需要，美国军工生产急剧发展，尽管大量增加了检验人员，但是产品积压待检的情况还是十分严重，结果不仅废品损失惊人，而且在战场上经常发生武器弹药的质量事故，比如炮弹炸膛事件等，对士气产生极坏的影响。在这种情况下，美国军政部门随即组织一批专家和工程技术人员，于1941—1942年间先后制定并公布了Z1. 1《质量管理指南》、Z1. 2《数据分析用控制图》、Z1. 3《生产过程中质量管理控制图法》，强制生产武器弹药的厂商推行，并收到了显著效果。从此，统计质量管理的方法才得到很多厂商的应用，统计质量管理的效果也得到了广泛的承认。

第二次世界大战结束后，美国许多企业扩大了生产规模，除原来生产军火的工厂继续推行统计质量管理的方法以外，许多民用企业也纷纷采用这一方法，美国以外的许多国家，如加拿大、法国、德国、意大利、墨西哥、日本也都陆续推行了统计质量管理，并取得了成效。

但是，统计质量管理也存在着缺陷，它过分强调质量控制的统计方法，使人们误认为“质量管理就是统计方法”“质量管理是统计专家的事”，使多数人感到高不可攀、望而生畏。同时，它对质量的控制和管理只局限于制造和检验部门，忽视了其他部门的工作对质量的影响，这样，就不能充分发挥各个部门和广大员工的积极性，从而在一定程度上制约了质量管理统计方法的普及和推广。

三、现代质量管理阶段

20世纪60年代以来，社会生产力迅速发展，科学技术日新月异，质量管理上也出现了很多新情况，其表现为：

人们对产品质量的要求越来越高。过去，对产品的要求一般注重于产品的使用性能，现在又增加了耐用性、美观性、安全性、可靠性、可信性、经济性等要求。

在生产技术和质量管理活动中广泛应用系统分析的概念。它要求用系统的观点分析研究质量问题，把质量管理看成是企业管理系统，甚至是整个社会系统中的一个子系统。

管理理论又有了一些新发展。其中突出的一点就是重视人的因素，以人为本，职工参与管理，强调要依靠广大职工搞好质量管理。

“保护消费者权益”运动的兴起。20世纪60年代初，许多国家的消费者为了保护自己的权益，纷纷组织起来同伪劣商品的生产销售企业斗争。朱兰认为，保护消费者权益运动是质量管理学在理论和实践方面的重大发展的推动力。

随着市场竞争，尤其是国际市场竞争的加剧，各国企业都很重视产品责任(PL)和质量保证(QA)问题，从而加强质量管理，确保生产的产品使用安全、可靠。

由于上述情况的出现，仅仅依靠事后质量检验和运用统计方法已难以保证和提高产品质量，因此，许多企业开始了全面质量管理的实践，促使全面质量管理的理论逐步形成。最早提出全面质量管理概念的是美国通用电气公司质量经理菲根堡姆(A. W. Feigenbaum)。1961年，他出版了《全面质量管理》一书。该书强调执行质量职能是公司全体人员的责任，他指出：“全面质量管理是为了能够在最经济的水平上并考虑到充分满足用户要求的条件下进行市场研究、设计、生产和服务，把企业各部门的研制质量、维持质量和提高质量的活动构成为一体的有效体系。”

20世纪60年代以来，菲根堡姆的全面质量管理概念逐步被世界各国所接受，但在运用时各有所长，并总结成标准。在日本被称为全公司的质量控制(CWQC)或一贯质量管理，在加拿大总结制定为四级质量大纲标准(CSAZ299)，在英国总结制定为三级质量保证体系标准(BS5750)。我国自1978年推行全面质量管理(TQC)以来，在实践和理论上都发展较快。全面质量管理正从工业企业逐步推广到交通运输、邮电、商业企业，甚至有些金融、卫生等企事业单位也积极推广全面质量管理。质量管理的一些概念和方法先后被制定为国家标准。

随着国际贸易的发展，产品的生产销售已打破国界，不同民族、不同国家有不同的社会历史背景，质量的观点也不一样，这往往会形成国际贸易的障碍或鸿沟。这就需要在质量上有共同的语言和共同的准则。产品和服务质量国际标准化是由各国公认的国际组织对各类产品和各项服务制定统一的产品标准和服务规范，以有助于国际经济和服务贸易往来和交流合作。这项工作早在20世纪初期就已由国际标准化组织(ISO)、国际电工委员会(IEC)和国际电信联盟(ITU)为主要代表的一些国际组织承担了，而质量管理的国际标准化则是20世纪80年代才由国际标准化组织(ISO)组织制定和完成。1987年，国际标准化组织在总结各国全面质量管理经验的基础上，制定了ISO9000《质量管理和质量保证》系列标准，以后又对ISO9000系列标准进行了多次修订。我国也等效、等同采用了ISO9000《质量管理和质量保证》系列标准，广大企业在认真总结全面质量管理经验与教训的基础上，宣传贯彻ISO9000系列标准，以进一步全面深入地推行这种现代国际通用的质量管理方法。

质量管理方法的加速应用始于20世纪70年代后期，当时许多美国企业受到了日本竞争对手的重创，一些企业陷入破产的境地，其他一些则只能在新的绩效水平下奋起应战。最终，有许多美国企业，后来还有欧洲的企业，凭借更高质量又重新收复了市场。摩托罗拉公司是最早取得成功的企业之一。摩托罗拉总结提炼了质量改进的普遍方法，创造了六西格玛质量改进模式。从 1986 年到现在，这一质量改进模式在全球许多行业中成为最有价值的模式。

所有这些企业都对质量管理方法作出了贡献。它们将六西格玛之类的基本质量管理工具的应用扩展到了业务过程以及整个供应链中。质量已经不再只是质量管理部门的职责，而成为贯穿整个企业的责任。质量管理成为管理整个组织的方式，它已经成为诸多战略的驱动力。成为同业之最，实现最高的质量，提供最高的顾客满意度，这已成为所有经营战略的共同追求。

回顾质量管理的发展历程，可以清晰地看到，人们在解决质量问题中所应用的方法、手段是在不断发展和完善的，而这一过程又是同社会科学技术的进步和生产力水平的不断提高密切相关的。因此，可以预测，随着新技术的兴起，以及由此而提出的挑战，人们解决质量问题的方法、手段必然会更为完善和丰富，质量管理的发展将进入一个新的阶段——现代质量管理工程阶段。

第三节　质量管理专家及其理论

一、质量管理专家的相关思想和理论

正是由于质量管理专家中大师级人物的工作决定了现代质量管理的发展，因此我们必须深入了解戴明、朱兰、菲根堡姆、克罗斯比、石川和田口等质量管理专家的质量管理理论及其思想。这些质量管理的泰斗对现代企业质量管理产生了巨大的影响。

（一）戴明的理论

戴明是美国著名的质量管理专家，以帮助日本的质量改善而闻名全球。戴明总结出了 14 条质量管理原则，他认为一个公司要想使其产品达到规定的质量水平，必须遵循这些原则。他的主要观点是：引起效率低下和不良质量的原因，在于公司的管理系统而不在员工。部门经理的责任就是要不断调整管理系统以取得预期的结果。戴明的 14 条质量管理原则为：

（1）确定一个倾向于改善产品和服务的持久不变的目标，制订一个使公司具有竞争实力、永久生存的计划，决定高层管理的负责对象。

（2）采纳新的原理。我们处于一个新的经济时代，如果像通常那样，延迟、错误、材料不合格和工艺水平欠佳不能改善，我们便不能继续生存。

（3）不是依靠大量检验，而是要提供质量得以确认的统计数据，即防止不合格而不是检查不合格。

（4）停止依据价格差异奖励公司的行为，转而依靠有实际意义的质量测定并参考价格水平来实施奖励，把不能提供有关质量统计数据的公司淘汰掉。

（5）发现问题。管理工作就是持续地对公司施加影响，包括设计、采购、材质、维护和更新设备、培训、监督、再培训等管理活动。

（6）采取现代方法培训员工。

(7)班组长的责任必须得到增强。不能回避质量问题，好的质量可提高生产率。班组长对有关经常出现的不合格品、设备没有得到维修、工具不适用和操作步骤不清楚等情况应及时反映，必须对类似的反映立即采取行动。

(8)力避恐吓，以便每个人都能为公司有效工作。

(9)扫除部门间的障碍。调研、设计、营销和运作部门人员必须协同作战，以便预见可能与材料和技术要求有关的生产问题。

(10)去掉针对工人的数字目标、标语、口号，即使在没有提供新方法的情况下，也要不断追求新的生产率目标。

(11)去掉规定数量定额的工作标准。

(12)排除临时工的自卑感，增强他们工作的自豪感。

(13)实施强有力的教育和培训工程。

(14)在高层管理中采取措施，以促进每天的工作都符合上面 13 条原则。

(二)朱兰的理论

像戴明一样，朱兰指导日本的厂商提高他们的产品质量，也被认为是日本质量管理取得成功的另一个主要贡献者。

朱兰视质量为适用性。他坚持认为通过管理可以控制大约 80% 的质量缺陷的发生。因而，管理的职责之一就是纠正质量缺陷。他用包含质量计划、质量控制和质量改进的质量三元论的思想来描述质量管理。根据朱兰的观点，为建立有能力满足质量标准的工作程序，质量计划是必要的。为了掌握何时采取必要措施纠正质量问题就必须实施质量控制。质量改进有助于发现更好的管理工作方式。管理就是不断改进工作，这是朱兰理论的一个核心。朱兰被公认为是第一个提出计算质量成本的质量管理专家。他解释了如果不良质量的成本可以降低的话，那么就有可能增加公司利润。朱兰提出了以下改进质量的 10 个步骤：(1)阐明改进的必要性和可能性；(2)确立改进目标；(3)组织人们实现目标；(4)实施全员培训；(5)执行改进工作以解决问题；(6)报告改进情况；(7)进行确认；(8)交流成果；(9)保存改进成绩；(10)每年都要使公司的管理系统和业务流程有所改善，以便保持质量改进的势头。

(三)菲根堡姆的理论

菲根堡姆在推行缺陷成本方法方面发挥着重要作用。根据这一方法，管理应服从于质量。菲根堡姆担任通用电器公司的质量经理时，他认识到质量不仅仅是工具和技术的集合，而且是公司各方面、各环节的集成。同时他还注意到，当某一过程的质量得到提高时，公司其他方面的质量也得到了相应提高。菲根堡姆对系统理论的理解，促使他建立一个处于其中的人们能够从相互的成功中得到启发的环境。而他的领导地位和开放的工作态度促成了公司内部各职能部门相互配合、相互协作的团队精神。

他于 1961 年出版了《全面质量控制》，在这本书中他将质量控制基本原理总结为下列几个要点：

(1)全面质量控制是一个在公司内部使质量标准制定、维持和改进集成于一体的系统。公司应该能够使工程部、生产部和服务部门共同发挥作用，在达到用户满意的同时实现最佳经济目标。

(2)质量控制的“控制”方面应该包括制定质量标准、评价与这些标准有关的行为，当没有达到预定标准时采取纠正措施以及制订改进质量标准计划。

(3)影响质量的因素可分为两大类：技术性的和人为的。人为的因素更为重要。

(4)质量成本可被分为四类：预防成本、鉴定成本、外部损失成本和内部损失成本。

(5)重要的是要控制源头质量。

(四)克罗斯比的理论

克罗斯比是零缺陷理论的创立者，并以名言“第一次就做对”而闻名。他强调预防，并对“总会存在一定程度的缺陷”的说法提出相反的看法。20 世纪 70 年代，他成为 ITT 公司质量经理后，说服公司总裁在公司中树立起了全面质量意识。

按照零缺陷理论，克罗斯比认为任何水平的质量缺陷都不应存在。为有助于公司之间实现共同目标，必须制订相应的质量管理计划。下面是他的一些主要观点：

(1)管理者必须承担质量管理责任并表达实现最高质量水平的愿望；

(2)管理者必须持之以恒地努力实现高质量目标；

(3)管理者必须用质量术语来阐明其目标是什么，以及为实现这一目标，员工必须做什么；

(4)开头就开好，即第一次就做对。

(五)石川的理论

作为本土的日本质量管理专家，石川深受戴明和朱兰的影响。提出解决问题和实施包括质量改进工作在内的质量循环因果图(也称作鱼刺图)是石川的主要贡献之一。他是第一个注重外部用户的人，他把外部用户视为质量循环中的一个客体。他积极倡导公司领导必须有相当的远见，以便把公司里的每一个人都统一到一个共同的目标上来。同时，他在把质量控制变成员工的“用户朋友”方面所做的努力取得了成功，并得到广泛认可。

(六)田口的理论

田口最有名的贡献是建立起了田口函数，这一函数的重要特征就是一个决定不良质量损失的公式。公式的含义是与标准相比较，某一部件偏差能引起一定的损失。把与标准相比所有部件的偏差造成的影响加起来将会造成很大的影响，而不管各自的偏差是多么小。与田口相比，戴明认为要确定质量缺陷所造成的实际损失是不可能的，而克罗斯比则认为难以把田口的概念用于大部分美国公司。不过田口的方法却帮助福特汽车公司通过减少变速器的误差降低了担保损失，从而赢得了一定的声誉。

二、质量管理的定义及其基础知识

在 20 世纪的绝大多数时间里，质量是用“适用性”来简要地加以定义的。顾客购买的某个产品如果好用，他们就会对其质量感到满意。对于生产商来说，只要明确了顾客的要求，就容易把产品生产出来。因此，质量管理就意味着“确保产品符合要求”。绝大部分这类工作落在了运营和质量部门的肩上。这些部门负责生产、检验、试验并确保产品符合要求。

有两方面的进展要求我们对质量管理的定义进行修改。首先是人们认识到，有形产品的质量包含的范围，亦即其适用性，要比只是符合规范更加广泛，影响质量的还有设计、包装、订单处理、送货、现场服务，以及与有形产品相关的所有其他服务。运营和质量部门已无法独自管理质量。其次是经济由以生产有形产品为主向以提供服务和信息为主转型。因此，“适目的性”取代“适用性”来定义产品的质量。我们使用“产品”这一术语来指代有形产品、服务和信息。一个产品，无论是有形产品、服务还是信息，对于该产品的顾客而言，它必须是“适合目的”的。顾客不仅指最终使用者，而是包括受产品影响的所有人，如买者、使用者、分销商、管制机构以及产品从产生到废弃过程中所影响到的几乎每个人。面对如此广泛的顾客群体以及他们的需要，管理质量的方法和工具也必须同样加以扩展。

在21世纪，“质量管理”可以定义为：“各类组织，如企业、机构、大学或医院等，用以设计、持续改进并确保所有的产品、服务和过程满足顾客和利益相关者的需要，从而实现优异绩效的一套普遍的方法。”越来越多的行业开始采用这些质量管理的方法和工具来管理它们的产品和服务。包括医院、保险公司、医疗实验室、金融服务机构在内的各行各业都在通过质量管理实现优异结果和卓越绩效。

因此，学习质量管理，既要求掌握与质量有关的知识，又要求熟悉生产领域内的知识，同时还必须具备数理统计学、现代管理科学、国际质量标准等方面的知识。

(一)现代管理科学的知识

质量管理作为一门管理科学，要求我们首先具备基本的管理理论和方法，必须掌握现代管理科学的知识，如系统论、控制论、信息论、运筹学等知识。还必须有出色的管理能力，带领整个质量部门完成质量管理的职责，实现企业的发展战略及质量管理战略。出色的管理能力主要体现在其计划能力、组织能力、领导能力和控制能力上。

创新及创新能力是一个企业发展的灵魂，创新能力包括良好的记忆力、敏锐的观察力、丰富的想象力和严谨的抽象力。有许多新的产品根本就没有相应的质量标准，此时就必须运用创新能力制定一个质量标准，这个标准有可能上升为行业标准、国家标准甚至国际标准，当然我们要把创新能力贯穿于产品或服务质量形成的全过程中。在网络经济时代，创新能力首先表现在技术创新上，同时还表现在管理创新上。对于质量管理来说，所面临的是产品质量的创新和质量管理的创新。产品质量的创新，意味着产品质量的不断改进；质量管理的创新，则标志着企业质量管理体系的发展与完善。

(二)现代生产管理的知识

以准时化生产、物料需求计划、制造资源计划及企业资源计划为代表的现代生产管理技术正日益地成为现代企业的管理技术，影响着整个企业的运作，当然影响最大的就是生产管理与质量管理，我们必须掌握这些技术，以便对生产过程中的质量进行控制。

（1）准时化生产（JIT）。准时化生产（just-in-time，JIT）是20世纪70年代在日本首先创立的，随后在欧美国家广泛采用。准时化生产有两个战略目标：增加盈利和提高公司的竞争地位。实现这两个目标的手段有：控制成本，形成价格优势，增加盈利；改进送货服务；提高产品质量。推行准时化生产，除了能够提高成本效率外，还能使企业在满足顾客对高质量、多样化产品的需求方面灵活地做出反应。产品质量、反应的灵活性和成本效率是企业参与全球竞争所必须重视的三个基本因素。

（2）物料需求计划（MRP）。物料需求计划（material requirements planning，MRP）是20世纪60年代产生的生产管理方法，它是利用计算机编制材料物资需求计划的一种方法。在每一个制造企业中，一种产品往往由多种部件组装而成，每种部件又是由多种零部件和材料制造而成。这样产品和零部件及材料用品之间就构成相互依赖的联动需求关系。物料需求计划就是将这种联动需求关系纳入计算机系统，由计算机系统编制企业的材料物资需求计划。

（3）制造资源计划（MRPⅡ）。制造资源计划（manufacturing resources planning，MRPⅡ）是20世纪80年代在物料需求计划的基础上形成和发展起来的生产管理方法。MRPⅡ是由美国著名生产管理专家奥利夫·怀特（Oliver Wight）在1977年提出来的，是对制造企业全部资源进行系统综合计划的一种方法。其基本思想是将营销、财务、生产管理子系统相结合，形成制造资源计划，实现企业管理的系统化。

（4）企业资源计划（ERP）。在进入20世纪90年代后，随后MRPⅡ系统的普遍采用，以及市场竞争的日趋激烈，以面向企业内部信息集成为主的MRPⅡ系统已经不能满足企业多元化、跨地区、多供应和销售渠道的全球化经营管理模式的要求。随着网络通信技术的迅速发展和广泛应用，一些跨国经营的制造企业开始朝着更高的管理信息系统层次即企业资源计划ERP（enterprise resources planning，ERP）迈进。ERP是一个高度集成的信息系统，它体现了物流信息与资金流信息的集成。ERP系统功能更为强大，除了具有MRPⅡ系统的制造、营销和财务等各种功能外，它所涉及的企业资源更多，不仅支持混合式生产方式，而且包括供应链管理，面向全球市场从供应链的角度来考虑经营与生产计划。ERP所采用的计算机技术也更为先进，形成了集成化的企业管理软件系统。

（三）数理统计的知识

在质量管理的早期，即质量检验阶段和统计质量阶段主要是运用概率论及数理统计的方法进行质量分析、控制和管理，典型的有贝尔电话研究室的质量控制图、抽样检验表、数据分析的控制图等，这些都要用到数学及统计方面的知识，精通数学及统计学方面的知识是具有坚实知识基础的重要内容。本书将在质量管理中统计方法作详细介绍。

（四）国际质量标准和认证的知识

国际质量标准是企业质量管理活动的总结，也是有关质量理论与实践的系统化、程序化。我们必须了解ISO9000、ISO14000质量认证体系和我国的质量认证体系。ISO9000是一套有关质量管理体系认证的标准，是指依据国际通用的ISO9000系列标准，经过认证机构对企业的质量管理体系进行审核，并以颁发认证证书的形式，证明企业的质量管理体系符合相应要求，授予合格证书并予以注册的全部活动。ISO14000是一套有关环境管理体系认证的标准，是指企业依据ISO14000的要求，建立起完整的用文件表述的环境管理体系，通过运行及内部评审，证明这个体系是符合标准要求的、有效的，企业通过认证获得第三方认证机构颁发的证书，这就意味着企业取得了客观证明，它向社会表明本组织兑现环境承诺和对环境因素的控制能力。ISO14000的目的是依据环境保护责任评价公司的行为，公司可自主地决定是否采用ISO14000标准，ISO14000标准可以促使公司更加主动地承担起环境保护的责任。

自1988年12月《中华人民共和国标准化法》颁布之后，我国的质量认证工作开始纳入法制轨道。随着我国改革开放的深化以及国际贸易的日益发展，质量认证工作有了较快的发展，更多企业采用国际通用的质量标准，即ISO标准进行认证。

第四节 全面质量管理概述

一、全面质量管理的概念

全面质量管理(total quality control，TQC)是质量管理发展的最新阶段，它起源于美国，后来其他一些工业发达国家也开展了全面质量管理活动，并且在实践中各有所长。特别是日本，在20世纪60年代以后，开展全面质量管理取得了丰硕的成果，并引起世界各国的瞩目，被称为企业管理的第二次革命。我国自从1978年开展全面质量管理以来，在理论和实践上都有一定的发展，并取得了成效，这为贯彻ISO9000系列标准打下了基础，而实施ISO9000系列标准又为全面质量管理的深入发展创造了条件。

最早提出全面质量管理概念的是美国通用电气公司质量经理菲根堡姆。他在《全面质量管理》中强调执行质量职能是公司全体人员的责任，应该使企业全体人员都具有质量意识和承担质量的责任。ISO9000系列标准中的《质量管理体系——基础和术语》中指出，质量管理是指导和控制某组织与质量有关的彼此协调的活动。指导和控制与质量有关的活动，通常包括质量方针和质量目标的建立、质量策划、质量控制、质量保证和质量改进。全面质量管理是基于组织全员参与的一种质量管理形式。具体地说，全面质量管理就是以质量为中心，全体职工以及有关部门积极参与，把专业技术、经营管理、数理统计和思想教育结合起来，建立起产品的研究、设计、生产、服务等全过程的质量管理体系，有效地利用人力、物力、财力、信息等资源，以最经济的手段生产出顾客满意的产品，使组织、全体成员及社会受益，从而使组织获得长期成功和发展。

与传统的质量管理相比较，全面质量管理具有以下几个特点：把过去的以事后检验和把关为主转变为以预防为主，即从管结果转变为管因素；从过去的就事论事、分散管理，转变为以系统的观点为指导进行全面的综合治理；突出以质量为中心，围绕质量开展全员的工作；由单纯符合标准转变为满足顾客需要，满足顾客需要是全面质量管理的基本出发点；强调不断改进过程质量，从而不断改进产品质量。

二、全面质量管理的基本要求

开展全面质量管理的基本要求可以概括为“三全一多”。

(一)全员的质量管理

产品质量是全企业各方面、各部门、各环节全部工作的综合反映。企业中任何一个环节、任何一个人的工作质量都会不同程度地直接或间接地影响产品质量，因此，产品质量人人有责，必须把企业所有人员的积极性和创造性充分调动起来，不断提高人的素质，上自最高管理者，下至生产工人，人人关心产品质量，人人做好本职工作，全体参加质量管理活动，经过全体人员的努力，才能生产出顾客满意的产品。

(1)必须抓好全员的质量教育工作，加强职工的质量意识，牢固树立质量的思想，促进职工自觉地参加质量管理的各项活动。同时还要不断提高职工的技术素质、管理素质，以适应深入开展的全面质量管理的需要。

(2)通过制定各部门各级各类人员的质量责任制，明确自己在质量责任制中的责任和权限，各负其责，密切配合，形成一个高效、协调、严密的质量管理工作系统。

(3)要开展多种形式的群众性质量管理活动，如质量管理小组的活动，充分发挥广大职工的聪明才智和当家作主的进取精神。

总之，全员的质量管理就意味着全面质量管理要“始于教育，终于教育”。

(二)全过程的质量管理

全过程的质量管理包括从市场调查、产品设计开发、生产、销售直到服务的全过程的质量管理。把产品质量形成全过程的各个环节和有关因素控制起来，做到以预防为主，防检结合，重在提高。为此，全面质量管理必须体现如下两种思想：

(1)预防为主，不断改进的思想。优良的产品质量是设计和生产创造出来的，而不是靠事后检验决定的，事后检验面对的是既成事实的产品质量。因此，根据这一基本道理，应把不合格产品消灭在它形成过程之中，做到防患于未然。当然，为了保证产品质量，防止不合格品出厂或流入下道工序，加强质量检验，在任何情况下都是必不可少的。强调预防为主，不断改进的思想，不仅不排斥质量检验，而且甚至要求其更加完善、更加科学。质量检验是全面质量管理的重要组成部分，企业内行之有效的质量检验制度必须坚持，并且要进一步使之规范化、科学化。

(2)为顾客服务的思想。顾客有内外部之分，内部顾客指的是企业内部的各个工作环节。实行全过程的质量管理，要求企业所有工作环节都必须树立为用户服务的思想，每个环节在质量上都坚持高标准，都为下个环节着想，为下个环节提供最大的便利，企业才能生产出符合规定要求的、满足用户期望的产品。

可见，质量管理要“始于识别顾客的需要，终于满足顾客的需要”。

(三)全企业的质量管理

(1)以组织的角度来看，企业管理可划分成上层、中层、基层管理，“全企业的质量管理”就是要求企业各个管理层次都有明确的质量管理活动内容，当然，各层次活动的侧重点不同。上层管理侧重质量决策，制定出企业的质量方针、质量目标、质量政策和质量计划，并统一组织、协调企业各部门、各环节、各类人员的质量管理活动，保证实现企业经营目标；中层管理侧重贯彻落实上层管理的质量决策，更好地执行各自的质量职能，并对基层工作进行具体的管理；基层管理则要求每个职工严格地按标准、按规程进行生产，相互间进行分工合作，并结合本职工作，开展合理化建议和质量管理小组活动，不断进行作业改善。

(2)从质量职能角度看，产品质量职能是分散在企业的有关部门中的，要保证和提高产品质量，就必须把分散到企业各部门的质量职能充分发挥出来。但由于各部门的职责和作用不同，其质量管理的内容也是不一样的。为了有效地进行全面质量管理，就必须加强各部门的组织协调。为了从组织、制度上保证企业长期稳定地生产出符合规定要求、满足顾客需要的产品，企业应该建立和健全质量体系，使企业的质量活动构成一个有效的整体。

可见，全企业的质量管理就是要“以质量为中心，领导重视，组织落实，体系完善”。

(四)多方法的质量管理

随着现代科学技术的发展，顾客对产品质量的要求越来越高，影响产品质量的因素也越来越复杂：既有物的因素，又有人的因素；既有技术因素，又有管理因素；既有企业内部的因素，又有企业外部的因素。要把这一系列因素系统地控制起来，全面管好，就必须根据不同的情况，区分不同的影响因素，广泛、灵活地运用多种多样的现代化管理方法来解决质量问题，其中要特别注意运用统计方法。在运用这些方法时，应注意以下几点：

(1)尊重客观事实，尽量用数据说话。在质量管理活动过程中，要坚持实事求是，科学分析，尽量用数据说话。真实的数据定量地描述了客观事实，可以更好地分析问题和解决问题，纠正了过去那种“大概”“好像”“也许”“差不多”的凭感觉、靠经验“拍脑袋”的工作方法。用数据说话，就可以树立科学的工作作风，把质量管理建立在科学的基础上。

(2)遵循 PDCA 循环的工作程序。进行任何活动都必须遵循计划、执行、检查、总结的工作程序，这一行之有效的方法不仅适用于质量管理，而且适用于其他方面的管理。

(3)广泛地运用科学技术的新成果。全面质量管理是现代科学技术和现代化大生产发展的产物，所以应该广泛地运用科学技术的最新成果，如先进的专业技术、检测手段、电子计算机和系统工程、价值工程、网络计划等先进的科学管理方法。可见，“多方法的质量管理”的要求是“程序科学，方法灵活，实事求是，讲求实效”。

上述“三全一多”，都是围绕着“有效地利用人力、物力、财力、信息等资源，以最经济的手段生产出顾客高满意的产品”这一企业目标的，这是我国企业推行全面质量管理的出发点和落脚点，也是全面质量管理的基本要求。坚持质量第一，把顾客的需要放在第一位，树立为顾客服务，对顾客负责的思想，是我们社会主义企业推行全面质量管理贯彻始终的指导思想，也是社会主义企业生产经营管理活动的目的所决定的。企业实行全面质量管理，提高质量，降低消耗，改善管理，增加效应，为社会提供各种优质产品和优质服务，无疑会对提高人民生活水平，促进社会发展进步产生极其深远的影响。

第五节　质量成本管理

一、质量成本的含义

20世纪50年代，菲根堡姆提出了质量成本的概念，首次把质量成本同企业经济效益联系起来。这一理论的广泛实践和迅速发展，不仅使企业获得重大效益，也使消费者得到实惠。正如著名质量管理专家朱兰所说："在次品上发生的成本等于一座金矿，可以对它进行有利的开采。"质量成本管理已经成为指导企业进行质量改进、降低成本、提高效益特别是衡量质量体系有效性的重要工具。质量成本管理对于我国的经济发展具有特别重要的现实意义。长期以来，我国相当一部分企业经济效益不高，其主要原因之一就是产品质量差。因此，认真搞好质量成本管理，提高产品质量，对于加速我国经济发展具有重要的现实意义。

质量成本是指将产品质量保持在规定的质量水平上所需的费用，它是企业生产总成本的一个组成部分。ISO9000对质量成本的定义是："为了确保和保证满意的质量而发生的费用以及没有达到质量所造成的损失。

注：(1)组织根据各自的准则对质量成本进行分类。

(2)某些损失可能难以定量，但很重要，如丧失信誉。"

需要强调的是，质量成本不同于产品的制造成本，而只是和满意的质量有关的成本。

二、质量成本的构成

质量成本管理要付诸实施，就要明确规定哪些费用属于质量成本范畴。现结合我国情况将常用的、适宜的项目列出并加以解释。但各企业在实际使用中应结合企业生产组织、工艺方法、质量管理体系的实际，拟订更适宜的项目。

根据上述定义，一般地，质量成本由两部分组成：即内部运行质量成本和外部质量保证成本，而内部运行质量成本又包括：(1)预防成本；(2)鉴定成本；(3)内部损失成本；(4)外部损失成本四部分。其中，(1)(2)两项之和统称为可控成本，(3)(4)两项之和统称为损失成本或结果成本。

(一)内部运行质量成本

(1)预防成本。预防成本是为了保证产品质量的稳定和提高，控制工序质量，减少故障损失而采取的措施所发生的各项费用。它一般包括下列项目：

①质量计划工作费。为制定质量政策、目标及质量计划而进行的一系列活动所发生的费用，包括编写质量手册、体系文件所发生的费用。

②设计评审费。开发设计新产品在设计过程的各阶段所进行的设计评审及实验试验所支付的一切费用，包括产品更新的设计评审活动费用。

③工序能力研究费。为使产品达到符合性质量，对工序能力进行调查研究及保持工序能力而采取的措施所发生的一切费用。

④质量审核费。对质量管理体系、工序质量和对供应单位的质量保证能力进行质量审核所支付的一切费用。

⑤质量情报信息费。对市场质量情报和厂内外质量信息的收集、分析、归纳、处理、早期报警和促进研究所发生的费用。

⑥质量培训费。以达到质量要求或改进产品质量为目的而对企业人员进行的正式培训或临时培训，包括制订培训计划直到实施所发生的一切费用。

⑦质量改进措施费。制订和贯彻各项质量改进措施计划，以达到提高产品质量或质量管理水平而进行活动所发生的一切费用。

⑧质量奖。职工的质量奖及质量管理小组奖等用于质量(包括安全、节能)的奖金。

⑨供货单位质量保证费。因对供货单位提出质量保证要求而支付的外部质量保证费用。

(2)鉴定成本。鉴定成本是用于试验和检验，以评定产品是否符合所规定的质量水平所支付的费用。一般包括以下各项：

①进货检验费。对购进的原材料、协作件、外购配套件的进厂验收检验费用和驻协作厂的监督检查、协作配套产品的质量审核费用。

②工序检验费。产品制造过程中对在制品或中间品质量所进行的检验而支付的费用。

③成品检验费。对完工产品鉴别是否符合质量要求而进行的检验或试验所发生的费用，包括产品质量审核费用。

④试验设备维修费。试验设备、检测工具、计量仪表的日常维护、校准所支付的费用。

⑤试验材料及劳务费。破坏性试验所消耗产品成本以及耗用的材料和劳务费用。

⑥检验和计量人员工资及其福利费。

(3)内部损失成本。内部损失成本是交货前因产品不能满足质量要求所造成的损失，如返工、复检、报废等。也就是指产品在出厂前由于发生质量缺陷而造成的损失，以及为处理质量故障所发生的费用之和。包括以下各项：

①废品损失。指因产品(包括外购、外协产品物资)无法修复的缺陷或在经济上不值得修复而报废所造成的损失。

②返工损失。指为修复不良品而发生的成本费用及为解决普遍性质量缺陷在定额工时以外增加的操作成本。

③复检费。指对返工或校正后的产品进行重复检查和试验所发生的费用。

④停工损失。指由于各种质量缺陷而引起的设备停工所造成的损失。

⑤产量损失。指由于改进质量控制方法使产量降低的损失。

⑥质量故障处理费。指由于处理内部故障而发生的费用，包括抽样检查不合格而进行筛选的费用。

⑦质量降级损失。指产品质量达不到原有精度要求因而降低等级所造成的损失。

⑧不合格项整改费和损失费。主要是指质量管理体系及其过程不合格所导致的损失及采取纠正措施所需的人、财、物费用。

(4)外部损失成本。外部损失成本是交货后因产品不能满足质量要求所造成的损失，如保修、保换、保退、撤销合同及有关质量的赔偿、诉讼费用等。也就是指产品在用户使用中发生质量缺陷而产生的一切费用和损失总和。它同内部损失成本的区别在于产品质量问题是发生在发货之后。包括以下各项：

①索赔费用。指由于产品质量缺陷经用户提出申诉而进行索赔处理所支付的一切费用。

②退货损失。指由于产品缺陷而造成用户退货、换货而支付的一切费用。

③保修费用。指在保修期间或根据合同规定对用户提供修理服务的一切费用。

④降价损失。指由于产品质量低于标准，经与用户协商同意折价出售的损失和由此所减少的收益。

⑤诉讼费用。即因产品质量问题而造成的诉讼费用。

⑥返修或挑选费。即因产品不合格而退换后返工修理或挑选的人工、材料、复检及有关设备折旧费用。

(二)外部质量保证成本

在合同环境下，根据用户提出的要求而提供客观证据所支付的费用，统称为外部质量保证成本，包括：

(1)为提供特殊的附加质量保证措施、程序、数据等所支付的费用；

(2)产品验证试验和评定的费用，如经认可的独立试验机构对特殊的安全性进行检测试验所发生的费用；

(3)为满足用户要求进行质量体系认证所支付的费用。

正如ISO关于质量成本定义中所指出的，对质量成本并无一个权威的划分，而应由各组织根据各自的准则对质量成本进行分类。我们以上列出的是多数人认同的分类，为此，再加以如下一些说明：

(1)质量成本是针对产品制造过程的符合性质量而言的，也就是说，是在设计质量标准或规范已经确定的情况下来说的，因而它不包括重新设计和改进设计以及用于提高质量等级和质量水平而支付的那些费用。

(2)质量成本是指在制造过程中与出现不合格品密切相关的那些费用，例如预防成本就是为了预防出现不合格品的费用，鉴定成本是为了评定产品是否合格的费用，而内、外损失成本是因产品不合格在厂内阶段或厂外阶段所支付的费用。

(3)从质量成本的构成中可以看出，它并不包括制造过程中与质量有关的全部费用，而只是其中的一部分。这部分费用是同不合格产品的产生最直接、最敏感、最密切的费用。一般维持基本生产所必需的费用，如工人正常生产的工资和材料费、车间经费等均不包括在此成本中。

(4)计算和控制质量成本，是为了最经济地达到规定的质量目标，同时，对其结果进行分析，以寻找质量改进的途径，达到降低成本的目的。

质量成本属于管理会计的范畴，它对企业的经营决策具有重要意义。下面谈到的质量成本均指内部运行质量成本。

三、质量成本的合理构成与改进步骤

质量成本的优化与质量成本的合理构成有关。据相关统计资料分析，内部运行质量成本的四个项目之间存在着一定的比例关系，详见表1.1。但是这种比例关系在不同的企业

之间是不同的，甚至会有很大的差别。不同行业的质量成本占销售收入的比重也有较大差异，详见表 1.2。

表 1.1 质量成本结构指标标准值

质量成本项目	占质量成本总额百分比
预防成本	1%~5%
鉴定成本	10%~50%
内部损失成本	25%~40%
外部损失成本	25%~40%

表 1.2 不同行业质量成本占销售额比重指标标准值

行业类别	质量成本占销售收入的百分比
简单和低公差的行业	0.5%~2.0%
传统的机械行业	1.0%~5.0%
精密行业	2.0%~10.0%
复杂的电子、航天行业	5.0%~25.0%

通过对历史资料的比较分析，可以揭示出提高产品质量，降低质量成本的潜力所在和改进质量成本的步骤。一般地说：

(1)当内外部损失成本之和大于70%，预防成本小于10%时，工作重点应放在研究提高质量的措施和加强预防性上。

(2)当内外部损失成本之和接近50%，预防成本接近于10%时，工作重点应放在维持和控制上。

(3)当内外部损失成本之和小于40%，鉴定成本大于50%时，工作重点应放在巩固工序控制的成效，改进检验程序上。

表 1.3 是说明四个成本项目之间的相互关系和相互作用的一个模式。

表 1.3 质量成本项目相互关系模式

质量成本项目	降低质量成本的步骤			
	A 步	B 步	C 步	D 步
外部损失	20	3	2	1
内部损失	1	12	8	4
筛选	1	3	2	1
工序控制	1	1	4	2
预防	1	1	1	2
合计	24	20	17	10

A 步。由于缺乏鉴定与预防成本而导致外部损失成本很高，存在着很多不合格品，又没有严格的把关，使很多不合格品被漏检而送到顾客手中，因而造成外部损失成本很高。

B 步。引进了筛选作业，阻止了大量不合格品流入使用现场，因而降低了外部损失成本。此时，鉴定成本提高了，筛选时发现的不合格品则会提高内部损失成本，但总的质量成本还是低于 A 步。

C 步。引进了工序控制，以便从开始就减少不合格品。相对于 B 步，预防成本有所增加而鉴定成本略有下降，同时再次降低了内部损失成本和总的质量成本。

D 步。预防成本的比例增加了，但却得到了最有利的总效果。

四、质量成本特性曲线

质量成本四项费用的大小与产品质量的合格率之间存在内在的关系，反映这种关系的曲线称为质量成本特性曲线。其基本形状如图 1.1 所示。

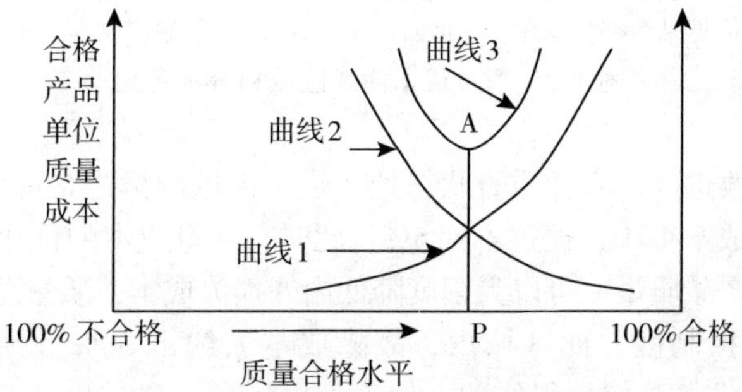

图 1.1　质量成本特性曲线示意图

图 1.1 中横坐标表示产品质量的合格率，最左端表示 100%不合格，最右端则是 100%合格。曲线 1 代表预防成本和鉴定成本之和，曲线 2 代表内部损失成本和外部损失成本之和，四项质量成本之和就是质量成本总额，由曲线 3 表示(总额中没有包括外部质量保证成本是因为该项成本比较稳定，对质量成本优化的影响不大，所以不予考虑)。从图 1.1 中可以发现质量成本的构成对质量水平影响很大。在 100%不合格的极端情况下，此时的预防成本和鉴定成本几乎为零，说明企业完全放弃了对质量的控制，后果是内外损失成本极大，企业是无法生存下去的。随着企业对质量问题的日益重视，对质量管理的投入逐步加大，从图 1.1 中可以看到预防成本和鉴定成本逐步增加，产品合格率上升，同时内外损失成本明显下降。从图中可以看出，当产品合格率达到一定水平以后，如要进一步改善合格率，则预防成本和鉴定成本将会急剧增加，而内外损失成本的降低率却十分微小。从曲线 3 可以看出存在质量成本的极值点 A，A 点对应着产品质量水平点 P，企业如把质量水平维持在 P 点，则有最小质量成本。

五、质量成本优化方法

质量成本优化是指在保证产品质量满足用户的前提下，寻求质量成本总额最小。由于质量成本构成的复杂性，对大多数企业来说很难找到质量成本曲线，现有的基于数学理论的优化方法很难在质量成本优化中使用。比较实用的优化方法是基于质量管理理论和经验的综合使用。

图 1.1 的质量成本特性曲线是在定性分析的基础上推断得到的，无论从理论上还是实践上分析，企业质量成本存在一个最小值的推断都是可以接受的。在上述曲线存在条件下，对质量成本最小点 A 附近的范围做研究，可将其分成三个区域，如图 1.2 所示。

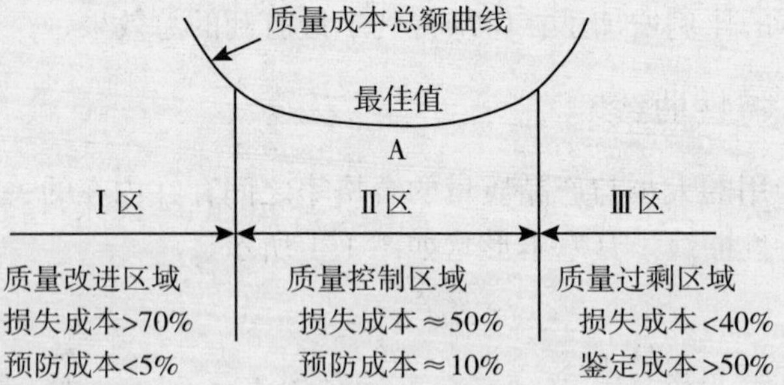

图 1.2 质量成本曲线区域划分示意图

左边区域为质量改进区。企业质量状态处在这个区域的标志是内外损失成本比重很大，可达到 70%，而预防成本很小，比重不到 5%。此时，质量成本的优化措施是加强质量管理的预防性工作，提高产品质量，可以大幅度降低内外损失成本，质量总成本也会明显降低。

中间区域为质量控制区。此区域内，故障成本大约占 50%，预防成本在 10%左右。在最优值附近，质量成本总额是很低的，处于理想状态，这时质量工作的重点是维持和控制在现有的水平上。

右边区域为质量过剩区。处于这个区域的明显标志是鉴定成本过高，鉴定成本的比重超过 50%，这是不恰当的强化检验工作所致，当然，此时的不合格品率得到了控制，是比较低的，内外损失成本比重一般低于 40%。相应的质量管理工作重点是适当放宽标准，减少检验程序，维持工序控制能力，这样将会取得较好的效果。

下面举例加以说明，表 1.4 是某外贸服装公司年度质量成本报表。

表 1.4 **某外贸服装公司年度质量成本报表** （单位：美元）

内容		金额	占百分比(%)
质量损失成本	a. 滞销压库	3276	0.37
	b. 返修品	73229	8.31
	c. 剪裁不当	2228	0.26
	d. 剪裁报废	187428	21.26
	e. 顾客调、退、换	408200	46.31
	f. 产品降级处理	22838	2.59
	g. 顾客不满	不可计量	
	h. 顾客改买产品	不可计量	
	合计	697259	79.10

续表

内　　容		金　额	占百分比(%)
质量鉴定成本	a. 进货检验	32655	2.68
	b. 初检	32582	3.70
	c. 复检	25200	2.86
	d. 成品抽检	65910	7.37
	合计	143347	16.61
预防成本	a. 生产线质量控制	7848	0.89
	b. 公司质量控制	30000	3.40
	合计	37848	4.29
	总计	882454	100.00

对上述报表的分析结果如下：

(1)半年的质量总成本近 90 万美元，说明大有潜力可挖。

(2)质量损失成本占总数的 79.1%，其中用户调、退、换和剪裁报废所占比例最大。

(3)质量损失成本是质量鉴定成本的大约 5 倍。因此，首先必须削减质量损失成本。

(4)预防成本花费数量太少，只占 4.2%。

(5)还有一些不能定量表示的结果，如质量不好引起顾客改买其他厂家的产品等。为了提醒注意，故在表中列出这些因素。

第六节　质量管理的基础工作

根据国内外质量管理的实践，开展质量管理必须具备一些基本条件、基本手段和基本制度，这些就是开展质量管理的基础工作。本节重点叙述标准化工作、计量工作、质量信息工作、质量责任制和质量教育工作等五项质量管理基础工作。

一、标准化工作

(一)标准化工作在质量管理中的作用

标准是对重复性事物和概念所做的统一规定，它是以科学、技术和实践经验的综合为基础，经过有关方面协商一致，由主管机构批准，以特定形式发布，作为共同遵守的准则和依据的统一规定。标准是衡量产品质量和各项工作质量的尺度，也是企业进行生产技术活动和经营管理工作的依据。《ISO/IEC 指南 2　标准化与相关活动的基本术语及其定义》对标准的定义是："标准是由一个公认的机构制定和批准的文件。它对活动或活动的结果规定了规则、准则或特性值，供共同和反复使用，以实现在预定领域内最佳秩序和效益。"

标准化是指在经济、技术、科学及管理等社会实践活动中，对重复性事物或概念，通过制定、发布和实施标准，达到统一，以获得最佳秩序和效益。企业的标准化工作是以提高经济效益为中心，以企业的生产、技术、经营活动的全过程为内容来制定和贯彻标准的一种有组织的活动。《ISO/IEC 指南 2　标准化与相关活动的基本术语及其定义》对标准化的定义是："标准化是对实际与潜在的问题做出统一规定，供共同和反复使用，以在预定的领域内获取最佳秩序和效益的活动。"

按照标准化的对象，一般可以将标准分成技术标准、管理标准和工作标准三类。

技术标准是对技术活动中需要统一协调的"物"制定的技术准则。它是根据不同时期的科学技术水平和实践经验，针对具有普遍性和重复出现的技术问题提出的最佳解决方案。它的对象既可以是"有形"的物(如产品、材料、工具等)，也可以是无形的"物"(如程序、方法、符号、图形等)。技术标准是企业标准体系的主体。

管理标准是对标准化领域中需要协调统一的管理事项所制定的标准。它的对象是管理技术事项，即"事"。它是为合理地组织、利用和发展生产力，正确处理生产、交换、分配和消费中的相互关系，以及行政和经济管理机构行使其计划、监督、指挥、控制等管理职能而制定的准则。它是组织和管理企业生产经营活动的依据和手段。

工作标准是对标准化领域中需要协调统一的工作事项所制定的标准。它的对象是"人"的工作、作业、操作或服务程序和方法。由于工作标准是"人"的行为准则和工作质量的基本依据，目前主要由企事业自行制定，它包括管理、操作和服务岗位职工的岗位职责、工作程序、工作内容与要求、工作质量考核等方面的标准，体现了某一工作岗位上相应的技术要求和管理要求。

随着科学技术的进步和生产力的发展，标准化的对象与范围越来越广泛，几乎涉及各个方面，由物、事、人发展到"实体"，即可以单独描述和研究的事物，包括活动、过程、产品、组织、体系与人及其任何组合，这就与质量的对象一致了。目前国际标准化组织所颁布的国际标准中，有一半以上是与质量管理直接有关的。

加强标准化工作，对于加强质量管理，提高产品质量具有重要意义。随着生产技术的发展，管理水平的提高，标准化工作在质量管理中的地位日益重要。每个企业要推行和加强质量管理，就都必须认真做好这项基础工作。我们知道，质量管理和标准化都是现代科学管理技术，都要按严格的客观规律和充分的科学依据办事。有人说它们是"一个事物的两个方面"，"一部自行车的前轮和后轮"，这无疑是完全正确的。也就是说，标准是质量管理的基础和依据，质量管理是贯彻执行标准的保证。不过，质量管理更加突出"管理"，重点是放在使用数理统计方法对质量进行控制方面，管理的范围也主要是在组织内部；而标准化则更加突出"化"，它要求一切具有多样性、相关性特征的重复事物都应制定标准，并且实行标准化、规范化，标准化的范围并不只局限在质量管理的范畴内，它甚至超出组织本身，标准化的工作重点是放在认真制定、修订标准和贯彻标准，包括国际标准、国家标准、行业标准、地方标准和企业标准，并认真进行质量检查检验上。这些区别是质量管理者和标准化工作者应加以注意的。

(二)做好标准化工作

在推行标准化工作中，应该解决以下几个问题：

(1)标准化工作必须以顾客第一的思想为指导。企业标准化的目的是要为生产经营活动建立秩序，是要使企业生产适销对路的、满足顾客需要的产品。执行标准的目的是要生产满足顾客需要的产品，达到标准的产品是合格品，但并不一定是顾客满意的产品，产品质量最终只能由顾客评价。因此，企业的标准化工作必须随着经济、技术的发展和顾客需要的变化而及时跟进。

(2)标准化工作必须坚持系统化的原则。企业的标准化对象是企业生产经营活动全过程中具有多样性、相关性特征的重复性事物。这些重复性事物之间不是孤立的，而是彼此相互作用、存在一定联系的。因此，企业标准化工作必须坚持系统化原则，具体表现在：企业的标准与标准之间，企业标准与企业外部相关标准之间必须协调统一；企业的标准还必须做到完整配套。例如，一种产品之所以存在，正是由于它的功能、耐用性、安全性、经济性等方面符合顾客对该产品的多方面要求，这就要求有技术标准、安全标准和管理标准等一整套标准。

(3)标准化工作必须符合下面几个具体要求：第一，权威性，要明确规定以“标”为“法”，在企业内应该有专门的部门监督检查并与经济责任制紧密挂钩；第二，群众性，要在总结经验的基础上，有领导地依靠广大职工来制定和执行标准；第三，科学性，要充分运用现代化管理技术(例如价值工程、运筹学、工业工程等)，使制定的标准有科学依据；第四，连贯性，各部门、各方面的标准要连贯一致，互相配合协调，同时，标准既不能“朝令夕改”，也不能长期不修改(国家标准和行业标准一般五年修订一次，企业标准一般不超过三年)，修订时也要考虑前后左右标准的协调与一致；第五，明确性，标准要成文，内容要明确，要求要具体，不宜抽象和模棱两可。

(三)质量管理的关键术语标准

在质量管理中，一些关键术语的含义仍然缺乏标准化。然而每一个企业都可以通过使关键术语和词组标准化来有效地减少内部的混淆。关键术语表就是一个基本的工具，它可以成为报告、手册、培训教材等沟通方式的一个参照源。《朱兰质量手册：通向卓越绩效的全面指南》一书中，介绍了需要定义的一些关键词汇：

(1)组织。指代任何机构、企业、公司、单位、办事处、营业单位、医院、银行、网络运营商等，它们向顾客提供某种类型的输出，如产品、服务或信息，无论是出于营利的目的还是非营利的目的。

(2)产品：产品包括有形产品、服务和信息，它们是满足顾客需要的那些过程的产出。产品可以是有形的产品，如玩具、计算机，或是含有信息的文件，如一份提案、一张建筑图纸、一个网站。产品也可以是服务，即为他人完成的工作。如木匠为屋主建造房屋，修理工为车主修理汽车，护士照看病人，网络内容商提供快速的信息以满足用户需要。

(3)不良质量成本。如果产品、服务和过程中的所有缺陷都能够消除的话，这类成本将会消失。这些成本是用占销售额或总成本的百分比来测量的。

(4)顾客。人们常常区分“外部”顾客和“内部”顾客。顾客可能是产品的最终使用者，也可能是组织外部的并非使用者的中间顾客，如为病人植入器具的外科医生。内部顾客指组织内部的用户。顾客有时也被称作利益相关者，这个词通常包含外部顾客和内部顾客、股东、管理层和雇员。众多的角色对组织提出了不同甚至互相冲突的要求。

(5)顾客满意。顾客满意指的是当顾客的需要得到了所购买或使用的产品或服务的满足之后的正面状态。满意主要受到产品或服务的特征影响。

(6)顾客不满。这是顾客的一种负面状态，它来自因产品或服务的缺陷而导致的需要未能满足，进而会造成顾客的恼怒、投诉、索赔或退货。

(7)不良。指任何导致产品或服务不能满足顾客需要的错误、缺陷、故障、差错。呼叫中心的电话应答过于缓慢、账单的差错、保证期内索赔、动力不足、未按期交货、不能使用的产品等都属于不良。

(8)顾客忠诚。指产品和服务的特征满足了需要且交付后没有不良而使顾客达到的欣喜状态。忠诚的顾客会持续购买和使用企业生产的产品和提供的服务。

(9)顾客不忠。这是顾客的一种非常负面的状态，他们不再要企业的产品或服务，而转向选择那些具有更好的产品和服务的厂商。

(10)优异绩效、世界级或同业之最。这些提法被用来描绘在市场上具有公认的最高质量产品的那些企业。这些企业成为人们事实上希望达到的参照标杆。

二、计量工作

(一)计量工作在质量管理中的作用

计量是关于测量和保证量值统一和准确的一项重要的技术基础工作。企业计量工作的重要任务，是以统一计量单位制度，组织量值正确传递，保证量值统一为目的的基础工作。如果没有单位制度和量值的统一，工艺过程就不能正常控制，生产就无法进行，制定和贯彻技术标准与提高产品质量就只能是一句空话。具体说，计量在生产经营全过程中的作用表现在以下几方面：第一，通过对进厂原材料、燃料进行计量测试，以消除产品质量隐患；第二，对外购元器件、零部件和各种工艺装备必须严格检测合格，以确保加工和装配的质量；第三，计量测试是也是进行生产过程工艺参数监控最基本、最主要的技术手段；第四，半成品和产品质量的最终评价，也必须依赖完备科学的测量控制体系；第五，计量工作也是工业生产技术进步和管理现代化的基础和前提。

企业的计量工作有以下几个特点：

(1)一致性。计量工作的一致性主要反映在两个方面，一方面是指统一国家的计量制度，并且要与国际上的计量制度保持一致。目前，我国采用的国际单位制是世界各个国家采用的计量制度。另一方面是指统一各种单位值，其目的是保证各种测量结果的符合一致，使生产具有社会化意义。

(2)准确性。要达到量值传递的目的，每次计量过程都必须保持一定范围内的准确可靠，这就要求计量给出的数据能够经得起考验，即在不同时间、不同地点、不同人员对同一种量值的测量结果，都具有一定程度的准确范围，并且有足够的稳定性和复现性，这样才能达到符合一致的目的。测量结果不但要给出明确的量值，而且要给出误差的大小，可见，计量的准确性是保证统一性的基础和前提。

(3)可溯源性。计量是从单位制开始的，单位制中的基本单位的量值称为基准量值，复现这些量值的设备称为基准器，简称计量基准。单位量值复现以后，要通过较低一级的标准器，逐级传递下去，称为量值传递。传递都规定有一定的误差范围，以保证同类测量结果在全国的准确一致。这种为达到量值统一而进行的量值逐级传递的形式，即为量值的可溯源性。

(4)法制性。计量工作贯穿于国民经济的各个领域，为了实现全国的计量单位制统一和全国的量值统一，国家必须制定和颁布有关计量的法律、命令、条例、办法、制度、规程等一系列法律、法令，作为各地区、各部门、各行业涉及计量工作所必须遵守的准则。

因此，做好企业的计量工作，对于企业加强质量管理，提高产品质量，以及与国际惯例接轨，具有重要意义。

(二)做好计量工作

企业要做好计量工作，必须处理好以下几个问题：

(1)建立计量确认体系，实行测量过程控制，为质量体系有效运行提供保证。ISO10012《测量控制体系》为做好计量工作指出了明确的方向，那就是要建立计量确认体系，实行测量过程控制。依据ISO10012《测量控制体系》的要求，应对所有的测量设备进行认可和管理，并形成一个文件化的测量控制体系，确保所有计量检测设备的使用和运行符合质量要求，杜绝计量误差超出允许误差极限，并对每一个测量过程实行有效的控制，使其处于统计控制状态之下。

(2)按照生产设计保证产品质量的要求，配备计量检测设备。企业在配备计量检测设备时，要根据生产设计的要求，特别是保证与提高产品质量对计量检测提出的测量准确度要求进行全面考虑。配备的各种计量检测设备所要求的准确度，应和被测参数的允许误差相匹配。在确定配备计量检测设备时，既要考虑满足保证产品质量特性的要求，又要估算好配备计量检测设备的投资，避免因配备的计量检测设备的等级过高造成资金浪费。

(3)确保计量器具及仪器的正确与合理使用。保证计量器具及仪器正确与合理使用，是计量工作中的一个重要方面。为此应做到：要经常对职工进行爱护计量器具及仪器的教育；提高工人技术水平，使其熟练地掌握量具及仪器的使用技能；要根据企业的生产过程和工艺特点，正确配备各种量具和仪器；正确制定和严格贯彻执行有关操作规程和制度，如仪器的使用和维护制度，以及化验和分析方面的规章制度；建立和健全量具及仪器使用的责任制度。

(4)合理地确定计量检测设备的确认周期(校准和检定的周期)，坚持间隔校准制度。为了确保量具及仪器的质量，对企业所有的计量器具及仪器，无论是外购或自制的，都必须按照计量检定规程规定的检定项目和方式或有关技术标准进行检测。这些检测包括：第一，入库检定，即外购或自制的计量器具在入库之前，由计量室，中央工具库检定站进行技术检定，检定合格的发入库合格证，送工具库保存备用；第二，入室检定，即各车间工具室在从中央工具库领取计量器具及仪器时，应先由车间检查站进行入室前的检定，对入室检定合格的量具及仪器，检查站打上合格标志，送工具室保存备用，对于重要的量具及仪器，出借时必须进行校检；第三，周期检定，即对使用中的计量器具及仪器，由检查站按照规定的周期和项目进行技术检定，实行周期检定的计量器具及仪器，必须按照检定周期日程表进行，并把检定结果记录下来，合格的换上新合格证，准予继续使用，不合格的由检定站进行修复，修复合格后，再发给合格证，提供使用；第四，返还检定，即借用的量具及仪器用毕归还之前，由检查站作返还检定，合格的打上合格标志，送还工具室保存备用。所有计量器具及仪器必须经检定合格，具有合格证及标志，才准许投入使用或进行流传。

(5)及时、正确处理不合格计量检测设备。不合格计量检测设备是指超载或误动作、工作不正常、出现功能障碍、铅封被破坏、超过规定的确认间隔、损坏不能使用等。对上述不合格计量检测设备，首先要暂时停止使用，做出明显的不合格标记，并在规定的部位单独进行保存。对不合格的器具设备要根据不同情况分别处理，可采取重新校准、修理、调试、维护保养等多种措施，经过确认合格后再使用，有的计量检测设备经维修、调试和校准后仍达不到原有的性能，可采取降低准确度等级，限制功能和量度使用，放宽某些特殊要求等措施，尽可能发挥现有计量检测设备的作用。实在不能使用的设备和器具，必须及时报废，不得使用。

(6)保证计量检测设备使用的环境条件。企业的计量检测设备，必须在适宜的环境条件下使用。对检测结果有影响的环境因素，如温度、湿度、噪声、振动、电磁干扰、接地电阻、电源电压、灰尘、照明、清洁卫生等，应进行适当的控制，必要时，要进行连续的监控和记录，以保证准确测量的要求，或对测量结果进行必要的修正。

(7)健全计量管理机构，配合高素质的计量工作人员。为了做好计量工作，充分发挥它在企业生产和质量管理中的作用，企业必须设置专门的计量管理机构和理化试验室，负责组织和管理企业的计量和理化试验工作。这样才能保证质量管理的有效实行。同时计量工作人员都应具备相应的资格，要由经过培训教育、有才能、有经验、有责任心的人员来担任，并且要有足够的人员与生产经营相匹配，计量人员的队伍应保持相对稳定。此外，广泛开展企业计量水平的定级和诊断活动，可以有力地促进企业计量基础工作的加强，也能大大地促进质量管理的深入开展。

三、质量责任制

(一)质量责任制在质量管理中的作用

建立质量责任制是企业建立经济责任制的首要环节。它要求明确规定企业每一个人在质量工作上的具体任务、责任和权力，以便做到质量工作事事有人管、人人有专责，办事有标准，工作有检查，把同质量直接有关联的各项工作和广大职工的劳动积极性结合起来，形成一个严密的质量管理工作系统。一旦发现产品质量有问题，可以追溯责任，有利于总结正反两方面的经验，更好地保证和提高产品质量。企业质量责任制的表达形式主要有两种：一是以企业规章制度形式颁布实行；二是以企业标准形式发布实施。随着企业管理标准化工作的推行，许多企业采用了后一种形式，并取得较好的效果。

实践证明，为了使所有影响质量的活动受到恰当而连续的控制，且能迅速查明实际的或潜在的质量问题并及时采取纠正和预防措施，必须建立和实施质量责任制度。只有实行严格的质量责任制，才能建立正常的生产技术工作程序，才能加强对设备、工装、原材料和技术工作的管理，才能统一工艺操作，才能从各个方面有力地保证产品质量的提高；实行严格的责任制，不仅提高了与产品质量直接联系的各项工作质量，而且提高了企业各项专业管理工作的质量，这就可以从各方面把隐患消灭在萌芽之中，杜绝产品质量缺陷的产生；实行严格的责任制，可使工人对于自己该做什么，怎么做，做好的标准是什么都心中有数。

(二)做好质量责任制

为了使企业的质量责任制这项工作落到实处，应注意以下几个问题：

(1)要按照不同层次、不同对象、不同业务来制定各部门和各级各类人员的质量责任制。凡推行全面质量管理的企事业单位和部门，都应根据国家关于全面质量管理和质量责任的有关法规和 GB/T 19000 系列标准要求制定本单位和本部门的质量责任制度。在建立各级质量责任时，根据企业的质量目标，围绕产品质量产生、形成和实现的全过程中的各个环节的质量职能，对各级部门和各类人员在质量管理活动中的任务、职责和职权，都应加以明确规定。通过建立各级部门和各类人员质量责任制，使企业所有部门和全体职工真正明白自己的质量责任之所在，使企业形成一个职责明确、覆盖全面、纵横交错、层次分明的质量责任网络。

(2)明确规定各级领导干部，特别是最高管理者的质量责任。企业的质量责任制内容，主要是规定各级领导干部和部分与产品或服务质量直接有关的职工以及各部门的质量责任。例如，企业最高管理者的质量责任为：第一，认真执行质量第一及其他国家有关质量工作的方针、政策、法规，领导和推行全面质量管理，制定本企业的质量方针；第二，组织制订质量管理的中期、远期发展规划，制订质量目标及实施计划，如积极采用国际标准和国外先进标准，配备先进检测手段等，使产品质量精益求精、物美价廉、适销对路、用户满意；第三，设计、建立质量管理组织体制，配备质量活动过程所需资源，建立和完善质量体系，并认真进行管理评审，检查落实各级质量责任制和质量奖励制度的执行，促进质量体系的有效运行；第四，迅速掌握质量信息，及时处理质量问题，及时总结质量管理中的经验与教训，并纳入企业标准，付诸实施；第五，重视和控制质量成本，减少质量损失，提高质量管理水平和效益等。

(3)质量责任制规定的任务与责任要尽可能做到具体化、数据化，以便进行考核。要尽量避免空话、大话，防止质量责任制流于形式。同时，在制定企业的质量责任制时，要由粗到细，逐步完善。企业应从自身的实际情况出发，踏踏实实，循序渐进，力求实效。切忌照抄照搬，弄虚作假。

(4)为了切实把质量责任制落到实处，企业必须制定相应的质量奖惩措施。建立质量责任制，必须明确质量责任制的实质是责、权、利三者的统一。质量责任制的责、权必须对等一致，同时要与利益和惩罚挂钩，起到鼓励和约束作用。对于在质量工作中做出贡献者，给予物资和精神上的奖励；对违反质量责任制规定或造成事故者，要予以适当的惩罚。质量奖惩措施多种多样，企业可以根据自己的情况选择适当的方法，例如"质量否决权"的方法就是我国企业应用较普遍的一种质量奖惩制度。所谓"质量否决权"，就是国家对企业，企业对职工的考核都必须坚持“质量第一”，质量指标达不到，其他考核项目得分再高，也要按质量指标水平拉下来。就是说，质量指标的考核起着决定性的否决作用。这是一项有利于质量责任制实施的重要措施，对增强企业领导和广大职工的质量意识，提高工作质量和产品质量起到显著的推动作用。实施质量否决权的前提是要有一套科学合理的考核标准，即考核指标体系。因此，质量责任制必须具体，并尽量有定量指标。

四、质量信息工作

(一)质量信息工作在质量管理中的作用

质量信息，指的是反映企业产品质量和产供销各环节工作质量的基本数据、原始记录以及在产品使用过程中反映处理的各种信息资料。影响产品质量的因素是多方面的、错综复杂的。搞好质量管理，提高产品质量，关键是要对来自各方面的影响因素有个清楚的认识，做到心中有数。因此，质量信息是进行质量方面决策的依据；是改进产品质量、改善各环节工作质量的最直接的原始资料和依据；是正确认识各种因素变化和产品质量波动之间的内在联系和规律性，从而进行质量控制的基本依据。因此，质量信息是质量管理的耳目，也是一项重要的资源。

质量记录是质量信息的主体。质量记录是表述质量活动状态和结果的客观证据，也是在对产品进行检验、测量、检查等的基础上获取的真实质量信息。任何一个组织或一个质量体系均应保存完整的质量记录，证明产品达到规定的质量要求，验证质量体系处于正常有效的运行之中。质量记录又可分为产品质量记录、质量体系记录等。其中，产品质量记录包括产品、半成品、零部件的质量检验记录；不合格品回收与处置记录；产品合格证书；产品质量审核报告等。质量体系记录是对质量体系及其各要素运行状态的记录，包括设计评审报告；工艺更改记录；工序质量控制记录；质量培训与考核记录；计量检测设备的检定记录与证书；质量成本报告；质量体系审核报告等。

(二)做好质量信息工作

要使质量信息在企业的质量管理活动中发挥作用，就要做好以下几项工作：

(1)要使质量信息满足及时、准确、全面、系统的基本要求。首先，应该注重提供质量信息的及时性。影响产品质量各方面的因素是在不断发展和变化的，每时每刻都会出现一些新的问题、新的情况、新的信息。只有把这些新的问题、情况、信息及时地、如实地反映出来，反馈过去，才能及时采取措施，解决问题，消除缺陷，促进生产顺利发展，保证产品质量。否则，就会耽误时机，造成大量废次品损失。其次，应该保证质量信息的准确性。如果提供的资料不正确，不仅掌握不了产品质量的真实情况，而且掌握不了质量运动的规律，会给质量管理带来极大影响，给消费者和社会带来莫大的危害。最后，质量信息工作，还应当做到全面、系统。也就是说，它应当全面地反映质量管理活动的全过程，经常地反映质量管理相互联系的各个方面，系统地反映其变动情况。只有这样，才能帮助我们切实掌握产品质量运动的规律，才能充分发挥信息在质量反馈和积极预防质量缺陷方面的作用。只有这样，质量信息工作才能真正成为我们认识质量运动规律的有力武器，成为质量管理的可靠基础。

(2)建立企业的质量信息反馈系统和质量信息中心。质量体系正常运行的关键是要有一个高效、灵敏的信息管理系统，信息中心就是它的神经中枢。质量信息中心应设有专职部门和人员，它负责对企业质量信息的收集、整理、分析、处理、传递、汇总、储存、建档等工作，并及时向企业领导和有关部门提供准确的信息。随着社会科学技术的进步，市场竞争日益激烈，对质量信息工作的要求也更高，不仅要求质量信息正确、全面、迅速，而且要求建立的质量信息系统，能够随时提供所需的各类质量信息。这就要利用电子计算机辅助质量信息管理。通过建立电子计算机辅助质量信息管理，以满足企业产品多、质量信息量大、统计量大的要求，改变了原来质量信息数据差错多，处理和传递速度慢等落后面貌。

(3)加强三个环节的质量信息的收集和管理。第一，从产品实际使用过程中，收集有关产品质量的原始记录、数据等资料，包括收集用户的意见和反映、组织产品质量状况的调查、调查和收集产品实际完成的工作量或实际达到的能力、调查和收集反映产品使用的经济性的质量信息。这种从产品使用过程中取得产品质量情报信息的方式，可以由企业组织专门调查组到有关单位调查，可以在用户服务的过程中取得，也可以由协作单位或使用部门提供。第二，从企业的生产经营过程中收集有关工作质量和产品质量方面的信息等。这方面质量信息的主要来源是通过大量的、各式各样的原始记录获得的。企业必须十分重视制造过程和辅助生产过程中，特别是生产班组等第一线生产活动中的原始记录和资料积累，它们都是改进质量管理的可靠的第一手资料，也是贯彻质量责任制的基本条件。第三，从生产同类产品的国内企业和国外同行企业收集有关产品质量的信息。有了这些信息，就可以使企业各级管理者能够了解国内外产品质量发展的新技术、新水平、新动向，进而找出差距，使赶超目标更加明确。

五、质量教育工作

(一)质量教育工作在质量管理中的作用

人力资源是生产要素中最重要的要素，工作要靠人来做，产品或服务要靠人来生产或提供，产品或服务质量的好坏，归根结底取决于企业员工的技术和素质水平，取决于企业各部门和流程的管理水平。因此，开展质量管理活动，必须从提高员工的素质抓起，把质量教育作为“第一道工序”。通过质量教育工作，不断地提高企业全体员工的质量意识，掌握和运用质量管理的理论、方法和技术，自觉地提高业务管理水平和操作技术水平，不断地提高工作质量，从而生产出合格产品，并满足顾客的需要。

(二)做好质量教育工作

企业搞好质量教育工作，应注意以下几个问题：

(1)领导重视，联系实际，注意提高职工的质量意识。企业领导应带头学习，发动企业职工积极主动接受质量教育，强化全体职工的质量意识，牢固树立“质量第一”的思想，逐步深化质量教育工作。

(2)因地制宜，注意教育形式多样化。在质量教育工作中，由于行业不同，各类人员的工作性质不同，掌握质量管理知识的广度、深度以及侧重点有所不同。教育形式除了办班讲课、现场教学外，还可以有多种教育形式，如举办全面质量管理知识竞赛、知识讲座、组织外出参观学习等活动，使职工在各种活动中受到质量教育，提高学习的兴趣。

(3)编制质量教育培训计划，注意教育内容的系统性。企业为了系统地搞好质量教育工作，必须编制切实可行的质量教育计划，并将其纳入职工教育培训计划之中。教育的内容既要有普及教育的内容，又要有深化提高的内容。

(4)编写适合本企业的质量管理辅助教材，注重质量教育的针对性。除基础知识采用通用教材外，企业还应根据本行业、本企业的特点，编写有一定深度的切合本企业实际的辅助教材，使职工学起来通俗易懂，达到学以致用的目的。

(5)重视师资的配备与培养，注重提高教育质量。在质量教育中，企业要有计划地配备专职教师和兼职教师。对这些教师要有计划地培养，创造条件让他们参加有关的学习、交流、研讨活动，以便提高他们的业务知识水平，不断提高教学质量。

(6)建立和完善质量教育管理制度，注重教育的持久性。质量教育要纳入职工教育的工作日程，要建立职工的教育档案以及有关管理制度，对企业职工的学习内容、授课时间、考试成绩等，建立个人学习卡片和受教育档案。严格学习制度并与职工考核、升级、奖惩挂钩，以充分调动职工的积极性，使质量教育工作经常化，并深入、持久地开展下去。

第二章　国际质量标准认证与全球质量奖

企业如何评估质量管理的现状和水平？本章提出采取国际质量标准认证与全球质量奖两种评估方式。我们首先在第一、二节分别介绍ISO9000系列标准和世界三大质量奖，然后在第三、四节分别解释质量审核和认证制度两种质量管理评估的具体方法。

第一节　ISO9000系列标准概述

一、ISO9000系列标准产生的背景

质量管理和质量保证标准的产生绝不是偶然的，它是现代科学技术和生产力发展的必然结果，是国际贸易发展到一定时期的必然要求，也是质量管理发展到一定阶段的产物。

（一）科学技术和生产力发展的必然结果

20世纪后半叶，由于科学技术迅速发展，新产品不断出现，其中相当一部分是具有高安全性、高可靠性、高价值的产品。这些产品在质量上的缺陷不仅给生产企业本身带来巨大的损失，而且也给顾客造成巨大的损失，有的后果还相当严重，不但影响顾客、甚至影响到国家安全、生态环境和人类生存。例如，核电站、飞机、火车、锅炉、桥梁、隧道、汽车、火箭等产品，不但在生产上要花费大量资金，消费大量时间，投入大量人力，而且这些产品都是多环节的产物，一旦某些环节失控，不能保证质量，在使用过程中发生质量事故，其影响范围之大，损失之巨大是难以估计的。现代文明既给人们带来丰富的产品，同时也伴随着更多的危险和更大的灾难，因此，社会和顾客都要求生产企业能建立一套质量体系，对产品质量形成全过程的每一环节的技术、管理和人员等方面的因素进行控制，长期稳定地生产满足顾客需要的产品。

（二）国际贸易发展的必然要求

自20世纪60年代以来，世界贸易有了长足的发展，随着国际交往的日益增多，产品越出了国界，出现产品国际化，其结果必然出现产品责任国际化的问题。为了有效开展国际贸易、分清产品责任，减少产品质量问题的争端，人们希望在产品国际化的基础上再提高一步，要求质量管理国际化。这就是不仅要求产品质量符合统一的技术标准，而且要求形成一种共同的语言，能对企业的技术、管理和人员能力进行评价。许多国家和地区性组织陆续发布了一系列质量保证标准，作为贸易往来供需双方认证的依据和评价的规范，但缺乏国际统一的标准，给不同国家企业之间的技术合作、质量认证和贸易往来带来困难。

在这样的背景下，为保证国际贸易的迅速发展，制定质量管理和质量保证方面的国际标准已势在必行。

(三)质量管理发展的必然产物

20世纪初期，由于企业规模的扩大以及企业内部分工的细化，大多数企业把检验从生产中分离出来，成立了检验部门，质量管理进入所谓“检验质量管理”阶段。20世纪40年代，为适应大规模生产的要求，美国和欧洲的一些数理统计学家把概率论和数理统计的原理应用于质量管理，成功地创立了质量“控制图”和“抽样检查表”等，使质量管理进入了“统计质量管理阶段”。进入20世纪50年代以后，出现了一大批高安全性、高可靠性技术密集型产品、大型复杂产品。在这种情况下，仅在制造过程实施质量控制已不足以保证产品质量。20世纪60年代，菲根堡姆提出了“全面质量管理”的概念，指出企业经营的目的是要生产出满足用户需要的产品，必须对质量、成本、交货期和服务水平进行全面管理，对产品形成全过程进行管理，以及“预防为主”等一套指导思想。这一新的质量管理理论较快地被各国接受，先后在日本等国家取得成功。全面质量管理理论的不断完善，质量管理学科的日趋成熟和数量众多的企业的广泛实践，为各国的质量管理和质量保证标准的相继产生提供了充分的理论依据和坚实的实践基础。

二、ISO9000系列标准的制定与修订

(一)国际标准化组织

国际标准化组织(ISO)是目前世界上最大的、最具权威性的国际标准化专门机构，是由131个国家标准化机构参加的世界性组织。ISO的最高权力机构是每年一次的全体大会，其日常办事机构是中央秘书处，设在瑞士的日内瓦。国际标准化组织的宗旨是：“在全世界范围内促进标准化工作的开展，以便于商品和服务的国际交往，并扩大在知识、科学、技术和经济方面的合作。”其主要活动是制定国际标准，协调世界范围内标准化工作，组织各成员国和各技术委员会进行情报交流，以及与其他国际机构进行合作，共同研究标准化问题。国际标准化组织的工作是通过约2800个技术机构来进行的，每年约有3万名专家参加ISO标准的工作，每年制定约1000份标准化文件。

国际标准化组织为适应质量认证制度的实施，1971年正式成立了认证委员会(CERTICO)，1985年改称为合格评定委员会(CASCO)。1979年9月在ISO理事会全体会议上通过决议，决定在原ISO/CERTICO第二工作组“质量保证”基础上，单独建立质量保证技术委员会TC176，专门研究质量保证领域内的标准化问题，并负责制定质量体系的国际标准。

(二)ISO9000系列标准的制定与修订

(1)第一版ISO9000系列标准。TC176/SC1在总结各国质量管理经验的基础上，经过各国质量管理专家的努力工作，于1986年6月正式发布了ISO8402《质量——术语》。TC176/SC2于1987年3月正式发布了ISO9000至9004质量管理和质量保证系列标准。

ISO9000 质量管理和质量保证系列标准由以下五个标准组成：

ISO9000：1987《质量管理和质量保证标准——选择和使用指南》

ISO9001：1987《质量体系——设计/开发、生产、安装和服务质量保证模式》

ISO9002：1987《质量体系——生产和安装质量保证模式》

ISO9003：1987《质量体系——最终检验和试验的质量保证模式》

ISO9004：1987《质量管理和质量体系要素——指南》

（2）第二版 ISO9000 系列标准。在 ISO9000 系列标准发布之后，TC176 又陆续发布了一些质量管理和质量保证标准，且于 1994 年对第一版 ISO9000 系列标准进行了第一次修订，至此，ISO9000 系列标准共有 16 个。1994 年之后，ISO9000 系列标准的队伍不断扩大，至 2000 年改版之前，共有如下 22 个标准和 2 个技术报告（TR），通常被称为第二版 ISO9000 系列标准：

ISO8402：1994《质量管理和质量保证——术语》

ISO9000-1：1994《质量管理和质量保证标准——第一部分：选择和使用指南》

ISO9000-2：1993《质量管理和质量保证标准——第二部分：ISO9001、ISO9002 和 ISO9003 实施通用指南》

ISO9000-3：1993《质量管理和质量保证标准——第三部分：ISO9001 在软件开发、供应和维护中的使用指南》

ISO9000-4：1993《质量管理和质量保证标准——第四部分：可信性大纲管理指南》

ISO9001：1994《质量体系——设计、开发、生产、安装和服务的质量保证模式》

ISO9002：1994《质量体系——生产、安装和服务的质量保证模式》

ISO9003：1994《质量体系——最终检验和试验的质量保证模式》

ISO9004-1：1994《质量管理和质量体系要素——第一部分：指南》

ISO9004-2：1991《质量管理和质量体系要素——第二部分：服务指南》

ISO9004-3：1993《质量管理和质量体系要素——第三部分：流程性材料指南》

ISO9004-4：1993《质量管理和质量体系要素——第四部分：质量改进指南》

ISO10005：1995《质量管理——质量计划指南》

ISO10006：1997《质量管理——项目管理质量指南》

ISO10007：1995《质量管理——技术状态管理指南》

ISO10011-1：1990《质量体系审核指南——审核》

ISO10011-2：1991《质量体系审核指南——质量体系审核员的评定准则》

ISO10011-3：1991《质量体系审核指南——审核工作管理》

ISO10012-1：1992《测量设备的质量保证要求——第一部分：测量设备的计量确认体系》

ISO10012-2：1997《测量设备的质量保证要求——第二部分：测量过程控制指南》

ISO10013：1995《质量手册编制指南》

ISO/TR10014：1998《质量经济性管理指南》

ISO10015：1999《质量管理——培训指南》

ISO/TR10017：1999《统计技术指南》

三、新版 ISO9000 系列标准的构成

新版 ISO9000 系列标准对原有的标准有四种处置方式：并入新的标准；以技术报告(TR)或技术规范(TS)的形式发布；以小册子的形式出版发行；转入其他技术委员会(TC)。该标准的文件结构如下：

(1)核心标准四个：

ISO9000《质量管理体系——基础和术语》

ISO90010《质量管理体系——要求》

ISO9004《质量管理体系——业绩改进指南》

ISO19011《质量和环境管理体系审核指南》

(2)其他标准一个：

ISO10012《测量控制系统》

(3)技术报告若干份，现已列入计划的有：

ISO/TR10006《项目管理指南》

ISO/TR10007《技术状态管理指南》

ISO/TR10013《质量管理体系文件指南》

ISO/TR10014《质量经济性管理指南》

ISO/TR10015《教育和培训指南》

ISO/TR10017《统计技术指南》

(4)小册子若干份，现已列入计划的有：

《质量管理原理》

《选择和使用指南》

《小型企业的应用》

另外，为防止将 ISO9000 系列标准发展为质量管理的百科全书，ISO/TC176 将与其他委员会或相关行业合作，以扩大 ISO9000 系列标准的使用范围。例如：ISO/TC176 与国际汽车行业合作，制定了汽车行业的国际标准：ISO/DTR16949《质量体系——汽车业供应方》，以取代美国、德国、法国和意大利的汽车行业标准 QS9000、VDA-6.1、EAQF 和 AVSQ。ISO/TC176 和医学行业合作制定的 ISO/FDIS13485《质量体系——ISO9001 在医疗器械中的应用》等国际标准也已发布。

新版 ISO9000 阐明了质量管理的理论基础；ISO9001 是 ISO9000 质量管理体系的基本要求；ISO9004 是质量管理体系更高要求的指南；ISO19011 则是对质量管理体系进行审核的指南。其中，ISO9001 与 ISO9004 的区别与联系见表 2.1。

表 2.1　**ISO9001 与 ISO9004 的比较**

项目	ISO9001	ISO9004
目的	为证实组织具有满足客户要求和适用的法规要求的能力	为使客户满意和相关方受益，改善组织的总体绩效

续表

项目	ISO9001	ISO9004
性质	质量管理体系要求	业绩改善指南，不是 ISO9001 的实施指南
用途	根据要求可用作审核和(或)认证依据	可帮助组织追求卓越，不能用作审核和(或)认证依据，可作自我评价的依据
管理内容	使客户满意的最低要求	希望超过 ISO9001 的最低要求

四、在我国企业中推行 ISO9000 系列标准的必要性

(一)实施 ISO9000 系列标准是建立现代企业制度的需要

建立现代企业制度就是要解决所有者和经营者的行为合理性问题，企业能够充分自主地支配其掌握的资源，独立地承担财产责任。在企业内部形成一种可监督的产权结构，以建立企业内部的利益制衡机制，在产权制度上要保证所有权能对控制权实行有效的约束。在这种机制下，人的行为规范和企业管理运行方式是处于一种严格的法制状态，不应因个别人的行为或变迁而发生变化。ISO9000 系列标准使企业质量工作科学化、规范化，顺应了这种客观要求，从企业的日常工作中来保证和促进现代企业制度的实施效果。ISO9000 系列标准的思想和要求是从最高管理者开始，利用管理的“瀑布效应”，使之从上至下，像瀑布一样把每一层管理者身上那些陈旧的、不好的管理习惯冲刷干净。在取得成功的组织中，那些与质量变革相关的重要工作都由最高管理者亲自负责。他们参与制订周密的计划、安排必要的资源来支持该计划，并提供必要的时间、人员和资金，以保证在贯彻标准过程中所产生的问题得到解决，必要时还应定期检查和协调整个计划的进程，使质量方针完全实施。从最高领导到每一个职工必然会将现代企业制度的要求融合在实施 ISO9000 系列标准的行为规范和运行方式中，从而使企业在国际国内两个市场中腾飞。

(二)实施 ISO9000 系列标准是开展国际贸易的需要

众所周知，当今的世界市场，贸易竞争手段多种多样，从经济和技术的角度来讲，主要是价格竞争和非价格竞争。非价格竞争实质上就是质量竞争，非价格竞争已成为国际贸易竞争的主要手段。如果不能在国际贸易中统一质量要求，不能统一质量认证制度，将会严重阻碍国际贸易的发展，这是由于在国际经济发展中出现的地区化、集团化趋势日益加剧，各国质量管理方法和质量认证制度的差别就会成为产生新贸易技术壁垒的重要因素。ISO9000 系列标准正是在这种背景下产生的。当今，任何国家的产品进入国际市场的重要前提，就是要在本国全面、有效地实施 ISO9000 系列标准。

(三)实施 ISO9000 系列标准是加强质量管理的需要

产品质量的获得有赖于对影响质量全部因素的控制，控制能力强，产品质量就会有保证。因此，ISO9000 系列标准规定实施设计控制、进货检验控制、过程更改控制、检验状

态控制、测量控制、不合格品控制、质量记录控制等，使影响质量的全部因素在生产过程中始终处于受控状态。

目前，我国许多企业在生产与运营过程中，对质量控制力度不够，缺乏严格的控制程序。建立现代企业制度，向现代化管理方式过渡，改进产品质量是其重要目标，实施ISO9000 系列标准，建立严格的质量控制程序，正是适应了实现这一目标的需要。

(四)实施 ISO9000 系列标准是建立高品位企业文化的需要

现代企业的建立需要与之相适应的企业文化。企业文化是在现代企业管理基础上，以科学的管理思想和方法培育出来的，ISO9000 系列标准及其所要求的人文环境，客观上形成了建立和发展现代企业文化的模式。最高领导的承诺，在利益和风险方面为顾客的考虑，建立严格的控制程序等思想充分体现了追求完美、奋发向上、全心全意为企业服务的企业风范。实事求是、用数据说话是优秀企业文化的精华之一。建立体系、重视协调、统一意志、规范行为，使企业成为有机整体是高品位企业文化的成果。ISO9000 系列标准既为创造优秀的企业文化提供了条件，在客观上又需要高品位的企业文化来加以充实。这不仅因为只有经济与文化一体化的企业才更有希望在竞争中取胜，还因为优秀的企业文化本来就是现代企业追求的价值目标之一。按 ISO9000 系列标准进行运作，有助于企业的各级领导人提高领导艺术，善于授权，善于调动职工的积极性，激发他们的创造力，使职工与企业同呼吸共命运，沟通企业内部的各种人际关系，保证决策的正确性和一致性，从而形成良好的企业文化环境。

五、ISO9000 系列标准与全面质量管理的比较

(一)世界共同的知识资源

全面质量管理(TQM)在以前又称为 TQC，是 20 世纪 60 年代初由质量管理专家菲根堡姆在他所著的《全面质量管理》一书中正式提出的，书中还首次提出质量体系概念。TQM 被提出之后，相继为各工业发达国家乃至发展中国家重视和运用，并取得举世瞩目的成功。现在 TQM 无论在理论还是实践上都得到了很大的发展，特别是近年来全球市场竞争的日趋激烈和世界经济的发展，进一步推动了 TQM 理论的发展，并引起人们对 TQM 的更大关注。当前，TQM 已经成为现代企业以质量为核心的经营途径，是通过达到顾客持续满意而有效提高企业竞争力和获得更大利益的经营管理体系。

为了促进国际贸易，打破技术壁垒，国际标准化组织于 1987 年正式发布了 ISO9000 系列质量管理和质量保证国际标准。TQM 和 ISO9000 的相继诞生为各国企业的质量管理提供了科学依据，也是世界质量管理的重要里程碑。

ISO9000 系列标准对 TQM 的定义是："一个组织以质量为中心，以全员参与为基础，目的在于通过让顾客满意和本组织所有成员及社会受益而达到长期成功的管理途径"，可见 TQM 的作用和地位。从 TQM 和 ISO9000 的产生与发展可知，两者都是世界各国尤其是工业发达国家质量管理经验的总结和理论的发展，因此，它们属于全世界共同的知识财富，已经成为各国企业广泛运用且行之有效的质量管理手段。

(二) 打基础与求发展的关系

经过多年来的探讨与实践，人们对于 ISO9000 和 TQM 的关系，已从早期的众说纷纭，各抒己见，发展到认识上的逐步深化，至今已取得了基本共识，并澄清了一些模糊观念。较为普遍的认识是：ISO9000 与 TQM 都是指导企业加强质量管理的科学途径，两者之间基本上是一个打基础与求发展的关系，相互之间存在着相融相通的有机联系。ISO9000 着眼于为企业建立质量管理体系提供具体指导和为实行对外质量保证做出明确规定，而建立并实施质量管理体系，则是企业实行 TQM 的基础和核心工作。因此，按 ISO9000 系列标准建立质量管理体系是企业质量管理的重要基础，也是衡量企业质量管理的基准。而 TQM 则除了 ISO9000 所包含的内容之外还具有更丰富的内涵，几乎涉及企业所有的经营活动，尤其是它包含企业长期成功的经营管理战略，它是引导企业持续不断地以质量为中心，以全员参与为基础，坚持质量改进，从而取得长期成功的管理途径。至今，TQM 的理论和实践随着科学技术和社会经济的发展还在继续发展与完善。

(三) 全面质量管理是达到和保持世界级质量水平的要求

ISO9000 系列标准在诸多方面反映了 TQM 的思想，它是 TQM 发展到一定阶段的产物，因此，把 ISO9000 看作 TQM 的一部分也不无道理。新版 ISO9000 与 TQM 有着更多的兼容。但 ISO9000 作为国际标准，它难免又是一个协调的产物，因此，决定了它不可能是企业质量管理的最高要求，加上标准修订的时限性，也就不可能与 TQM 的发展始终保持同步，而 TQM 则是达到和保持世界级质量水平的要求，其中各种国家和区域性质量奖水平可视为当今世界 TQM 最高水平的代表。而推行和深化 TQM 是达到这一水平的全过程活动，通过持续改进达到组织的顾客和各个相关方的持续满意，从而使组织获得最佳的整体业绩。因此，推行 TQM 是每个组织的一项长期任务，也可以说是没有止境的。

有很多企业对于如何深化 TQM，在具体实施中感到不得要领，不如 ISO9000 标准好操作。这是由于 ISO9000 作为一个标准，其具体要求已逐项明确地展示在人们面前，企业的质量管理可以按此加以规范。而以往人们接触到的 TQM，则较多地侧重于它的思想、原理和理论，它们常常以一种哲理的形态出现，这些原则看起来较为简单，甚至显而易见，但执行起来却不知从何入手或难以付诸实践。而且由于它的理论化倾向和原则要求过于宽泛，在具体实施时，虽有较大的游刃余地，但同时也会造成可操作性不强，缺乏具体可执行的准则。令人欣喜的是，ISO9004 标准和质量奖评定标准对此做出了重要贡献，为我们推行和深化 TQM 提供了技术上的帮助。

新版 ISO9000 系列标准在内涵上的最大改进是与 TQM 有更多兼容，反映各种质量奖的核心价值观的主要思想和原则在标准中得到更多体现。尤其是 ISO9004 标准更充分地体现了八项质量管理原则，标准的许多内容与质量奖的要求在指导思想上十分接近，甚至完全一致，而这些质量管理原则都是 TQM 的精髓或主要思想，并获得世界著名质量管理专家和质量界的普遍赞同。ISO9004 的引言指出：“ISO9004 为那些希望超出 ISO9001 的最低要求，寻求更多业绩改进的管理者提供指南”，“本标准给出了质量管理应用的指南，并描述了质量管理体系应包括什么过程”，这就为获证企业在进行质量管理体系拓展时提供了具体指导。在实现体系认证向 TQM 过渡的过程中，解决了以往遇到的困惑或障碍。因此，可以确认 ISO9004 是广大获证企业向 TQM 过渡，获得持续改进，追求卓越的有效途径。

纵观 ISO9000 系列标准与全面质量管理，它们在理论上是相同的，在采用的方法上是相通的，在具体做法上是相近的。当然，我们如果非常细致地对比，也能找出一些不完全一致的地方，如：①虽然都强调全员参加，但 ISO9000 是指与质量体系有关的人员，而 TQM 是指企业所有人员；②虽然都强调全员培训，但 ISO9000 是指与质量有关的人员必须进行全员培训，而 TQM 是指所有人员，即 ISO9000 指的是有限的“全员”；③虽然都讲全面质量，但 TQM 所指的范围较 ISO9000 窄；④虽然都指全过程的控制，但 ISO9000 强调文件化，而 TQM 更重视方法和工具；⑤TQM 强调顾客满意和社会收益，而 ISO9000 强调的是企业具有持续提供符合要求产品的能力；⑥ISO9000 能够进行国际通行的认证，而 TQM 却不能；⑦ISO9000 是通用的标准，企业按规范化的要求去做，可比较，可检查，可操作，但是 TQM 只有图书、文章阐述的方法，没有规范化。

上述这些差别都不是关键问题，不影响二者之间的相容、相同、相通和相近的主流。

第二节　世界三大质量奖

日趋激烈的全球竞争现在已经导致了人们对质量的加倍关注，许多企业就如何推行质量活动而纷纷寻求咨询，为了适应这种经济全球化和国际贸易发展趋势的需要，帮助组织提高竞争力，更好地满足顾客的需求和期待，很多国家和地区设立了质量奖。比较著名的有：美国鲍德里奇国家质量奖（MBNQA）、欧洲质量奖（EQA）、英国质量奖（UKQA）、瑞典质量奖（SWQA）、新西兰国家质量奖（NZQA）、新加坡质量奖（SQA）、日本戴明奖等。另外还有很多授予个人的奖项，例如阿曼德·V. 费根堡姆奖章、石川奖章等。在这些质量奖中最具影响力和代表性的就是世界三大质量奖：美国鲍德里奇国家质量奖、欧洲质量奖和日本戴明奖。

一、美国鲍德里奇国家质量奖

20 世纪 80 年代，美国在产品质量和过程质量方面的领导地位受到了国外竞争对手的严重挑战，劳动生产率的增长也落后于日本等竞争对手。许多有远见的美国工商界人士和一些政府领导认识到美国企业必须重新强调质量。当时担任里根政府商务部长的马尔科姆·鲍德里奇（Malcolm Baldrige）为提高美国产品的质量和质量管理水平做出了很大的努力。为了表彰他的杰出贡献，在 1987 年美国国会决定设立全美质量奖时就将该奖命名为马尔科姆·鲍德里奇国家质量奖（Malcolm Baldrige National Quality Award，MBNQA）。

设立鲍德里奇国家质量奖有四个方面的目的：（1）促进美国公司为荣誉而改进质量和生产率，同时增加利润、获得竞争优势；（2）表彰那些改进了其产品和服务质量的公司的成就，并为其他公司提供榜样；（3）建立指南和准则，以使企业、行业、政府及其他的组织可以用来评估各自的质量改进活动的成效；（4）通过提供得奖组织是如何变革其文化并实现了卓越的详细信息，为其他希望实现高质量的组织提供具体指导。

创立鲍德里奇国家质量奖的第一步是建立一套评价准则，这套准则被称为“卓越绩效标准”。在设计这套准则时遵循了如下策略，即使之成为一套全国性的质量价值体系；为诊断和信息交流提供一个基础；为跨组织的合作提供一种载体；提供一套动态的奖励制度，并使之不断得到进化和改进。这一策略得到了细致的遵循，评奖准则每年都会有所改变和改进。

卓越绩效标准是决定获奖者和向申请者提供反馈的基础，此外它还有助于提高质量绩效标准和期望水平；在对关键的质量要求和运作绩效要求有着共同的理解基础上，能够促进各类组织之间及组织内部的交流与共享；还可作为企业进行计划、培训、评估等活动的工具。

鲍德里奇国家质量奖评奖准则中体现了以下的 11 种核心价值观：(1)具有远见的领导；(2)顾客驱动的卓越；(3)组织的和个人的学习；(4)对雇员和合作伙伴的重视；(5)敏捷性；(6)注重未来；(7)管理创新；(8)基于事实的管理；(9)公共责任与公民义务；(10)注重结果与创造价值；(11)系统的视野。

这些核心价值观体现在卓越绩效标准中的七个类目的要求中。这七个类目要求可以划分为两种类型，前六个类目可以称为“对策—展开”型的要求，第七个类目可以称为“结果”型的要求。评分所依据的便是对策、展开和结果这三方面的尺度。所谓对策便是应对条目要求的方法；展开是指对策应用的程度；结果指的是实现条目目的的结果。按照层次来看，这套标准可以看作由 7 个类目、19 个条目和 32 个着重方面所构成，如表 2.2 所示。

表 2.2　　**美国鲍德里奇国家质量奖评奖准则及分值**

类目	条目	着重方面
1. 领导(120)	1.1　组织的领导	高层领导的导向；组织的治理；组织绩效的评审
	1.2　社会责任	公众责任；符合道德规范的行为；公益支持
2. 战略计划(85)	2.1　战略制定	战略制定过程；战略目标
	2.2　战略展开	行动计划的制订与展开；绩效预测
3. 以顾客和市场为中心(85)	3.1　对顾客和市场的了解	对顾客和市场的了解
	3.2　顾客关系与顾客满意	顾客关系的建立；顾客满意程度的确定
4. 测量、分析和知识管理(90)	4.1　组织绩效的测量和分析	绩效测量；绩效分析
	4.2　信息与知识管理	数据和信息的可用性；组织的知识
5. 对人力资源的关注(85)	5.1　工作系统	工作的组织与管理；雇员绩效管理系统；雇用与晋升
	5.2　雇员的学习与激励	雇员的教育、培训和发展；激励和职业发展
	5.3　雇员的利益与满意	工作环境；雇员支持与雇员满意
6. 过程管理(85)	6.1　价值创造过程	价值创造过程
	6.2　支持性过程	支持性过程

续表

类目	条目	着重方面
7. 经营结果(450)	7.1　以顾客为中心方面的结果	以顾客为中心方面的结果
	7.2　产品和服务方面的结果	产品和服务方面的结果
	7.3　财务和市场方面的结果	财务和市场方面的结果
	7.4　人力资源方面的结果	人力资源方面的结果
	7.5　组织有效性方面的结果	组织有效性方面的结果
	7.6　治理和社会责任方面的结果	治理和社会责任方面的结果

在这七个类目要求的内在联系中，领导、战略计划以及以顾客和市场为中心代表着领导的三要素。这几个方面放在一起旨在强调以顾客和战略为中心的领导的重要性。对人力资源的关注、过程管理和经营结果代表着结果的三要素。组织产出经营结果的工作是由公司的雇员和供应商伙伴通过其关键过程来实现的。公司所有的行动都指向了经营结果，这里的经营结果是由顾客方面的绩效结果、财务的以及非财务的绩效结果所构成的一个综合体，包括人力资源方面的结果和社会责任方面的结果。对于有效的管理和以事实为依据的企业业绩和竞争性改进体系而言，信息与分析起着至关重要的作用，它构成了绩效管理系统的基础。鲍德里奇国家质量奖准则对于结果给予了高度的重视。类目 7 的“经营结果”一项在 1000 分的总分中占到了 450 分。

二、欧洲质量奖

1998 年 14 家欧洲主要公司组建了欧洲质量管理基金会，它的目的是通过加强质量是全球竞争优势战略的观念，推动并帮助提高质量的活动来提高欧洲公司在世界市场上的地位。1992 年欧洲质量基金会设立了欧洲质量奖，它不仅是对欧洲质量工作做得最好的企业的奖励，也是对一个组织全面质量工作的系统回顾和评价。

欧洲质量奖的评选有九个标准：领导(100 分)、方针和战略(80 分)、人员管理(90 分)、资源管理(90 分)、过程管理(140 分)、顾客满意(200 分)、雇员满意(90 分)、对社会的影响(60 分)、业务成果(150 分)。其中前五个标准被称作条件而后四个标准被称作结果。结果就是通过条件的作用而实现的。我们对比欧洲质量奖和美国鲍德里奇国家质量奖，可以发现欧洲质量奖的评选更注重雇员满意、对社会的影响和业务成果。欧洲质量奖在处理全面质量问题时有更宽的指导原则。它的标准似乎把全面质量管理的中心概念扩展到了属于组织一般工作的许多方面，包括组织在社会和生产环境中所起的作用。

欧洲质量奖与美国鲍德里奇国家质量奖有许多相同的概念和准则，但在某些方面也有所不同。例如，美国鲍德里奇国家质量奖是竞争性的，能够最终获奖的企业数量有着严格的限制。而欧洲质量奖就其本质而言是非竞争性的，达标的每个公司都能够获得一个“奖励”，由最佳奖得主荣获欧洲质量奖。

三、日本戴明奖

日本科学技术联盟(JUSE)设立的戴明奖对于全面质量管理的发展而言是一个重要的贡献。1951 年，为纪念戴明对日本的友谊和贡献，日本科学技术联盟提议设立了戴明奖，以促进日本质量管理的发展。戴明奖有两种类别，分别是针对个人的戴明本奖和针对企业的戴明实施奖。戴明实施奖授予那些以统计方法为基础、通过熟练实施质量控制而取得了杰出的成果，且在将来能够持续如此的公司。

戴明实施奖的评奖准则及其运营方式经历了大量的修订和改进。戴明实施奖是非竞争性的，每一个申请被接受的公司都有可能获奖。审查人员由日本科学技术联盟从一个小规模的学者群体和一些非营利组织的杰出专家中挑选，他们对于质量管理有着深刻的且基本一致的理解。表 2. 3 是戴明实施奖的审查要点。

表 2. 3　**戴明实施奖审查要点**

项　目	审 查 要 点
1. 方针	有关经营及质量方面的方针 确定方针的方法 方针的适当性与一致性 统计方法的运用 方针的传达与贯彻 方针及其落实情况的评估 与长、短期计划之间的联系
2. 组织及其运营	职责与权限的清晰性 授权的适当性 部门间的协调 委员会活动 职工的作用 QC 小组活动
3. 教育与普及	教育的计划与结果 质量意识及其管理、对质量管理的理解 统计概念和方法的教育及普及程度 效果的把握 协作公司的教育 QC 小组活动 改进建议系统及其状况
4. 信息收集、传递及应用	外部信息的收集 部门间的沟通 沟通的速度(计算机的运用) 信息的处理、统计分析与运用

续表

项目	审查要点
5. 分析	重要的问题与改进项目的选择 分析方法的适当性 统计方法的运用 与行业固有技术的联系 质量分析与过程分析 分析结果的运用 针对改进建议所采取的行动
6. 标准化	标准体系 制定、修订和废止标准的方法 制定、修订和废止标准的实际情况 标准的内容 统计方法的运用 技术的积累 标准的运用
7. 控制/管理	质量及其他相关要素的管理系统 控制点及控制项 统计方法和概念的运用(如控制图等) QC 小组活动的贡献 控制/管理活动的现状 控制状态
8. 质量保证	新产品、服务的开发方法(质量展开及分析、可靠性试验与设计评审) 安全性和产品责任方面的预防活动 顾客满意程度 过程的设计、分析、控制与改进 过程能力 仪器仪表与检验 设施、供应商、采购与服务的管理 质量保证体系与诊断 统计方法的运用 质量评价与审核 质量保证的现状
9. 效果	效果的测量 有形效果，如质量、服务、交货期、成本、利润、安全性与环境等 无形效果 实际绩效与预期效果的符合性
10. 将来的计划	对当前状况的具体把握 解决缺陷问题的测量指标 未来的提升计划 未来计划与长期计划间的关系

资料来源：JUSE

在日本每年都有数百家企业申请戴明奖，能够获奖的公司数目不受限制。戴明实施奖更加强调统计方法的应用。它由参评公司自己决定何时来接受一个客观的评估，以审查公司的活动是否达到了戴明实施奖的审查合格水平。在接受正式审查之前，通常企业会提前聘请日本科学技术联盟的咨询人员为自己提供持续的指导。

戴明实施奖的效果表现在经营结果和管理水平两方面。在经营结果方面，通过挑战戴明奖而改进了质量，促进了新产品的开发，提高了生产率，增加了销售和利润；在管理水平方面，改善了部门间的沟通，提高了工作质量，改进成了持续的活动，促进了经营计划的落实，促进了经营方针的沟通，改进了综合管理体制。

四、"卓越绩效模式"小结

从上述世界三大质量奖的具体内容的讨论中我们可以看出，"质量"这个术语在此处有了更为广泛的含义。这些奖项与其说是针对"质量"或"质量管理"，倒不如说是针对"管理的质量"或"经营管理的质量"更为确切。正因为如此，这些奖项才被人们称为"卓越绩效模式"。这些评价标准构成了企业经营管理的框架。

卓越绩效模式为人们提供了一个沟通的平台，使得人们能够用同一种语言来讨论和沟通企业的经营管理问题；它是一个指挥棒，告诉人们满足了哪些方面的要求才算得上是真正的"卓越"；它是一个诊疗仪，有助于人们认清自身的强弱之所在；它是一个标尺，使得人们能够明确相对于他人的位置，明确改进效果的进展如何；当然，它还是一个奖项，激励人们为了荣誉和成就而付出非凡的努力。

尽管各种奖项在具体的条款和运作方式上有所差异，但它们的基本理念和关注的要点却有着惊人的相似。这便是彻底的顾客导向，重视领导的作用，重视每一个个人的作用，主张基于系统的和进程的方法论，强调营造合作、创新、学习、持续改进的文化等。

第三节　质量审核

一、审核的有关概念

(一)审核的基本概念

ISO9000《质量管理体系　基础和术语》中提出了有关"审核"内容的一组12个术语和定义。其中审核的定义如下：

审核是指为获得审核证据并对其进行客观的评价，以确定满足审核准则的程度所进行的系统的、独立的并形成文件的过程。

内部审核，有时称第一方审核，用于内部目的，由组织自己或以组织的名义进行，可作为组织自我合格声明的基础。

外部审核包括通常所说的第二方审核和第三方审核。

第二方审核由组织的相关方(如顾客)或由其他人员以相关方的名义进行。

第三方审核由外部独立的组织进行。这类组织提供符合要求(如ISO9001和

ISO14001)的认证或注册。

当质量和环境管理体系被一起审核时，这种情况称为“一体化审核”。

当两个或两个以上审核机构合作，共同审核同一个受审核方时，这种情况称为“联合审核”。

在审核的定义中，审核证据是指与审核准则有关的并且能够证实的记录、事实陈述或其他信息。审核证据可以是定性的或定量的。准则是指用作依据的一组方针、程序或要求。而过程是指一组将输入转化为输出的相互关联或相互作用的活动。

理解审核的定义，应注意下列几点：

(1)审核是一种评价活动。审核的目的是评价质量管理体系，评价其与组织所确定的各类准则之间的符合性和有效性。这些准则是指广义的工作依据，包括组织的方针、目标；组织的质量手册、体系文件以及组织与用户间的合同、协议等所阐明的要求。

(2)审核是一种客观的评价活动。审核的客观性体现在它以审核证据为依据，以审核准则为准绳。审核证据应该是客观的，不因人的感情意志所偏离的；审核准则应该得到完全的遵守，也是不因人的感情意志所偏离的。

(3)审核是一种系统的评价。审核是对质量管理体系所做的一种系统的、总体的评价。审核的系统性首先是由于质量管理体系的特性所决定的，因为质量管理体系本身是一个立体的、运动着的系统，所以必须对其做出系统的评价才可能是准确的评价。审核的系统性也是由于审核本身的特性所决定的，审核本身具有严密的系统性，这一系统性集中体现的 ISO9001 标准的规定中。

(4)审核是一种独立的评价。这一特点是指审核的过程、评价、结论应该由审核员独立地做出，而不受任何其他因素干扰。只能基于审核中所收集到的审核证据而独立地做出，不能偏离。正是为了避免偏离，才要求审核员必须与审核活动没有直接的责任关系。审核员只能根据已确定的事实和审核准则独立地做出判断，而不能随意扩大或缩小这些事实和准则的范围。

(5)审核是一个形成文件的过程。审核的文件是相伴于审核活动而产生的。在审核的策划、准备、实施、评价各阶段都会形成文件，如审核方案(计划)、检查表、不符合项报告、审核记录、审核报告等。要注意这些报告的真实性和完整性，它们不应该是事后“制造”出来的。

分析审核的定义我们可以知道，审核是一个广义的概念。不仅可以对质量管理体系进行审核，其实这种审核也可以应用于各种管理活动。既可以应用于对管理活动、软件的评价，也可以应用于对硬件的评价，甚至可以应用于对组织本身的评价。因此可以说，任何一个“实体”都可以是审核的对象。

从审核的定义分析还可以知道，审核的方式是可以多样化的，只要能够达到审核的目的，采用哪一种方式来进行审核都是可以的。国际标准 ISO19011 所描述的审核是一种规范的审核方式，但不是唯一的方式。

(二)与审核相关的其他术语

与审核相关的其他术语包括审核方案、审核准则和审核证据等 11 个术语。ISO9000

标准给出了这些相关术语的定义，现对这些相关术语做简单的介绍：

(1)审核方案：针对特定时间段所策划，并具有特定目的的一组(一次或多次)审核。

审核方案是审核策划的结果。在不同的时间段，可以编制实施不同目的的审核方案(审核计划)。常见的形式有组织的年度审核计划和针对某一特定审核对象的项目审核计划。

(2)审核准则：用作依据的一组方针、程序或要求。

审核准则是组织实施审核的依据。通常包括合同、组织的质量管理体系文件、质量管理体系标准、法律法规要求及相关社会要求等。

(3)审核证据：与审核准则有关的并且能够证实的记录、事实陈述或其他信息。

审核证据最主要的特点是必须真实和客观。真实的特点是指审核证据应该是确实发生过的真实事件的表征；而客观的特点是指在证实审核证据时，审核员应该排除一切内在和外在的干扰，还事实以客观的本来面貌。

(4)审核发现：将收集到的审核证据对照审核准则进行评价的结果。

审核发现能表明是否符合审核准则，也能指出改进的机会。

(5)审核结论：审核组考虑了审核目标和所有审核发现后得出的最终审核结果。

审核结论给出的是对组织质量管理体系的整体评价，所以，审核组关注的是，体系的整体质量水准。这种评价的过程及结果应该是公平、公正和公开的；注重组织质量管理体系持续改进的机制；受审核方能心悦诚服地接受的。

(6)审核委托方：要求审核的组织或人员。

(7)受审核方：被审核的组织。

(8)审核员：有能力实施审核的人员。

审核员在从事审核活动时，应该是有资格、能胜任、经过授权且与受审核的内容无直接的责任关系。

(9)审核组：实施审核的一名或多名审核员。

通常任命审核组中的一名审核员为审核组长。审核组可包含实习审核员，在需要时可包含技术专家。观察员可以随同审核组，但不作为其成员。

(10)技术专家：提供关于被审核对象的特定知识或技术的人员。

特定知识或技术包括关于被审核的组织、过程或活动的知识或技术，以及语言或文化指导。在审核组中，技术专家不作为审核员。

(11)能力：经证实的应用知识和技能的本领。能力包括现有能力和潜在能力两部分，所以应积极运用管理因素限制原理来分析和发掘组织与个人的潜在能力。

二、审核的类型

为了保持和不断完善质量管理体系，应定期客观地评价质量管理体系的现状，判定是否需要质量改进。在评价时应对每一个过程提出以下四个基本的问题。

(1)所有的过程是否已经识别并对输入、转化和输出做出适当的规定？

(2)实施过程的职责是否明确并予以分配？

(3)确立的程序是否已被实施和保持？

(4)通过提供所要求的结果，评定过程是否有效？

通过以上四个基本问题得到的信息可以评定质量管理体系的有效性。标准提出了三种质量管理体系评价类型，下面分别做出简要的说明。

(一)质量管理体系审核

质量管理体系审核是通过检查获得组织质量管理体系运行中的信息和客观证据来评价对质量管理体系要求的符合性和满足组织质量目标和要求的有效性，以便识别改进质量管理体系的机会。

质量管理体系审核又可分为内部审核和外部审核。其中，内部审核是由组织本身或者以组织的名义进行，又称为第一方审核，它是组织自我完善体系的必要手段，并且可以作为组织自我声明符合质量管理体系要求的基础。

外部审核又分为第二方审核和第三方审核两种形式。其中，第二方审核是由一个组织为了自身的目的对另一组织进行审核，包括顾客对组织、组织对供方的审核，以便掌握被审核方质量管理体系的真实信息，评定能否满足本组织的质量管理体系要求。

第三方审核是由外部独立的审核服务组织进行，通常这类组织是经正式认可的认证团体。审核的依据是 ISO9001 标准，其目的是以公证的方式取得顾客对组织的信任。

内部审核和外部审核的比较见表 2.4。

表 2.4 **内部审核和外部审核的比较表**

审核类型		委托方	审核方	受审方	审核准则	目的
内部审核	第一方审核	本组织	本组织或由本组织委托的以组织的名义进行审核的机构	本组织	主要依据质量管理体系文件、适用的法律和法规、质量管理体系标准，此外还有技术标准、合同，以及其他与质量有关的文件	使本组织保持适宜、充分和有效的体系；为组织自我合格声明的基础
外部审核	第二方审核	采购方或供方	采购方或其代表，其认可的第三方	供方	主要依据第二方规定或选用的质量保证标准或质量管理标准，此外还有上述的其他适用的文件	确定受审方始终提供合格产品，满足采购方要求的能力
	第三方审核	受审方或其他组织，如采购方、政府机构	外部独立的审核服务机构，如认证机构	供方	主要依据与委托方商定的质量管理或质量保证标准，以及适用的法律、法规，此外还有上述的其他适用文件	合格评定，提供认证或注册服务

(二)管理评审

管理评审是由组织最高管理者按照质量管理体系的现状对实现质量方针和质量目标的

适宜性、充分性、有效性和效率进行定期的和系统性的评价，以确定应采取的措施。通过评审还应根据相关方的需要和期望的变化，做出修改或调整质量方针和目标的决定。这是组织最高管理者必须进行的重要活动之一。内部和外部审核的结果都应是管理评审的主要依据。管理评审与内部审核的关系见表 2.5。

表 2.5 **管理评审与内部审核的关系表**

比较标志		内部审核	管理评审
共同点	目的	保持适宜、充分和有效的质量管理体系	
	对象	质量管理体系	
不同点	实施者	管理人员	最高管理者
	内容	主要评价质量管理体系运行的符合性和有效性	主要评价质量管理体系变更的需要
	时间	制订审核方案，安排适当的频次	按文件规定的时间间隔，一般不超过12个月
	方式	计划→实施(由一个组执行)→报告→采取措施→跟踪验证	最高管理者自定，由其本人或召集有关人员评审
	结果	提出报告，采取纠正措施	形成记录，提出改进措施
联系	接口	内部审核的输出，是管理评审的输入之一	

(三) 自我评价

自我评价是组织为了追求优秀的业绩所建立的自我评价过程，是以 ISO9004《质量管理体系 业绩改进指南》或国家质量奖评定条件为基线，对本组织各项活动及其结果定期进行全面、系统的评价，其目的是对组织的业绩和质量管理体系的完善程度建立完整的概念，识别需要改进的领域和确定改进的项目。与质量管理体系审核和评审相比，其评价的范围和内容更为广泛和深入。目前各个国家和不同行业存在许多根据质量管理体系准则进行组织自我评价的模式。ISO9004 标准提供了一种简单易行的方法，为指导组织如何开展自我评价给出了指南。

三、审核的对象、目的、范围、准则和原则

(一) 审核对象

审核对象是指将要接受审核的组织质量管理体系，审核对象必须是规范的，审核才是有意义和有价值的。

质量管理体系审核的对象必须是规范的体系，衡量体系规范性应从下列几点入手：

(1) 具有完整的质量管理体系文件；

(2)文件控制符合标准规定要求；

(3)实际运作符合体系文件的规定；

(4)运作情况可以追溯。

(二)审核目的

审核目的有以下两个方面：

(1)确定体系满足审核准则的程度，包括三个方面的内容：

①符合性。包括质量管理体系文件与标准规定的符合；质量管理体系现场运作与质量管理体系文件的符合两大方面。

②有效性。是指对质量管理体系运行的效果应进行评价；也应对质量管理体系文件是否被有效地实施进行审核。

③适宜性。应对质量管理体系活动是否适宜于达到既定的质量目标进行评价，如果体系实施不能达到既定目标，就要研究其原因并加以改进。

(2)评价是否需要采取改进或纠正措施。

审核不能和旨在解决过程控制或产品验收的“质量监督”或“检验”相混淆。

(三)审核范围

审核范围的界定一般有三种方式：

(1)以活动/过程来界定；

(2)以区域/部门来界定；

(3)以产品来界定。

体系审核可以针对质量管理体系所涉及的所有要求、所有场所或活动、所有过程、所有产品或服务进行，也可以针对其中的一部分内容进行。审核范围取决于审核的目的、体系的运行状况和管理思路。第三方审核时，审核范围应严格限定于注册认证的范围，相比之下，内部审核可以涉及组织的所有范围，这是允许的，有时甚至是非常必要的。

(四)审核准则

质量管理体系的审核准则(审核依据)，通常是按照审核目的，以及准则对组织的重要程度来确定的。可以概括为：

(1)合同，以及顾客的要求和期望；

(2)组织的质量管理体系文件；

(3)ISO9001标准；

(4)法律法规要求和社会要求；

(5)责任人员叙述的责任范围内的规定。

(五)审核原则

在质量审核的组织、策划和实施过程中，应该遵守和执行相应的审核原则，这些原则规范了审核的行为，同时也体现了审核的专业性要求和职业规范。这些审核原则主要包括：

(1)审核的客观性原则。这是审核中最重要的原则。审核必须以事实为依据，以审核准则为准绳，来判定质量管理体系的总体运行水平。而事实必须以客观证据为基础，没有客观证据的任何信息都不能作为审核结论的依据，证据不充分或未经验证的也不能作为审核判断的证据。客观证据必须来自确实发生过的事实，而且可陈述、可验证。客观证据不应含有任何个人的猜想、推理成分。客观证据必须是合法获得的，而且是真实的。

(2)系统性原则。系统性原则首先要求审核活动有计划、有步骤、规范地进行。审核活动是有计划、有组织的活动，质量管理体系具有系统性，审核活动本身也具有系统性，并体现在ISO10011《质量体系审核指南》标准中。

(3)审核的独立性原则。独立性原则要求审核工作应保持一定的独立性，由此产生公正性。应由与被审核领域无直接责任的人员进行审核，审核人员应避免感情用事和偏见的影响，要尊重客观事实，排除外界干扰，凭客观事实做出准确的结论。

(4)审核的抽样原则。审核的时间、人员、范围、部门、活动等各方面都受到局限和限制，决定了审核必然是一种抽样活动。而抽样就会产生风险，即依据抽样所判定的结果与体系的实际状况会发生偏离。审核的抽样原则，就要求审核员和受审核方采取多种措施和方法，来尽量减少这种偏离，使审核结果处于双方均可接受的范围内。

减少抽样风险的措施和方法包括：

①抽取有代表性的样本；

②随机抽样，不是随便抽样；

③确保一定数量的样本数，通常为3~12；

④注意发现系统的缺陷，关注主要问题的主要方面；

⑤抽样的结果并不能证明体系的完美无缺；

⑥纠正和改进时要举一反三。

(5)审核的保密原则。审核员应对其在审核过程中所获得的任何申请人的信息予以保密，除非这些信息已在公开出版物上发表过。审核员不能因自己的泄密行为，对受审核方造成任何损害，否则应承担相应的责任。

(6)审核的采信原则。审核的采信原则是指审核员对所收集的审核证据应进行验证和确认以后才能予以采用和信任。采信原则的要点是：

①所采信的审核发现和客观证据应该是通过合法渠道正当获取的；

②这些审核发现和客观证据应经过验证和受审核方所确认；

③应是责任人员对其责任范围内的规定或活动的陈述；

④不能“道听途说”。

(7)审核的正面证实原则。审核员对其发现和收集的审核证据，应进行正面证实，分析其中严密的逻辑关系。正面证实的要点是：

①以事实为依据，以审核准则为准绳；

②正面证实，遵循从原因到结果的思路；

③严密的逻辑关系，注意外延与内涵的一致性；

④当反面推论时，无罪推定原则；

⑤平常心态，正常、冷静；

⑥不偏离审核目标，不以表现自己为目的。

(六)审核的两个阶段

(1)文件审核阶段，包括：

①审查受审核方是否建立了规范的、文件化的质量管理体系；

②文件内容是否正确、充分满足标准要求；

③了解受审核方的基本情况。

(2)现场审核阶段，包括：

①审核受审核方的现场运作是否符合审核准则要求；

②评价受审核方体系满足要求和持续改进的能力。

四、内部审核概述

内部质量审核是指企业内部的审核活动，一般是依据ISO9000标准来评价企业自身的质量体系，验证该体系是否持续满足规定的要求并且正在有效地运行。因此，实施ISO9000的企业都应经常开展内部质量审核工作，不断自我完善质量管理体系，改进产品和服务质量。

企业内部审核是指企业依据某一质量体系标准来评价企业自身的质量体系，验证企业自身的质量体系是否持续满足规定的要求并且正在有效地运行的一种活动。企业一般依据ISO9000标准和已制定的质量手册、程序文件进行审核。

内部审核作为一种重要的管理手段和自我改进机制，能及时发现问题，采取纠正措施或预防措施，使质量体系不断完善，不断改进，并为外部审核前做好准备。

(一)内部审核的范围与依据

内部审核的范围包括对要素、场所及活动的审核。

(1)要素。企业所依据的审核标准ISO9000有许多要素，内审时，可以一次涉及所有要素。当内部审核是按要素或部门滚动式地进行时，也可以每次只涉及一个或几个要素，但从整个周期看，要素还应是完整的。

(2)场所。场所是指涉及的部门和地区。凡是与审核的质量体系所覆盖的产品的质量活动有关的部门和地区均应列在审核范围以内。

(3)活动。所谓活动是指与产品质量有关的活动，它主要包括所涉及的产品范围。在内部审核时，凡涉及正常生产的产品及按质量手册所规定的程序研制的新产品或按某个质量计划生产的特殊产品，均应包括在内部审核范围之内。

审核的产品范围也是可以变化的。在内部审核时，有时某次例行审核或特殊审核只涉及少数产品，但一个周期内应覆盖全部产品。

内部审核的依据包括ISO9001质量保证标准、质量手册、程序文件、质量计划、合同、国家有关的法律、法规。

(二)内部审核的时机和频度

内部审核时，第一次审核的时机往往选择在质量体系文件已全部编制完成、颁布实施，而且已经运行一段时间，各项质量活动均已有记录可查之时。此时内部审核的主要目的就是要对刚刚建立的质量体系的有效性做出评价。

内部质量体系审核一般可以分为例行的常规审核和特殊情况下的追加审核两类。前者按预先编制的年计划进行，往往是每月对一个或几个部门(或要素)进行审核，每年应覆盖所有部门(或要素)一次。这样的审核往往开始于质量体系建立并运行一段时间之后。开始时，频次可以多一些，以便及时发现问题，使体系运行正常化。等体系运行基本正常以后，频次可以减少到正常所需的水平。至于各部门、各要素审核频次可根据审核中发现问题的大小、多寡以及该部门对产品质量形成过程的重要性来决定，且每年可以调整。现在一般较多实行每年1~2次集中审核各部门和各要素的例行审核，其方式与外部审核相似。

特殊情况下的追加审核是指下列情况：

①发生了严重的质量问题或用户有严重投诉；

②组织的领导层、隶属关系、内部机构、产品，质量方针和目标、生产技术和装备以及生产场所等有较大变动；

③即将进行第二、第三方审核或法律、法规规定的审核；

④第三方审核后获得认证注册资格和证书，而证书即将到期又希望继续保持认证资格。

内部审核的时机和频次应由本组织的质量管理部门研究具体情况后提出，由质量经理报请总经理决定后实施。

(三)内审员

对本单位的质量体系进行内部审核的是内审员。质量体系内部审核工作很大程度上取决于内审员的素质。为此，对内审员有一个培训和评选的问题。一般情况下，内审员可以由企业自己评定和任命，现在国际上逐步推行内审员注册制度。注册内审员与非注册内审员在承担工作方面并无实质性的差别，这种注册也不是强制性的，但注册内审员较非注册内审员有更高的要求，因而注册内审员的水平实际上标志着这个企业的水平。注册内审员更易为认证机构或供方所接受。

(1)内审员的评选。企业要根据自己的具体情况来评选和任命自己的内审员。

(2)内审员的作用。内审员的作用主要包括：

①对质量体系的运行起监督作用；

②对质量体系的保持和改进起参谋作用；

③在质量管理方面起沟通领导与员工之间的渠道和纽带作用；

④在第二、三方审核中起内外接口的作用，在质量体系的有效实施方面起带头作用。

(3)审核员应具备的素质。要明确审核员应具备的素质，应首先了解审核组长和审核员在审核中的具体职责。

①审核员的职责：遵守相应的审核要求；传达和阐明审核要求；有效地策划和履行被赋予的职责；将观察结果形成文字；报告审核结果；验证所采取的纠正措施的有效性；收存和保护与审核有关的文件；配合并支持审核组长的工作。

②审核组长的职责：协助选择审核组的成员；制订审核计划；代表审核组同受审方的管理者接触；提交审核报告。

③审核员应具备的能力：具体工作能力，包括从事审核准备工作的能力、从事现场审核的能力、编写审核报告的能力、从事跟踪与监督的能力；基本能力，包括交流能力、合作能力、分析判断能力、独立工作能力、应变能力、善于学习的能力。

④合格的审核员应掌握的知识。主要应掌握如下知识：法律、法规、规章等方面的知识，包括《中华人民共和国产品质量法》《中华人民共和国标准化法》等有关的法律知识；标准和指南，如ISO9000系列标准；审核工作的一些国际惯例和习惯做法；专业知识等。

⑤审核员应具备的道德修养。主要有：正直诚实；客观公正；尊重他人；冷静的态度和坚毅的精神。

4. 审核员的正确工作方法。主要包括：

①少讲、多看、多问、多听；

②选择正确的对象提问；

③正确地提出问题；

④封闭式问题和开启式问题相结合；

⑤提问与察看相结合；

⑥联想和追溯；

⑦创造一个良好的审核气氛。

五、内部审核的操作

内部审核的操作程序一般可分为内部审核的策划、确定任务、做好准备、实施与纠正以及最后提交全面的年度审核报告。

(一)内部审核的策划

内部质量体系审核对一个企业的质量体系的改进和产品的提高都具有重要的作用。但要做好内部质量体系审核，关键在于领导对内部审核的重视。领导的质量意识不仅表现在控制不合格产品，使之不能产生，或是出了不合格品及时采取措施，更重要的还在于全面建立和实施一个合乎标准要求的质量体系。另外，尤其重要的是要充分运用内部质量体系审核这个重要的管理手段和改进机制，使体系得到保持和改进。质量经理要充分考虑如下几点：

(1)认真研究如何建立内部审核的组织机构，任命干部，确定其职责和制定其工作方针；

(2)设立一个从事企业内的质量管理工作，特别是从事内部审核工作的质量管理部门。该部门应确保按照质量管理和质量保证标准的要求建立、实施和保持质量体系；

(3)组建一支合格的质量体系内审员队伍；

(4)编制一套正规的内审程序，明确内审的目的、范围、执行者的职责以及具体的实施方法；

(5)建立质量体系时应考虑内部质量体系审核工作。

在建立质量体系时培养一批骨干来编写质量体系文件，同时这批骨干也成为以后的内审员；或是在建立体系之初，在培训骨干力量时就同时考虑建立内审组织并培训一批内审员。

(二)确定内部审核的任务

如果是例行审核，则按年度计划进行；如果是特殊审核，则要明确目的和受审的部门或要素。每次审核还要明确采用的依据，任务确定后要按程序由有关领导批准下达。

(三)内部质量体系审核的准备

(1)内部质量体系审核的准备。其工作包括：

①编制审核计划；

②组成审核组；

③收集并审阅有关文件；

④编制检查表；

⑤通知受审核部门并约定具体的审核时间。

(2)内部质量体系审核计划的编制。内部质量体系审核一般应编制一份年计划。每月对一个或几个部门(或要素)进行一次审核，逐月展开，使一年内能覆盖所有部门(或要素)至少一次，最好是覆盖两次。其中对较重要的或问题较多的部门的审核频次可以增加。这份年计划又是滚动的，即跨年度连续进行，这样可以体现出审核的连续性。也可以采取集中审核方式，即每年1~2次集中审核各部门和各要素。

年初编制的这份年计划应请企业的总经理或质量经理批准实施，但如果有必要也可以在年中任何时候进行修改，修改要按一定程序进行，修改后的计划需经总经理或质量经理批准。

至于各部门、各要素审核频次可根据审核中发现问题的大小、多寡以及该部门对产品质量形成过程的重要性来决定，且每年可以调整。

(3)组成审核组。在进行内部质量体系审核前，应任命审核组长及审核员，组成审核组。如果审核组只需一名审核员，则审核由审核组长单独进行。

在任命审核组长时，主要考虑的因素是：

①资格：即必须是由质量经理任命，且经过培训的内部质量体系审核员；

②业务范围：审核组长应与被审部门无直接责任关系，但对被审部门的业务要有一定了解；

③工作经验：审核组长应比审核组员有更多的审核经验；

④组织能力：审核组长应能组织管理整个审核工作。

在任命审核组员时，主要考虑的因素是：

①资格：必须是组织任命的内审员。特殊情况下，审核组可吸收业务专家、见习内审

员或者观察员参加审核组，但需经质量经理批准；

②业务范围：其专业最好与被审部门业务相适应，但也不强求要专业一致。审核员也应与被审部门无直接责任关系，即不是该部门成员；

③专业知识：内审员对被审部门业务、专业知识应有一定了解，但不强调一定要是这方面的专家；

④工作中的协调：如果审核组规模较大，有多名审核员，则应考虑他们在工作中能否协调配合、团结合作；

⑤为受审部门所接受：质量经理或审核组长在决定审核组成员以前应征得受审部门的同意，当受审部门不肯接纳拟委派的内审员时，可考虑另选审核组员。

(4)收集并审阅有关文件。内部质量体系审核收集文件工作的重点是收集与受审部门的质量活动有关的程序文件、作业指导书等文件，还包括收集有关的法律、法规文件，并以有关质量保证标准、质量手册、质量计划、合同和有关的法律、法规为依据对程序文件等进行检查，看其是否符合这些依据。当然如果发现质量手册、质量计划等不符合标准或法律、法规的要求，也可以提请质量经理注意，在适当情况下加以修正。在审阅程序文件时，不仅要检查该部门自身中心工作的程序文件，还要检查与其他部门程序文件的接口是否明确，内容是否协调。对整个组织各部门或几个部门都通用的文件(如质量手册、程序文件)和程序(如文件控制、不合格品控制和内部质量审核等程序)也要收集齐全，在审核时使用。

有些部门如工程技术部门往往在其程序文件中规定要采用一些外来标准，对这些外来标准的有效性也要进行检查。除上述文件外，还应对该部门重要的质量记录加以预先审阅。如最近几次外部和内部质量体系审核报告及其附件(不合格报告)以及上几次内部审核后纠正措施实施记录等。其他记录数量较大，可以在现场随机抽样。

作业指导书一般在现场审核时检查，除非是特别重要的过程作业指导书，可在准备阶段调阅。

审核员在文件初审时应做好审查记录，把发现的问题记下来，记录格式可以自己设计。

(5)编制检查表。检查表(如表2.6所示)是内审员进行审核时的一种自用工具，主要起备忘录的作用。它不必向受审方展示。但审核员编完检查表后应请审核组长审阅，以便检查有无遗漏或重复，由审核组长进行总的协调。

表2.6　**检　查　表**

审核编号：　　　　　　　　　　　　　　　检查表号：

受审核方		审核标准	
审核区域		参考程序	
陪同人员		段落序号	

续表

序号	验证方法	接触人员	样本记录	检查结果
1	询问质量经理的职责			
2	询问管理评审与内部审核的区别，以及如何召开管理评审会议			
3	有无评审计划：编制人、审批人以及发放记录			
4	查阅评审计划内容：有效性、质量方针目标的实施情况、预防措施的实施情况			
5	评审综述，有无对评审目的的评价			
6	评审报告，纠正或改进措施及相关记录			
7	文件发放管理			
8	企业质量体系的运行，对改进有什么样的见解，采取什么措施			

①检查表的作用。检查表主要有如下作用：

a. 明确与审核目标有关的样本，审核采用的主要方法是抽样检查，抽什么样本、每种样本应抽多少数量、如何抽样等问题都要通过编写检查表解决，而且这一切都要为达到审核目标服务，因此明确与审核目标有关的样本是检查表的首要作用；

b. 使审核程序规范化，编制检查表已成为国际上进行质量体系审核的一种通用做法，而且已普遍地列入审核程序，成为必不可少的一件工作，它反过来使审核程序进一步正规化和格式化，对减少审核工作的随意性和盲目性可以起很大的作用；

c. 按检查表的要求进行调查研究可使审核目标始终保持明确，在现场审核中种种现实情况和问题很容易转移审核员的注意力，有时甚至使其迷失大方向而在枝节问题上浪费大量时间，检查表可以提醒审核员始终坚持主要审核目标，针对事先精心考虑的主要问题进行调查研究；

d. 保持审核进度，有了检查表，可以按调查的问题及样本的数量分配时间，使审核按计划进度进行，不至于出现前松后紧或不得不延长审核时间的现象；

e. 作为审核记录存档，检查表与审核计划一样也应与审核报告等一起存入该审核项目的档案中备查，有的检查表同时留出栏目记载调查情况，兼起记录的作用，则更有保存的必要。

②检查表的设计。设计检查表时应注意以下几个方面：

a. 对照标准和手册的要求；

b. 选择典型的质量问题；

c. 结合受审部门的特点；

d. 抽样应有代表；

e. 时间要留有余地；

f. 检查表应有操作性；

g. 按部门进行审核时，要包括涉及的要素；按要素进行审核时，要包括涉及的部门。

(6) 通知受审核部门并约定具体的审核时间。虽然在年度内部质量审核计划中已规定了对某部门或某要素的审核时间，但审核组长仍应在审核前 3~5 日与受审部门的领导接触，约定具体的审核时间，确定受审部门的发言人和陪同人员以及审核双方关心的其他问题，使审核能顺利进行。如果是集中式内部审核，更应在审核前向各部门发出通知，使它们能早日安排好工作，迎接审核。

(四) 内部审核的实施

审核组在完成了全部准备工作以后，就可按预先约定的日期和时间到受审核部门实施审核。实施审核的步骤及工作内容主要有以下几项：召开首次会议；进行现场审核；确定不合格项并编写不合格报告；汇总分析审核结果；召开末次会议，宣布审核结果；编写审核报告。

(1) 召开首次会议。首次会议由审核组长主持，由审核组成员和受审方有关人员参加，首次会议的目的是向受审方介绍此次审核的目的和做法。首次会议的主要内容有：

①向受审核方的高层管理者介绍审核组成员；

②说明审核的范围和目的；

③简要介绍实施审核所采用的方法和程序；

④在审核组和受审核方之间建立正式联系；

⑤确认审核组所需要的资源和设施已齐备；

⑥确认审核组和受审方高层管理者之间末次会议和中间数次会议的日期和时间；

⑦澄清审核计划中不明确的内容；

⑧填写首次会议签到表，出席首次会议的人员都要签名。

(2) 现场审核。首次会议后立即转入现场审核。现场审核需注意以下几点：

①审核组长要控制审核的全过程，包括控制审核计划、进度、气氛、客观性、纪律、结果的客观性、公正性及适宜性；

②要相信样本；

③选择样本要有代表性，应由审核员随机抽样。

选择样本要有代表性，对产品质量影响大的样本要多抽一些，样本量以 3~12 个比较适宜。抽样应注意两点：

第一，虽然在检查表中决定了对某一质量活动抽多少个样本，但具体抽什么样本最好在现场由审核员随机抽取，而不是事先规定得非常具体，这样的抽样更具有代表性。

第二，为了对受审方表示尊重，审核员的抽样应取得受审方领导的同意，其中包括找该部门某些人谈话也要征得他们领导的同意。

④要依靠检查表进行检查，若要偏离检查表，必须小心谨慎。如果审核过程中确实需要偏离检查表，应避免在规定的审核时间不能完成审核或达不到既定的审核目标；

⑤要从问题的各种表现形式去寻找客观证据，审核中有的不合格项比较单纯，马上可以确定，有的不合格项比较复杂，要从多方面去取证才能确定不合格项是否成立或是属哪

种不合格；

⑥当发现不合格时，要调查研究到必要的深度。审核中如发现问题将导致不合格项时，应增加调查研究的深度，以便获取更全面、更确凿的客观证据，这就要求审核员运用追溯真正原因的审核方法，从一个要素追溯到另一个要素，从这个部门追溯到另一个部门；

⑦与被审方负责人共同确认事实；

⑧始终保持客观、公正和有礼貌。

在审核中，强调客观证据。客观证据就是建立在通过观察、测量、试验或其他手段所获事实的基础上，证明是真实的信息。

在审核中，辨别客观证据时应注意以下三个方面：

a. 存在的客观事实可以成为客观证据，而主观分析、推断、臆测要发生的事不能成为客观证据；

b. 被访问的、对被审核的质量活动负有责任的人的谈话可以成为客观证据，而传闻、陪同人员或其他与被审核的质量活动无关人员的谈话不能成为客观证据；但要注意对于面谈获得的信息应通过实际观察、测量和记录等其他渠道予以验证；

c. 现行有效的质量文件中的规定和质量记录可以成为证明当前发生的质量活动的客观证据，而已作废的质量文件中的规定和经擅自修改过的记录不能成为证明当前发生的质量活动的客观证据。

质量体系审核的特点，就其审核的内容来说是其符合性、有效性和适合性；就审核方式来说，是其系统性和独立性。

质量体系的审核大致可以分为文件审核和现场审核两个阶段。在文件审核阶段，主要是对质量体系文件，如质量手册及各种体系程序文件是否符合约定标准或合同的要求进行审核，这种审核也称为“符合性”审核。在现场审核阶段要对实际的质量活动是否与质量保证标准、质量手册或程序文件的规定相一致进行审核，即对其是否得到有效的实施进行审核。这种审核是对“有效性”进行审核。

在对现场审核结果的分析中应对质量体系活动是否适合于达到既定的质量目标进行评价。如果体系实施结果不能达到质量目标，就要研究其原因。如果质量目标是现实的，是可以达到的，则应研究实施时是否不够有效，或是程序文件还制定得不够完善等，这就是“适合性”。

总的来说，质量体系审核主要是对被审核的体系文件是否规定得合乎质量标准或约定文件(如合同)、实施是否符合规定、实施结果是否能达到质量目标做一番检查。因此首先要求被审核的体系是一个正规的、文件化的体系；其次要求这些文件真正得到实施，而且收到实效，这就要求大部分质量活动均应有记录可供证实和追溯。

从审核的方式来说，首先要求有计划、有步骤、正规地进行审核工作。也就是说，审核工作本身要求正规化，有程序可以遵循，这就是“系统性”。为了保证审核的公正性，进行质量体系审核的审核员应独立于被审核部门或组织之外，即审核应由与被审对象无直接责任关系的人员进行，这就是“独立性”。

从审核的路线和方法来说，在编制检查表时就应该考虑清楚，一般有以下三种。

①自上而下和自下而上的方法。所谓自上而下的方法是指先到信息比较集中的部门了解总的情况，然后在此部门选择一批样本再到使用这些样本的各部门去调查。所谓自下而上的方法是指先到许多部门调查研究，选择一批样本到某一集中管理的部门去审核。有时，自上而下和自下而上的路线和审核方法还要互相结合，交叉进行，才能达到审核的目的；

②正向和逆向的审核方法。所谓正向的审核方法是指按产品质量形成的过程，从开始的合同签订到为客户服务的顺序去审核。所谓逆向审核方法是从为客户服务向前步步追溯直到合同签订为止；

③按要素审核和按部门审核的方法。对质量体系审核的要求是对有关的要素和部门都要审核到，内部审核时，应在计划周期内(如半年或一年)将质量手册中规定的要素审核一遍，如果内部审核采用集中的方式，则一次内部审核应包括质量手册所涉及的全部要素。

在按要素审核时，往往一个要素涉及许多部门，审核组要访问许多部门才能完成一个要素的审核。而一个部门要重复接受多次审核才能完成受审任务。

在按部门审核时，审核组对该部门所涉及的各个要素要一次审核清楚，不必反复去该部门走访。但最后还是要按要素把各部门审核的结果集中起来整理，得出总结论。

一般情况下，内部审核采用按部门审核的方法比较普遍，但如果企业很小，部门很少，则采用按要素审核的方法就更方便。

(3)不合格报告。现场审核中发现不合格就要开具不合格报告，以便被审核方纠正。所谓不合格就是没有满足某个规定的要求。规定的要求来自有关的法律、法规、质量保证标准、质量手册、质量计划、合同、各种书面程序和作业指导书等必须遵循的文件。

质量体系在建立和实施中可能出现以下三类不合格：

①体系性不合格：质量体系文件与有关的法律、法规、质量保证标准、合同等的要求不符；

②实施性不合格：未按文件规定实施；

③效果性不合格：质量体系文件规定是符合标准或其他文件的，也确实实施了，但由于实施不力或对不合格的真正原因没有找到，致使纠正措施实施后没能达到规定要求，此种不合格称为效果性不合格。

内部审核时，一般只按性质分为上述三类不合格，也可以参照外部审核，按不合格的严重程度来划分，分为“轻微”不合格和“严重”不合格。另外还有一类问题虽说未构成不合格，但有变成不合格的趋势，或可以做得更好，或可能暂时证据不足。这类问题可作为“观察项”向受审方提出，以引起注意。

对提出的不合格项都要求编写不合格报告提交给受审方，对观察项可以不编写任何书面报告发给受审方，但审核组应保留一份口头提出的观察项记录。不合格报告应有以下内容：

①受审部门及负责人姓名；

②审核员姓名；

③审核依据；

④不合格事实的描述，描述应力求具体，包括何时何地何人执行何事，发现了何种现象等以及有些关键的细节如符号、文件或记录编号、数量、设备名称等均应写入；

⑤不合格类型，不合格问题的性质是要用一两句话点明此事哪一点(或哪几点)做得不对，不符合标准或质量手册的哪个具体条款；

⑥给出纠正不合格项的期限；

⑦纠正措施完成情况及验证。

(4)审核结果的汇总分析。在召开末次会议前，审核组长组织召开审核组会议，对观察结果进行汇总分析，以便对受审部门的质量管理工作做出总体评价，必要时质量经理也应参加审核组会议。

汇总分析从以下四个方面入手：

①从发现的不合格项来汇总分析。如不合格项的总数，其中体系性不合格、实施性不合格、效果性不合格各占多少项。如果审核是对一个部门而言，则其不合格项涉及哪些要素，其中哪个要素最多或最严重；如果审核是对一个要素而言，则其不合格项涉及哪些部门，其中哪个部门最多或最严重。有了这些数据，就大致可以说明这个部门或这个要素的薄弱环节是什么。

②从发展的历史和趋势来分析。如将上次内部审核时发现的不合格总数及其构成与这次内部审核相比较，看出质量管理是进步还是退步。从对上次纠正措施完成情况及有效性的分析可看出质量管理进步和不足的情况。

③从两次内部审核之间该部门对最终服务质量的影响来分析。

④总结部门质量工作上的优点，对优点给予肯定，并推广到其他部门，以促进工作。

通过对观察结果的汇总分析，对滚动式计划可作出该部门或该要素在整个质量体系的质量活动中是好的多还是问题较多，有待切实改进等结论性意见；对集中式计划可以作出整个质量体系是好的多还是问题较多等结论性意见。

(5)召开末次会议，宣布审核结果。末次会议由审核组长主持，与会人员都应签到，末次会议应有记录并保存归档。

在末次会议上，审核组长说明不合格报告的数量和分类，按重要程度依次宣读这些不合格报告且要求部门负责人在不合格报告上签字确认，并限期制定纠正措施。

在末次会议上，审核组长还应就受审部门在确保整个企业的质量体系的有效运行，实现总的质量目标和本部门的质量目标的有效性方面提出审核组的结论，结论应该总结该部门质量工作的优缺点。

在末次会议上，审核组长还应回答受审部门提出的问题，并告诉受审部门审核报告发送的日期。

末次会议结束后，审核组即结束现场审核，离开受审部门。

(6)编写审核报告。审核报告(如表2.7所示)是说明审核结果的正式文件，应由审核组长亲自编写或在审核组长指导下编写，经质量经理批准后发至有关领导和部门。审核报告应如实反映审核的气氛和内容，应标有日期和审核组长的签名。

表 2.7 **内部审核报告**

<table>
<tr><td colspan="7">审核原因：□ 年度第 次例行内部审核
□特殊需求</td><td colspan="3">编号：
日期：</td></tr>
<tr><td>审核员</td><td colspan="4">负责审核单位</td><td colspan="2">审核员</td><td colspan="3">负责审核单位</td></tr>
<tr><td></td><td colspan="4"></td><td colspan="2"></td><td colspan="3"></td></tr>
<tr><td></td><td colspan="4"></td><td colspan="2"></td><td colspan="3"></td></tr>
<tr><td></td><td colspan="4"></td><td colspan="2"></td><td colspan="3"></td></tr>
<tr><td colspan="10">审核结果：参考附件检查表</td></tr>
<tr><td colspan="2">受审核单位</td><td>审核项次</td><td>MA</td><td>MI</td><td colspan="2">受审核单位</td><td>审核项次</td><td>MA</td><td>MI</td></tr>
<tr><td colspan="2"></td><td></td><td></td><td></td><td colspan="2"></td><td></td><td></td><td></td></tr>
<tr><td colspan="2"></td><td></td><td></td><td></td><td colspan="2"></td><td></td><td></td><td></td></tr>
<tr><td colspan="2"></td><td></td><td></td><td></td><td colspan="2"></td><td></td><td></td><td></td></tr>
<tr><td colspan="2"></td><td></td><td></td><td></td><td colspan="2"></td><td></td><td></td><td></td></tr>
<tr><td colspan="2"></td><td></td><td></td><td></td><td colspan="2"></td><td></td><td></td><td></td></tr>
<tr><td>总计</td><td colspan="4">审核项数：MA： MI：</td><td colspan="2">不符合率</td><td colspan="3">MA： % MI： %</td></tr>
<tr><td colspan="10">总结报告：</td></tr>
<tr><td colspan="5">审核小组组长：</td><td colspan="5">质量经理</td></tr>
</table>

注：MA(major nonconformance)：主要不符合
MI(minor nonconformance)：次要不符合

(五)纠正措施

内审的目的在于发现质量体系中的问题，查出原因，采取纠正措施加以消除，以免重犯类似不合格，使质量体系得到不断改进。因此，对于内部质量体系审核在现场审核完成以及审核报告发表后，审核组和质量经理(通过质量管理部门)仍要花许多精力促进纠正措施的有效实施。

(1)纠正措施要求的提出。审核组在现场审核中发现不合格项时，除要求受审部门负责人确认外，还要求他们调查分析造成不合格的原因，有的放矢地提出纠正措施建议，其中包括完成纠正措施的期限。

受审部门负责人可以就不合格项不符合哪个条款与审核员讨论，以便决定纠正方向，也可以要求审核员提出几个方向性建议供参考。

(2)纠正措施的认可与批准。受审部门负责人提出的纠正措施必须经过审核组的认可，认可的主要目的在于审查该纠正措施是否针对不合格的原因采取了措施以及纠正的可行性及有效性，经过审核员认可的纠正措施经质量经理批准后方可付诸实施。

(3)纠正措施计划的实施。内审中对纠正措施的实施期限一般为15~30天，具体时间视不合格项的具体情况而定。

实际上纠正措施可以分为短期和长期两种，短期的纠正措施常常是发现不合格后，针对直接原因立即采取措施，以保护客户的利益；而长期的纠正措施则是针对潜在的原因采取预防措施，防止发生可能出现的不合格。在不合格报告的纠正措施计划中，一般只包括短期纠正计划，也可能长、短期计划都包括，但实施的次序是先完成短期纠正措施计划，然后完成长期计划。

纠正措施的实施一般是指短期计划的实施，但在下一次内部审核时，会重新审查纠正措施的有效性，这时会涉及某些较长期的纠正措施计划是否已经实施的问题。纠正措施实施情况应保存有关记录。

(4)纠正措施的跟踪和验证。审核组应对纠正措施实施情况进行跟踪，关心纠正措施的完成情况，发现问题及时向管理者代表或质管部门反映。纠正措施完成后，审核员应对纠正措施完成情况进行验证并在不合格报告中签字，不合格项宣布关闭。验证的内容包括：

①计划是否按规定日期完成；

②计划中的各项措施是否都已完成；

③完成后的效果，即看自采取纠正措施以来，是否发生类似不合格；

④实施情况是否有记录可查，记录是否按规定编号并妥善保存；

⑤如引起程序修改，是否通知了质管部门按文件控制规定办理了修改批准和发放手续并加以记录，该程序是否已坚持执行。

如果某些效果要更长时间才能体现，可将问题留待下一次例行审查时再检查。

(六)全面年度审核报告

按照年度计划完成了对所有部门、所有要素的内部质量体系审核后，质量经理应领导质管部门和审核组长对本组织的整个质量体系的情况进行一次总的分析，并写出一份全面的年度审核报告。

如果是采用集中式审核方式的，则不存在对每个部门或每个要素编写审核报告，而是在每次审核后即编写一份全面的审核报告。

按年度计划审核的全面审核报告的总体分析依据是一年来各部门、各要素的例行内部审核报告，一般采用下列方法：

(1)编制不合格项的矩阵式表格。从这种表格中一目了然地看出哪个部门、哪个要素的不合格项数量最多，以便引起领导及有关部门的注意。

(2)按问题的性质将不合格项分类。即按体系性不合格、实施性不合格和效果性不合格三种类型分类或按严重和轻微不合格分类。严重不合格项即使数量不多也需引起注意，个别问题造成的后果特别严重者更应引起特别注意。

(3)动态比较。即与上一年内部审核结果比较，可以判断质量体系改进或进步的情况以及是否达到了预期的质量目标。

(4)汇总分析纠正措施计划完成的情况。从情况中可以看出各部门负责人及最高领导对纠正措施的态度，对完不成计划及拖后计划的原因应加以分析和说明。

(5)根据最近一段时期组织内或个别部门质量管理改进或产品质量提高的情况，总结好的经验加以推广。

质量体系的年度审核报告，是对内部质量体系审核的观察结果及纠正措施完成情况作出汇总分析以后，质量经理组织编写的一份报告。其内容应包括：

①内部质量体系审核年度计划完成情况；

②审核的目的和范围；

③审核依据的文件；

④各次审核组的组长及审核员的名单；

⑤不合格项的总数量及各类不合格的数量；

⑥主要不合格项的说明及纠正措施完成情况；

⑦对整个质量体系的总评价，包括优缺点、薄弱环节分析及对质量体系改进的意见；

⑧审核报告编号、批准人及分发范围等；

⑨附件。例如各项审核报告、各种统计汇总表格和不合格报告清单等。

第四节 认证制度

一、认证制度的由来

质量认证是随着现代工业的发展作为一种外部质量保证的手段逐步发展起来的。在现代质量认证产生之前，供方为了推销产品，往往采取“合格声明”的方式，以取得买方对产品质量的信任。所谓“合格声明”就是供方单方面通过有关的产品说明或文件或“合格”标记等形式，表明所供产品的全部特性能够符合买方的要求。当然，这对于质量特性比较简单的产品而言，不失为一种增强买方购买信心的有效手段。但随着科学技术的发展，产品的结构和性能日趋复杂，仅凭买方的知识和经验很难判断产品是否符合要求，加之供方的“合格声明”并不总是可信，于是供方单方面的“合格声明”的作用逐渐下降。在这种情况下，顺应供方树立其产品信誉、社会保障、消费者利益以及安全和立法的需要，由第三方证实产品质量的现代质量认证制度便应运而生。

现代的第三方质量认证制度起始于英国，于1903年便开始使用第一个质量标志——风筝标志，并于1922年按英国商标法注册，成为受法律保护的认证标志，至今在国际上仍享有较高的信誉。此后，从20世纪30年代开始，质量认证得到了较快的发展，到20世纪50年代，基本上在所有工业发达国家普及，除印度等极少数国家推行较早以外，其他第三世界国家是从20世纪70年代起实行质量认证制度的。

随着时间的推移，质量认证制度本身也有了较大的发展。起初，各认证机构只对产品本身进行检验和试验，仅能证明供方的产品设计符合规范的要求，并不能担保供方以后继续遵守技术规范。后来，认证机构增加了对供方质量保证能力的检查和评定，以及获证后的定期监督，从而证明供方生产的产品持续符合标准。至20世纪70年代，质量认证制度又有了新的发展，出现了单独对供方质量体系进行评定的认证形式。

为了协调和推动认证工作，国际标准化组织(ISO)和国际电工委员会(IEC)于1970年建立了认证委员会(CERTICO)和认证管理委员会，负责统一协调各国的产品质量认证制度，以期最终建立一个以国际标准为基础的统一的国际认证制度。其主要任务是研究关于产品、过程、服务和质量体系符合适用标准或其他技术规范的评定方法；制定有关认证方面的国际指南；促进各国和各地区合格评定制度的相互承认。1980年，ISO/CERTICO组织编写了第一本关于质量认证制度方面的小册子《认证的原则与实践》。随后，ISO和IEC先后制定一系列关于质量认证制度方面的指导性技术文件和相应标准。这些文件和有关标准规定：产品质量认证要由第三方的权威机构，站在独立于生产和需求的第三方公正立场上，以具有国际标准化水平的产品国家标准或行业标准为依据，按照国家规定的认证规章，对生产企业生产合格产品的保证条件及其产品质量进行全面的审查和严格的检验，合乎规定的对其产品授予使用合格标志许可证，准许企业在获准的产品、包装或说明书上，以及宣传上使用国家统一规定的合格标志。

二、认证制度的含义

“认证”一词的英文原意是指一种出具证明文件的行动。ISO/IEC指南2《标准化与相关活动中的基本术语及其定义》中对“认证”的定义是：“由可以充分信任的第三方证实某一经鉴定的产品或服务符合特定标准或规范性文件的活动。”

举例来说，对第一方(供方或卖方)生产的产品，第二方(需方或买方)无法判定其质量是否合格，而由第三方来判定。第三方既要对第一方负责，又要对第二方负责，不偏不倚，出具的证明要能获得双方的信任，这样的活动就叫作“认证”。

这就是说，第三方的认证活动必须公开、公正、公平，才能有效。这就要求第三方必须有绝对的权力和威信，必须独立于第一方和第二方之外，必须与第一方和第二方没有经济上的利害关系，才能获得双方的充分信任。由国家认可的组织去担任这样的第三方，这种组织就叫作“认证机构”。

认证制度，又称为合格评定，是指为进行认证工作而建立的一套程序和管理制度。一般包括以下几个方面的内容和业务：

(一)产品质量认证

产品质量认证是依据产品标准和相应技术要求，经认证机构确认并通过颁发认证证书和认证标志来证明某一产品符合相应标准和相应技术要求的活动。

现代的第三方产品质量认证制度在1903年发源于英国，是由英国工程标准委员会首创的。在认证制度产生之前，供方(第一方)为了推销其产品，通常采用“产品合格声明”的方式来博取顾客(第二方)的信任。这种方式，在当时产品简单，不需要专门的检测手段就可以直观判别优劣的情况下是可行的。但是，随着科学技术的发展，产品品种日益增多，产品的结构和性能日趋复杂，仅凭买方的知识和经验很难判断产品是否符合要求；加之供方的“产品合格声明”属于“王婆卖瓜，自卖自夸”的一套，真真假假，鱼龙混杂，并不总是可信，这种方式的信誉和作用就逐渐下降。在这种情况下，前述产品质量认证制度也就应运而生。

现在，全世界各国的产品质量认证一般都依据国际标准进行认证。国际标准中的60%是由ISO制定的，20%是由IEC制定的，20%是由其他国际标准化组织制定的。也有很多是依据各国自己的国家标准和国外先进标准进行认证的。

产品质量认证包括合格认证和安全认证两种。依据标准中的性能要求进行认证叫作合格认证；依据标准中的安全要求进行认证叫作安全认证。前者是自愿的，后者是强制性的。

产品质量认证工作，在20世纪30年代后发展很快。到了20世纪50年代，所有工业发达国家基本得到普及。第三世界的国家多数在20世纪70年代逐步推行。我国是从1981年4月才成立了第一个认证机构——中国电子器件质量认证委员会，虽然起步晚，但起点高，发展快。

(二)质量管理体系认证

质量管理体系认证，也称质量管理体系注册，是指由公正的第三方体系认证机构，依据正式发布的质量管理体系标准，对企业的质量管理体系实施评定，并颁发质量管理体系认证证书和发布注册名录，向公众证明企业的质量管理体系符合某一质量体系标准，有能力按规定的质量要求提供产品或服务。

这种认证是由质量保证活动发展起来的。随着质量保证活动的迅速发展，各国的认证机构在进行产品质量认证的时候，逐渐增加了对企业的质量保证体系进行审核的内容，进一步推动了质量保证活动的发展。到了20世纪70年代后期，英国一家认证机构英国标准协会(BSI)首先开展了单独的质量保证体系的认证业务，使质量保证活动由第二方审核发展到第三方认证，受到了各方面的欢迎，更加推动了质量保证活动的迅速发展。

通过三年的实践，BSI认为，这种质量保证体系的认证适应面广，灵活性大，有向国际社会推广的价值。于是，在1979年向ISO提交了一项建议。ISO根据BSI的建议，当年即决定在ISO认证委员会的质量保证工作组的基础上成立质量保证委员会。1980年，ISO正式批准成立了质量保证技术委员会(TC176)着手这一工作，从而导致ISO9000系列标准的诞生，健全了单独的质量体系认证制度，一方面扩大了原有质量认证机构的业务范围，另一方面又导致一大批新的专门的质量体系认证机构的诞生。

自从1987年ISO9000系列标准问世以来，为了加强质量管理，适应质量竞争的需要，企业家们纷纷采用ISO9000系列标准在企业内部建立质量管理体系，申请质量管理体系认证很快形成了一个世界性的潮流。目前，全世界已有近100个国家和地区正在积极推行ISO9000国际标准。一套国际标准，在这短短的时间内被这么多国家采用，影响如此广泛，这是在国际标准化的历史上从未有过的现象，已经被公认为“ISO9000现象”。

(三)环境管理体系认证

环境管理体系认证是指企业依据ISO14001的要求，建立起完整的用文件表述的环境管理体系，通过运行及内部评审证明这个体系是符合标准要求的、有效的，便可向有资格的第三方认证机构提出申请，双方如能达成协议，认证机构便会派审核员到现场审核，如能通过审核，认证机构便会向企业颁布认证证书。企业通过认证，获得第三方认证机构颁发的证书，这就意味着企业取得了客观证明，它向社会表明本组织兑现环境承诺和对环境因素的控制能力。

国际标准化组织于 1993 年 6 月成立了环境管理标准化技术委员会(TC207)，按照 ISO9000 的理念和方法，开始制定环境管理体系方面的国际标准，并很快于 1996 年 10 月发布了 5 个属于环境管理体系和环境审核体系方面的国际标准，1998 年又发布了 1 个环境管理方面的国际标准。以上 6 个标准统称为 ISO14000 系列标准，它们分别是：

ISO14001《环境管理体系——规范及使用指南》

ISO14004《环境管理体系——原则、体系和支持技术指南》

ISO14010《环境审核体系——通用原则》

ISO14011《环境审核体系——审核程序：环境管理体系审核》

ISO14012《环境审核体系——环境审核员资格要求》

ISO14050《环境管理——术语》

此后，全世界又兴起一个"ISO14000 热"。通过第三方认证机构的证实，企业能够树立起良好的社会形象。在绿色消费之风盛行，绿色贸易壁垒林立的形势下，这张"绿色通行证"，对企业是很有意义的，它不仅是提高产品竞争力的有效途径，有时甚至关系到企业的生死存亡。

(四)职业健康安全管理体系认证

世界经济贸易活动的发展，促使企业的活动、产品或服务中所涉及的职业健康安全问题受到普遍关注，极大地促进了国际职业安全与卫生管理体系标准化的发展。1996 年 9 月，英国率先颁布了 BS8800《职业安全与卫生管理体系指南》标准。随后，美国、澳大利亚、日本、挪威等 20 余个国家也制定了相应的职业安全与卫生管理体系标准。为此，英国标准协会(BSI)、挪威船级社(DNV)等 13 个组织于 1999 年共同制定了职业安全与卫生(Occupational Health and Safety Management Systems-Specification，OHSMS)评价系列标准，即 OHSMS18001《职业安全与卫生管理体系——规范》和 OHSMS18002《职业安全与卫生管理体系——OHSMS18001 实施指南》。国际标准化组织也多次提议制定相关国际标准。不少国家已将 OHSMS18001 标准作为企业实施职业安全与卫生管理体系的标准，成为继实施 ISO9000、ISO14000 国际标准之后的又一个热点。

为了尽快提高我国安全生产水平，保障广大劳动人民的根本利益，也为了促进国际贸易的发展，符合 WTO 规则的要求，原国家质量监督检验检疫总局于 2001 年 7 月组织了专门起草组，借鉴 ISO9000 和 ISO14000 国际标准的成功经验和先进的管理思想与理论，充分考虑了目前在国际上得到广泛认可的 OHSMS 18001 标准的技术内容，起草了国家标准 GB/T28001《职业健康安全管理体系——规范》，并于 2001 年 11 月正式批准发布，2002 年 1 月 1 日起正式实施。

在我国现在一共有三种管理体系的认证：贯彻 ISO9000 系列标准的质量管理体系认证(QMS)、贯彻 ISO14000 系列标准的环境管理体系认证(EMS)和贯彻 OHSMS18000 系列标准的职业健康安全管理体系认证(OHSMS)。

（五）认可

认可是由权威性组织依据程序对某一团体或个人具有从事特定任务的能力予以正式承认。为了确保产品认证和体系认证的客观性、公正性和科学性，应对认证机构的资格进行评价和认可。需认可的认证机构包括：产品认证机构；体系认证机构；检验、鉴定机构；培训机构等。

综上所述，认证制度应包括产品质量认证、质量管理体系认证、环境管理体系认证、职业健康安全管理体系认证以及认证机构认可几个方面的内容。下面我们重点介绍产品质量认证和质量管理体系认证。

三、产品质量认证

（一）产品质量认证的含义和特征

我国《产品质量法》规定："国家参照国际先进的产品标准和技术要求，推行产品质量认证制度。"产品质量认证是依据产品标准和相应技术要求，经认证机构确认并通过颁发认证证书和认证标志来证明某一产品符合相应标准和相应技术要求的活动。产品质量认证有以下几个特征：

1. 产品质量认证活动是专门认证机构所开展的活动

从事认证活动的认证机构是独立于生产方和购买方之外的第三方机构。我国的产品质量认证工作是由专门的认证机构完成的。每类开展认证的产品，都要成立相应的认证机构，由这些认证机构在国务院有关行政主管部门统一管理下，以第三方身份具体开展产品质量的认证活动。

2. 产品质量认证的依据

产品质量认证既然是第三方以公正身份对产品质量的认可，其认证依据应是科学的、客观的、为社会所认可的。产品质量认证的依据是具有国际水平的国家标准、行业标准和相应技术要求。标准是判定产品质量是否满足规定要求的基本依据。产品质量认证所采用的标准一经确定，那么标准中规定的各项技术指标和要求就必须严格、准确执行。相应技术要求是指现行标准满足不了认证需要而制定的补充技术要求或有些名、特、优产品的特殊技术要求。上述标准、相应技术要求既是产品质量认证的依据，也可理解为认证机构作为公正的第三方向消费者提供的对于产品质量的明示担保。

3. 产品质量认证的范围

我国《标准化法》《产品质量认证条例》规定，对有国家标准或行业标准的产品，企业可以申请产品质量认证。这里主要强调的是有国家标准或行业标准的产品。随着我国市场经济的发展和认证工作的深入，认证产品的范围将不断得到扩展。

4. 产品质量认证的形式

目前，我国对产品质量认证主要开展了安全认证和合格认证。安全认证是指以安全标准为依据进行的认证，或只对产品中有关安全的项目进行的认证。合格认证是指对产品的全部性能、要求依据标准或相应技术要求进行的认证。

5. 产品质量认证的效果

目前我国产品质量认证大多采用"型式检验加工厂质量体系评定加认证后监督"的模式。这不但表明"获准认证的产品，除接受国家法律和行政法规规定的检查外，免于其他检查，并享有实行优质优价、优先推荐评为国优产品等国家规定的优惠"，同时也说明企业的质量管理体系符合国际标准化组织推行的ISO9000系列标准。企业获得产品质量认证证书，标志着企业及其产品取得了进入国内外市场的合格证和通行证。

（二）产品质量认证的分类

1. 按认证的性质分类

有自愿性认证和强制性认证。自愿性认证是企业自愿申请接受认证，它适用于一般性产品；强制性认证是必须接受指定机构认证，它适用于有关人身安全、身心健康和具有重大经济价值关系国计民生的产品，产品未经认证，不许销售，否则依法惩处。

2. 按认证范围分类

有国家认证、区域认证和国际认证。国家认证是以本国批准颁布的技术标准为基础；区域认证是以一个地区的参加国共同制订的标准为依据，例如欧洲标准化委员会认证委员会有自己的标准和认证标志；国际认证是以国际标准（ISO或IEC标准）为基础。

3. 按认证标志分类

有合格标志认证和安全标志认证。合格认证是以技术标志为基础的自愿性认证，认证合格后，发给"合格认证标志"；安全认证标志是以安全标准为基础的强制性认证，认证合格后发给"安全认证标志"。

（三）认证的要素和类型

1. 认证的要素

认证的基本要素包括型式试验、质量体系检查、监督检验和监督检查。

型式试验是指为了证明产品质量符合产品标准的全面要求而对产品进行的抽样检验，它是构成许多类型认证的基础。

质量体系检查是指对产品生产企业的质量保证能力进行的检查和评定。

监督检验是对获取认证后的产品进行的一项监督措施，它是从企业最终产品中或市场上抽取样品，由认可的独立检验机构进行检验。如果检验结果证明继续符合标准的要求，则允许继续使用认证标准；如果不符合，则要采取必要的措施。

监督检查是对取得认证资格的生产企业的质量保证能力进行定期复查，这是保证产品的质量持续符合标准的又一项监督措施。

2. 认证制度的类型

认证制度自产生以来，本身已经历了多次演变。世界各国现行的认证制度主要有八种类型。为了提供完善的信任，认证的类型总是在原有类型的基础上逐步趋于完善的。当然，由于每一种类型认证的对象各有侧重，因此它们适用于不同认证要求，提供的信任程度也各不相同。

（1）型式试验。型式试验又称为典型试验。它按照规定的试验方法对产品的样品进行试验，以证明样品符合技术标准，而无任何监督措施。这是一种最简单和最有限的产品独立认证形式。认证机构只能证明样品符合技术标准，不能证明以后生产的同样的产品是否继续符合技术标准。因此认证机构只能向申请企业颁发合格证书，不准企业使用认证标志，主要是证明产品设计符合技术规范的全部要求，一般又称此种认证为型式认可。

(2)型式试验加市场抽样检验。这是一种带有监督措施的型式试验。监督办法是从市场上购买样品或从批发商、零售商的仓库中随机抽样进行监督检验，以证明认证产品的质量持续符合标准或技术规范的要求。显然这种类型能向购买方提供更多的质量信息，并能取得购买方较高的信任。

(3)型式试验加工厂抽样检验。这种认证制度与第二种类似，只是监督的方式有所不同，不是从市场上抽样，而是从生产厂发货前的产品中随机抽取样本进行检验。

(4)型式试验加认证后监督(市场和工厂抽样检验)。这种认证制度是(2)、(3)两种认证制度的综合，监督检验所用的样品来源，既从市场上购买，又从工厂中随机抽取。

(5)型式试验加工厂质量体系评定加认证后监督(质量体系复查、市场和工厂抽样检验)。这种认证制度的显著特点是，在批准认证资格的条件中增加了对产品生产厂质量体系的检查和评定，在批准认证后的监督措施中也增加了对生产厂质量体系的复审。这种制度比前四种更完善，能够向购买方提供更详尽的信息，便于取得购买方更大的信任。

(6)工厂质量体系评定。这种认证制度是对生产厂按所要求的技术标准生产产品的质量保证能力进行检查、评定，因此也称为质量保证能力的认证。这种类型认证的对象不是产品，而是质量体系、质量保证能力，因而按这种认证审核批准的企业，不能在产品上使用认证标志。

(7)批检。根据规定的抽样方案，对一批产品进行抽样检验，并据此做出这批产品是否符合标准或技术规范的判断。对于这种类型的认证，只是对认证合格的这批产品颁发认证证书，但不授予认证标志。

(8)百分之百检验。经认可的独立检验机构对每一件产品依据标准进行检验。这种类型的认证使认证人员担负的责任较大，对被认证的每件产品都要承担风险，而且所需要的费用是很高的。因此除非由政府专门规定，一般不采用这种类型的质量认证制度。

表2.8把八种认证制度进行了对比。就提供产品质量信任程度而言，第五种类型的认证制度是一种最完善的产品认证制度，因此是各国采用最广的一种产品质量认证制度，同时也是国际标准化组织向各国推荐的一种典型的产品质量认证制度。第六种类型的认证制度就是我们通常所说的质量体系认证制度。

表2.8 **认证类型的构成要素**

认证类型	型式试验	质量体系评审	认证后监督		
			工厂抽样	市场抽样	质量体系复查
1	★				
2	★			★	
3	★		★		

续表

认证类型	型式试验	质量体系评审	认证后监督		
			工厂抽样	市场抽样	质量体系复查
4	★		★	★	
5	★	★	★	★	★
6		★			★
7	★				
8	★		★		

注：★表示表中选择该项。

(四)强制性产品认证制度

1. 强制性产品认证制度的含义与作用

强制性产品认证制度，是各国政府为保护广大消费者人身和动植物生命安全，保护环境、保护国家安全，依照法律法规实施的一种产品合格评定制度，它要求产品必须符合国家标准和技术法规。强制性产品认证，是通过制定强制性产品认证的产品目录和实施强制性产品认证程序，对列入目录中的产品实施强制性的检测和审核。凡列入强制性产品认证目录内的产品，没有获得指定认证机构的认证证书，没有按规定加施认证标志，一律不得进口、不得出厂销售和在经营服务场所使用。

强制性产品认证制度在推动国家各种技术法规和标准的贯彻、规范市场经济秩序、打击假冒伪劣行为、促进产品的质量管理水平和保护消费者权益等方面，具有其他工作不可替代的作用和优势。认证制度由于其科学性和公正性，已被世界大多数国家广泛采用。实行市场经济制度的国家，政府利用强制性产品认证制度作为产品市场准入的手段，正在成为国际通行的做法。

我国1978年恢复国际标准化组织的成员国地位后，就按照国际规范建立了中国强制性产品认证制度，并开展了相关的工作：对107种国内产品实施了产品安全认证；对104种进口商品实施了进口商品安全质量许可证制度，这项制度涉及60多个国家和地区。这些产品认证制度在提高我国产品质量水平和在国际市场上的竞争力，维护国家经济利益、经济安全，保护环境等方面起到了积极的作用。2001年成立的原国家质量监督检验检疫总局和国家认监委，建立了新的国家强制性产品认证制度。

2. 我国强制性产品认证制度的管理体制和法律依据

(1)我国强制性产品认证制度的管理体制。国家认证认可监督管理委员会是国务院授权的负责全国强制性产品认证工作的机构，在强制性产品认证制度建立和实施中的职能主要是：拟定、调整《强制性产品认证目录》并与原国家质量监督检验检疫总局共同对外发布；拟定和发布目录内产品认证实施规则；制定并发布认证标志，确定强制性产品认证证书的要求；指定承担认证任务的认证机构、检测机构和检查机构；指导地方质检机构对强制性产品认证违法行为的查处等。

强制性产品认证工作由国家认监委指定的认证机构负责认证的具体实施，并对认证结果负责；地方质检部门对列入强制性认证产品目录内的产品实施监督；生产者、销售者和进口商以及经营服务场所的使用者对生产、销售、进口、使用的产品负责；国家认监委指定的标志发放管理机构负责发放强制性认证标志。

(2)我国建立强制性产品认证制度的法律依据。我国新的强制性产品认证制度，是依据《产品质量法》《进出口商品检验法》《标准化法》《进出口商品检验法实施条例》《质量认证管理条例》等法律、法规建立的。

第一批实施强制性产品认证的产品目录包括：电线电缆、电路开关及保护或连接用电器装置、低压电器、小功率电动机、电动工具、电焊机、家用和类似用途设备、音视频设备类(不包括广播级音响设备和汽车音响设备)、信息技术设备、照明设备(不包括电压低于36V的照明设备)、电信终端设备、机动车辆及安全附件、轮胎产品、安全玻璃、农机产品、乳胶制品、医疗器械产品、消防产品、安全技术防范产品、装饰装修材料、玩具、无线局域产品等。

我国国家强制性产品认证标志名称为“中国强制认证”(China compulsory certification)，英文缩写为“CCC”，也可简称“CCC”标志。认证标志的图案由基本图案、认证种类标注组成。在认证标志基本图案的右部印制认证种类标注，证明产品所获得的认证种类，认证种类标注由代表认证种类的英文单词的缩写字母组成，如“S”代表安全认证。国家认证认可监督管理委员会根据认证工作需要制定和发布有关认证种类标注。

(五)食品质量安全市场准入制度

我国的食品安全市场准入制度是原国家质量监督检验检疫总局在2002年推出的，根据原国家质量监督检验检疫总局发布的《食品生产加工企业质量安全监督管理办法》，我国对①小麦粉、大米、食用植物油；②酱油、醋、味精、糖；③肉制品；④乳制品；⑤饮料；⑥方便面、饼干；⑦罐头；⑧冷冻饮品；⑨速冻面米；⑩膨化食品等10大类食品实施质量安全市场准入制度，这是加强食品安全意识的大势所趋。

食品市场准入制度包括三个方面内容：一是食品生产许可证制度。食品生产企业必须获得国家颁发的食品生产许可证，否则不得生产食品。二是强制检验制度。食品生产企业对其产品必须自检，检验合格方可出厂，质监部门对获证企业产品实行定期监督检验，对检验不合格的产品实行加严检验。三是QS(quality safety，即“质量安全”的缩写)标志制度。获得食品生产许可证的企业，在产品包装上使用QS标志。QS标志代表三个内容：①企业声明。该企业获得食品生产许可证，该产品经过国家核定，有市场准入资格。②企业证明。这个产品是经过检验合格的产品。③企业承诺。食用该产品出现质量问题，企业承担法律责任。因此，消费者在购买产品的时候只要购买加贴有QS标志的产品，就是获得国家认定的放心食品。

四、质量管理体系认证

(一)质量管理体系认证的含义和特征

质量管理体系认证，也称质量管理体系注册，是指由公正的第三方体系认证机构，依据正式发布的质量管理体系标准，对企业的质量管理体系实施评定，并颁发质量管理体系认证证书和发布注册名录，向公众证明企业的质量管理体系符合某一质量体系标准，有能力按规定的质量要求提供产品或服务。质量管理体系认证有以下几个特征：

1. 质量管理体系认证的目的

质量管理体系认证的目的是要让公众，包括消费者、用户、政府管理部门等，相信企业具有一定的质量保证能力。其表现形式是由体系认证机构出具体系认证证书和发布注册名录，取信的关键是体系认证机构本身具有的权威性和信誉。

2. 质量管理体系认证中使用的基本标准

质量管理体系认证中使用的基本标准不是产品技术标准，因为体系认证中并不对认证企业的产品实物进行检测，颁发的证书也不证明产品实物符合某一特定产品标准，而仅是证明企业有能力按政府法规、用户合同、企业内部规定等技术要求生产和提供产品。

目前，世界上体系认证已有通用的质量体系标准，即ISO9000系列标准。企业的组织管理结构、人员和技术能力、各项规章制度和技术文件、内部监督机制等是体现其质量保证能力的内容，它们既是体系认证机构要评定的内容，也是质量体系标准规定的内容。

各国在采用ISO9000系列标准时都需要翻译为本国文字，并作为本国标准发布实施。目前，包括全部工业发达国家在内，已有近70个国家的国家标准化机构，按ISO指南47的规定，将ISO9000系列国际标准等同转化为本国国家标准。我国等效于ISO9000系列的国家标准是GB/T19000系列标准，它是ISO承认的ISO9000系列的中文标准，列入ISO发布的名录。

3. 质量管理体系认证的作用

质量管理体系认证之所以在全世界各国能得到广泛的推行，是因为：能帮助用户和消费者鉴别企业的质量保证能力，确保购买到优质满意的产品；能帮助企业提高市场的质量竞争能力，加强内部质量管理，提高产品质量保证能力；避免外部对企业的重复检查与评定而给社会造成浪费。

(二)质量管理体系认证与产品质量认证的区别

质量管理体系认证的对象是质量管理体系，即质量保证能力，它依据的是等同于ISO9000系列标准的有关国家标准，它的作用是能够提高顾客对供方的信任，增加订货，减少顾客对供方的检查评定，有利于顾客选择合格的供方。质量体系认证是自愿的，企业通过体系认证获得的体系认证证书不能用在所生产的产品上，但可以用于正确的宣传，它是ISO向各国推荐的一种认证制度之一。

产品质量认证是对产品做型式试验，又对与产品有关的供方的质量体系进行评定，评定内容包括供方的质量体系对其生产、设备、材料采购、检验方法等能否进行恰当的控制，能否使产品始终符合技术规范。产品质量认证通过后不仅颁发认证证书，而且还允许在产品上使用认证标志。

可见，质量体系认证与产品质量认证最主要的区别是认证的对象不同。产品质量认证的对象是特定产品，而质量体系认证的对象是供方组织的质量体系。认证对象的不同，引起了获准认证条件、证明方式、证明的使用等一系列不同。但它们也有共同点，就是都要求对供方组织的质量管理体系进行体系审核。

另外，质量体系认证有覆盖面广的优点，但对外影响不如产品质量认证。产品质量认证可以将标志直接制作在产品的包装上，具有影响面大的优点。但它的局限性也很大，只能在某一特定的产品上使用。两者各有利弊。企业在选择用哪种方式认证时，要根据自身的情况和客户的要求慎重选择，不要认为质量体系认证范围大、水平高、信誉好，而产品质量认证水平低，更不能盲目听信某些违法认证机构的误导，对此，企业一定要有清醒的意识。

(三)质量管理体系的认证机构

质量管理体系认证机构是指依据公布的质量体系标准评定和注册企业质量体系的第三方机构。依据《质量体系认证机构认可规则》，质量体系认证机构应具备下列基本条件：

(1)它应是一个独立的法人实体，具有能满足质量体系认证工作所需的工作机构、人员和设施等资源，并能不受任何可能干扰认证结果公正性的因素的影响。

(2)具有能使其从事质量体系认证的能力取得信任的质量体系，并使之文件化，即有自身的质量手册和程序文件，包括：实施质量体系认证的程序；质量文件和记录控制程序；申诉处理程序；不合格控制和纠正措施程序；内部质量审核程序等文件。

(3)取得经费的方式不应影响开展质量体系认证工作的公正性。

(4)配备与其业务工作相适应的专职与兼职注册审核员。

(5)建立并执行与认证有关的记录控制程序，确保审核观察结果记录、审核报告等按规定期限妥善保存。同时，还应保存有关方面对其认证活动所提意见及其采取相应纠正措施的记录等。

凡具备上述基本条件的质量体系认证机构可向质量体系认证机构国家认可委员会提出书面申请，经其评审，提出资格评定报告，报国家认证管理部门批准认可，方能开展质量体系认证工作。

获准认可的质量体系认证机构在其获准认可的业务范围内从事质量体系认证工作，并对其出具的质量体系认证证书负责，但不得向企业提供质量体系咨询服务。

获准认可的质量体系认证机构在认可有效期内应接受每年一次的监督检查，必要时，监督检查频次可适当增加。

第三章　质量管理体系建立与运行

质量管理体系是指建立质量方针和质量目标并实现这些目标的体系。任何一个企业，只有在内部建立起质量管理体系，才能向外提供质量保证。本章首先介绍质量管理的八项原则，它对组织建立、实施、保持和改进质量管理体系提供理论基础；然后分别从管理职责、资源管理、产品实现以及测量、分析和改进四大过程解读ISO9001中规定的质量管理体系要求的标准，采用该标准将能帮助组织建立和运行质量管理体系。

第一节　质量管理的原则

ISO9000系列标准提出的八项质量管理原则是企业成功地实施质量管理，达到预期效果的指南。通过贯彻八项质量管理原则的要求，对组织、顾客、所有者、员工、供方和社会等所有的相关方都会产生积极的影响，并且对组织内部在制定方针和策略、建立质量目标和人力资源管理等方面将会带来良好的效果。下面就组织在遵循八项质量管理原则，实施质量管理中应采取的措施和产生的效果分别做介绍。

一、以顾客为中心

组织依存于顾客，因此，组织应理解顾客当前和未来的需求，满足顾客要求并争取超越顾客的期望。

一个组织在经营上取得成功的关键是生产和提供的产品能够持续地符合顾客的要求，并得到顾客的满意和信赖。这就需要通过满足顾客的需要和期望来实现。因此，一个组织应始终密切地关注顾客的需要和期望，通过各种途径准确了解和掌握顾客一般的和特定的要求，包括顾客当前的和未来的、发展的需要和期望。这样才能瞄准顾客全部要求，准确、完整地转化为产品规范和产品实施规范，确保产品的适用性质量和符合性质量。另外，必须注意顾客的要求并不是一成不变的，随着时间迁移，特别是技术发展的需要，顾客的要求也会发生相应的变化。因此，组织必须动态地聚焦于顾客，及时掌握变化着的顾客要求，开展质量改进，力求同步地满足顾客要求并使顾客满意。

(一)组织贯彻“以顾客为中心”的原则应采取的措施

(1)通过市场调查研究和访问顾客等途径，切实了解和全面掌握顾客当前及未来的需要和期望，包括产品、交付、价格和可信性等要求。在理解顾客要求的基础上掌握其他相关方的要求，将这些要求融合在一起，作为设计和开发、质量改进的依据。

(2)将顾客和其他相关方的需要和期望的信息按照规定的渠道和方法，在组织内部完整而准确地传递和沟通。

(3)组织在设计和开发、生产和经营过程中，按规定的方法测量顾客的满意程度，以便针对顾客的不满意因素采取相应的措施。

(4)建立一个连续监控的顾客信息反馈系统，规定和实施有关顾客要求、顾客满意程度的信息收集、分析和反馈，加强与顾客的沟通和联络，并管理好与顾客的关系。

(二)贯彻本原则所产生的效果

(1)促进整个组织全面和准确地理解顾客和其他相关方的需要和期望。

(2)确保组织能直接根据顾客的需要和期望建立相关的质量目标。

(3)以满足顾客的需求为前提，改进组织的业绩，改善与顾客的关系和提高顾客的忠诚度，有助于扩大组织的业务或对组织的宣传介绍。

(4)通过关注顾客动态变化的要求，并迅速做出反应，有利于提高市场占有率和增加收益。

二、领导作用

领导者将本组织的宗旨、方向和内部环境统一起来，并创造使员工能够充分参与实现组织目标的环境。

组织最高管理层的高度重视和强有力的领导是组织质量管理取得成功的关键，由于最高管理层是组织的决策层，决定和控制着组织发展的前程，对组织能否在激烈的市场竞争中处于领先地位起着至关重要的作用。在这个前提下，还必须注意各级管理者在组织的质量方针的指引下应保持认识上的一致和工作上的协调。在此基础上，最高管理层还应该创造一个良好的组织内部环境，鼓励和促进组织内部所有人员共同为实现质量方针和质量目标做出应有的贡献。

(一)组织贯彻“领导作用”的原则应采取的措施

(1)充分了解外部环境，例如市场条件、技术发展、产品需求和销售趋势等的变化，通过评审组织的质量方针和质量目标，对外部环境变化迅速做出正确决策，包括对质量方针和质量目标进行适当的调整，改进质量管理体系，适应外部环境变化的需要。

(2)考虑所有相关方的需要和期望，包括顾客、组织所有者、员工、供方和社会的需求。

(3)明确提出组织发展的前景和宏伟蓝图，并在组织的各个层次中树立和保持共同价值观和道德标准。

(4)对组织内部各层次及各类人员建立具有挑战性的目标，激发他们为实现设定的目标做出不懈的努力。

(5)造就一个能充分发挥所有员工才能的环境，提供各项质量活动所需的资源，采取有效的激励措施，激励和充分肯定员工的贡献和成绩，并使员工对组织充满信心，发挥每个人的积极性和责任心。

(6)加强员工教育和培训，使各类人员掌握必要的专业知识、管理知识和操作技能，确保各个岗位的人员均能具备胜任本职工作的能力。

（二）贯彻本原则所产生的效果

（1）使员工理解组织的目标，以此激发所有人员的工作热情。
（2）在组织内部形成一个既被授予职权又具备良好素养、积极和稳定的工作团队。
（3）采用规定的统一方法实施和评价各项质量活动。
（4）促进全体员工积极做出贡献，并为开展持续改进创造条件。

三、全员参与

各级人员是组织之本，只有他们充分参与才能使他们的才干为组织带来最大的收益。

组织的质量管理是通过组织内部各级各类人员参与生产经营的各项质量活动来加以实施的。因此，人员在质量管理中始终是处于主导地位，也是最活跃的因素。

质量管理实践证明，组织能否深入开展质量管理，确保产品、体系和过程的质量满足顾客和其他相关方的需要和期望，取决于各级各类人员的质量意识、思想和业务素质、事业心和责任心、职业道德，以及适应本岗位的工作能力等因素。这就要求组织在推行质量管理中务必十分重视人的作用，为他们创造一个积极投入、奋发进取、充分发挥才智的工作环境，有利于他们为顾客创造价值，为组织增加效益做出更大的贡献。

（一）组织贯彻“全员参与”的原则应采取的措施

（1）在完善组织结构，分配和落实质量职能的基础上，具体规定各层次的职责范围和各个工作岗位的质量责任和权限，使各级各类人员都能明确自己应该做些什么，承担哪些责任，以及有哪些权限，以利于在协调地开展各项质量活动中做到各司其职，各负其责。

（2）为增强员工的工作能力，掌握和运用必要的知识及工作经验创造机会，包括识别培训要求、制订和实施员工培训计划、评价培训的实际效果，切实做到各类人员具备适应所在岗位所需的工作能力和取得必要的资格。

（3）组织内部在设计和开发、生产和经营中所掌握的专业、管理知识和积累的实践经验是一个组织的宝贵财富，组织应有计划、有针对性地进行总结，并从组织内部各层次能共享这些知识和经验出发，采取相应的措施，以利于提高质量活动的效率和有效性。

（4）组织的全体人员应牢固树立为顾客创造价值的观念，努力提高工作质量，确保组织提供的产品、体系和过程符合顾客的要求，并使顾客感到满意。

（5）识别和解决对员工业绩的约束，为员工创造一个团结合作、能充分发挥创造性和积极性的工作环境，使员工对任职的工作感到满意，并且将员工切身的利益和组织的利益紧密地连接在一起，使他们为成为组织的一员而感到自豪，从而激发为他们积极参与持续改进做出努力。

（二）贯彻本原则所产生的效果

（1）使所有人员受到鼓励，为完成组织所分派的任务积极承诺和努力完成。
（2）促进所有人员对本职工作业绩增强责任心和成就感。

(3) 使所有人员能自觉地、积极地参与持续改进并做出自己的贡献。

四、过程方法

将相关的资源和活动作为过程进行管理，可以更高效地达到期望的结果。

任何一项活动都可以作为一个过程来实施管理。所谓过程是指将输入转化为输出所使用资源的各项活动的系统。过程的目的是提高其价值。因此，在开展质量管理各项活动中应该采用过程的方法实施控制，确保每个过程的质量，并高效率地达到预期的效果。

(一) 组织贯彻“过程方法”的原则应采取的措施

(1) 根据组织的产品、体系的特点具体研究和确定有哪些过程，包括：与顾客有关的过程、识别顾客需求的过程、产品实施的过程、使顾客满意的过程等，并规定为取得预期效果所必需的关键活动。

(2) 制定明确的职责和权限，对关键活动实施重点管理，并具备理解和测量关键活动效果的能力。

(3) 识别每个过程与相关职能部门之间的关系，将实施过程的职能分配和落实到相关的部门和岗位，清晰地规定实施过程的职责和权限，并对接口进行必要的控制。

(4) 识别每个过程的内部和外部顾客、供方和其他相关方。通过分析每个过程的重要度和风险，以及对所有相关方的影响，确定过程控制的方法和力度。

(5) 组织内部在开展过程设计中应对下述因素予以充分考虑，这些因素包括按确定的工作步骤和活动顺序建立工作流程、人员培训需要、所需的设备、材料、测量和控制实施过程的方法，以及所需的信息和其他资源。

(二) 贯彻本原则所产生的效果

(1) 利用组织所规定的各个过程，可以取得更多的预期效果，并且能合理地使用资源，周期短和成本低。

(2) 理解各个过程的能力，能够建立富有挑战性的目标。

(3) 采用过程的方法能重视和优先考虑改进机会，可以使得所有的过程在运行中能够降低成本，预防差错，控制变异，取得周期短和更多地符合预期输出要求的效果。

(4) 促进重视改进机会，持续改进实施过程。

五、管理的系统方法

针对设定的目标，识别、理解并管理一个由相互关联的过程所组成的体系，有助于提高组织的有效性和效率。

产品的质量是掌握顾客的需要，确定技术规范，以及产品实现等众多过程结果的综合反映，并且这些过程又是相互关联和相互作用的，每个过程又都会在不同的程度上影响着产品质量。要对各个过程系统地实施控制，确保组织预定目标的实现，就需要建立质量管理体系，运用体系管理的方法，系统地实施各个过程的控制，才能有效地和高效率地使用产品质量满足顾客的需要和期望。

(一)组织贯彻“管理的系统方法”的原则应采取的措施

(1)按照本组织产品和生产的特点，识别和开发产品质量形成的各个过程，研究各个过程的关联性来确定体系。

(2)建立组织的质量管理体系，运用对各个过程形成的网络实施系统的控制，加强质量管理体系管理，包括确定组织结构，明确各职能及其相互关系，规定职责和权限，加强内部各层次的沟通，以最有效的途径实现组织的目标。

(3)定期对质量管理体系进行测量，针对质量管理体系是否有效运行和达到组织预定的目标做出客观的评价，寻找改进的机会，不断地改进组织的体系。

(4)配置体系的各个过程实施和改进所必需的资源，包括提供为确保产品质量符合规定要求的有关设施和适宜的工作环境，委派具备胜任本岗位工作能力的与质量有关的各类人员。

(二)贯彻本原则所产生的效果

(1)通过合理安排过程，确保实现预期的质量目标。

(2)对关键和重要的过程能集中力量进行重点管理。

(3)通过体系的建立和有效运行，使顾客和其他相关方对组织的有效性和效率充满信心。

六、持续改进

持续改进是一个组织积极寻找改进的机会，努力提高有效性和效率的重要手段，确保不断增强组织的竞争力，使顾客满意。这是组织的各级管理者永恒的目标，也是组织的一个永恒的主题。为了能有效地开展持续改进，首先必须加强各层次人员，特别是管理层的质量意识、问题意识和改进意识；以追求更高的过程效率和有效性为目标；主动寻求改进的机会，确定改进项目，而不是等到出了问题再提出改进的需要。同时，还应贯彻分清轻重缓急、实施循序渐进的原则，对持续改进实施有序的管理，包括质量改进的组织、计划、实施、评价和确认。在取得改进成果的基础上，通过 PDCA 循环，应再选择和实施新的质量改进项目，根据新的改进目标持续进行质量改进。

(一)组织贯彻“持续改进”的原则应采取的措施

(1)组织的最高管理者应负责和领导持续改进工作，在组织内部创造一个持续改进的工作环境。各级管理者必须以身作则，加强质量改进的领导，围绕组织的质量目标制定本部门及个人持续改进的目标。领导是决定组织能否持续开展质量改进的关键，只有各级领导者的亲自领导，才能促进每个员工努力投入改进之中，以确保提高质量管理体系所有过程的效率和有效性。

(2)组织的最高管理者应将持续改进作为企业文化，加强宣传持续改进的重要性和必要性，建立激励机制，鼓励全体员工积极参与质量改进，努力改变人们因循守旧、故步自封的传统观念，树立起不满足于现状、积极进取的理念，使人人参与质量改进蔚然成风。

(3)定期评价和分析质量管理体系各个过程所存在的问题和薄弱环节，识别潜在的改进领域，确定质量改进项目，以便有计划、有针对性地开展质量改进。

(4)组织的持续改进应与预防措施和纠正措施结合起来。预防措施和纠正措施都是为消除问题的原因而采取的措施，以防止问题的发生或类似问题重复发生，起着改善组织过程的作用。当然，在持续改进中要特别预防各种不合格或不希望的情况发生。有些组织把零缺陷作为持续改进的目标，按照PDCA循环，分阶段有步骤地制订计划、组织实施、加强检查、采取措施，取得改进的成果后予以承认和推广，并在新的水平上实施有效的控制，然后建立新的改进目标。也有的组织提出以现有的质量损失减少50%作为每年的质量目标，以此作为各部门制定部门目标的依据，并相应确定质量改进项目和落实实施。虽然各个组织建立持续开展质量改进的目标和实施方法有所不同，但始终遵循持续改进的原则，坚持PDCA循环，不断改进过程质量，提高组织的效率和有效性是值得提倡的。

(5)组织的各级管理者为各层次人员掌握改进的方法提供必要的培训。特别是用于改进的工具和技术的应用，如数据收集和分析、因果图、流程图、控制图、排列图、直方图等统计技术，有助于准确确定质量改进项目和取得质量改进的预期效果。

(6)组织应建立质量改进测量和评价系统，以便对改进机会进行识别、诊断和对质量改进效果的评定。质量改进的测量系统应适合本组织的产品、生产和经营的特点，一般可包括与顾客满意、过程效率和社会损失有关的质量损失。通过测量和评价，控制和改善质量改进过程。

(二)贯彻本原则所产生的效果

(1)促进组织的各级人员积极参与持续改进。

(2)对改进的机会能灵活地做出快速的反应。

(3)通过持续改进，有效地改善组织的能力来增强市场竞争的优势。

七、基于事实的决策方法

对数据和信息进行逻辑分析或直觉判断是有效决策的基础。

决策是通过调查研究和分析，确定质量目标并提出实现目标的方案，对可供选择的几个方案进行优选后做出抉择的过程。一个组织生产经营的各项管理过程都需要做出决策，例如经营决策、产品设计和开发决策、产品结构决策、资源配置决策等。能否对各个过程做出正确的决策，将直接影响组织和过程的有效性和效率。特别是最高管理者对重大问题的决策正确与否，将会影响到组织的兴衰。例如，某组织在产品开发中由于缺乏对市场进行充分的调查研究和可行性分析，既没有对顾客的需要和期望进行全面和准确的识别，也没有对组织本身的产品开发技术能力和生产能力进行充分的论证，只是看到其产品在市场上销售形势好的表面现象，凭一股"热情"做出了产品开发的决策，最后由于对开发产品的关键技术没有掌握，在开发过程中花去了大量的人力、物力和财力，勉强地开发出来的产品又不能全面满足顾客的要求，最后被市场淘汰。从这一事例来看，单靠主观臆断的决策是不能奏效的。用"一着之差，满盘皆输"来形容因决策的错误而导致组织在经营中失败的现象是很恰当的。所以，有效的决策必须以充分的数据和真实的信息为基础，以客观事实为依据，往往还需要运用统计技术，分析各种数据和信息之间的逻辑关系，寻找其内在规律性，然后对实现预期质量目标的多个方案进行比较和分析，才能做出正确的选择。

(一)组织贯彻“基于事实的决策方法”的原则应采取的措施

(1)组组在决策的过程中应根据设定的质量目标收集与实现目标有关的信息和数据等资料，这是做出决策的基础。

(2)对收集到的信息和数据等资料综合起来进行评价，通过去粗取精，去伪存真的筛选，确保数据和信息准确、充分和可靠。

(3)掌握和应用适宜的统计技术，以逻辑分析为基础，在兼顾经验与直觉的基础上进行决策，并采取相应的措施。

(二)贯彻本原则所产生的效果

(1)根据相关的数据和信息做出正确的有把握的决策并确保决策的有效性。

(2)确保有能力进行评审，正确提出提高和变更意见，以及进行有效的决策。

八、互利的供方关系

通过互利的关系，增强组织及其供方创造价值的能力。

组织在产品实现过程中向供方采购的产品具有相当的数量，而且采购的产品质量必然会直接或间接地影响组织的最终产品的质量。所以，为了使供方能够持续稳定地提供符合本组织要求的产品，组织需要采用合适的方法选择、评定合格的供方，并且与供方之间建立互惠互利的合作伙伴关系，使得双方都能受益，以利于组织与供方通力合作，共同为提供使顾客满意的产品做出努力。

(一)组织贯彻“互利的供方关系”的原则应采取的措施

(1)识别和选择关键的供方。组织应按照采购产品的类别和对组织最终产品质量的影响程度来确定控制的方式和程度。尤其是对组织的产品质量起着关键和重要作用的供方应采用合适的方法予以识别、选择和评定。

(2)对组织长期需要采购的关键产品，应在选择和评定的基础上，建立从短期发展为长期的供方关系。

(3)与供方进行清晰和开放式的沟通，除了保持组织的采购与供方的销售职能之间单一渠道的沟通外，还应在双方的技术和计划职能之间沟通。

(4)必要时，组织应与供方对产品和过程进行联合开发和改进，例如供方提供的产品使用新材料、新技术或新过程，有待开发或改进，组织与供方应通力合作，做出共同的努力。

(5)组织会同供方充分理解顾客的需要和期望，并鼓励供方进行质量改进和取得成果，提高价值增值的能力。

(6)组织在与供方沟通中应做到信息共享，使供方确立改进质量的长远规划。

(二)贯彻本原则所产生的效果

(1)通过与供方结成联盟或保持合作伙伴的关系，以及共同开展质量改进活动，为双方提高价值增值的能力。

(2)确保供方准时提供符合规定要求的产品，包括服务。

(3)对顾客和市场需求的变化能够共同做出灵活和迅速的反应。

(4)合理使用资源和优化成本。

第二节 质量管理体系

本节阐述ISO9001标准从总体上提出的有关质量管理体系的一般要求和文件化要求。

一、总要求

(一)标准要求

组织应按本标准的要求建立质量管理体系，形成文件，加以实施和保持，并持续改进其有效性。

组织应：

(1)识别质量管理体系所需的过程及其在组织中的应用；

(2)确定这些过程的顺序和相互作用；

(3)确定为确保这些过程的有效运作和控制所需的准则和方法；

(4)确保可以获得必要的资源和信息，以支持这些过程的运作和对这些过程的监视；

(5)监视、测量和分析这些过程；

(6)实施必要的措施，以实现对这些过程策划的结果和对这些过程的持续改进。

组织应按本标准的要求管理这些过程。

针对组织所选择的任何影响产品符合要求的外包过程，组织应确保对其实施控制。对此类外包过程的控制应在质量管理体系中加以识别。

(二)实施建议

组织应对所建立的质量管理体系进行策划。

(1)组织。选择各职能部门中有经验的人员进行必要的培训，构成体系过程策划的中坚团队。

(2)明确过程现状。①可用流程图对质量管理体系进行描述，流程图应清晰地表明各过程、过程接口及其相互作用，流程图可纳入质量手册并予以控制；②确定过程所有者；③确定过程的特性和测度；④过程活动和过程质量因素的明确。

(3)过程分析。对已明确的现行过程，应通过产品目标、顾客的反映和抱怨、作业者反映的问题和建议、产品和过程测量结果等信息和数据进行以下方面的分析：过程业绩和能力、过程效率、接口。

(4)确定过程。通过过程分析并确定改进措施，为确定适用的质量管理体系过程打下基础：①设立过程目标；②控制安排及控制点设置；③过程确认；④形成文件。

二、文件要求

(一)总则

1. 标准要求

质量管理体系文件应包括：

(1)形成文件的质量方针和质量目标；

(2)质量手册；

(3)本标准所要求的形成文件的程序；

(4)组织为确保其过程有效策划、运行和控制所需的文件；

(5)本标准所要求的记录。

不同组织的质量管理体系文件的多少与详略程度取决于：

(1)组织的规模和活动的类型；

(2)过程及其相互作用的复杂程度；

(3)人员的能力。

2. 实施建议

(1)组织要确定质量管理体系文件的结构，可用金字塔分层图来标示组织的文件架构；

(2)按过程就活动或若干项活动的组合来编制文件是合适的方法，不一定要按标准的顺序编写文件，宜采用对照表，表示质量活动、各文件与标准要求之间的关系；

(3)尽管本标准要求建立的程序文件数量较少，但质量管理体系文件必须覆盖标准的全部要求，并能确保过程有效运行和受控，质量手册是证实组织的质量管理体系符合本标准要求的主要证据。

(二)质量手册

1. 标准要求

组织应编制和保持质量手册，质量手册包括：

(1)质量管理体系的范围，包括任何删减的细节与合理性；

(2)为质量管理体系编制的形成文件的程序或对其引用；

(3)质量管理体系过程之间相互作用的表述。

2. 实施建议

(1)质量手册的内容要满足组织的管理者、顾客和认证机构的需要。①质量手册作为体系的说明书，向外介绍组织的质量管理体系；②质量手册要表述组织是如何满足质量体系要求的，用作证实体系符合本标准要求的证据和内外部审核的依据；③质量手册要指示使用者了解各个过程的相互关系；④质量手册在组织内部传达质量方针、质量目标、职责分配、过程、程序、工作要求和指令，以作为实施质量管理体系的依据。

(2)质量手册的结构和格式，以及详细程序无统一要求，可由封面、手册修改历史、目录、范围、定义、手册控制说明、组织概况、质量方针和质量目标、组织结构、过程描述和文件化程序以及质量管理体系要求与手册章节和程序文件对照表等组成，准确、全面和简明地规定体系。

(三)文件控制

1. 标准要求

质量管理体系所要求的文件应予以控制。质量记录是一种特殊类型的文件，应依据质量记录的要求进行控制。

应编制形成文件的程序，规定以下方面所需的控制：

(1)文件发布前得到批准，以确保文件是充分与适宜的；

(2)必要时对文件进行评审与更新，并再次批准；

(3)确保文件的更改和现行修订状态得到识别；

(4)确保在使用处可获得适用文件的有关版本；

(5)确保文件保持清晰、易于识别；

(6)确保外来文件得到识别，并控制其分发；

(7)防止作废文件的非预期使用，若由于任何原因而保留作废文件时，对这些文件进行适当的标示。

2. 实施建议

(1)编制文件控制程序，确定各类文件的控制过程。

(2)对于组织内部形成的文件，程序中要考虑：标示、编制、审查、批准、发放、使用、更改和废止，以及评审和其后的更新和再批准各阶段。

(3)对于外来文件，程序中要考虑：收集、标示、审查、批准、发放、使用、更改和废止，以及评审和其后的更新和再批准各阶段。

(4)对不同媒体和不同种类的文件，应采用不同的方法和建立不同的程序文件进行控制。

(5)文件的批准要由授权人实施。对于小型组织，文件的编制、审查和批准往往是由一个人完成的，按本标准的要求，是可以接受的，只要提供批准签署的证据。

(6)文件控制的关键过程是更改控制过程。组织应对不同媒体的各类文件分别制定一个持续稳定的更改控制过程。

(四)记录控制

1. 标准要求

应建立并保持记录，以提供符合要求和质量管理体系有效运行的证据。记录应保持清晰、易于识别和检索。应编制形成文件的程序，以规定记录的标示、储存、保护、检索、保存期限和处置所需的控制。

2. 实施建议

(1)确定需受控的质量记录范围。本标准规定了两大类质量记录，一类是证明产品符合要求的记录，另一类是证明质量管理体系有效运行的记录。

(2)质量记录控制程序应规定质量记录从收集至处置的全过程，形成一个工作系统。

(3)组织要根据具体情况恰当地确定质量记录的保存期。

(4)质量记录应妥善保存。质量记录要防止非授权地调用、更换。质量记录的标示、汇集、编目和归档，要确保可检索性、易查易找、能快速调用。

(5)储存于计算机系统数据库内的记录，应注意计算机应用软件的更新以及调用记录所必需的硬件和软件的可获得性，同时要规定各类记录调用的授权和设置防火墙。

第三节　管 理 职 责

本节阐述 ISO9001 标准提出的质量管理体系高层活动的要求。

一、管理承诺

(一)标准要求

最高管理者应通过以下活动，对其建立、实施质量管理体系并持续改进其有效性的承诺提供证据：

(1)向组织传达满足顾客和法律法规要求的重要性；

(2)制定质量方针；

(3)确保质量目标的制定；

(4)进行管理评审；

(5)确保资源的获得。

(二)实施建议

(1)最高管理者应树立质量意识，并理解其在质量管理体系中的作用；

(2)最高管理者必须通过培训、内部刊物或会议等方式使组织的成员都能树立质量意识，都能认识到满足顾客的要求和法律法规的要求对组织的重要性，并能经常持续地加强组织成员对质量的认识，使他们能积极地参与提高质量有关的活动；

(3)组织应提供书面形式的证据，如有关质量体系文件、会议记录和批示的文件等，而不仅仅是最高管理者在质量手册、质量方针上的签字。

二、以顾客为关注焦点

(一)标准要求

最高管理者应以增强顾客满意为目的，确保顾客的要求得到确定并予以满足。

(二)实施建议

(1)为了解和确定顾客的需求和期望，组织可以通过市场调研和预测，或通过与顾客的直接接触来实现；

(2)为了满足顾客要求，组织可通过建立、实施、保持和改进质量管理体系来实现；

(3)在识别和满足顾客要求和期望时，应同时考虑体系法规的要求和产品质量责任与任务。

三、质量方针

(一)标准要求

最高管理者应确保质量方针：

(1)与组织的宗旨相适应；

(2)包括对满足要求和持续改进质量管理体系有效性的承诺；

(3)提供制定和评审质量目标的框架；

(4)在组织内得到沟通和理解；

(5)在持续适宜性方面得到评审。

(二)实施建议

(1)质量方针应形成文件，内容应满足要求，并经最高管理者签署批准。

(2)建立和评审质量方针前，要输入下列信息：①组织的方针、目标和规划；②来自市场和顾客的信息；③产品和法律、法规要求；④产品质量和质量管理体系的状况和问题。

(3)建立和评审质量方针时，要以质量管理的八项原则为基础，同时考虑：①满足顾客的需要和期望；②达到法规要求；③适合组织的总方针和未来发展；④产品质量和质量管理的承诺；⑤持续改进；⑥让组织全体人员理解质量方针；⑦为实施方针所需的资源。

(4)输出的质量方针或评审结果要求做到：①就满足要求和持续改进的承诺，有完整详细的阐述，阐明质量对组织和顾客的意义；②适合组织的规模、产品和市场等内外部环境；③明确产品、过程和体系质量的等级和内涵，为建立和评审质量目标提供基础。

(5)要跟踪质量方针的实施，对质量方针应定期评审，要采取措施消除与质量方针不符的情况，并根据内外部环境的变化，如组织目标和顾客期望的改变等，对其修改，修改后再批准。

(6)组织可以采取培训、会议和宣传等各种形式使组织全体成员理解质量方针，了解顾客的需要和期望，以及各级各类人员各自在质量管理体系中的作用。

四、策划

(一)质量目标

1. 标准要求

最高管理者应确保在组织的相关职能和层次上建立质量目标，质量目标包括满足产品要求所需的内容。质量目标应是可测量的，并与质量方针保持一致。

2. 实施建议

(1)在质量策划的过程中建立质量目标。各职能和层次的质量目标一般由多项目标组成，低层次的目标可以是一项。按部门和层次展开的质量目标的系统要具有一个严密的逻辑结构，连接上下级目标之间和同级目标之间的关系，以确保实现组织总的质量目标。

(2)质量目标可以有相应的计划期。质量目标要定期评审，必要时作修订。在评审质量方针的同时评审质量目标是合适的。评价质量目标是否实现，需要利用测量和数据分析的结果以及指标统计系统的支持。

(3)质量目标应形成文件，并经相应层次的管理者批准。

(二)质量管理体系策划

1. 标准要求

最高管理者应确保：

(1)对质量管理体系进行策划，以满足质量目标及其要求；

(2)在对质量管理体系的变更进行策划和实施时，保持质量管理体系的完整性。

2. 实施建议

(1)质量策划的输出应形成文件，如质量手册、质量计划和书面程序。

(2)质量策划宜建立和保持程序文件，该程序应包含下列过程：①识别质量策划的需要；②策划的输入；③策划活动应由适当的人员承担；④策划的输出。

五、职责、权限与沟通

(一)职责和权限

1. 标准要求

最高管理者应确保组织内的职责、权限得到规定和沟通。

管理者代表的职责可包括与质量管理体系有关事宜的外部联络。

2. 实施建议

(1)绘制组织结构图和职能分配表，明确各部门、各岗位的职能及相互关系，各岗位的职责和权限宜在职务描述和程序文件中予以规定；

(2)采取有效的沟通方式，让全体人员掌握相关的职责和权限方面的信息，如定期召开会议、发布刊物、文件等。

(二)管理者代表

1. 标准要求

最高管理者应指定一名管理者，无论该成员在其他方面的职责如何，应具有以下方面的职责和权限：

(1)确保质量管理体系所需的过程得到建立、实施和保持；

(2)向最高管理者报告质量管理体系的业绩和任何改进的需求；

(3)确保在整个组织内提高满足顾客要求的意识。

2. 实施建议

(1)管理者代表所起的作用，对组织在战略上至关重要，因而要挑选具有足够能力的管理者代表。管理者代表由最高管理者以书面形式指定。

(2)必须明确管理者代表的职责并赋予足够的权限，以确保本标准的要求在组织内得以落实，从而使体系有效运行。

(三)内部沟通

1. 标准要求

最高管理者应确保在组织内建立适当的沟通过程，并确保对质量管理体系的有效性进行沟通。

2. 实施建议

(1)建立适用的沟通方式，如各种会议、简报、内部刊物、布告、内部邮件、备忘录和声像等；

(2)规定沟通的要求和过程，必要时可形成文件，如制定内部沟通程序。

六、管理评审

(一)总则

1. 标准要求

最高管理者应按策划的时间间隔评审质量管理体系，以确保其持续的适宜性、充分性和有效性。评审应包括评价质量管理体系改进的机会和变更的需要，包括质量方针和质量目标。应保持管理评审的记录。

2. 实施建议

(1)要规定管理评审的过程和方法，建立和保存程序文件是合适的。

(2)要策划管理评审的周期，频次应适当。评审周期的长短取决于体系环境和体系质量的稳定程度，合适的时间间隔是3~6个月，最长不能超过12个月。

(3)管理评审由最高管理者负责，可以由其个人实施，必要时中高层管理者可参与评审，评审也可以会议的形式进行。

(二)评审输入

1. 标准要求

管理评审的输入应包括以下方面的信息：(1)审核结果；(2)顾客反馈；(3)过程的业绩和产品的符合性；(4)预防和纠正措施的状况；(5)以往管理评审的跟踪措施；(6)可能影响质量管理体系的变更；(7)改进的建议。

2. 实施建议

组织应指定相关的职能部门定期准备评审所需输入的信息，可由管理者代表或质量管理部门汇总交最高管理者。

(三)评审输出

1. 标准要求

管理评审的输出应包括与以下方面有关的任何决定和措施：(1)质量管理体系及其过程有效性的改进；(2)与顾客要求有关的产品改进；(3)资源需求。

2. 实施建议

(1)列出关键的问题点和环境变化事项，分析影响因素，制定可操作的措施，同时要考虑与措施相应的风险和成本。

(2)记录应包括议事日程、观察结果、建议事项和评价结论，以及措施内容、执行者和完成时限。记录可以是工作记事本、会议记录或专题报告，也可用电子媒体。记录应分发至相关部门。

(3)要对措施的执行情况进行跟踪，跟踪的结果可作为下次评审的输入。

(4)管理评审的记录，以及措施和跟踪记录可作为本条文的证实依据。

第四节 资 源 管 理

本节阐述质量管理体系资源需要的识别、确定、配置和保持过程。

一、资源的提供

(一)标准要求

组织应确定并提供以下两方面所需的资源：(1)实施、保持质量管理体系并持续改进其有效性；(2)通过满足顾客要求，增强顾客满意。

(二)实施建议

(1)根据规定的质量管理体系和产品要求，在管理评审和各层次的质量策划过程中识别和确定资源需要，宜形成资源配置计划，以便落实。

(2)资源包括人力资源、设施和工作环境。此外，要考虑信息和财务，包括知识财产等方面的资源。还要考虑可能从供方获得更经济的某些资源。

二、人力资源

(一)总则

1. 标准要求

基于适当的教育、培训、技能和经验，从事影响产品质量工作的人员应是能够胜任的。

2. 实施建议

(1)组织要根据岗位职责及其相应的质量要求和工作负荷，识别能力的需要，制定人员任职条件，就各岗位对能力提出具体的可评价的要求，作为人员招聘、上岗和转岗的依据。

(2)有关任职条件的规定，以及现职人员，包括兼职的、临时雇佣的和从事分包工作的人员能力状况的记录可作为证实的依据。

(二)能力、意识和培训

1. 标准要求

组织应：(1)确定从事影响产品质量工作的人员所必要的能力；(2)提供培训或采取其他措施以满足这些需求；(3)评价所采取措施的有效性；(4)确保员工认识到所从事活动的相关性和重要性，以及如何为实现质量目标做出贡献；(5)保持教育、培训、技能和经验的适当记录。

2. 实施建议

(1)关于培训需要的识别。首先，可根据任职条件、组织未来发展需要，以及组织承担的新业务需要，识别人员的能力及相关培训的需要。其次，管理评审、内部质量审核和拟定纠正、预防和改进措施时，也会提供需要的信息。最后，管理者定期对所属人员的能力和发展需要进行评审，以识别培训的需要。

(2)培训的方式除课堂教育之外，还可采用带教实习、讨论或学术交流等多种方式。意识教育可以与为理解质量方针所提供的培训同时实施。培训可以在组织内部或由外部培训机构培训，或外聘人员任教。

(3)培训有效性体现在经培训后的人员的能力提高上。故培训有效性的评价可通过对人员能力变化的度量来评价。

(4)要建立和保持每个人员的个人培训记录，记载教育、培训、技能、经历和鉴定情况。

三、基础设施

(一)标准要求

组织应确定、提供并维护为达到产品符合要求所需的基础设施。适用时，基础设施包括：(1)建筑物、工作场所和相关的设施；(2)过程设备(硬件和软件)；(3)支持性服务(如运输或通信)。

(二)实施建议

组织要在质量策划和管理评审以及拟订纠正和预防措施时，识别需补充或更新的设施。这种持续性的评审能够保持始终配备合格的设施，以确保提供合格的产品。

四、工作环境

(一)标准要求

组织应确定并管理为达到产品符合要求所需的工作环境。

(二)实施建议

(1)组织要分析、列出所有对产品质量有影响的工作环境因素。通过对这些因素的控制，确保过程质量稳定，产品质量达到规定的要求。

(2)在各层次的质量策划活动中，对这些因素进行识别，确定并规定要求，形成文件，如程序文件、规范或工作指导书。

第五节　产品实现

产品实现过程是组织将顾客的要求转换成满足顾客要求的产品的过程，它是质量管理体系中过程管理的主要内容。

一、产品实现的策划

(一)标准要求

产品实现的策划应与质量管理体系其他过程的要求相一致。在对产品实现进行策划时，组织应确定以下方面的适当内容：(1)产品的质量目标和要求；(2)针对产品确定过程、文件和资源的需求；(3)产品所要求的验证、确认、监视、检验和试验活动，以及产品接收准则。策划的输出形式应适合于组织的运作方式。

(二)实施建议

(1)产品实现过程策划是一项重要活动，建议组织编制一份文件，规定何时策划，准备策划或参与策划，策划什么，策划的输入和输出是什么等，确保产品实现过程的策划按文件规定进行。

(2)产品的实现过程策划可能涉及较多部门或人员，在规定策划活动的文件中，宜明确组织策划和参与策划的人员的职责和权限。

(3)在产品实现过程策划中，特别要注意各过程(如工序)对产品质量的影响，以确定需要予以控制的过程，以及需要的文件，规定其控制的途径和方法。

(4)当承接新的合同或项目，或者有某项新产品要开发时，组织应重新进行产品实现过程策划。

(5)作为产品实现过程策划活动的一个组成部分，要将策划的结果编制成文件，如某产品(合同或项目)质量计划。

二、与顾客有关的过程

(一)与产品有关的要求的确定

1. 标准要求

组织应确定：(1)顾客规定的要求，包括对交付后活动的要求；(2)顾客虽然没有明示，但规定的用途或已知的预期用途所必需的要求；(3)与产品有关的法律法规要求；(4)组织确定的任何附加要求。

2. 实施建议

(1)详细了解顾客在使用、包装、交付、服务和价格等方面的要求，然后将顾客的要求归纳成书面的要求。

(2)顾客往往不是专业人员，当顾客不能口头或书面表达要求时，要设身处地想一下，假如我是顾客，我对产品的用途会有什么要求。

(3)为了识别将要开发、生产的产品与哪些法律法规有关，应规定哪个部门负责收集与产品相关的法律和法规信息，由哪个部门识别法律和法规中哪些条款内容与要开发和提供的产品有关。

(二)与产品有关的要求的评审

1. 标准要求

组织应评审与产品有关的要求。评审应在组织向顾客作出提供产品的承诺之前进行(如：提交标书、接受合同或订单及接收合同或订单的更改)，并应确保：(1)产品要求得到规定；(2)与以前表述不一致的合同或订单的要求已予解决；(3)组织有能力满足规定的要求。

评审结果及评审所引起的措施的记录应予保持。

若顾客提供的要求没有形成文件，组织在接收顾客要求前应对顾客要求进行确认。

若产品要求发生变更，组织应确保相关文件得到修改，并确保相关人员知道已变更的要求。

在某些情况下，如网上销售，对每一个订单进行正式的评审可能是不现实的，而代之对有关的产品信息，如产品目录、产品广告内容等进行评审。

2. 实施建议

(1)标准虽然没有明确要求建立文件化程序，但从实施产品要求评审的实际需要来看，建议建立程序文件，规定本组织对产品要求评审活动怎样进行。

(2)由于组织提供的产品是多种多样的，提供产品的承诺方式也是多样的，例如书面合同、订单或口头协议，电话订货等方式。因此，评审的方式也会多种多样，要从本组织的实际出发，采用合适的方法。

(3)产品要求评审是决定合同或订单有无设计要求及是否要进行设计控制的最重要、最合适的时机。

(4)产品要求的评审主要集中在组织提供的产品或服务上。但不要忽略合同或订单可能会包括某些附加的内容，如交货期、付款条件、交付地点等。

(5)不论什么理由，当订单、标书或合同发生更改时，组织都应将这些更改的内容通知到有关的每一个人员。

(三)顾客沟通

1. 标准要求

组织应对以下有关方面予以确定并实施与顾客沟通的有效安排：(1)产品信息；(2)问询、合同或订单的处理，包括对其修改；(3)顾客反馈，包括顾客抱怨。

2. 实施建议

(1)在关于部门或人员的职责权限的文件或在其他文件中，规定与顾客沟通、交流信息的部门或人员，以便实施；

(2)与顾客的沟通是组织与其顾客之间的双向行为，即可以是顾客向组织告知产品要求和变更、合同询问或修改、反馈意见或建议甚至投诉其不满，也可以是组织主动向顾客征询意见、告知处理情况等；

(3)保存与顾客沟通的安排和进行沟通的记录，以证实组织与顾客之间的双向信息沟通是通畅的。

三、设计和开发

(一)设计和开发的策划

1. 标准要求

组织应对产品的设计和开发进行策划和控制。

在进行设计和开发策划时，组织应确定：(1)设计和开发阶段；(2)适合于每个设计和开发阶段的评审、验证和确认活动；(3)设计和开发的职责和权限。

组织应对参与设计和开发的不同小组之间的接口进行管理，以确保有效的沟通，并明确职责分工。

随着设计和开发的进展，在适当时策划的输出应予更新。

2. 实施建议

(1)鉴别一项业务活动是设计还是开发，并不是实质性问题，因为 ISO9001：2000 标准将它们视为相同的连续过程。这个过程的控制覆盖了从初始的产品概念到最终合格的产品以及随后的更改控制的全过程。因此，在某些组织，设计、开发的特征表现得明显些。如硬件产品，从概念到形成产品图纸，人们常称为设计。又如某货运公司，原有水、陆运输，现在要开发空运业务，常称之为开发。

(2)组织应明确谁负责做设计和开发的策划。为了做好设计和开发的策划，最好有一个文件指导怎样策划，策划什么，最后形成什么文件，即策划的输出。

(3)在设计和开发的策划时，还应考虑何时及如何进行设计评审、设计验证和设计确认等活动。

(4)设计和开发的策划输出不宜搞得太复杂，只需明确设计和开发的流程，标明有哪些阶段或步骤，分别由谁设计开发，进行设计评审、设计验证、设计确认的安排，以及参与设计和开发的部门或人员之间的联系、协调的途径和管理办法等。

(二)设计和开发输入

1. 标准要求

应确定与产品要求有关的输入，并保持记录。这些输入应包括：(1)功能和性能要求；(2)适用的法律、法规要求；(3)适用时，以前类似设计提供的信息；(4)设计和开发所必需的其他要求。

应对这些输入进行评审，以确保输入是充分与适宜的。要求应完整、清楚，并且不能自相矛盾。

2. 实施建议

(1)设计和开发输入的具体内容，随不同组织的产品或服务而不同。

(2)设计输入要注意顾客没有说明的期望，这往往是重要之处，甚至可能是设计和开发的关键。

(3)所有各种设计和开发的输入文件作为设计输入文件之一，用以证实依此进行产品的设计和开发。

(三)设计和开发输出

1. 标准要求

设计和开发的输出应以能够针对设计和开发的输入进行验证的方式提出，并应在放行前得到批准。

设计和开发输出应：(1)满足设计和开发输入的要求；(2)给出采购、生产和服务提供的适当信息；(3)包含或引用产品接收准则；(4)规定对产品的安全和正常使用所必需的产品特性。

2. 实施建议

(1)设计输出可以有多种形式，例如：①装配型产品或工程设计常用产品图纸和计算书、技术条件或规范形式；②时装设计应用草图及所用面料的规范形式；③产品广告的艺术设计可能采取效果图或用于出版的特殊图样的形式；④食品设计可采用产品配方的形式等。

(2)组织在决定采取何种形式输出设计结果时，主要考虑谁使用它，在什么环境下使用。对某些组织而言，设计和开发的输出可以是实际产品。如建筑、工程或装潢的艺术设计，它们的艺术作品就是设计，也是其真实的产品。

(3)设计和开发的输出文件应经过评审、批准后才能使用。

(四)设计和开发评审

1. 标准要求

在适宜的阶段，应依据所策划的安排对设计和开发进行系统的评审，以便：(1)评价设计和开发的结果满足要求的能力；(2)识别任何问题并提出必要的措施。

评审的参加者应包括与所评审的设计和开发阶段有关的职能代表。评审结果及任何必要措施的记录应予以保持。

2. 实施建议

(1)在整个产品设计和开发过程中，要进行几次评审，应视设计或开发的产品而定。对于简单的设计，如家庭房屋装饰设计，一次评审就足够了。对于复杂的设计，如设计一个发电厂，可能需要若干次评审。软件设计在设计全过程中需要多次评审。

(2)设计和开发评审应与项目进度协调会议区分开来。设计和开发评审应事先安排，让参与评审的部门或人员对阶段设计和开发有所了解，以便他们能够发现问题和提出后续跟踪措施。

(3)参与设计和开发评审的人员应包括从事其后产品制造和提供服务的关键人员，甚至还应包括诸如顾客、供方代表参与。

(4)设计和开发评审的内容因产品属性不同，设计和开发的阶段不同而异。对复杂设计开发而言，召开正规会议评审是合适的。对一项简单设计，可能不需要召开会议，评审记录就表现为评审者在他所评审的文件上记载的意见以及所签的姓名和日期。

(五)设计和开发验证

1. 标准要求

为确保设计和开发输出满足输入的要求，应依据所策划的安排对设计和开发进行验证。验证结果及任何必要措施的记录应予以保持。

2. 实施建议

(1)对于较大型的设计和开发项目，设计过程常常划分为若干阶段，设计验证也可按阶段进行。

(2)设计和开发验证的方法有多种，例如：①用替代计算机验证原来的计算结果或分析的正确性；②与已证实是成功的类似设计和开发进行比较；③进行试验验证，如模型试验、样机试验；④对设计和开发文件在发放前评审。

(3)需要时，可请顾客或其代表参与验证。

(六)设计和开发确认

1. 标准要求

为确保产品能够满足规定的使用要求或已知的预期用途的要求，应依据所策划的安排对设计和开发进行确认。只要可行，确认应在产品交付或实施之前完成。确认结果及任何必要措施的记录应予以保持。

2. 实施建议

(1)设计和开发确认处于设计和开发的最后阶段。确认的结果可反馈到设计和开发过程的各个阶段，以引导进行修正或改进设计。

(2)对许多产品来说，设计和开发确认是相对简单的。比如新式家具设计确认，可能就是对其做原型试验，然后是观察顾客使用中的情况。有些产品只能模拟使用极限条件来考察产品的性能。

(3)有些设计本身就是产品，它的确认又不一样了。以一个房屋的建筑立面设计为例，它不是等到建筑物造好了再确认的，而是用立面图、效果图或者模型展示确认满足顾客要求的。因此，设计和开发的确认方式会因产品而异，组织自己应予识别。

(七)设计和开发更改的控制

1. 标准要求

应识别设计和开发的更改，并保持记录。适当时，应对设计和开发的更改进行评审、验证和确认，并在实施前得到批准。设计和开发更改的评审应包括评价更改对产品组成部分和已交付产品的影响。

更改的评审结果及任何必要措施的记录应予以保持。

2. 实施建议

(1)建议建立一个包括设计和开发输入到输出的文件分发、更改和使用控制的程序，其中包括产品在整个寿命周期内实施可能对产品产生影响的设计更改，以便将设计和开发的更改按文件规定纳入受控的轨道。

(2)由于更改的原因和更改引起的后果不同，更改的程度需要考虑，设计和开发更改应文件化。

四、采购

(一)采购过程

1. 标准要求

组织应确保采购的产品符合规定的采购要求。对供方及采购的产品控制的类型和程度应取决于采购的产品对随后的产品实现或最终产品的影响。

组织应根据供方按组织的要求提供产品的能力评价和选择供方。应制定选择、评价和重新评价的准则。评价结果及评价所引起的任何必要措施的记录应予保持。

2. 实施建议

(1)建议组织建立一份文件，包括：①识别对最终产品的质量有影响的采购，并确定影响的程度；②规定不同影响程度的采购活动及对供方控制的方法；③选择供方时评价的准则；④定期评价的准则、方法及跟踪措施；⑤采购控制形成相关记录的管理。

(2)当组织判断供方保证质量的能力时，可以下列问题作为基础，以规定评价准则：①供方的可靠程度如何？②供方能提供需要的产品吗？③供方是否拥有必要的资源，例如设备、人力？④提出的交货期和价格供方能接受吗？⑤供方有无质量管理体系？⑥本组织或其他顾客使用供方产品成功吗？⑦本组织验证供方的产品符合要求吗？⑧供方是否有良好的商业信誉？

(二)采购信息

1. 标准要求

采购信息应表述拟采购的产品，适当时包括：(1)产品、程序、过程和设备批准的要求；(2)人员资格的要求；(3)质量管理体系的要求。

在与供方沟通前，组织应确保所规定的采购要求是充分与适宜的。

2. 实施建议

(1)组织可根据产品和供方的特点，选择提出采购信息的形式。一般而言，可采用采购清单、合同、图纸或招标书等形式。

(2)组织在选择采购信息时应考虑所采购的产品或服务的类别以及对组织自身产品的影响程度，这样才能提出适合本组织的采购信息。

(3)组织的采购应该尽可能做到详尽、清晰，应全面而准确地描述对所需采购产品或服务的细节，以保证供方理解到位。

(4)某些产品习惯于用电话提出口头订单。为了防止组织提出的采购信息被供方误解，建议组织要求供方复述并将复述的内容记录下来以证实供方正确、完整地理解了组织的采购信息。

(三)采购产品的验证

1. 标准要求

组织应确定并实施检验或其他必要的活动，以确保采购的产品满足规定的采购要求。

当组织或其顾客拟在供方的现场实施验证时，组织应在采购信息中对拟验证的安排和产品放行的方法做出规定。

2. 实施建议

(1)组织在与供方签订的合同或订单中，应明确组织对采购产品的验证要求，这种验证既可以是组织在进货时实施的测量和监视，也可以是组织到供方处对产品货源进行验证。

(2)在顾客要求到供方处去检查产品时，此要求应在顾客与组织的合同和组织与供方的采购合同中同时说明，不管顾客实际上是否到供方处检查，组织都始终要确保从供方处得到的产品符合顾客的要求。

五、生产和服务提供

(一)生产和服务提供的控制

1. 标准要求

组织应策划并在受控条件下进行生产和服务提供。适用时，受控条件应包括：(1)获得表述产品特性的信息；(2)必要时，获得作业指导书；(3)使用适宜的设备；(4)获得和使用监视和测量装置；(5)实施监视和测量；(6)放行、交付和交付后活动的实施。

2. 实施建议

(1)组织应对那些影响产品质量的生产和服务过程进行策划，以确保影响质量的所有工序和环节得到控制。

(2)组织应通过发放图样、生产进度表、工艺性文件、服务规范或作业指导书等，使生产和服务人员知道规定的质量特性要求，了解过程运作需达到的要求。

(3)为了确保生产或服务人员的作业质量，组织应对他们进行适当培训，使他们不但掌握基本的知识和技能，同时还具备一定的处理复杂作业和紧急应变的能力。

(4)组织应保证生产和服务运作过程中有必要的设备、场地条件，并应对设备的定期维护保养进行控制。

(5)检测和监控是保证生产和服务运作符合要求的重要环节，员工应能获得并掌握必要的检测和监控手段，对适宜的过程参数和产品特性进行监视和控制。

(6)组织应建立并保持有关程序以便对产品的搬运、贮存、包装、防护和交付进行有效控制。

(7)组织应保留所有关于运作控制的相应记录，包括服务运作现场应得到的产品或服务规范、必要的作业指导书、设备维护的要求和实施记录、监控测量记录、过程鉴定记录等。

(二)生产和服务提供过程的确认

1. 标准要求

当生产和服务提供过程的输出不能由后续的监视或测量加以验证时，组织应对任何这样的过程实施确认。这包括仅在产品使用或服务已交付之后问题才显现的过程。确认应证实这些过程实现所策划的结果的能力。

组织应对这些过程作出安排，适用时包括：(1)为过程的评审和批准所规定的准则；(2)设备的认可和人员资格的鉴定；(3)使用特定的方法和程序；(4)记录的要求；(5)再确认。

2. 实施建议

(1)组织应识别生产和服务运作过程中的特殊过程，针对每一个特殊过程，分析影响特殊过程质量的因素。通常要考虑的因素包括该作业过程所投入的原材料、工艺方法和过程参数、设备保障能力以及作业人员的岗位技能知识等。

(2)对影响特殊过程质量的因素实施控制，并事先安排对这些特殊过程的结果进行确认以证实这些因素均能得到控制，过程确认应做安排并实施，包括：①过程能力鉴定；②设备能力鉴定；③作业人员资格鉴定；④确定方法和目标；⑤统计技术和记录。

(3)特殊过程需经过确认后方可实施，当过程影响因素发生变更而使过程质量特性不稳定时，组织还需对该过程进行再确认，重新分析过程结果、规定人员资格、设备能力、作业方法、过程参数以及记录的要求等事宜，以便结合实际操作，综合分析、评估和确认特殊过程。

(三)标示和可追溯性

1. 标准要求

组织应在产品实现的全过程中使用适宜的方法识别产品。组织应针对监视和测量要求识别产品的状态。在有可追溯性要求的场合，组织应控制并记录产品的唯一性标示。

2. 实施建议

(1)建议组织编制一份有关接收、生产、交付及安装各个阶段标示的文件化程序，对产品和服务运作的各个阶段作出规定，明确对产品进行标示、对检测和监控状态进行标示的方法以及产品工序转移过程中标示转移和记录的方法。

(2)组织可根据自身产品和生产特点选择适合的产品标示方法，常见的标示方法有：零件号、任务号、作业者代码、颜色标记、条码等。

(3)产品或服务的检验测量或监控状态可由组织作出具体的分类规定，比如待检测状态、待分析状态、合格状态、不合格状态、报废状态等。常用标示方法有：标牌、印章或流程卡等，也可以分区域存放，以示状态不同。

(四)顾客财产

1. 标准要求

组织应爱护在组织控制下或组织使用的顾客财产。组织应识别、验证、保护和维护供其使用或构成产品一部分的顾客财产。若顾客财产发生丢失、损坏或发现不适用的情况时，应报告顾客，并保持记录。顾客财产可包括知识产权。

2. 实施建议

(1)组织首先需要对纳入本组织生产服务的顾客财产认真加以识别，然后才是对其进行有效控制和管理，这对于分清组织和顾客的责任尤为重要。

(2)对顾客财产的控制方法，可以参照组织内部管理方法，而不必单独建立一套相应的验证、贮存和维护顾客财产的规定性文件。

(3)组织如果发现顾客财产丢失、损坏或不适用现象，应及时记录真实情况并通知顾客。最后组织还应保留所有验证、维护和使用记录。

(五)产品防护

1. 标准要求

在内部处理和交付到预定的地点期间，组织应针对产品的符合性提供防护，这种防护应包括标示、搬运、包装、贮存和保护。防护也应适用于产品的组成部分。

2. 实施建议

虽然标准并未规定必须建立产品防护程序文件，但组织最好对其物资搬运、贮存、包装和保护的措施和方法作出明文规定，以防患于未然。

六、监视和测量装置的控制

(一)标准要求

组织应确定需实施的监视和测量以及所需的监视和测量装置，为产品符合确定的要求提供证据。

组织应建立过程，以确保监视和测量活动可行并以与监视和测量的要求相一致的方式实施。

为确保结果有效，必要时，测量设备应：(1)对照能溯源到国际或国家标准的测量标准，按照规定的时间间隔或在使用前进行校准或检定。当不存在上述标准时，应记录校准或检定的依据；(2)进行调整或必要时再调整；(3)得到识别，以确定其校准状态；(4)防止可能使测量结果失效的调整；(5)在搬运、维护和贮存期间防止损坏或失效。

此外，当发现设备不符合要求时，组织应对以往测量结果的有效性进行评价和记录。组织应对该设备和任何受影响的产品采取适当的措施。校准和验证结果的记录应予以保持。

当计算机软件用于规定要求的监视和测量时，应确认其满足预期用途的能力。确认应在初次使用前进行，必要时再确认。

(二)实施建议

(1)组织可针对测量和监控装置的核准建立文件化控制程序，以规范和控制生产和服务运作过程中所使用的检测和控制装置。

(2)组织可根据测量和控制装置的使用频次和测量的重要性来规定适合自身产品特点的核准周期，对于经常使用或测量重要特性的装置，可规定较短的校准周期。

(3)组织可编制校准规程，对校准人员的资格认可程序，校准所依据的国际或国家法定基准、选择和评估外部委托校验方的原则和方法等作出规定。

(4)测量和监视装置经校准后，凡保持其准确度的，应在其上进行标示，凡不能保持其准确度的，也应在其上进行明显标示，防止误用不合格的测量和监视装置。

第六节　测量、分析和改进

本节阐述为确保符合性和实现改进所需的测量和监视活动，包括数据分析。

一、总则

(一)标准要求

组织应策划并实施以下方面所需的监视、测量、分析和改进过程：(1)证实产品的符合性；(2)确保质量管理体系的符合性；(3)持续改进质量管理体系的有效性。还应包括对统计技术在内的适用方法及其应用程度的确定。

(二)实施建议

(1)组织应首先明确实施测量和监控活动的主体和客体、内容、方法、装置、频次、基准以及所需文件等事项，建立并保持一份文件化的管理和控制程序。

(2)组织应在其控制程序或质量计划中规定验证手段，证明其所接收的产品符合规范，所购产品的支持性文件也同样完善。

(3)对过程的测量和监控应选择适当的点位，验证的位置和频次取决于加工期间产品特性的重要性和验证活动的难易程度。

(4)组织的质量计划中还应涉及最终检验和试验方面的规定，明确全部指定的放行特性以及对不合格品的处理措施，只有在质量计划和文件化程序中规定的所有活动都已圆满完成并且确保数据和文件齐备并得到认可时，产品才可放行。

二、监视和测量

（一）顾客满意

1. 标准要求

作为对质量管理体系业绩的一种测量，组织应对顾客有关组织是否已满足其要求的信息进行监视，并确定获取和利用这种信息的方法。

2. 实施建议

(1)监控顾客满意度信息通常包括：识别信息源、获取信息的渠道、信息载体、整理和分析信息的方法以及输出的形式。

(2)收集信息的方式可以是口头的或书面的，包括走访调研顾客或市场、发放问卷、收集有关市场报告、来自消费者组织的反映以及媒体的曝光等。收集信息后，组织应采用水平对比法或竞争分析等手段，对顾客满意度信息加以分析利用。

（二）内部审核

1. 标准要求

组织应按策划的时间间隔进行内部审核，以确定质量管理体系是否：(1)符合策划的安排、相关标准的要求以及组织确定的质量管理体系的要求；(2)得到有效实施与保持。

考虑到拟审核的过程和区域的状况与重要性以及以往审核的结果，组织应对审核方案进行策划。应规定审核的准则、范围、频次和方法。审核员的选择和审核的实施应确保审核过程的客观性和公正性。审核员不应审核自己的工作。

策划和实施审核以及报告结果和保持记录的职责和要求应在形成文件的程序中做出规定。

负责受审区域的管理者应确保及时采取措施，以消除所发现的不合格及其原因。跟踪活动应包括对所采取措施的验证和验证结果的报告。

2. 实施建议

(1)组织应建立并保持文件的内部审核程序，其内容通常包括：内部审核方案、内部审核计划、需使用的各种表格等，严格按照内审程序和计划执行，使内部审核工作制度化、经常化。

(2)组织应保留所有关于内部质量审核的文件资料和记录，包括策划方案的结果、审核计划、审核结果和记录、审核发现问题的纠正措施、实施的验证及其验证结果。

（三）过程的监视和测量

1. 标准要求

组织应采用适宜的方法对质量管理体系过程进行监视，并在适用时进行测量。这些方法应证实过程实现所策划的结果的能力。当未能达到所策划的结果时，应采取适当的纠正措施，以确保产品的符合性。

2. 实施建议

(1)组织首先应确定有哪些过程需要测量和监控；其次确定进行测量和监控活动的特

性；再次确定量化的能力评价指标；最后选用适当的测量和监控方法，实施测量和监控并对其结果进行分析，为采取后续纠正措施提供信息。

(2)关于过程监视和测量的过程，组织应考虑：①根据过程策划的结果，明确各子过程及其相互关系；②分析各子过程对产品质量的影响程度，权衡成本和风险，确定需要测量的过程；③明确有关过程形成的产品固有特性；④确定需进行监视和测量的特性；⑤建立过程目标，以及被监测量与目标之间的关系；⑥选用适当的监视和测量方法，用人工的方法或设备的方法，以及选用适当的统计技术；⑦对监视和测量结果进行分析，确认能力，并为采取纠正措施提供信息。

(四)产品的监视和测量

1. 标准要求

组织应对产品的特性进行监视和测量，以验证产品要求已得到满足。这种监视和测量应依据策划的安排在产品实现过程的适当阶段进行。

应保持符合接收准则的证据。记录应指明有权放行产品的人员。

除非得到有关授权人员的批准，适用时得到顾客的批准，否则在策划的安排已圆满完成之前，不应放行产品和交付服务。

2. 实施建议

(1)组织应策划产品的验证过程，建立并保持有关产品验证的文件化程序。

(2)在实施例外放行时，组织应充分估计应对相应的风险所需的措施，包括随后的验证和必要时予以追回的程序。

(3)产品验证后应形成记录，记录应表明经授权的产品放行责任者。

三、不合格品控制

(一)标准要求

组织应确保不符合产品要求的产品得到识别和控制，以防止其非预期的使用或交付。不合格品控制以及不合格品处置的有关职责和权限应在形成文件的程序中做出规定。

组织应通过下列一种或几种途径，处置不合格品：(1)采取措施，消除已发现的不合格；(2)经有关授权人员批准，适用时经顾客批准，让步使用、放行或接收不合格品；(3)采取措施，防止其原预期的使用或应用。

应保持不合格的性质以及随后所采取的任何措施的记录，包括所批准的让步记录。

在不合格品得到纠正之后应对其再次进行验证，以证实符合要求。

当在交付或开始使用后发现产品不合格时，组织应采取与不合格的影响或潜在影响的程度相适应的措施。

(二)实施建议

(1)组织应根据自身产品和质量管理体系的特点，制定和保持文件化的不合格品控制程序，并按照程序认真贯彻。该程序所规定的过程包括下列阶段：①识别阶段；②评审阶段；③处置阶段。

(2)对不合格的状况、评审结论和处置情况要予以记录，诸如不合格品状况及评审结论等。

四、数据分析

(一)标准要求

组织应确定、收集和分析适当的数据，以证实质量管理体系的适宜性和有效性，并评价在何处可以持续改进质量管理体系的有效性。这应包括来自监视和测量的结果以及其他有关来源的数据。

数据分析应提供以下有关方面的信息：(1)顾客满意；(2)与产品要求的符合性；(3)过程和产品的特性及趋势，包括采取预防措施的机会；(4)供方。

(二)实施建议

(1)组织应建立数据分析的过程，在建立这些过程时应考虑如下方面内容：①识别所需的数据及其来源；②明确收集和提供数据的渠道；③需要时，构造合适的指标或模型；④选用合适的统计技术或其他方法并对这些方法的应用进行控制；⑤明确汇总和分析数据的职责；⑥明确信息接收者，输出分析结果；⑦利用数据分析结果证实、评价和改进质量管理体系。

(2)组织所需收集的信息包括：质量记录、产品不合格信息、不合格品率、顾客投诉、过程运作的测量和监控信息、产品实现过程的能力、生产率、交货期、内审以及管理评审输出等。

(3)组织应识别所需收集的数据和来源，选择适当的统计技术或其他方法对所收集的信息进行分析，利用数据分析结果对质量管理体系进行评价和改进。

五、改进

(一)持续改进

1. 标准要求

组织应利用质量方针、质量目标、审核结果、数据分析、纠正和预防措施以及管理评审，持续改进质量管理体系的有效性。

2. 实施建议

(1)组织应识别、策划并建立质量管理体系持续改进的机制，采取制订质量改进计划的方法，对收集有关质量方面的信息、分析偏离质量目标的原因和现存体系的不足之处、识别顾客新的需要和期望、明确改进的项目并实施有效的改进措施等一系列活动作出明确规定。

(2)组织在建立质量管理体系持续改进过程时应考虑：①采集组织内外部与质量有关的信息；②寻找改进的机会；③明确改进的领域；④识别偏离质量目标的原因，制定改进措施和目标；⑤实施措施并验证其结果。

(3)组织应认真按照程序贯彻并保留所有相关记录，包括持续改进策划的结果、实施和验证的效果等。

(二)纠正措施

1. 标准要求

组织应采取措施，以消除不合格的原因，防止不合格的发生。纠正措施应与所遇到的不合格的影响程度相适当。

应编制形成文件的程序，以规定以下方面的要求：(1)评审不合格(包括顾客抱怨)；(2)确定不合格的原因；(3)评价确保不合格不再发生的措施的需求；(4)确定和实施所需的措施；(5)记录所采取措施的结果；(6)评审所采取的纠正措施。

2. 实施建议

(1)组织应建立并实施关于纠正措施的文件化程序，对纠正措施的实施过程和步骤加以规定。

(2)组织在建立纠正措施程序时应考虑：①在质量管理体系中收集所需的已发生的各类不合格的信息；②综合、识别发生的某种不合格；③分析导致不符合发生的原因，若为系统原因，则要考虑采取纠正措施的需要；④分析问题在技术和经济方面的影响程度，权衡风险和成本，确定是否需要采取措施；⑤针对原因，确定需采取的具体措施；⑥组织实施所确定的措施，并对实施过程进行监视；⑦宜建立记录表，作为传递采取纠正措施的指令和记录采取纠正措施全过程的信息；⑧对纠正措施的效果进行评审；⑨有关纠正措施的信息要输入管理评审。

(三)预防措施

1. 标准要求

组织应确定措施，以消除潜在不合格的原因，防止不合格的发生。预防措施应与潜在问题的影响程度相适应。

应编制形成文件的程序，以规定以下方面的要求：(1)确定潜在不合格及其原因；(2)评价防止不合格发生的措施的需求；(3)确定和实施所需的措施；(4)记录所采取措施的结果；(5)评审所采取的预防措施。

2. 实施建议

(1)组织在采取预防措施的前期，应全面收集有关影响产品质量的信息，包括顾客的需求和期望，体系运行过程中的所有测量和监控信息、评价和分析的信息以及内审和管理评审信息等。

(2)在采取预防措施时必须注意如下因素：①信息收集。要包括顾客的需要和期望，以及质量管理体系中的全部测量、监视、控制、审核、评审、评价和分析的信息。②识别潜在不合格。纠正措施所解决的是明显的问题，而预防措施却要在大量的信息中去发现隐含的问题。这就要求采用适当的方法，从现象中揭示潜在的会发生不合格的系统原因。

(3)组织应保留所采取措施的有关信息和记录并提交给管理评审，包括预防措施的实施结果和验证记录等。

第四章　质量设计与创新

质量设计与创新是朱兰质量三部曲的三个普遍过程之一，是开发满足顾客需要的新产品(包括有形产品和服务)和过程的一个系统性过程。新产品开发过程是企业最重要的业务过程之一，它是未来的销售、绩效和竞争力的生命线。设计创新性产品和服务的方法多种多样，本章第一节介绍产品质量设计；第二节分析服务质量设计。

第一节　产品质量设计

设计和开发过程是指产品(包括新产品和老产品)正式投产前的全部开发研制过程，包括调查研究、制定方案、产品设计、工艺设计、试制、试验、鉴定以及标准化等工作内容。设计和开发的质量“先天”地决定着产品质量，在整个产品质量产生、形成和实现过程中居于首位。设计开发质量是以后生产制造质量必须遵循的标准和依据，而生产制造质量则要完全符合设计开发质量的要求；设计开发质量又是最后使用质量中必须达到的目标，而使用质量则是设计开发质量、生产制造质量完善程度的综合反映。如果设计开发过程的质量管理薄弱，设计不周铸成错误，这种“先天不足”必然带来“后患无穷”。因此，设计和开发过程的质量管理，是全面质量管理的起点，是企业质量管理体系中带动其他各个环节的首要一环。

一、市场调研

(一)市场调研的基本任务

企业市场调研的基本任务可以概括为：收集市场信息、分析市场形势、确认顾客需求。

1. 收集市场信息

市场信息是指与商品供求情况有关的各种数据和情报资料。企业应确定管理市场信息的部门及其职能，由其负责收集、整理、传递和存储市场信息资料。市场信息主要包括：顾客或用户需求信息、同类产品信息(品种、规格、数量、质量水平、技术特性、发展趋势等)、市场竞争信息(竞争对手、竞争焦点、竞争手段、竞争范围等)、市场环境信息(政治经济因素、技术政策以及有关法律、条例、标准等)。市场信息可以通过向顾客征集信息，开展市场调查与考察活动，检索文献资料，与有关经济、技术组织建立联系，对随机信息进行积累、分析等渠道进行收集。

2. 分析市场形势

市场形势是指商品市场诸多要素的状态、动态和发展趋势。在市场经济条件下，市场形势决定着企业的经营环境，因此，必须认真分析国际、国内两个市场的形势。

国际市场形势分析的主要任务包括：对目标市场所在国家或地区经济周期的分析（指对处于萧条、危机、复苏或繁荣等经济周期不同阶段的市场形势分析）、重要指标的分析（如国内生产总值指标、工业生产指标、对外贸易指标、国际收支指标以及关于订货、投资、价格等的指标的分析），以及对拟出口产品的主要进出口国的分析（如对目标市场同类产品主要出口国家和主要出口公司的产品档次、质量、价格、竞争特点等的分析）。

国内市场形势分析的主要任务是：分析目标市场所在地区的经济形势、目标市场的竞争因素和目标市场的环境等。

3. 确认顾客需求

顾客需求是指顾客对产品适用性的需要、要求、愿望、期望的总和。顾客对产品适用性的需求，是顾客依据各自的客观需要决定的，通常反映在对产品的性能或功能、安全性、价格、交货期、质量和信誉等方面的需求。

企业为了满足顾客的需求，首先必须确定对产品的需求。此外，尚需规定市场需要和销售地区，确定具体顾客的要求或评审市场的一般需求，并在组织内传达顾客的所有要求和确保各相关组织能够认可其具有满足顾客要求的能力。

了解与把握顾客需求乃是企业生产经营的前提和开发产品、进行经营决策的依据。企业应通过开展市场调查，征询需求意见，组织访问等多种途径，了解和确认顾客的需求，并对顾客的需求进行分析，然后形成产品说明或产品设想报告，以便为产品的设计和开发提供依据。

（二）市场调查的主要内容

市场调查是企业运用科学的方法，有目的、系统地对市场信息进行收集、记录、分析并加以利用的活动，它是市场研究的有效办法。

经常有效地开展市场调查，对于搞好企业的生产经营有着十分重要的意义。首先，市场调查有助于企业了解市场的现实需求和潜在需求，研究生产适销对路的新产品和改进老产品，提高产品的市场竞争力；其次，有助于拟定产品的营销策略，选择市场，确定流通渠道，降低销售成本；最后，有助于综合运用营销手段，提高管理效率，增强经济效益。

市场调查的内容是以市场分析和产品分析为基础的，围绕产品、价格、流通渠道、促销方式的组合战略展开的。一般来说，无论什么类型的市场，都有下列八个方面的调查内容：（1）市场环境调查，包括政治环境、经济环境和社会文化环境等。（2）技术发展调查，包括新技术、新工艺、新材料的采用，新产品技术水平与发展趋势，技术贸易市场上出现的成果与变化动态等。（3）市场容量调查，包括现实与潜在市场对某种产品的需求量，同行业或同类产品的需求满足率与市场占有率，各种产品的销售趋势，竞争企业的策略与动向等。（4）顾客调查，包括行业范围、区域分布、购买力、购买动机、购买决策与动向等。（5）产品调查，包括顾客对本企业产品质量、价格的评价，对各企业产品的接受程度与购买动向，竞争产品的质量特性，各种产品的经济寿命周期分析，产品组合调整的方向，等等。(6)价格调查，包括顾客对产品价格的反应以及适宜的价格定位与市场依据，新产品定价与老产品调价，价格与营销的协调，等等。(7)销售调查，包括影响销售好坏的因素、产品包装、储存、运输、国外市场销售情况等。(8)推销调查，包括推销方式、广告媒介、服务方式等。

(三)市场调查的主要方法

市场调查的方法多种多样，按不同的标准可以划分为不同的种类。例如，从时间上看，有定期的和不定期的方法；从调查范围上看，有普查和典型调查的方法。一般我们把调查的方法归纳为以下四种：

(1)访问法，就是由市场调查人员对被调查者进行访问。一般有三种情况，即面谈调查、电话调查和书面调查。

(2)观察法，就是采用从旁观察、写实的方法来获取所需要的市场资料。

(3)试验调查法，就是通过小规模的市场试验，采用适当的方法收集、分析试验结果，进而取得市场有关资料。在进行设计改进、质量改进、价格调整时，为了了解市场上可能引起的变化，一般都采用这种试验调查方法。

(4)试用与试销法，这是为了取得市场情报而付出一定代价的方法，尤其适用于新产品的上市阶段。这种方法使顾客或商业网点同生产单位密切合作，从而取得真实和较为详细的信息，为产品的进一步改进以及预测需求量提供重要依据。

(四)市场预测

市场预测，又称为需求预测，其主要任务是在市场调查所获得的信息数据和资料的基础上，运用适当的方法来预测未来一定时期内市场的需求及其变化趋势，例如市场占有率预测、生产预测、市场变化趋势预测等。

适合企业采用的市场预测方法主要有三类。

(1)经验判断法，是在市场调查的基础上，凭借预测者的经验，通过分析、推理、判断，对市场未来的情况及其发展变化作出预测的一种方法。常用的具体方法有：判断收集法(或称经理评判意见法)、销售人员估计法(或称销售人员意见法)、用户调查法、订货分析法、专家意见法(或称德尔菲法)等。

(2)时间序列分析法，是把同一经济变量的实际数据按时间顺序排列，运用数学方法进行分析，找出其中的变化趋势和规律性的一种定量预测技术。在实际使用中，又可分为一系列的具体方法，例如简单平均法、加权平均法、移动平均法、指数平滑法等。

(3)回归分析法，是利用经济发展中各种变量之间的因果关系，根据某一变量的发展变化情况，来对另一变量的发展变化趋势作出预测的一种方法。常用的回归分析方法有一元和多元、线性和非线性回归等不同类型。

(五)质量信息的分析与评价

在市场研究中，对于所获得的质量信息，必须经过分析与评价，得出必要的结论，以便作为质量决策的依据。质量信息的分析与评价应包括以下几个方面：

(1)质量分析。通过对市场调查、分析和研究，了解顾客对产品质量的要求，及时改进产品质量，取得市场竞争的主动权。

(2)用途分析。分析研究产品在使用中的性能、特点发挥的程度，不断发现产品的用途，以求开拓市场，打开销路。

(3)竞争分析。主要是分析和研究竞争对手的情况，并与其对比，找出本企业的产品在质量、价格、生产技术上的实力，以及存在的差距，以便取长补短，努力使本企业处于领先位置。

(4)消费者或顾客分析。即了解消费者或顾客对产品的需求和潜在需求情况，为新产品开发提供依据。

(5)新产品开拓市场分析。即新产品投放市场后，要及时、密切注意市场的反应，听取顾客的意见，以便迅速适应顾客的需要，不断扩大市场。

(6)产品市场寿命周期分析。产品市场寿命周期一般划分为四个阶段，即投入期、成长期、成熟期和衰退期。了解产品所处的阶段，便可以不失时机地采取对策。

(7)其他分析。如销售方式、广告、包装、储运等方面的调查分析。

通过以上的分析和评价，可以了解本企业同竞争对手在产品质量方面的差距，从而为改进和提高产品质量提供方向和依据。

(六)市场调研的成果

市场调研最终要确定产品质量要求并形成文件，例如，对于服务来说要制定出服务简报，对于实物产品来说要编制产品开发建议书。产品开发建议书一般包括以下内容：(1)开发新产品的目的；(2)市场调查结果分析；(3)技术调查结果分析；(4)顾客调查结果分析；(5)新产品方案设想、建议和功能分析；(6)采用国内外先进技术的建议；(7)先行试验和关键技术课题或试验项目；(8)新产品预计产量，成本与价格目标，销售地区和销售渠道的建议；(9)投资预算和产品开发日程建议；(10)其他。

产品开发建议书适用于结构复杂、技术密集的重大新产品开发，一般产品可视具体情况精简建议书中的有关内容。

二、产品设计开发过程

(一)产品设计开发的意义

设计开发对于产品质量的重要性和意义，体现在以下三个方面：

1. 产品设计开发是形成产品质量的首要环节

产品设计开发决定了产品的固有质量水平。对产品设计开发过程的质量如果控制不严，必将形成因设计开发“先天不足”而“后患无穷”的局面。对于技术含量高、结构复杂、试制周期长、费用高的大型成套产品，特别是一次生产的产品，对其设计开发过程的质量控制尤为重要。

2. 产品设计开发决定着产品的适用性

产品设计开发过程的质量是由市场研究质量、概念质量和规范质量所构成的。它决定着产品的技术水平、质量等级、功能特性、可靠性、可维修性、工艺性、经济性等产品自身的属性，关系着产品的质量水平是否适宜、是否满足需求和能否“适销对路”。所以，产品设计开发的质量从根本上决定着产品的适用性，是产品质量形成的关键环节。

3. 产品设计开发决定着企业的经济效益

产品设计开发是一项具有系统性和创造性的工作，它对产品质量、竞争能力和价格、效益等有着重大的影响。因此，企业必须采取各种有效的质量控制手段和方法，努力提高设计和开发的质量水平。

(二)产品设计开发阶段的划分

产品设计开发阶段的划分因产品的类型、规模等的不同而异。在实际工作中，有各种不同的划分方法，一般可以分为以下几个阶段：

(1)产品构思阶段。根据市场需求，并通过市场调研，寻求新产品开发的方向，提出产品开发建议书。这时如有多种新产品可供选择，应结合市场需要和企业的实际，从中选择某项比较容易成功的产品，或排出一个优先顺序，以便进一步论证选择。

(2)总体方案设计阶段。在审查产品开发建议书的基础上，制定新产品设计计划任务书。该文件应明确指出开发新产品的目的或目标，以及新产品的质量指标，即性能、规格、寿命、可靠性、安全性、外观要求等指标。根据计划任务书开展总体方案设计，确定新产品的原理、结构、总体布局、系统配置以及产品性能精度指标、自动化程度、外观等，然后论证新技术、新工艺、新原理、新材料采用的必要性和可能性，并论证该产品设计、生产和使用的经济性。

(3)初步设计阶段。主要是技术设计工作，即进行设计计算、模拟试验、原理图设计、参数设计，以及设计评审工作。

(4)详细设计与试制阶段。主要是工作图设计，包括：在保证全系统的协调性的基础上，进行图纸审查(工艺性、标准化、图面规范的审查)，使技术文件达到齐全、统一、正确、清晰等基本要求；进行可靠性、可维修性等审查；进行生产前准备，并转入试制和试验，以此发现设计上的缺陷，作为确保设计质量的重要手段；最后进行工厂级的鉴定和国家级的设计定型工作。

(5)小批试制生产阶段。这一阶段主要是考验工艺，经过小批试制生产，解决和排除质量上的问题，进行工厂级或国家级的生产定型，然后转入小批生产。

(6)小批生产阶段。小批生产的新产品在现场中的使用和试运转，可以收集到用户的意见，然后根据用户要求做必要的修改。

(三)产品构思

产品构思又称产品设想。企业在市场研究的基础上，根据社会、经济、自然环境以及技术发展动向并结合顾客的需求提出产品的构思。

1. 产品构思模式

产品的构思开发通常有两种模式，一种是需要吸收型，一种是技术推动型。

需要吸收型是企业的产品研究与开发部门根据市场需求设计出新产品。由于与市场进行了充分的双向交流，这种产品构思成功的可能性较大，盲目性较小，较适用于中小型企业开发产品。

技术推动型是企业的产品研究与开发部门根据科学技术的发展与成果以及本企业的资源与技术实力，主动提出产品构思，促使顾客产生对新产品的需要。如果对顾客的需要考虑得不够充分，即使产品在技术上具有先进性，其成功的可能性也会相对较小。这种模式较适合技术实力强的企业。

2. 编制产品开发建议书

新产品构思，尽管是在市场研究的基础上产生的，但毕竟还是很笼统和模糊的。为此，还应提出具体的新产品开发方案，即编制产品开发建议书，以便为设计开发提供完整的分析依据。该建议书一般可包括：开发新产品的目的；市场调查结果的分析；市场预测结果的分析；技术调查结果的分析及有关措施建议；新产品方案设想、建议和功能分析；新产品预计产量、销售地区与销售渠道的建议；新产品成本及价格目标、投资预算；开发进程及其他建议。

3. 新产品开发决策

为了确保新产品的开发成功，要对各种开发方案进行分析、研究，最后作出可否开发的决策。企业的高层决策机构与决策者，在组织新产品开发中应充分吸收从事新产品开发的科技人员、管理人员和营销人员等共同参与，以科学的程序确保决策的正确与果断。

(四)产品规范

作出新产品开发决策后，应将具体的顾客需求和一般的市场要求与期望转化成产品规范，在产品规范中，应包括以下内容：(1)性能特性(如环境条件、使用条件和可信性)；(2)感官特性(如式样、颜色、味道、气味)；(3)安装布局或配合；(4)适用的标准和法规；(5)包装；(6)质量验证和保证。

三、质量功能展开

(一)质量功能展开的概念和特点

质量功能展开(quality function deployment，QFD)，是一种采用矩阵图解的方式将顾客对产品和服务的需求转化为设计要求、零部件特性、工艺技术要求、生产制造要求、成本要求的多层次演绎分析方法。它体现了以客户为导向，以客户需求为产品研发、质量功能定位设计的唯一依据的指导思想。在产品研发设计的方法体系中，质量功能展开技术采用系统化、规范化的方法调查和分析顾客需求，使产品的全部研发活动与满足顾客的要求紧密联系，从而使所研发设计的产品质量、功能能够完全满足顾客需求，并通过质量屋的概念将其转换为产品特征、部件特征、工艺特征和生产计划等技术需求，所以它是开展产品质量定位设计的先导步骤，可以确定产品研发的关键环节、关键部件和关键工艺，从而为产品质量功能优化设计的具体实施指出了方向。质量功能展开有以下几个特点：

(1)QFD的整个过程是以满足市场顾客需求为出发点的，各阶段的质量屋输入和输出都是市场顾客的需求所驱动，以此保证最大限度地满足市场顾客需求。

(2)在 QFD 系统化过程的各阶段都是将市场顾客需求转化为管理者和设计人员能明确理解的各种工程信息，减少或避免了产品从规划到产出各环节的盲目性。从设计质量角度来看，这种有目标有计划的产品研发设计生产模式会降低设计费用，缩短研发周期，可以大大提高产品的质量和竞争能力。

(3)QFD 方法的基本思想是“需求什么”和“怎样来满足”。在这种对应形式下市场顾客的需求不会被曲解，产品的质量功能不会有疏漏和冗余。这实质上是一种企业经济资源的优化配置。

(4)质量屋是建立 QFD 系统的基础工具，是 QFD 方法的精髓。典型的质量屋框架形式和分析求解方法不仅可以用于新产品的开发过程中，而且可以灵活运用于工程实际的局部过程。例如，可以单独应用于产品的规划设计或生产工艺设计等过程。

(5)QFD 技术是近年来发展和应用较为迅速和广泛的先进制造技术之一。在整个产品全方位的决策、管理、设计及制造等各阶段过程都能加以应用。从现代设计技术的角度来看，QFD 技术在计算机技术和信息技术的支持下能有机地继承和延伸传统的设计技术方法，使传统的理论方法在一个新的层次上应用和发展，同时还可以和其他先进技术方法如虚拟设计、并行设计等相互嵌套结合应用，以解决各种各样的工程设计和制造问题。这种纵向的继承和横向的互补特点，使 QFD 技术能较灵活地应用于开发性设计、适应性设计及变形设计中。

(二)质量屋的概念和形象描述

质量功能展开的核心内容是需求转换，采用的是质量屋(house of quality)形式。它是一种直观的矩阵框架表达形式，是 QFD 方法的主要工具。通常的质量屋如图 4.1 所示，其由以下几个矩阵部分组成：(1)WHATS 矩阵，表示需求什么。(2)HOWS 矩阵，表示针对需求怎样运作。(3)相关关系矩阵，表示 WHATS 与 HOWS 的相关关系。(4)HOWS 的相互关系矩阵，表示 HOWS 矩阵内各项目的关联关系。(5)评价矩阵，表示 HOWS 项的技术或成本评价情况。(6)竞争性或可竞争力或可行性分析比较。

质量屋建成后，通过定性和定量分析得到输出项——HOWS 项，即完成了“需求什么”到“怎样去做”的转换。

1. 左墙——顾客需求及其重要度

(1)顾客需求：由顾客确定的产品或服务的特性。

(2)重要性分值：顾客对其各项需求进行定量评分，以表明各项需求对顾客到底有多重要。

2. 天花板——工程措施

工程措施将顾客需求转换为可执行的、可度量的技术要求或方法。

3. 房间——关系矩阵

关系矩阵描述顾客需求与实现这一需求的工程措施之间的关系程度。

4. 屋顶——相关矩阵

相关矩阵表明各项工程措施间的相互关系。

5. 地板——工程措施重要度和目标价值

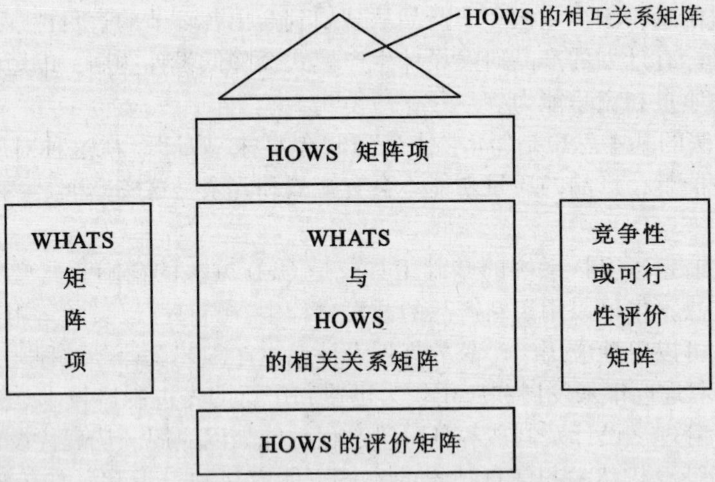

图 4.1　质量屋的基本形式

(1)工程措施的重要度：表示工程措施的重要程度。

(2)目标价值：为了具有市场竞争力，企业所需达到的工程措施的最低标准。

6. 右墙——市场竞争性评估

指对满足顾客需求进行的评价，用来判断市场竞争能力。(1)企业产品评价：顾客对企业当前产品或服务满意的程度。(2)对手产品评价：顾客对企业对手的产品或服务的满意程度。(3)改进后产品评价：企业产品改进后希望达到的顾客满意的程度。

7. 地下室——技术竞争性评估

指企业内部人员对此项工程措施的技术水平的先进程度所作的评价。同市场竞争性评价一样，它包括对本企业技术的评价和对手企业的技术的评价及改进后技术的评价。所不同的是，市场竞争性评估是由顾客作出的，是对产品特性的评价；而技术竞争性评估是由企业内部人员作出的，是对技术水平的评价。

(三)质量屋构建的四个阶段

根据下一道工序就是上一道工序的“顾客”的原理，从产品设计到生产的各个过程均可建立质量屋，且各阶段的质量屋在内容上有内在的联系。上一阶段的质量屋天花板的主要项目(关键工程措施)将转换为下一阶段质量屋的左墙。质量功能展开要将顾客的需求逐层分解，直至可以量化度量。质量屋最早被日本提出的时候有 27 个阶段，被美国引进后简化为四个阶段，即从顾客需求开始，经过四个阶段即四步分解，用四个矩阵，得出产品的工艺和质量控制参数。转化过程中四个相联系的矩阵，如图 4.2 所示，但并不是所有的质量功能展开都需要严格地按照上述四个阶段进行，根据具体的情况，质量功能展开的四个阶段可以进行剪裁或扩充。例如，如果“产品计划”阶段质量屋中关键的工程措施不够具体和详细，可能需要在进行零部件部署前增加一层质量屋。反之，如果产品计划阶段工程措施对于过程计划阶段已足够详细，则可省略产品设计阶段。

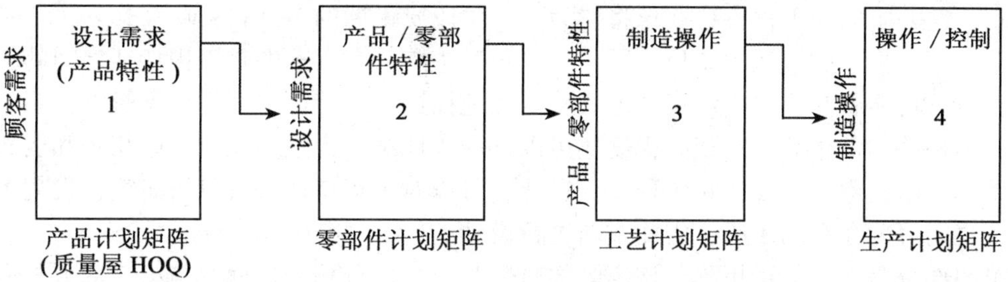

图 4.2　质量功能展开过程图

以下对各阶段质量屋的建立进行描述，以便加深对质量屋概念的理解和对质量功能展开的认识。

1. 产品规划阶段

通过产品规划矩阵，将顾客需求转换为技术需求(最终产品特征)，并根据顾客竞争性评估(从顾客的角度对市场上同类产品进行的评估)和技术竞争性评估(从技术的角度对市场上同类产品的评估)结果确定各个技术需求的目标值。产品规划阶段的质量屋的构成形式如图 4.3 所示。

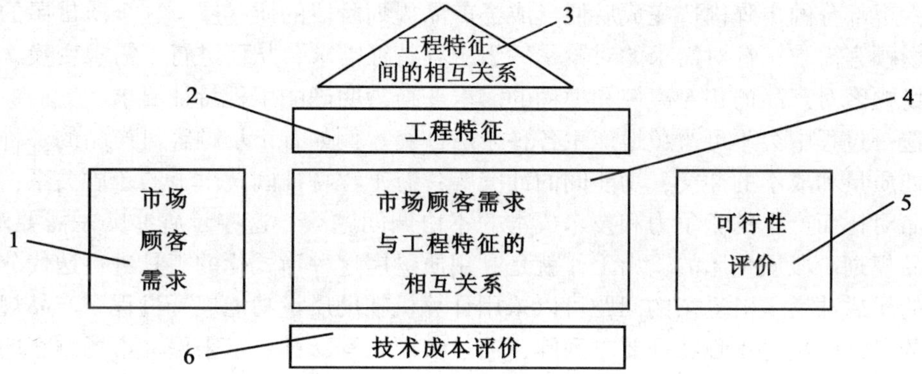

图 4.3　产品规划阶段的质量屋

第一部分是若干行列的列阵，此列阵所反映的内容是市场顾客对产品的各种需求(WHATS 项)。这些市场顾客需求是通过对市场和顾客的需求将按过程驱动产品的质量功能展开过程展开。市场顾客的需求是各种各样的，此项矩阵的建立应尽量充分、准确和合理。就顾客的要求而言，亦有主次、轻重之分，质量功能展开方法中对此的处理是：对市场顾客的各项需求给予权重因子以便进行排序，定义权重因子的总和为 100%。

第二部分是一行若干列的行矩阵。用来描述对应于市场顾客需求的工程特征要求，即有什么样的市场顾客需求就应有什么样的工程特征要求来对应保证。这种对应是多相关性的，市场顾客的某种需求可能对应着若干项工程特征要求，若干种工程特征要求有机结合才能满足某种市场顾客需求项。反过来讲，某种工程特征也可以同时满足若干项市场顾客的需求，这一阶段的工程特征要求将作为下一阶段质量屋的 WHATS 项。

第三部分称为质量屋的屋顶，是一个三角形矩阵，它表示的是工程特征之间的相关关系。在质量功能展开技术中以三种形式来定性地描述工程特征之间的相关影响关系，即正相关、不相关和负相关。对相关程度还可以进一步地细分为强相关、一般相关和弱相关几种关系，并以标度值来表达相关程度。据此，可以对工程特征进行分析研究，发现各种工程特征之间可能存在的矛盾，由此重新进行设计。

第四部分是一个关系矩阵，该矩阵的行数与第一部分相同，列数与第二部分相同。表示各个工程特征项与各个市场顾客需求项的相互关系。各个项之间的错综复杂关系可以定量地以分值来表示。一般来讲，强相关给 9 分；一般相关给 3 分；弱相关给 1 分。利用关系矩阵可以明确工程特征与市场顾客需求间的对应关系。

第五部分是一个产品可行性评价矩阵，又称为市场评估矩阵，其行数与市场顾客需求矩阵相同，列数可以是一列，其中的内容表示要开发的产品针对各项市场顾客需求的竞争能力估价值。同时，引入若干个市场上同类产品作为竞争对象进行比较，以判断产品的市场竞争力，由此在产品开发初期找出不足之处以进行调整改进。

第六部分是产品规划阶段的技术和成本评估矩阵，其行列数与工程特征矩阵相对应，其中要建立的内容是各项工程特征的技术和成本评价数据，同时也建立若干个同类产品的相对应的数据信息进行分析对比，找出不足之处，提出改进措施。

这六个部分的矩阵构造完成后便形成了产品规划阶段的质量屋。这个质量屋的基本输入是市场顾客需求，针对需求的对策是一组工程特征需求，从而进行了需求变换。通过变换将市场顾客对产品的相对离散和模糊的需求变换为明确的工程特征要求。

在这一过程中会不可避免地产生各种矛盾冲突。例如有市场顾客对产品的各种要求的冲突，如质量和成本的冲突，功能间的冲突等；有工程特征间技术上的矛盾关系；还有与同类产品对比而产生的竞争力和技术成本的不协调问题等。这些矛盾冲突是需要解决的，决定产品规划阶段质量屋的输出工作就是利用质量屋这种形式化的工具进行迭代分析来解决上述的矛盾冲突。对复杂的问题可以采用计算机辅助质量功能展开过程。产品规划阶段质量屋的最终输出是工程特征要求列阵，通过实现工程特征要求来保证市场顾客的需求。

2. 零部件设计阶段

利用前一阶段定义的技术需求，从多个设计方案中选择一个最佳的方案，并通过零部件设计矩阵将其转换为关键的零件特征。该阶段质量屋的构成形式与产品规划阶段的质量屋是类同的，如图 4.4 所示。

此阶段质量屋的输入项（WHATS 项）是产品的工程特征要求列阵，实现工程特征要求的对策是若干项零部件特征（HOWS 项），以矩阵 2 来表示。矩阵 3 表示的是各种零部件特征间的相关性。同样，在工程特征要求矩阵和零部件特征矩阵之间存在的关系矩阵 4 表示相互关系。矩阵 5 是可行性评价矩阵，表示零部件特征对应于工程特征要求的可行性评价。矩阵 6 是技术评价矩阵，针对各项零部件特征进行技术和成本分析。

通过零部件设计阶段的质量屋的建立和分析，可以找出实现工程特征要求的难点和薄弱环节，重新进行有关零部件特征的方案设计。零部件设计阶段的质量屋的最终输出是能

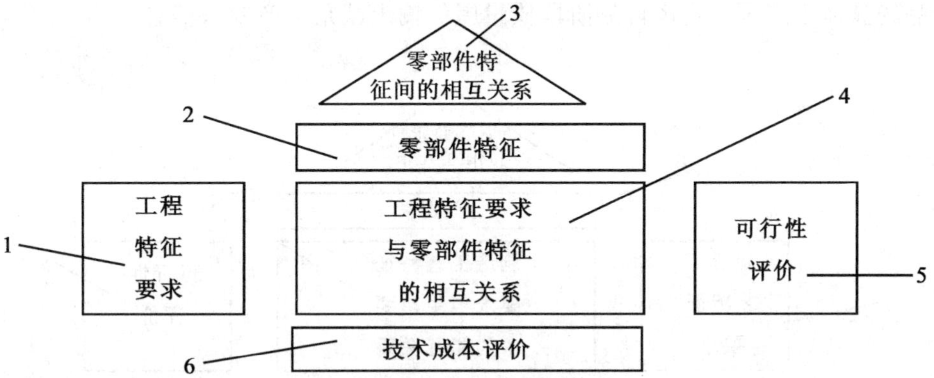

图 4.4　零部件设计阶段的质量屋

保证实现工程特征要求的零部件特征要求。

3. 工艺规划阶段

通过工艺规划矩阵，确定为保证实现关键的产品特征和零部件特征所必须保证的关键工艺参数。产品的零部件特征要求明确后，可以据此进行零部件的详细设计。为实现零部件特征要求，则要进行工艺规划设计，在质量功能展开方法进程中对应的是工艺规划阶段质量屋的建立。该阶段的质量屋的内容如图 4.5 所示，质量屋的输入是零部件特征要求（质量屋的 WHATS 项）。输出是制造工艺特征要求（HOWS 项）。通过这一过程完成产品的零部件设计要求向工艺流程设计的转换。

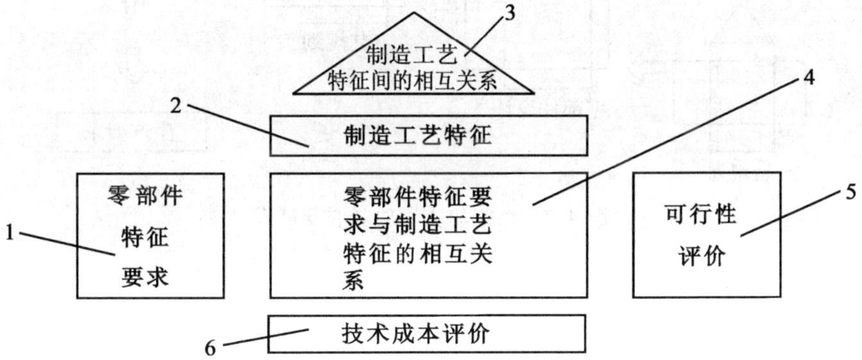

图 4.5　工艺规划阶段的质量屋

4. 生产计划阶段

通过生产计划矩阵将关键的零部件特征和工艺参数转换为具体的质量控制方法。

工艺规划阶段质量屋的输出是制造工艺特征要求。为满足这些要求，要有生产计划安排以形成明确的生产要求。对应地建立质量功能展开的生产计划阶段的质量屋，其形式如图 4.6 所示。此阶段质量屋的输入是产品的制造工艺特征要求，为实现制造工艺特征要求则要有明确的生产计划安排，在生产计划安排中包含诸多的生产要求。按这些要求就可以组织产品的具体生产了。生产计划阶段质量屋的输出就是生产要求信息。

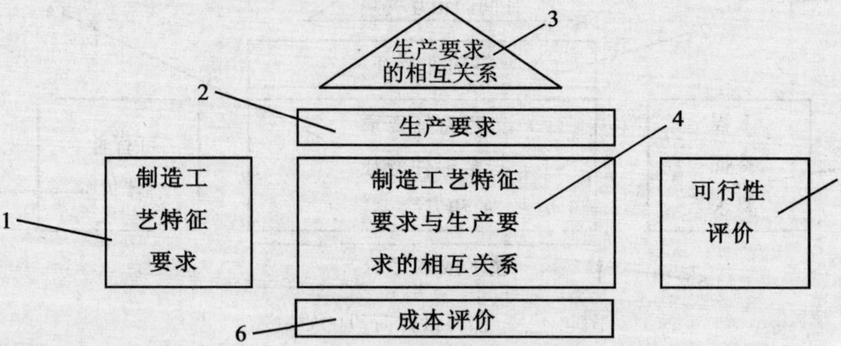

图 4.6　生产计划阶段的质量屋

将各阶段的质量屋，按输入输出关系相连接就构成一个完整的产品开发的质量功能展开系统，如图 4.7 所示。

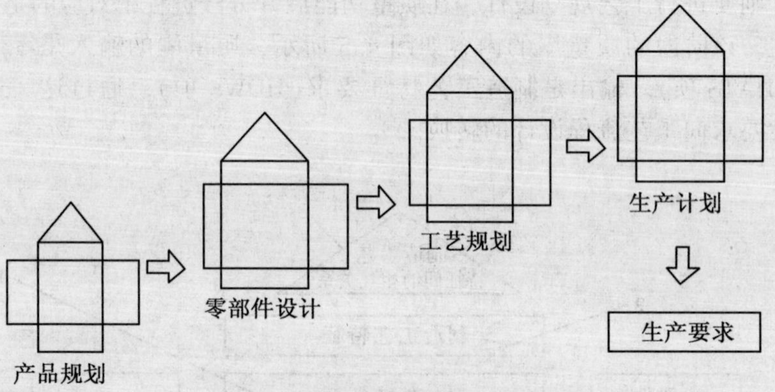

图 4.7　系统的质量功能展开过程

(四)质量功能展开在产品质量设计中的应用

我们以蜡烛产品质量功能展开矩阵的建立为例，进一步阐述质量功能展开的各个步骤和质量屋在质量功能展开中的应用。

1. 顾客需求

市场调研小组收集了大量关于顾客对蜡烛的需求数据，并用亲密度图和树图作为分析和处理定量数据的结构化工具，建立质量功能展开中的各种矩阵。

用来分析和处理顾客需求数据的第一种工具是亲密度图，该图可用来大量地收集定量数据，并根据数据之间的近似程度进行分组。例如，某质量功能展开小组收集了顾客对某种产品的需求，每个顾客的需求都写在卡片上，所有卡片都杂乱地摆放在桌上。这时，顾客需求是非结构化的，因为这些写在卡片上的顾客需求是随机的。根据直觉和经验，首先我们可以对这些需求按照其特性的相似性进行分类，然后进行分组，每个组代表一个一般意义上的主题。一般需求被分为5~10个组，每个组包含1~15个项目。

我们以蜡烛为例来说明亲密度图的做法。根据市场调查、面谈或头脑风暴法，我们得到每个顾客的需求并将其记录在卡片上。为了简化，本例中的项目数被大幅度地减少到6个，而通常情况下会有20~80个。这些卡片被小组成员重新整理。如图4.8所示，研究小组认为“视觉上吸引人”和“有香味”应同属于“审美”的范畴。同样，其他的顾客需求也被分组。最后再指定每个组的标题，如“审美”“亮度”“方便性”“效率”等。

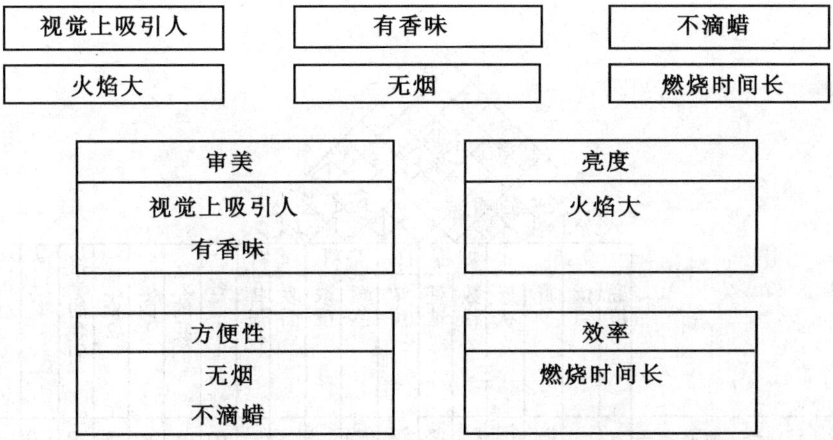

图4.8 顾客需求的亲密度

如果将亲密度图的顾客需求进行分组排列，我们可以采用第二种工具——树图，如图4.9所示。树图也可用来寻找亲密度图中的缺陷和遗漏。例如，小组通常会发现上次调查漏掉的顾客需求，有时也会发现有增加分支和重新分组的必要。树图允许小组添加、摒弃或解释顾客需求，以获得一个完整的结构。

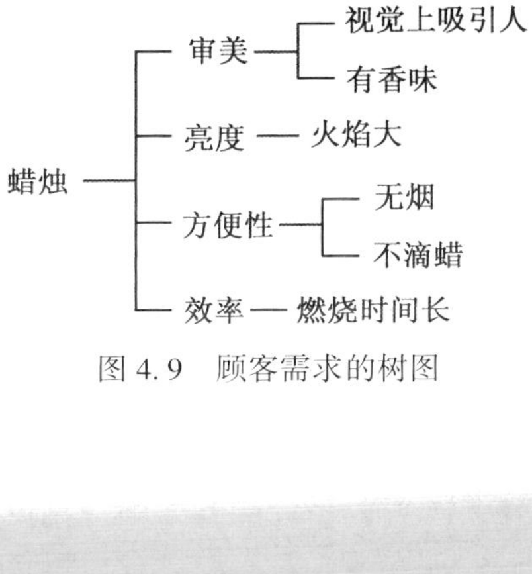

图4.9 顾客需求的树图

2. 顾客需求重要性

研究小组使用尺度 1~5 对顾客需求重要性进行分级，5 表示非常重要，1 表示不重要。当然也可以选用 1~10 的尺度。这里要思考的问题是：某个特性对于顾客来说的重要性究竟有多大？在对顾客需求评级的过程中，小组成员之间需要进行大量建设性的讨论，这期间将会有许多新观点提出来。评价重要性时，小组必须清楚这个评价是针对哪部分顾客而作出的。有时，也可邀请顾客加入 QFD 小组，以协助评价顾客需求的重要性。

3. 竞争性分析

产品也需要按每种顾客的需求进行评价，仍可使用 1~5 或 1~10 的尺度。这里要思考的问题是：制造商多大程度上满足了所列的顾客需求，也就是说，当前的产品在多大程度上满足了顾客需求。在图 4.10 中，我们用标有“今天的我们”的列表示对本企业产品的评价。接下来，对竞争对手的产品也进行同样的评价(即制造商 1 列、制造商 2 列)。

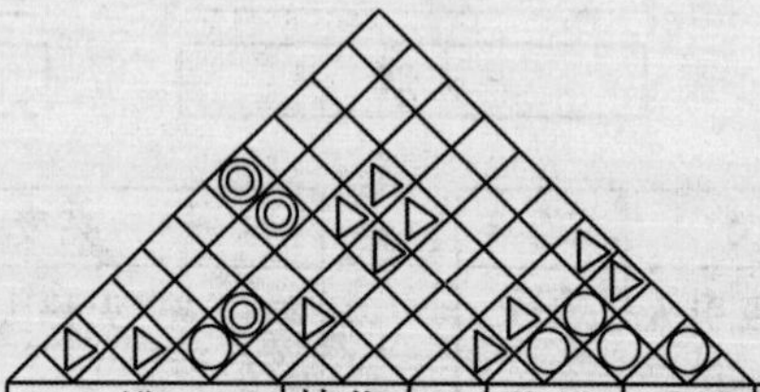

			蜡				烛芯		H+	染料		香料										
			黏度	燃点	直径	形状	数目	处理	浓度	颜色	浓度	表面	挥发性	顾客需求重要性	今天的我们	制造商1	制造商2	将来的我们	改进率	销售点	得分	得分%
销售功能	审美	视觉上有吸引力			▷	◎	▷	▷	▷	◎	○	▷		10	9	8	8	9	1.0	1.0	10	16
		有香味			▷							◎	◎	4	4	6	8	8	2.0	1.2	9	15
使用功能	亮度	火焰大	○		○		◎	▷	▷					8	7	7	8	7	1.0	1.0	8	13
	方便性	无烟	▷				◎	◎						6.5	8	6	7	8	1.0	1.2	8	12
		不滴蜡	○	○	◎		◎		◎					4.6	8	8	10	9	1.1	1.0	5	8
	效率	燃烧时间长	○	◎	◎	◎	◎	◎	◎					5	8	9	9	9	3.0	1.5	23	36
		得分	183	348	451	468	637	461	425	140	480	151	135								Σ-63	Σ-100
		得分 %	5.3	10.1	10.1	13.0	8.0	3.4	12.6	4.2	1.4	4.4	3.9									
		成本 %	43				2		18	31		31										
		测量单位		F	cm		个															
		目标值		130			5															

图 4.10　蜡烛产品的质量屋

4. 未来目标(未来值)

仍使用与上述相同的评价尺度，小组按每个顾客需求对蜡烛的未来进行评价(标有“将来的我们”的列)。这里要思考的问题是：将来我们打算在多大程度上满足顾客需求。在本例中对照图 4.10 情况如下。

(1)顾客需求“视觉上吸引人”上“今天的我们”的分数是9，与“将来的我们”的分数相同，强于竞争对手(制造商1和制造商2)，所以我们在这一顾客需求上没有必要改进。

(2)顾客需求“不滴蜡”尽管满足顾客需求(本企业产品现在评分值为8)，但是弱于竞争对手2(评分值为10)，因此，我们将该项未来值设定为9，因为小组认为竞争对手2的产品超过了顾客的需求，属于质量过剩。

(3)顾客需求“燃烧时间长”上我们当前的产品没有满足(分数只有3)，我们的蜡烛燃烧得太快，而竞争对手的蜡烛燃烧时间却长得多，我们应该在这个顾客需求上做显著的改进，所以研究小组将未来值设定为9，这样我们就可以与竞争对手持平了。之所以不超过对手，同样是因为研究小组认为设定未来值为10是没有必要的。

(4)顾客需求“有香味”的评分低于竞争对手，所以未来值设定为8。

(5)改进率：改进率=未来值/现在值。在本例中，顾客需求“有香味”的改进率为2(即8/4)，顾客需求“燃烧时间长”的改进率为3(即9/3)。这些都是对现有设计的显著改变。

(6)销售点。销售点用于评价产品的改进对销售量的影响。销售点1.5表示影响显著，1.2代表中等，1.0表示无影响。这里要思考的问题是：如果我们改进这一特性(更好地满足这一顾客需求)，产品销售量究竟能够提高多少?

(7)计分。将顾客需求重要性、改进率和销售点3个数值相乘即可得每个顾客需求的得分。这个得分提供了一个研究小组评价的顾客需求等级，即为顾客需求排序。为了清楚地反映相对大小，得分以百分比来计(“得分%”列)。

(8)产品/工程特性。使用头脑风暴法，我们可以得到一张产品特性表，这个表也可通过亲密度图和树图进行整理。进行至此，我们建议为每个产品特性设计一个词汇表。这样将使研究小组成员之间交流更容易一些。有的小组还为顾客需求设计词汇表。

(9)顾客需求——产品特性关系。产品特性与顾客需求这两个树图交叉就产生了一个关系矩阵。对于关系矩阵中的每一个元素，研究小组都要估计与上列之间是否有关系。我们用双环(◎)代表强关系(9分)，单环(○)代表中等关系(3分)，三角(▷)代表弱关系(1分)。这里要思考的问题是：这个产品特性对满足顾客需求有多大的贡献和影响。

(10)产品特性得分。将顾客需求——产品特性关系值(1、3或9)与对应的顾客需求(即“得分%”列)相乘，即可得出该产品特性的得分。在我们的蜡烛例子中，产品特性“形状”对顾客需求“视觉上吸引人”的得分为16×9=144。同样可得其他产品特性的得分。最后的产品特性得分是该列上的所有得分之和，这个得分代表该产品特性的重要性。

(11)产品特性相互关系矩阵。这种关系矩阵使研究小组能量化一种产品特性的变化对其他产品特性的影响。因为它呈三角形，正好又在质量屋的正上方，所以也被称为屋顶矩阵。我们仍用双环代表强关系，单环代表中等关系，三角代表弱关系。填充屋顶矩阵时要思考的问题是：当改变某个产品特性时会影响其他产品特性吗?有的小组还要求进一步指出，影响是正向的还是反向的。屋顶矩阵中的高分值对于研究小组来说将是一个强烈的信号。有时一个产品特性的变动可能损害许多其他的产品特性，这时最好不要变动该产品特性。例如，对产品特性“蜡烛直径”的改变将影响其他6项产品特性。所以，尽管它是一个重要的产品特性而且影响4种顾客需求，在进行改进之前一定要加倍小心。作为一种较为理想情况的产品特性是：产品特性得分高(重要)，其变动对其他产品特性影响小，而且还能改进多种顾客需求，因此改变起来成本低，几乎没有副作用等。如在蜡烛的例子中，产品特性“烛芯处理”的改变除了稍微影响产品特性“烛芯数目”外，对其他产品特性则基本没有影响。

按照上述 11 个步骤，就可以完成质量屋的建造。但是，在具体的实施中，每家企业都可按其具体需要修改质量屋的步骤。例如，在蜡烛的例子中，我们在产品特性得分列下加了另外的信息：成本的百分比、产品特性的测量单位等。

四、价值工程

价值工程(value engineering，VE)，也称价值分析(value analysis，VA)，起源于美国。美国通用电气公司的设计工程师 L. D. 麦尔斯等人通过其实践活动总结出一套在保证同样功能的前提下降低成本的比较完整的科学方法，当时被称为价值分析，继而扩展到用来改进产品设计和制造。

(一)价值工程的基本概念

1. 价值工程的有关概念

(1)功能(function)。功能是价值工程研究的核心问题。功能是指产品对于用户的使用价值。例如，手表的功能是显示时间，卡车的功能是装运货物等。人们购买任何产品，不是为了获得其实体，而是其功能。如果一个产品不具备必要的功能，则该产品就失去了存在的意义。

(2)成本。成本是指为了实现功能而相应的必须支付的一定费用。价值工程研究的成本有两种：一是寿命周期成本，二是目标成本。

产品寿命周期成本，是指产品或功能在整个寿命周期内所支出的全部费用，或者说是实际成本，它包括制造成本和使用费用。一般说来，在一定的技术经济条件下，寿命周期成本呈马鞍形。寿命周期成本有一个最低点，产品功能相应有一个最适宜水平。当产品功能过高时，虽然使用费用低，但制造成本大，寿命周期成本会偏高；反之，当产品功能过低时，虽然制造成本低，但使用费用大，寿命周期成本也会偏高。只有产品功能适宜才能使寿命周期成本最低。

目标成本，是通过分析产品成本和产品功能之间关系(产品的寿命周期成本与产品功能水平之间有着内在的联系)的基础上确定的一定时期的理论成本。

(3)价值。价值是生产费用对效用的关系，价值首先是用来解决某种物品是否应该生产的问题。只有在这个问题解决之后，才谈得上运用价值来进行交换的问题。如果两种物品的生产费用相等，效用就是确定它们的比较价值的决定因素。这就指明了价值的实质含义，揭示了产品功能与成本的相对一致性的内在关系。在此，价值可以理解为人们通常所说的“值”与“不值”的问题。价值与功能、成本之间的这种关系可以表达为：

$$\text{价值}=\frac{\text{功能}}{\text{成本}}$$

显然，“价值”是一个综合性的概念，其最大特点是建立了功能与成本的内在关系。我们不难得出结论，在功能相同的两种产品中，成本较低的价值大；在成本相同的两种产品中，功能较好的价值大。产品价值大，说明经济效益高。价值工程是降低成本、提高效益的有效方法。从上述关系式中我们还可以明确，价值工程的一个重要目标就是要提高产品的价值。提高产品的价值有五个方面的途径：①功能提高，成本降低。②功能提高，成本不变。③功能不变，成本降低。④功能略有降低，成本大幅度降低。⑤成本略有增加，功能大幅度提高。

2. 价值工程的定义

价值工程，指通过对产品(或服务)进行功能成本分析，寻求用最低的寿命周期成本来实现其必要功能，借以提高产品(或服务)价值，获得最大经济效益所进行的技术性、经济性的综合分析活动。它是一种技术创新向经济效果转移的新观念。价值工程具有以下三个特点：

(1)以提高价值为目标。价值工程的目的，不是单纯地强调产品的高功能或片面地追求低成本，而是致力于提高二者的比值，即力争用最低的寿命周期成本实现产品的必要功能，使企业和用户都获得最大的经济效益。

(2)以功能分析为核心。为达到提高价值的目标，必须着眼于对产品的功能和成本之间的关系进行定性和定量的分析研究，但价值工程之所以比其他方面在降低成本上效果更好，就在于它不是就成本而论成本，而是以功能分析为核心，通过有效的功能分析，明确产品的必要功能，剔除过剩功能，并在此基础上确定功能与成本的最佳关系，寻求以最低的成本实现必要功能的最佳方案，最终实现提高价值的目标。

(3)价值工程的活动是一个包括技术经济的、全面性的、有组织的、创造性的、综合性的活动。价值工程是一项系统性的活动，涉及设计、生产、销售、使用、服务等过程，需要科学技术、经济、管理等方面的知识和经验，需要敢于创新的精神和善于创新的智慧。只有确立其创新目标，组织起各方面力量，集中起各类人才，发挥集体的积极性、主动性和创造性，才能实现价值工程的目标。

(二)价值工程的基本程序

开展价值工程的过程，实际上是一个分析问题、发现问题、解决问题，以实现提高价值的目标的过程。对于产品来说，就是通过功能成本分析，找出产品在功能和成本方面存在的问题，提出切实可行的改进方案，并将改进方案付诸实施，使产品价值得到提高的过程。为了成功地实现价值工程的目标，应注意以下几点：一是费用的经济性；二是功能的必要性；三是功能、费用的相对性；四是保证和提高功能，降低费用的可能性与现实性。实施价值工程的具体步骤如下：

1. 选择价值工程对象

这是价值工程活动的首要环节。价值工程对象选择正确与否，关系到最终能否实现预期目标。选择价值工程对象，一方面是要根据社会及市场的需要和企业现实条件的可能，另一方面要考虑提高价值的可能。一般来说，可以考虑把下列产品或零件作为价值工程的对象：

(1)在产品发展方向方面，应选择正在研究试制、即将上市的新产品。

(2)在销售和使用方面，应选择社会需要量大、市场竞争激烈、用户意见大、维修难度大的产品。

(3)在成本方面，应选择成本高、利润低、质量差的产品或零件。

(4)在设计方面，应选择设计陈旧落后、结构复杂、体积和重量大、材料贵、性能较差或问题较多的产品。

(5)在制造方面，应选择产品大、原材料消耗高、废品率高、占用设备多、消耗工时多的产品和零件。

选择价值工程对象常用的方法有以下几种：

(1)经验分析法。经验分析法是凭借价值工程人员的经验，根据上述选择对象的原则，进行综合分析来确定价值工程的对象的方法。这种方法只是凭经验作定性分析，比较粗略。

(2)费用比重分析法。费用比重分析法是根据不同产品对某种生产费用消耗的比重的大小进行分析比较，选择消耗比重较大的产品作为价值工程的对象的方法。例如，某企业生产五种产品，每种产品的产值比重和对能源消耗的比重如表 4.1 所示。显然，D 种产品对能源消耗的比重大于产值比重，应将它作为价值工程对象，以降低能源消耗，从而达到降低成本、提高价值的目的。

表 4.1 **产品产值与能耗比重表**

产品	A	B	C	D	E	总计
产值比重(%)	30	20	15	20	15	100
能耗比重(%)	28	16	12	32	12	100

(3)ABC 分析法。ABC 分析法是一种按局部成本在总成本中所占比重的大小来选择对象的方法。其做法是，将产品所有零件根据各自所占成本数额的大小，由高到低顺序排列，分为 A、B、C 三类。通常将占全部产品数量 10%~20%，而成本却占 70%~80%的产品或零件称为 A 类；将数量占 70%~80%，而成本却占 10%~20%的产品或零件称为 C 类；介于二者之间的则称为 B 类。如果 A 类产品或零件的成本降下来，整个产品成本就会显著降低。故以 A 类零部件作为价值工程的对象。

(4)用户评分法。用户评分法是通过用户对产品各项功能的重要程度进行评分，从而找出价值工程对象的方法。采用这种方法选择价值工程对象，能使产品更加符合用户的需要。具体做法是：先把产品所有的功能项目列出来，然后请一些用户代表按各项功能的重要性评分(全部功能的总分为 100 分)，最后将各功能的评分加总，求出平均得分，按得分多少确定各功能的重要性次序。举例如表 4.2 所示。

表 4.2　**用户评分汇总表**

产品名称	×××						
功能 用户	可靠性	操作方便	生产难易	安全性	保养难易	重量	总计
用户Ⅰ	22	12	18	35	8	5	100
用户Ⅱ	19	14	17	32	10	8	100
用户Ⅲ	19	10	17	36	9	9	100
用户Ⅳ	20	12	20	37	5	6	100
合计	80	48	72	140	32	28	400
平均得分	20	12	18	35	8	7	100
重要性次序	2	4	3	1	5	6	

从表 4.2 可以看出，用户评价的结果是产品的安全性最重要，故可以考虑将安全性作为价值工程的对象。

2. 收集情报资料

价值工程的目标是提高价值，要实现该目标所采取的任何行动和决策都必须依据必要的情报资料，必要的情报资料是发现问题，寻找差距，受到启发，开阔思路，寻找和确定提高价值的依据、方向和方法。在一定意义上说，价值工程的成果如何取决于情报资料的数量和质量。对象确定以后，就要围绕所选定的对象收集有关情报资料，为进一步开展价值工程活动提供依据。

开展价值工程活动通常要收集下列资料：(1)用户方面。包括消费动机、使用环境、操作、维护保养条件、购买能力、生活水平、消费观念、用户反应等方面的情报资料。(2)市场方面。包括市场需求及其发展规律与变化的趋势、市场规模及其结构、市场行情、竞争走势等情况。(3)技术方面。产品设计、制造等技术档案，国内外同类产品的设计方案、产品结构、加工工艺、设备、材料、标准、新材料、新技术、新工艺、三废处理、国外专利、产品目录等方面的情报资料。(4)经济方面。包括产品成本构成、生产费用、销售费用、储运费用、外购外协件价格等情报资料。(5)社会政治方面。包括有关政策、法规、条例、防止公害、环境等方面的情报资料。

价值工程活动中的情报资料的收集工作，除了要确定所要收集情报资料的范围外，还要确定从哪里收集这些情报资料，如何收集这些情报资料等，并提出明确的时间进度要求。最后，要对收集的情报资料进行分类、整理筛选和检索，以便于查阅和使用。

3. 功能分析

功能分析是价值工程活动的核心和关键环节。其目的在于科学地确定产品或零件的必要功能，明确各功能的性质、地位及其相互关系，确定产品合理的功能结构，为寻求实现必要功能的最佳方案提供依据。功能分析的具体内容和程序如下：

(1)明确功能要求。进行功能分析首先应明确对产品所具备的功能和功能水平的要求。具体应明确来自用户方面的要求、社会环境方面的要求及企业自身方面的要求。这样才能从总体上把握产品必须具备的功能和功能水平，找出问题实质和关键所在。

(2)功能定义。就是用简明、准确的语言来表达产品及其零部件的各种必要功能。通常用一个动词和一个名词组成的词组来进行功能定义，如空调的功能是“调节温度和湿度”，电源开关的功能是“接通或截断电源”，等等。功能定义的作用在于，加深对产品或零部件功能的理解，为正确评价功能，寻求实现功能的合理方案提供依据。

(3)功能分类。一种产品通常有多种功能，为了确定产品功能的性质及其重要程度，需对产品功能进行分类。我们可以从以下不同的角度进行分类：

按功能的重要性分类，有基本功能和辅助功能。基本功能是实现产品用途必不可少的功能，是产品存在的必要条件。如果产品不具备这种功能，就失去了存在的基本依据，就不可能被用户接受。辅助功能是指对实现产品基本功能起辅助作用的功能。例如，手表的基本功能是显示时间，而“无光显示”(夜光表)与“自动声示”(闹表)就是表的辅助功能。区分这两种功能，可以帮助我们认识不同功能在产品中的重要程度，以便合理控制产品成本。

按功能的性质分类，有使用功能和审美功能。使用功能指对象具有的与技术经济直接有关的功能，如产品的可靠性、有效性、保养性等。审美功能是指对象作用于使用者的精神感觉和主观意识的功能，如产品的观赏或艺术性。有的产品只有使用功能，如燃料、能源、下水管道等。有的产品只有审美功能，如工艺美术制品和装饰品等。多数产品则是往往要求同时具备使用功能和审美功能，如服装、家具、汽车等。区分使用功能与审美功能，便于我们根据功能的不同性质，寻找适当的改进途径，更好地满足用户的需要。

按功能与用户的关系分类，有必要功能和不必要功能。必要功能指用户需要的功能，不必要功能指对象所具有的与用户的需求无关的功能，也可称为多余功能或过剩功能。基本功能无疑都是必要功能，而在辅助功能和审美功能中，有的可能属于不必要功能。把功能区分为必要功能和不必要功能，有助于我们确保必要功能，消除不必要功能，从而降低成本，提高产品价值。

(4)功能整理。功能整理指从系统分析的角度出发，明确系统内部各个功能之间的相互关系，建立起一个与产品结构体系相适应的功能体系。功能整理的目的，就是要进一步明确和修改功能定义，搞好功能分类，找出和排除不必要的功能，补充遗漏的必要功能，并从系统的角度来明确认识各功能之间的内在联系。

进行功能整理，一般采用功能系统图法(或称功能分析系统技术)。在功能系统图中，功能之间的关系有两种：一是上下位(目的和手段)关系；二是平行并列关系。目的和手段是相对的，某一个功能，对其上位功能来说是手段，但对其下位功能来说则是目的。具体做法是：①从产品所具有的功能中找出最基本的功能，将其排在系统图的左(或上)端，称为上位功能；②逐个研究功能之间的关系，即找出功能之间的上下关系或并列关系；③在明确各功能之间关系的基础上按上位功能在左(或上)，下位功能在右(或下)的顺序绘制出产品功能系统图。例如，钢笔的零件功能系统如图 4.11 所示。

通过功能系统的分析，有助于分析功能的主次轻重关系，以便正确地评价功能。一般的功能系统图如图 4.12 所示。

图 4.11 钢笔的功能系统图

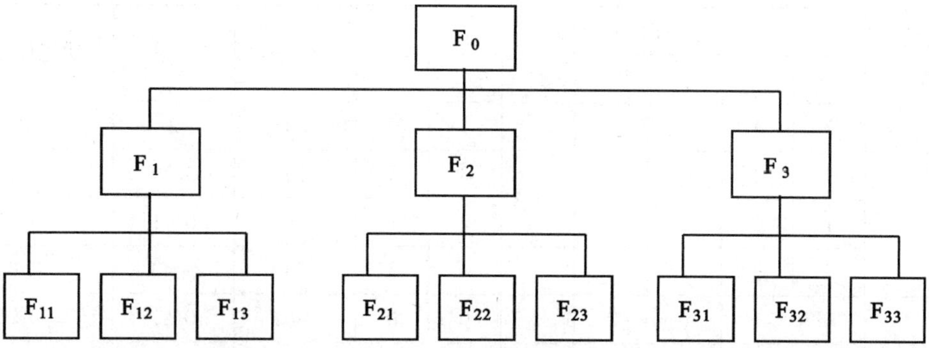

图 4.12 一般功能系统图

(5)功能评价。质量功能评价，就是评价功能的重要程度，分析功能的价值。其目的在于从众多的对象中找出在实现必要功能的前提下，目前价值最低的对象作为重点改进的对象，使价值工程活动有明确改进的方向和降低成本的目标，并最终获得最佳的技术经济效果。

对功能进行评价的方法有多种，这里介绍一种常用的定量评价改进方法——强制确定法。这种方法的运用步骤如下：

①计算各零件的功能评价系数，即将产品各零件(功能)一对一地对比打分，重要的打 1 分，不重要的打 0 分，然后根据各零件(功能)的得分计算出各零件的功能评价系数，作为功能重要程度的评价值。其计算公式如下：

$$某零件的功能评价系数=\frac{该零件的功能得分数}{全部零件功能得分数}$$

例如，某产品有 5 个零件，按强制确定法进行评价的过程和结果如表 4.3 和表 4.4 所示。表 4.3 是某一个评价者的打分。表 4.4 是综合 7 个评价者的打分结果，计算出的各零件的功能评价系数，如表 4.4 所示。

表 4.3 强制确定打分法举例 评分人：胡瑞夫

零件(功能)代号	A	B	C	D	E	总分
A	×	0	1	0	1	2
B	1	×	1	0	1	3
C	0	0	×	0	1	1

续表

零件(功能)代号	A	B	C	D	E	总分
D	1	1	1	×	1	4
E	0	0	0	0	×	0

表 4.4　**功能评价系数综合计算表**

零件(功能)代号	评价者代号							得分	平均得分	功能评价系数
	一	二	三	四	五	六	七			
A	2	4	2	1	2	1	2	14	2	0.2
B	3	2	4	3	4	3	4	23	3.29	0.329
C	1	0	1	0	0	2	1	5	0.71	0.071
D	4	3	3	4	3	4	3	24	3.43	0.343
E	0	1	0	2	1	0	0	4	0.57	0.057
合计	10	10	10	10	10	10	10	70	10	1.000

②计算各零件的成本系数。即根据产品及其零件的现实成本资料，计算各零件(功能)成本占产品成本的比例。其计算公式如下：

$$\text{某零件(功能)的成本系数}=\frac{\text{该零件(功能)的现实成本}}{\text{产品的现实成本}}$$

假设产品的现实成本为3800元，各零件的现实成本如表4.5第②栏所列，则各零件的成本系数如表4.5第③栏所列。

表 4.5　**价值系数与成本分配表举例**

零件(功能)代号	功能评价系数①	现实成本(元)②	成本系数③=②/3800	价值系数④=①/③	按功能评价系数分配的目标成本⑤=3600(元)×①	成本降低目标(元)⑥=②-⑤
A	0.2	1520	0.40	0.50	720	800
B	0.329	608	0.160	2.0563	1184.4	-576.4
C	0.071	760	0.200	0.355	255.6	504.4
D	0.343	475	0.125	2.744	1234.8	-759.8
E	0.057	437	0.115	0.4957	205.2	231.8
合计	1.000	3800	1.000		3600	200.0

③计算各零件的价值系数。其计算公式如下：

$$某零件的价值系数=\frac{该零件的功能评价系数}{该零件的成本系数}$$

按上式计算的各零件价值系数如表4.5中第④栏所列。

④确定重点改进对象，明确改进方向。按上式计算出的价值系数不外乎以下三种情况：一是价值系数大于1，说明分配在该零件上的成本比重偏低，可能造成功能不足，应根据实际需要适当追加成本，确定其必要功能；二是价值系数等于1，说明分配在该零件上的成本与其功能相宜，暂不需作改进；三是价值系数小于1，说明分配在该零件上的成本比重偏高，可能造成功能过剩，应将该类零件作为价值工程的重点对象，采取措施加以改进，以消除过剩功能，降低成本。

从表4.5第④栏中各零件的价值系数看，零件A、C、E的价值系数小于1，应作为改进的对象，制定降低成本的措施方案。零件B、D的价值系数大于1，可根据实际需要适当追加成本，确保其必要功能。但需指出，当确定重点改进对象时，除考虑价值系数的大小外，还应优先考虑功能评价系数较大的零件。因为在零件价值系数相等的条件下，功能评价系数大的零件，降低成本的潜力也大。

⑤确定各零件的目标成本和成本降低目标。首先要确定产品的目标成本(假设该例中的目标成本为3600)，然后可按下式计算确定各零件的目标成本：

某零件的目标成本=产品目标成本×该零件的功能评价系数

某零件的成本降低目标=产品现实成本-产品目标成本

例中零件A的目标成本为720元，实际成本为1520元，则其成本降低额应为800元。

4. 提出改进方案

经过以上步骤，确定产品零件的重点改进对象和目标成本以及成本降低目标以后，就应围绕对象及其目标提出改进设想方案。要实现一项功能，往往可以有若干种设计，每一种设计又可能用若干种材料制作，每种材料又有若干种加工方法。可见，拟提方案的过程，就是一个创造过程，要敢于打破常规，同时进行很好的组织，充分发挥集体智慧，才有可能提出高价值的方案。

5. 评价与选择方案

对上一阶段所形成的若干改进方案，要以严格的科学态度和方法，就其保证和提高功能等技术方面和降低成本费用等经济方面以及提高管理效率和改进管理方法等方面，进行分析、比较和评价，从中选出能够提高价值的最优方案。常用的评价和优选方案的方法有优缺点列举法、评分法等。

6. 验证和审定方案

为了确保所选定的方案科学可行，还要对其进行试验验证。在证明它在技术上和经济上确实可行后，才能作为正式方案付诸实施。

7. 组织实施方案，评价活动成果

在实施方案过程中，应加强控制，经常检查了解情况，及时发现和解决问题，确保方案的顺利实施。在方案实施后，要认真评价价值工程活动效果和总结经验教训，以指导和推动今后的价值工程活动向更高水平发展。

五、产品设计开发的质量职能

有效地发挥产品设计开发的质量职能，就是通过策划和安排实施产品质量计划，执行设计开发程序、质量法规和有关标准，运用保证设计质量的科学手段与方法，以经济合理的新产品开发周期，设计出具有适用性的产品。其具体质量职能可归纳为以下四个方面：(1)研究、掌握顾客对产品的适用性要求，做好技术经济分析，确保产品具有竞争力和适宜的质量水平，使企业和社会均能获得效益。(2)认真按照产品质量计划所规定的内容和要求开展工作，并对其各个环节实施有效控制。(3)运用好早期报警手段，加强早期管理，防患于未然，确保设计质量。(4)组织好与保证设计质量有关的其他活动，进行设计改进，提高设计效率。做好产品质量特性重要性分级和传递工作，为工艺准备、采购供应、生产制造、试验检验等进行重点控制提供依据。

质量职能是靠质量职能活动来落实、实现和发挥其有效性的。设计开发的主要质量职能活动有如下十个方面：

(1)掌握市场研究结果，明确顾客对产品适用性的具体要求。

(2)开展技术经济分析，确定开发产品的质量目标，保证成本、价格与质量水平的统一。

(3)制定产品质量计划，明确产品设计开发工作程序，并严格按工作程序进行管理。产品设计开发工作程序就是把产品设计开发过程分成不同阶段、划分若干工作步骤并确定其工作内容的文件。在程序中，明确质量工作环节，采取早期报警手段，严格进行设计评审，以便及时发现和改正设计缺陷，避免在下一步的工作中产生问题，以保证顺利而经济地开发新产品。

(4)加强设计开发质量控制。企业在作出产品开发决策之后，应制定相应产品的设计开发质量计划，明确产品设计开发的质量目标，规定必须开展的质量活动及其内容和职责，配置必要的资源，确定工作进度等。

ISO9001 在关于“设计控制”中明确指出：“在设计和开发阶段应确立基本质量特性和法规要求，如产品(不论是硬件、软件、服务还是流程性材料)安全性、性能和可信性等，有缺陷的设计可能是产生质量问题的主要原因。”“考虑设计控制时，重要的是注意到设计职能可用于不同类型和时间阶段的各种作业方面。这些作业方面与产品，包括服务和软件有关，并且与产品设计相关联的过程设计有关。供方应考虑与产品设计有关的所有设计阶段。供方应考虑设计职能过程的所有阶段必须使其有受控程序。”

在 ISO9001 中明确规定了设计控制包括以下八个方面，即：

①设计和开发的策划。编制设计和开发活动计划，阐明应开展的活动并规定职责，配备有资格的设计人员和必要的资源、费用等，计划还应随设计的进展加以调整、修改。

②组织和技术接口。规定参与设计过程的不同部门之间在组织上和技术上的接口，将必要的信息形成文件，予以传递并定期评审。

③设计输入。确定与产品有关的设计输入要求，包括适用的法令和法规要求，形成文件，并评审其是否适当。对不完善的、含糊的或矛盾的要求，应会同提出者一起解决。设计输入还应考虑合同评审的结果。设计输入的表达形式一般有产品要求说明及产品规范

说明。

④设计输出。设计输出一般是指用于采购、生产、安装、检验和试验以及服务的最终技术文件，如图样、规范(包括工艺规范、材料规范和试验规范)、指导书(包括验收准则及重大特性要求)、软件、服务程序等。设计输出应满足设计输入的要求，包含或引用验收准则，标出与产品安全和正常工作关系重大的设计特性(如操作、储存、搬运、维修和处置的要求)，设计输出文件在发放前应进行评审。

⑤设计评审，详见本节第六部分。

⑥设计验证。通过检查和提供客观证据，表明设计规定的要求已得到满足，旨在确保设计阶段的输出满足该设计阶段输入的要求。

⑦设计确认。旨在确保产品符合规定的使用者的需要和要求。设计确认通常在成功的设计验证之后，在规定的操作条件下针对最终产品进行，但产品完成前的各阶段也可能需要进行确认。如果产品有不同的预期用途，也可进行多次确认。

⑧设计更改。在设计过程中，应识别和评审对设计输入的任何更改，以确定这些更改是否影响以前批准的设计验证的结果。所有的设计更改在实施之前都应由授权人员加以确定，形成文件，并评审和批准。

(5)组织设计评审，详见本节第六部分。

(6)失效模式及影响分析。失效模式及影响分析(failure mode and effects analysis,简称FMEA)是一门分析技术，它是以产品的元件或系统为分析对象，通过设计人员的逻辑分析，预测结构元件或装配中可能发生的设计方面潜在的故障，研究故障的原因及对产品质量影响的严重程度，并在设计上采取必要的预防措施，以提高产品的可靠性。

为开展 FMEA，企业应首先落实失效分析的质量职能，明确由负责产品设计的人员具体进行此项工作，采取设计专业技术与质量管理技术相结合的原则，应用故障树分析法(FTA)进行系统分析，找出失效原因和影响，突出重点控制，并采取有效的纠正和预防措施贯彻执行。

在设计过程中的各个重要阶段都应开展 FMEA，应制定和贯彻实施失效分析工作程序，并将 FMEA 表列为设计和规范质量的控制文件。

(7)进行样机试制、小批试制和鉴定，验证批量生产的工艺、工装，确保产品质量稳定。

(8)进行产品质量特性重要性分级和传递。产品的质量是由质量特性的组合和关联决定的。各个质量特性值如果超出规定的极限值将对产品质量造成不同的影响和后果。因此，设计人员在设计开发时应进行产品质量特性重要性的分级，规定分级要求，给出关于未达到规定的质量要求造成不同后果的信息，以反映设计的完整意图和要求。

产品质量特性重要性分级与传递是设计开发的一个重要的质量职能，对关键特性进行重点控制和重点管理，使设计人员能够将产品技术要求及设计质量特性的重要程度传递给工艺、制造、检验及采购部门，以便在制定工艺方案、制造质量控制计划、工序质量控制计划、检验计划及采购质量控制计划中，有重点地采取预防措施，以保证产品的符合性质量。产品质量特性重要性分级工作应结合企业实际和产品特点，不能强求一致。

(9)加强设计开发质量信息管理。

(10)加强设计更改的文件、资料控制。

六、设计评审

设计评审是重要的早期报警措施，也是产品设计阶段最重要的质量保证活动。为了尽早地把设计缺陷消除在设计过程之中，提高设计和规范质量，必须运用设计评审这样一种有效的控制手段，以利于及时采取纠正和完善措施。

所谓设计评审，是指为了评价设计满足质量要求的能力，识别问题(若有问题还要提出解决办法)，对设计所作的综合的、系统的并形成文件的检查。设计评审可以在设计过程的任何阶段进行。在设计的适当阶段，应有计划地对设计结果进行正式评审，并形成文件。每次设计评审的参加者应包括与被评审的设计阶段有关的所有职能部门的代表，需要时也应包括其他专家。这些评审记录应予以保存。

(一)设计评审的作用

(1)保证产品的适用性要求。及时纠正不能满足产品适用性要求的缺陷和无助于产品适用性而无谓增加成本的做法。

(2)补充设计人员知识和经验之不足，集中工艺、制造、检验、销售、采购、设备等部门的人员充分论证，集思广益，使设计更加合理。

(3)防止设计质量的片面性。设计质量不仅表现在产品结构和技术的先进性上，而且必须反映市场和用户的需要，以及满足可靠性要求。要防止不顾市场需求，片面追求结构新颖和指标先进，造成售价过高、不受用户欢迎、影响企业效益的情况发生。

(二)设计评审的要点、内容与要求

设计评审是一项集思广益的咨询活动，评审时应广泛听取来自各个方面的建设性意见，贯彻设计质量责任制，不以行政手段或少数服从多数的形式替代设计人员对设计方案的抉择权限。

设计评审有助于进一步完善设计规范，以保证产品在其寿命周期内完全具备规定和需要的各项质量特性，提高用户的满意程度。因此，设计评审应以满足用户的要求为前提，以贯彻有关的标准、法令、条例为制约。要站在制造厂和用户共同利益的立场上评审产品的适用性、工艺性、可靠性、可维修性和安全性等内容。在评审生产制造的可行性的同时，必须注重工艺试验，提高工艺能力和水平。

设计评审应根据产品的设计性质、复杂程度、技术难度和生产性质等特点，抓住影响设计和规范质量目标的关键决策点，包括与用户需要和满意有关的项目、与产品规范有关的项目、与工艺规范有关的项目等方面的内容进行评审。从产品开发设计的全过程来看，通常应将初步设计、技术设计、工作图设计、改进设计以及小批试制阶段的工艺方案列为评审点组织评审。设计评审的内容和要求，即设计评审要素，应按具体的设计阶段和产品加以考虑，详见表4.6。

表 4.6　　**设计评审的内容和要求**

设计评审项目与内容		初步设计评审	技术设计评审	工作图设计评审	工艺设计评审	改进设计评审
与用户需要和满意有关的项目	1. 将材料、产品和工序的技术规范与产品概要中表述的用户需要进行对比	√	√	√	√	√
	2. 通过样机(样品)的试验对设计进行确认					√
	3. 产品在预定的使用和环境条件下的工作能力	√	√	√		√
	4. 考虑滥用和误用问题	√	√	√		√
	5. 安全和环境相容性	√	√	√		√
	6. 是否符合法规、国家和国际标准及公共的惯例	√	√	√		√
	7. 与竞争的设计进行对比	√	√	√		√
	8. 与同类设计进行对比，对过去内部和外部发生的问题进行分析，以防止问题再次发生	√	√	√		√
与产品规范有关的项目	1. 可靠性、耐用性和可维修性方面的要求	√	√	√		√
	2. 允许误差与工序能力的比较			√	√	√
	3. 产品的接收和拒收的准则			√	√	√
	4. 可安装性、易装配性、储存期限和可处置性			√	√	√
	5. 良性故障和自动保护	√	√	√		
	6. 外观要求及其接收准则	√	√	√	√	√
	7. 失效模式及影响分析和故障树分析	√	√	√	√	√
	8. 诊断和纠正问题的能力		√	√		√
	9. 标签、注意事项、标记、可追溯性要求和使用说明书		√	√		√
	10. 标准件的审查和使用		√		√	
与工艺规范有关的项目	1. 设计的工艺性，包括特种工艺、机械化、自动化、部件的装配和安装	√	√	√	√	√
	2. 设计的可检验性和可试验性，包括特殊的检验和试验项目			√	√	√
	3. 材料、零件、部件规范，包括已被认可的外购件和分承包方及其供应情况			√	√	
	4. 包装、搬运、防护、储存和储存期限要求，特别是与进货和产品出厂有关的安全因素			√	√	√

(三)设计评审的阶段

通常我们把设计评审工作划分为以下几个阶段：

1. 初期评审

初期评审是设计工作的基础和起点，这一阶段要求对方案作概略的分析和论证，其内容偏重于对技术理论、设计原理以及技术经济效果等方面的论证和评审。我国的一些企业在实践中已逐步总结出关于做好设计工作、提供质量保证的一些经验，这些经验可以概括为三条原则。为了做好初期评审工作，同样也必须遵守这些原则。

(1)采用新原理、新结构、新技术、新材料等要有实验依据，要有预先研究的成果。这就是说，重大的技术关键项目必须在确定总体方案之前基本上解决，达到实用程度，否则就不能进入产品设计阶段。

(2)设计中的系统或项目必须成套论证、成套定型、成套生产、成套交付，突出重点，顾及一般。如果不是系统地组织产品的设计工作，那么即使难题解决了，由于一些容易解决的部件或配件未能预先落实，性能指标达不到要求，同样也将对全局产生重大影响。

(3)设计出的产品必须做到“好用、好造、好修、好看”，以满足顾客使用要求为前提，以提高产品生命力为重点，以经济合理为目的。

2. 中期评审

这是指从设计开始至设计定型之前的评审工作，其目的是验证产品设计的正确性。中期评审包括：

(1)理论验证。把方案的技术条件通过公式进行计算，验证设计的科学性。当有多种方案时，可以取得比较数据，从中鉴定方案的优劣。

(2)模型验证。把有希望的方案制成模型进行试验，取得初步资料。也可建立实物模拟试验台，对系统进行全尺寸或缩小比例的实物模拟试验。

(3)样机验证。把有希望的极少数方案制成样机，通过现场试验，取得必要的技术资料，以验证数据的正确性。

3. 终期评审

这是指在新产品样机制成之后进行的评审，重点是全面审查新产品各项性能指标与生产成本是否符合原定的各项要求，以便为投产做好准备，防止出现各种问题。终期评审的主要形式是设计定型鉴定和生产定型鉴定，必要时，还应包括对初始试验所用的样机或样品的说明以及在鉴定试验中为纠正不足所进行的修改的说明，以便为投产做好准备，防止出现其他问题。

4. 销售准备状态评审

这是确定组织是否有提供新产品或重新设计产品的能力。评审的内容主要包括：安装、操作、维护和修理手册是否齐全并适用；是否有适宜的销售和售后服务；现场人员培训；备件的提供情况；现场试用情况；完成鉴定试验情况；产品及其包装和标签的实际检验情况；生产设备的过程能力符合规范的证据。

5. 事后评审，也称设计再鉴定

为了确保设计的持续有效，应定期对产品进行评价，其中包括根据现场试验、现场使用情况的调研或新工艺和新技术，对顾客的需要和技术规范进行复审。评价时还应考虑过程的更改，应保证更改不导致产品质量下降。

6. 设计更改控制

为使设计的更改得以有效控制，必须制定设计更改程序，这些程序应对各种必要的批准手续、执行更改的指定地点和时间、从工作现场收回作废的图样和规范以及在指定的时间和地点对更改进行验证等方面作出规定，程序中还应包括紧急更改办法，以防止不合格品的生产和交付。当更改的数量、复杂性以及随之而来的风险超过一定的限度时，应考虑再次进行正式的设计评审和确认试验。

(四)设计评审的组织

对于产品的设计评审工作，应该有两部分人参加，即直接参与设计的各方面人员和不直接参与设计的有关专家与使用部门的代表，例如产品开发设计工程师、质量保证部门的可靠性工程师和质量控制工程师、制造工程部门的工艺工程师以及生产管理、采购、工具制造、材料、检验、包装、维修、销售等部门代表和用户代表。这样的组织形式类似于我国企业多年来行之有效的“三结合”小组，即领导、技术人员和工人三结合，科研单位、生产企业和学校三结合。它特别强调要吸收没有直接参与设计的有关人员参加评审工作。这种评审形式的特点是：

(1)评审活动带有强制性。严格按阶段、按项目、按规定标准进行全面的审查，并实现有记录、有决定、有检查、有执行。这样做有助于早期报警，采取预防措施。

(2)评审的重点是研究该项技术的改进和完善的措施。专家们听取设计工程师的汇报和了解计算数据与试验数据后，提出在数据、制造、测试、使用、维修等方面可能出现的问题，以及改善工艺性、提高可靠性和经济性等方面的意见，帮助设计人员纠正错误和弥补不足，这样可以收到集思广益的效果。

(3)打破“设计垄断”的局面，但又不改变原设计人员的责任及其最终设计决定权。“设计垄断”是一个通病，通常是设计部门对设计的决定已经达到不容别人挑剔的地步。除非产品试验或使用中出现了毛病，否则，他们一般不会听取别人的意见。组织各方面的专家参加评审工作，可以从多方面指出设计工程师们考虑欠周之处。例如，可靠性工程师、工艺工程师、销售人员可以提出设计工程师所未能考虑到的改进方案；与本项目无关的设计专家可以比较客观地指出设计方面的缺陷。因此，设计评审改变了过去一直由设计部门自己审定设计的传统做法，有利于打破设计工作中可能存在的偏见，同时便于组织横向协作，使产品设计工作能够顺利进行。

设计评审的主要形式是评审会议，但是由于产品的类型、复杂程度、评审时所涉及的部门和单位各不相同，所以评审会议的级别和规模也会有所区别，一般有国家政府部门的评审会议和设计单位的评审会议。

凡属涉及面广、投资大、对国民经济和国防建设有重大影响的大型复杂产品或武器系统，一般由国务院主管部门组织评审工作，即国家政府部门的评审会议，例如任务审定会、技术经济可行性论证会、总体方案论证会等，并由国家专业产品定型委员会主持产品设计鉴定和生产鉴定工作，最后由高一级机构批准认可。

设计单位的评审会议是产品设计评审的主要形式，一般不需要国家级评审的项目都由企业组织评审工作。评审活动包括：技术任务书审定会、上级方案审定会、技术经济可行性审定会、技术设计评审会、企业设计鉴定会、生产定型鉴定会等。

第二节 服务质量设计

一、服务及其分类

(一)服务的定义

服务是指为满足顾客需要，在同顾客的接触中，供方的活动和供方活动的结果。从该定义可以看出：

第一，服务的目的就是满足顾客需要，帮助顾客解决他们的问题。

第二，要提供服务，就要与顾客接触。当然，并不一定要与顾客本身或其代表接触，装备也可以代表顾客与服务提供者接触。例如，私人汽车在公路上抛锚，顾客打电话给维修公司，维修公司在顾客不在的情况下，把车拖回修理厂维修，似乎没有直接与顾客接触，但这种服务，汽车就是顾客的代表与服务的供方即维修公司相接触。

第三，服务的内容不是实物，即并非产品，而是供方的活动和供方活动的结果。

第四，服务的范围既包括“追加服务”，即依附于商品实体而提供的追加服务，又包括“核心服务”，即与商品不直接相关的一种服务。

(二)服务的分类

对服务的分类，许多学者做了相当深入的研究，取得了较丰富的成果。服务是有其共性的，但同时服务又具有广泛的差异性，现实存在的服务千差万别，从简单的搬运行李到未来的登月旅行，从家电维修到网上购物，不同的服务具有各自的个性，而且随着科技的发展和人类文明的进步，新的服务不断涌现，因而在承认服务具有共性的同时，也应当看到服务种类繁多，差异极大。

对服务进行分类，首先说明了服务是多种多样的，其次说明了对服务要具体问题具体分析。不论顾客享受到何种服务，服务的效果只能为顾客所感觉和认识，而且同一种服务效果，不同的顾客评价可能完全不同，因此，服务的质量判断不完全取决于客观效果，在很大程度上要受到顾客在消费服务过程中的感受和认识所左右。以下是学者们提出的三种分类方法。

(1)根据服务的对象特征分为经销服务、生产者服务、社会服务和个人服务。

①经销服务，如运输和仓储、批发和零售贸易等服务；

②生产者服务，如银行、财务、保险、通信、不动产、工程建筑、会计和法律等服务；

③社会服务，如医疗、教育、福利和宗教服务，邮政服务和政府服务等；

④个人服务，如家庭服务、修理服务、理发美容服务、宾馆饭店服务、旅游服务和娱乐业服务等。

(2)根据服务存在的形式分为以商品形式存在的服务、对商品实物具有补充功能的服务、对商品实物具有替代功能的服务和与其他商品不发生联系的服务。

①以商品形式存在的服务，如电影、书籍、数据传递装置等；

②对商品实物具有补充功能的服务，如运输、仓储、会计、广告等服务；

③对商品实物具有替代功能的服务，如特许经营、租赁和维修等服务；

④与其他商品不发生联系的服务，如数据处理、旅游、旅馆和饭店等服务。

(3)按服务供方的性质分为基本上以设备提供为主的服务和基本上以提供服务为主的服务。

①基本上以设备提供为主的服务，如洗车、影院、航班等；

②基本上以提供服务为主的服务，如园丁、修理工、律师、医师等。

尽管可以根据不同的因素来划分服务，但仍不可避免地存在两个缺陷：第一，由于服务营销创新和技术进步，新的服务业不断产生，服务的分类还必须是开放的，以便随时增添新型服务业，这给服务理论研究带来相当大的不确定性；第二，有关服务业的这些分类是从不同的角度认识服务的，带有明显的主观性，还缺乏统一的、被一致认同的分类标准。

二、服务的特征

为将服务与有形产品区分开来，许多学者注重探索服务的本质，归纳起来，对大多数服务而言，主要有以下六个方面的共同特征。

(一)服务或多或少都具有无形性

无形性是服务的最主要特征。首先，服务及组成服务的要素很多具有无形的性质，让人不能触摸或无法凭肉眼看得见。其次，服务不仅其本身是无形的，甚至消费服务获得的利益也可能很难觉察到或仅能抽象地表达出消费服务的感受。因此，在服务被购买之前，消费者无法去品尝、感觉、触摸到服务，购买服务必须参考许多意见与态度等方面的信息。最后，购买依赖于以前的消费经验。

但是，一方面，真正的、纯粹的无形服务是极其罕见的。大部分服务包含有形的成分，很多有形产品附加在服务之中一并出售，如餐饮服务中的食物，客运服务中的汽车，维修服务中的配件等。对顾客而言，重要的是这些有形的载体所包含的服务或效用。另一方面，提供服务也离不开有形的过程或程序，如餐饮服务离不开厨师加工菜肴，绿化服务需要园艺师设计、裁剪花草等。

不过，服务的无形性并非指所有的服务都是完完全全不可感觉的，只是服务无形性仍然是人们最常用的标准，也是服务最基本的特征。正是因为服务具有高度的无形性，消费者才很难直接确定所消费的服务的好坏优劣，只是从服务过程中的感受来评价和判断服务的价值。而这些感受也只能用抽象的语言来说明，同有形产品相比较，还是具有非常明显的差异。

(二)服务的生产和消费不可分离

有形产品从设计、生产到流通、消费的过程，需要经过一系列的中间环节，生产和消费过程具有非常明显的时间间隔和空间间隔。而服务与之相比则有较大的不同，服务的生产和消费具有不可分离的特征，即服务的生产和服务的消费是同时进行的，服务人员在提供服务给顾客的同时，也是顾客消费服务的过程，两者在时空上具有不可分割性。例如，在教育服务中的教师和学生，医疗服务中的医生和病人，只有两者相遇，服务才有可能成立。即使是如网上贸易、远距离电视教学等，服务生产者和消费者也是通过互联网或电视传播等媒介发生接触，其服务的生产或提供过程和消费过程也是不可分离的。

日本学者江见康一将服务的这一特征导致的社会组织现象概括为服务的供给和时间的调节。他认为，由于服务的生产和消费的不可分离性，调节服务供求一致的工具只能是时间，这一点与一般有形产品的供求不一致，后者的供求可以通过库存品的数量变化来调节，以适应顾客的需求。服务与商品不一样，它无法储存，因为服务的供给与需求普遍地需要同时产生。作为社会化的组织方式，这些靠时间调节来达到服务供求一致的方法，在医疗部门即为预约系统。又如学校授课时间表、音乐会开演时间、列车时刻表等全都规定着服务的时间。无论是服务的提供者还是服务的消费者，都必须在特定的时间内共同行动。但是，在同一时间内服务的供给或需求的任何一方过于集中，都会产生供过于求或供不应求的现象，这也是公共汽车在高峰时会拥挤和铁路运输在春运时压力过大的现象的原因。

(三)服务并非实物，是一系列的活动或过程

服务不是有形产品，即不是实物，服务是服务供方通过一系列的活动或过程将服务提供给服务的买方，也是服务供方生产和服务买方消费的一系列活动或过程。服务的供方不可能按传统的方式来控制服务的质量，也无法按传统的方式对服务进行营销。如果服务尚未出售，尚未供顾客消费，就谈不上对服务质量进行生产前的控制。当然，服务的种类繁多，个性千差万别，也不可能一概而论，但一般而言，服务的生产过程大部分是不可见的，顾客可见的生产过程只是整个服务生产过程的一小部分。因此，顾客必须十分注意自己看得见的那部分服务的生产过程，对所看见的活动或过程进行仔细的体验和评估。

(四)服务一般具有差异性

服务的构成成分及其质量水平经常变化，很难统一界定。服务业是以人为中心的产业，人类个性的存在，包括服务决策者、管理者、提供者和消费者，使得对于服务质量的检验较难采用统一的标准。一方面，由于服务提供人员自身因素的影响，即使由同一服务人员在不同时间提供的服务也很可能有不同的质量水平，而在同样的环境下，不同服务人员提供的同一种服务的质量也有一定的差别；另一方面，由于顾客直接参与服务的生产和消费过程，不同顾客在学识、素养、经验、兴趣、爱好等方面的差异客观存在，直接影响到服务的质量和效果，同一顾客在不同时间消费相同质量的服务也会有不同的消费感受。因此，对服务企业的质量保证能力有较高的要求，否则容易使顾客对服务企业产生混乱的认识，并损害服务企业的形象和声誉。

(五)服务一般都具有不可储存性

由于服务的无形性，以及服务生产和消费的同时性，服务不可能像有形产品那样可以被储存起来，以备未来销售；或者顾客能够一次购买较多数量的服务回去，以备未来需要时消费。尽管企业生产或提供的服务如果没有及时消费掉，如影剧院内的座位、游轮上的舱位、电信部门的通信容量等，并不一定增加服务企业的总成本，仅仅表现为服务机会的丧失，但由于单个顾客的消费成本将增加，而顾客的消费价格则一般不会由于顾客数量的减少而提高，最终可能会造成服务的价格低于服务的成本。因此，服务企业必须研究如何充分利用现有资源包括人员、设备等，提高人员、设备等工作效率，解决服务企业供需矛盾。例如在公共交通客运中上下班高峰期乘客数量远远超过低峰期，旅游区淡季游客数量很少而节假日则过于拥挤，因此，服务企业应尽量增加服务供给的弹性，以适应变化的服务需求。

(六)服务是不包括服务所有权转让的特殊形式的交易活动

与有形产品交易不同，服务是一种经济契约或社会契约的承诺与实施的活动，而不是有形产品所有权的交易。在大多数服务的生产和消费过程中，不涉及任何东西的所有权转移。服务是无形的，又是不可储存的，服务在交易完成以后就消失了，顾客并没有实质性地拥有服务。例如，乘客乘汽车从一个地方到达另一个地方，乘客除了拥有车票以外，他们就没有再拥有任何其他东西，同时，客运公司也没有把任何东西的所有权转让给乘客。

缺乏所有权会使顾客在购买时感受到较大的风险，如何克服这种消费心理，促进服务的销售，是服务营销人员所需要面对的问题。目前，许多服务业发达的国家，一些服务企业探索利用会员制、信用卡等方式维系企业与顾客之间的关系。当顾客成为企业的会员后，他们可享受某种优惠，让他们从心理上感受到就某种意义而言，他们确实拥有企业所提供的服务。

服务交易普遍地不包括所有权转让的特征，也对服务价格产生影响。一般地，有形产品价格最终通过市场供求关系而确定，但主导价格的是有形产品的成本，即生产有形产品所投入的一切费用。然而，给服务定价需要认定该服务价格肯定会有消费者愿意接受。这种以需求确定供给价格的定价方式在服务定价中表现得特别明显。顾客愿意支付该服务的费用，是出于支付这些费用以获得满意服务的预期。例如，航班上的商务舱或头等舱、列车上的硬卧或软卧是考虑到顾客愿意支付这种水平的消费价格。因此，与产品价格取决于成本这一观点相反，服务价格更大程度上取决于获得满意服务的顾客愿意支付的消费水平。显然，服务提供对于顾客嗜好的变化、教养、文化性需求及福利要求等变动的适应，要比有形产品的生产相对大些。

三、服务质量及其基本理论

(一)服务质量的定义

质量是指产品、体系或过程的一组固有特性满足顾客和其他相关方要求的能力。作为通用产品类中的一类，服务属于实体范畴。因此，服务质量就是服务固有的特性满足顾客和其他相关方要求的能力。服务企业在建立服务质量体系时，应根据上述定义的内涵来理解和运用其他质量术语，使质量改进和质量管理向加强服务满足需要能力的方向发展。

服务质量环是对服务质量形成的流程和规律的描述，是从识别需要到评价这些需要是否得到满足的各个阶段中，影响服务质量的相互作用的活动的概念模式。该模式也是服务企业实施全面质量管理的原理和基础，它涵盖了服务质量体系的全部基本过程和辅助过程，其中三个最基本的过程就是市场开发、设计和服务提供。

服务质量环是设计和建立服务质量体系的基础，只有对本企业的服务质量环分析清楚，准确恰当地确认质量环，才能有针对性地选择服务质量控制要素，保证本企业的服务质量达到质量目标。也只有通过对服务质量环的正确管理，才能实现对服务质量的预先定位和适时控制。

(二)现代的服务质量观

由于仅仅依靠成本优势和技术优势，都很难长久地保持竞争优势，因此服务企业要得到持续发展，就不能仅仅依靠单一的优势。特别是通过大量实践的积累，人们对质量本质的认识不断深化。国际标准化组织对质量的定义及其内涵，使人们对质量这个客观事物有了新的认识和看法，形成了新的质量观念。经过对关于服务质量认识过程的考察，现代的服务质量观大致可以概括为：

(1)市场竞争由价格竞争转向服务质量竞争，对服务业而言，21世纪将是一个服务质量的世纪。

(2)服务质量就是要满足需要，首先是顾客的需要，同时要兼顾其他受益者的利益。质量观从过去符合性能规范转变为满足需要的顾客型质量观。

(3)服务质量是服务企业生存发展的第一要素。服务企业要生存发展，首要条件是提供的服务能在市场中转变成价值，被顾客所接受。而顾客能否接受服务的决定性因素是服务质量。

(4)提高服务质量是最大的节约，在某种程度上，服务质量好等于成本低。

(5)企业看待服务质量要有一个立场上的转变。服务企业不能仅仅从服务提供者的角度来看待服务质量，应由提供者转变到消费者和其他受益者的立场上来看待服务质量，只有这样才能提供满足需要的服务。

(6)服务质量的提高主要取决于科学技术的进步，其中包括科学的管理。服务企业也只有不断开发和利用新技术，提供新的服务，给顾客更多的附加价值，才会提高服务质量。

(7)服务质量主要有设计、供给、关系三个来源，功能质量和技术质量两方面内容。

由于服务质量观的变化，服务企业运用质量战略的广度和深度都较以前有较大变化。质量战略即优质服务战略，服务企业的竞争能力是由企业为顾客提供优质服务的能力决定的。采用优质服务战略的企业，与顾客建立并发展的是一种长期互惠关系。服务的质量是企业管理的核心。服务企业运用质量战略并不排斥成本和技术，相反，通过科学的质量效益分析，服务企业依靠技术创新，注重服务质量，给顾客更高的消费价值，可以大大增加对企业提供的服务的需求，并由于规模经济而降低企业的成本，形成技术—质量—成本的良性循环。

(三)服务质量的内容

一般来说，服务的生产和消费是同时进行的。从顾客的角度来说，顾客购买服务并进行消费，他对服务质量的认识可以归纳为两个方面：一方面是顾客通过消费服务究竟得到了什么，即服务的结果，通常称之为服务的技术质量；另一方面是顾客是如何消费服务的，即服务的过程，通常称之为服务的功能质量。服务质量既是服务的技术和功能的统一，也是服务的过程和结果的统一。

可以通过很多例子来说明服务的技术质量，如快递公司将商业信函或包裹从一地运到另一地，银行将贷款贷给了企业或个人，网络用户通过互联网购买了商品，就餐的顾客通过在饭店就餐得到了菜肴等食品，投资银行给顾客提供了资产重组的方案或理财的建议书，会计师事务所通过对客户进行审计而提供给顾客审计报告，律师作为顾客的代理人通过诉讼使顾客得到了金钱、财物等适当的补偿。以上这些都说明了顾客通过消费服务得到了一定的结果，即服务的技术质量。

技术质量是服务质量的一个方面，一般可以用某种形式来度量。如客运服务可以利用运行的时间作为衡量服务质量的一个依据，教育服务可以利用教学成果，例如考试、竞赛成绩或升学率作为衡量服务质量的一个依据。一般来说，顾客对他通过消费服务所获得的结果是非常关心的，这在顾客评价企业的服务质量中占有相当重要的地位。但如果把服务的技术方面看作是顾客评价服务质量的全部，就不完全正确了。

由于服务的消费过程与生产过程的同步性，顾客与服务企业之间存在着很多相互的作用，即顾客与服务企业的各种资源直接接触的关键时刻。对顾客来说，消费服务除了感受到服务的结果即技术质量以外，还对服务的消费过程即功能质量非常敏感，实践也证明了顾客明显受到所接受服务的技术质量的方式以及服务过程的影响。虽然消费服务的目的可能仅仅是为了获得该项服务的技术质量，但如果顾客在得到技术质量的过程中，由于发生了不愉快的事情，给顾客留下了不佳的印象，这样即使服务的结果即技术质量是完全相同的，顾客对服务质量的总体评价也会存在较大的差异。例如，到超市购买商品，如果该超市的商品陈列得非常整齐、清楚，顾客希望购买的商品很容易就被发现，或者是即使顾客一时找不到，但询问了一个服务员以后，马上被该服务员很有礼貌地带到希望购买的商品处，顾客的感觉就很可能非常满意；相反，如果该超市的商品陈列混乱，顾客很难发现自己需要的商品，当顾客向服务员请求帮助时，该服务员或者非常不礼貌，或者自己也不清楚以至费了很大周折才发现了需要的商品，这必然使顾客产生不好的印象，对该超市的服务质量的评价肯定会较差。

顾客对服务质量的评价还要受到顾客自身知识、能力、素养的影响。顾客的知识面越广，能够接受并操作先进的服务设施，可以获得由于科技的进步而带来的服务便利，对服务质量的评价就越高。例如自动取款机，一般知识水平的人都可以利用它给自己带来便利，但文化程度很低的人甚至是文盲，则无法利用该机器满足自己提取钱款的需求。此外，其他消费服务的顾客也会影响现有顾客对服务质量的感觉和认识。相信很多人有如下的经历，例如去快餐店用餐，如果其他顾客端着买好的食品等你吃完，就会打扰现有顾客，使其感到很不自在、不舒服，结果就会降低对服务质量的评价。反之，如在一些会员制的俱乐部，顾客可以通过与其他顾客交流，从中发掘到较好的商业机会，这样顾客就会由于其他顾客的存在而对服务质量有很高的评价。

技术质量是客观存在的，而功能质量则是主观的，是顾客对过程的主观感觉和认识。顾客是根据其所获得的服务效果和所经历的服务感受，两者综合在一起才形成完整的对服务质量的感受。

由于各种服务千差万别，虽然都提供了附加价值，但功能性的活动在不同的服务中的比重不相同，因此，各种服务的技术质量和功能质量在整个服务质量中的比重会有显著的差别。而且，即使同一种服务，如果服务过程有差异，技术质量可能不变，但功能质量也会有差异。例如法律诉讼代理服务，如果诉讼过程顺利，技术质量和功能质量都将较高。反之，如诉讼过程复杂、时间长，顾客的情绪可能受到影响，甚至超过其耐心的极限而使其非常不满意。即使最终问题解决了，顾客得到的技术质量相同，但整个诉讼过程给他留下了恶劣的印象，严重影响了服务的功能质量。这样后一种服务的总体质量就较低。

大部分企业将技术质量视为服务质量的核心，集中企业资源提高服务的技术质量并以此作为企业竞争的主要因素。一般来说，如果一个企业能够在技术方面始终保持领先水平，通过不断开发新技术，将自己的竞争对手远远抛在后面，那么这种侧重技术质量的竞争战略是可以取得成功的。但由于世界经济一体化的趋势不断加快，高新技术在世界范围内的转移和扩散的速度越来越快，特别是新的服务缺乏像产品的专利权那样的法律保护，新的服务可以很快被竞争对手所仿效，新服务的垄断优势难以持久。而且，随着技术创新难度的加大和技术淘汰步伐的加快，一个企业要想长期垄断本行业的技术开发从而长期保持技术优势的状况将会日益减少。尤其是服务企业即使拥有高新技术，也可能由于经营管理不善，导致功能质量的低下而使服务质量不佳。

鉴于此，西方管理学家建议，一个企业即使持续拥有高新技术，也最好将侧重服务的战略作为侧重技术战略的补充。至于不具备高新技术，或是不能持续拥有高新技术的企业，最好采用侧重服务的战略，即集中资源管理提供服务的过程，以提高服务的功能质量作为自己的竞争优势。

(四)服务质量的来源

北欧学派的两名服务管理学家，瑞典的古默森教授和芬兰的格龙鲁斯教授，对产品和服务质量的形成过程进行了深入的研究，并于20世纪80年代中期发表了各自的研究成果。古默森的理论叫4Q模式，即质量的形成有四个来源：设计来源、生产来源、供给来源和关系来源。这里根据服务的生产和消费不可分离的特征，将服务质量的来源综合为设计、供给和关系三个来源。服务企业如何认识和管理好这三个方面来源，将会影响顾客对总体服务质量的认识。

(1)设计来源：即服务是否优质，首先取决于独到的设计；

(2)供给来源：即将设计好的服务，依靠服务提供系统，并以顾客满意和希望的方式操作实际服务过程，把理想中的技术质量转变为现实的技术质量；

(3)关系来源：指服务过程中服务人员与顾客之间的关系，服务人员越是关心体贴顾客，解决顾客的实际问题，顾客对服务质量的评价就越高。

服务质量的三种来源和两方面的内容之间是相互关联、互为作用的。服务的设计虽然总的来说是增加服务的技术质量，但同时也会提高功能质量。设计服务要考虑到现有的顾客和潜在的顾客。企业通过征询顾客的要求和爱好，把它们归纳为一定的特征或要素，然后通过设计过程尽可能满足顾客的要求和爱好。细致周到的服务设计，不仅反映出服务的技术质量，顾客也会感到企业为满足自己的要求而作了相当的工作和努力，必然提高服务的功能质量。

服务的供给过程不仅需要服务人员和服务设施参与其中，而且需要顾客的参与和配合。顾客在参与服务提供过程中，会与服务供方的有形资源如设备、设施等接触和认识，服务供方的这些有形设施会给顾客留下深刻的印象，顾客据此评价服务的感受与预期是否相符，从而影响服务的技术质量。此外，服务人员操作设备的熟练程度，关心顾客的深度以及对待顾客投诉和要求的处理方式等，都会在顾客心中留下很深的印象，影响服务的功能质量。

服务过程中顾客与服务企业之间的关系是形成服务功能质量的最重要来源，也是评价服务质量优劣的重要依据。企业如何培育和发展与顾客之间的长期关系是目前服务企业提高服务质量最困难也是最关键的环节。发展这种相互关系必须深入了解顾客的需要和期望，引导和满足顾客的需求并从中不断开发新的服务项目。

上述关于服务质量的内容和来源的理论可归结为古默森—格龙鲁斯质量形成模式。该模式显示，顾客感知服务质量要受到企业形象、预期质量和体验质量三方面的综合影响：

(1)顾客在购买和消费服务之前，由于受到企业所做的广告或宣传的影响，也可能由于其他顾客的口头信息传播的影响，以及自己以前消费服务的经验，在大脑中形成对企业形象的一个初步认识，特别对自己准备消费的服务的质量有了比较具体的预期。

(2)顾客在消费服务之前，是带着自己对这种服务的具体预期的，在服务提供过程中，顾客体验到了该企业的服务质量。这个过程中，顾客体验的内容分为两个部分：一个是自己获得了什么；另一个是自己如何获得的。体验到的服务质量从内容上可分为技术质量和功能质量。

(3)最后，顾客会不自觉地把自己在消费服务过程中体验到的服务质量与预期的服务质量相比较，从而得出该企业的服务质量是优、良、次、劣中的哪一种的结论。

(4)顾客对服务质量的最终评价还要受到顾客心目中企业形象的调节。例如该服务企业的市场形象一贯较好，顾客很可能原谅在服务过程中企业的过失而提高对服务质量的评价；反之，如果服务企业形象不佳，就会放大服务过程中的过失或不足，使顾客得出更加不满的结论。

(五)服务质量差距分析

服务质量差距分析是学者们于 20 世纪 80 年代末期开发的一种分析方法或模式，通过这种模式可以分析质量问题的起源，从而协助服务企业管理者采取措施，改善服务质量。

该模式首先说明了服务质量是如何形成的。模式的上半部分指与顾客有关的内容，下半部分指与服务供方有关的内容。对顾客来说，他对服务质量的期望取决于顾客个人的需求、服务的经历和亲朋好友的口头宣传及企业向社会所做的广告等几个方面的因素。

顾客感觉到的服务质量实际上就是顾客对服务的体验，它产生于一系列的企业内部决策和活动。首先，管理层根据自己对顾客期望的理解来指导他们制定服务质量规范，然后，整个服务企业按照这些服务规范来生产和提供服务，保证服务质量。服务质量规范是指当服务传送时，服务组织所必须遵循的准则。顾客体验到服务的这种生产和提供过程，并感觉到服务的技术质量和功能质量，于是就会将这种体验和感觉与自己心目中的预期质量相比较，并在比较的过程中，受到企业形象的调节作用，最终形成自己对服务质量的整体感觉和认识，这就是顾客感觉到的服务质量。

该模式说明了分析和规划服务质量时具体的行动步骤，还表明了产生服务质量问题的可能根源，即管理层认识的差距、服务质量规范的差距、服务传送的差距、市场信息传播的差距、服务质量感知的差距五种服务质量差距，这些差距都是由于质量管理过程中的偏差和缺乏协调一致造成的。当然，服务质量感知的差距即期望的服务质量与所体验的服务质量之间的差距，是由整个过程的其他差距综合作用引起的。

四、服务市场研究与开发的质量管理

(一)市场研究与开发的质量

服务企业市场研究与开发的职责是确定和提高对服务的需求和要求。但服务企业市场研究与开发一直未受到足够的重视，许多服务企业甚至没有建立正式的服务市场研究与开发营销部门。这可能是由于相当多的服务企业规模较小，资源相对有限；一些公共服务部门竞争性较低，没有创新的动力；还有一些服务行业受政府管制较多，服务企业可能没有进行服务创新的机会。最重要的一点是由于新服务的创新要比一般产品的创新更加困难。因为服务企业没有足够的把握将顾客对服务需要的各种要素列入新的服务之中，而且服务企业正确认识顾客需求的任何方面都有相当大的难度。

服务企业不可能仅仅依靠对现有的服务扩大地理范围或对某些项目进行一些缺乏实质性的改动而始终保持成功。由于保持竞争力的需要，为了维持现有提供的服务以及获得足够的资金以适应市场竞争的需求，要求服务企业在其服务组合中通过取代在生命周期中处于衰退期的服务品种，并利用超额服务能力以抵消季节性波动，降低风险，探索新的机会。

对一般产品的市场研究，包括确定市场特征、估计市场潜在需求量、分析市场占有率、销售分析、经营趋势分析、短期测试、竞争产品研究、长期预测、价格研究和现有产品的测试等。而服务市场研究的范围有所差异，一般包括以下四个方面内容：

(1)对各种市场的确认和测量；

(2)对各种市场进行特征分析，包括顾客对各种服务的需求，各种服务的功能分析，理想的服务特征，顾客找寻服务的方法，顾客的态度与活动，竞争状况、市场占有率，市场装备及竞争趋势等内容；

(3)对各种市场进行预估，包括成长或衰退的基本动力，顾客的趋势与变迁，新竞争性服务业的类型，环境变迁(包括社会、经济、科技、政治等环境)内容；

(4)个体服务市场的特征，重点项目发展，包括确定顾客对提供的服务的需要和期望，各种辅助性服务，已经搜集到的顾客要求、服务的数据及合同信息的分析和评审，服务企业职能部门相互协商，以确认他们为满足服务质量要求的承诺，服务质量控制的应用等。

研究与开发新的服务最大的困难莫过于如何确认、衡量以及分析该项服务的各个构成要素。这些难以判断的事实，当然不容易从既有的服务的顾客中获得答案，以致使得新服务的研究与开发非常困难。为了决定一项服务在市场中的地位，服务企业必须比制造企业产品做更多的市场研究工作，这也是服务企业保证服务质量的前提之一。

通过市场研究和分析，服务企业一旦决定提供一项服务，就应把市场研究和分析的结果以及服务企业对顾客的义务都纳入服务提要中。服务提要规定了顾客的需要和服务企业的相关能力，作为一组要求和细则以构成服务设计工作的基础。服务提要应明确包含安全方面的措施、潜在的责任以及使人员、顾客和环境的风险最小的适当方法。

对服务市场研究与开发进行质量控制，首先要求做到识别市场研究与开发过程中对服务质量和顾客满意有重要影响的关键活动，然后对这些确定的关键活动进行分析，明确其质量特性，对所选出的特征规定评价的方法，建立影响和控制特征的必要手段，通过对其测量和控制来保证服务质量。

例如有一家联网租车公司 2018 年着手开发新的服务项目，按照公司确定的新的服务观念，即该公司是向临时产生运输方面困难的顾客迅速地提供方便的解决办法，联网租车公司开始了开发新型服务项目的进程。根据周密的市场调查和研究，联网租车公司确定了新的服务项目的服务内容：①向顾客提供租车信息；②接受顾客预约，并为顾客准备好车；③公司主动将车送到顾客期望的地方；④让顾客享受公司的租车服务；⑤顾客还车；⑥核定收费；⑦开具发票；⑧收取租车费用；⑨受理投诉。

该项服务经过细致的设计、周密的准备和声势浩大的市场宣传，于该年 9 月份推出后，当月营业额增长了 15%，到次年中期，全公司营业额比去年同期增长了 23%，取得了较好的效果。

(二)广告的质量

任何服务的广告都应反映服务的规范和注意顾客对提供服务质量的感受。市场研究与开发的职能部门应该认识到，由于对服务做了夸张的和不切实际的断言，可能会承担责任风险及财务上的纠纷。

服务行业的广告宣传承诺过多可能会适得其反，而太过平淡则可能效果不大。要使广告取得适当的效果，须注意以下四个方面的问题：

(1)与员工直接沟通。广告虽然是为了吸引企业目前的和潜在的顾客，但服务则是由企业全体员工共同努力提供的，因此在广告的创意和制作过程中，应充分听取不同岗位员工的意见，进一步激发员工提供优质服务的热情。

(2)提供有形的说明，使服务被人理解。由于服务或多或少是无形的，顾客不容易理解，广告中再过于抽象，可能达不到预期的效果。因此，在广告中尽量提供有形的说明可以使顾客更容易了解服务的内涵。在广告中创造性地应用被感知的有形证据，尽可能使广告词变得更加具体、更加可信，这就可促进企业在竞争中获得成功。

(3)持续推进广告宣传。由于服务比较抽象，因此必须持续地进行广告宣传。一般来说，如果广告较长期地持续下去，可能会使顾客逐渐认同广告的内容和实质。

(4)注意广告长期效果。过于许诺，使顾客产生过高的期望，而实际上服务又达不到广告中宣传的效果，尽管在短期内效果可能较好，顾客增多，但当顾客明白服务的真相时，就会心怀不满，并不再光顾。因此，广告必须注意长期效果，进行长期规划，维护企业的形象和声誉。

五、服务设计的质量管理

在大多数服务部门，服务设计一直是一个被忽视的领域，但它可能比制造业产品设计对质量和生产率的影响更重要。

差的服务设计导致了差的服务质量，因此服务设计是服务质量体系中的重要因素。通过设计来预防质量问题是最重要的质量战略。一旦系统中有一个缺陷，它将连续不断地出现。戴明认为94%的质量问题是服务设计不完善而导致的，而仅有6%是由于粗心、忽视、坏脾气等原因所造成的。更重要的是，设计的缺陷使服务质量的源泉即企业员工受到伤害。在服务企业，很差的设计会影响员工，并损害他们的能力和做出优质服务的动机。由设计而造成的系统缺陷不断地使员工和顾客之间、员工和员工之间处于不能融洽相处的状况。

设计一项服务的过程包括把服务提要的内容转化成服务规范、服务提供规范和服务质量控制规范，同时反映出服务组织的选择方案，例如目标、政策和成本等。

(一)服务设计的职责和内容

(1)设计的职责。企业管理者应确定服务设计的职责，并保证所有影响到服务设计的人员都意识到他们对达到服务质量的职责，设计的职责应包括：

①策划、准备、编制、批准、保持和控制服务规范、服务提供规范和质量控制规范；

②为服务提供过程规定需采购的产品和服务；

③对服务设计的每一阶段执行设计评审；

④当服务提供过程完成时，确认是否满足服务提要的要求；

⑤根据反馈或其他外部意见，对服务规范、服务提供规范、质量控制规范进行修正；

⑥在设计服务规范、服务提供规范以及质量控制规范时，重点是设计有关服务需求变化因素的计划；

⑦预先采取措施防止可能的系统性和偶然性事故，以及超过供方控制范围的服务事故的影响，并制订服务中意外事件的应急计划。

(2)服务规范。服务规范应包括对所提供服务的完整阐述，服务规范是服务体系和服务过程的起点。设计服务规范之前要确定首要的和次要的顾客需要，首要的顾客需要即基本的需要。例如去旅游是顾客的基本需要，去旅游可能有出租车、火车、飞机等多种方式。如果选择飞机旅游，就有一些其他问题，如怎样订票、怎样去机场和从机场到目的地等，这些就是次要需要，是由不同的选择产生的。

服务规范中要规定核心服务和辅助服务，核心服务是满足顾客首要的需求，另外附加的支持服务要求满足顾客次要需要，高质量的服务都包括相关的一系列的合适质量的支持服务。服务企业服务质量优劣的差别主要在于支持服务的范围、程度和质量。顾客认为一些支持服务是理所当然的、服务企业必须提供的，因而在设计服务规范时，定义和理解次要服务的潜在需求是必要的。

服务规范对提供服务的阐述要包括顾客评价服务特性的描述及每一项服务特性的验收标准，这些服务特性包括等待时间、提供时间和服务过程时间、安全性、卫生、可靠性、保密性、设施、服务容量和服务人员的数量等。

(3)服务提供规范。服务企业在设计服务提供过程中应考虑到服务组织的目标、政策和能力以及其他诸如安全、卫生、法律、环境等方面的要求。在服务提供规范中应描述服务提供过程所用方法的服务提供程序。对服务提供过程的设计，可通过把过程再划分为若干个以程序为支柱的工作阶段来有效地实现，这些程序的描述包含每个阶段中的活动，具体包括对直接影响服务业绩的服务提供特性的阐述；对每一项服务提供特性的验收标准；设备、设施的类型和数量的资源要求必须满足服务规范；要求人员的数量和技能；对提供的产品和服务供方的可依赖程度等。

(4)服务设计的内容。包括以下几项：

①员工。顾客感觉到的服务质量很大程度上依赖于他们对员工的知识和态度的评价。对一些顾客而言，单个员工在本质上就是服务。员工不仅仅是一种“资源”，而且是服务的基本组成成分，是服务质量的决定性要素。服务设计不仅仅根据体系和过程对员工有详细的要求，而且必须考虑个人和员工整体怎样能对他们的工作和设计思想做出最大贡献。服务体系是一个社会技术系统，全体员工处于中心地位，设计应包括人员选择、培训或教育和开发，以及对与激励系统相适应的工作内容和工作设计的分析。

②顾客。服务设计应考虑到顾客在服务的不同时间的作用和他们与体系中其他要素以及和其他顾客接触的方式。服务体系需要仔细地设计，以被初次使用者理解。服务质量在很大程度上是顾客和不同要素相互作用的结果，例如在顾客之间，顾客与员工之间，顾客与有形环境之间和顾客与组织之间的相互作用。

③组织和管理结构。服务的组织和管理部门必须和服务体系的其他要素相配合。首先通过清晰定义服务概念、授权和分配责任，确保在控制和自由之间达成平衡，这种平衡对于员工处理重要事件的能力和热情是至关重要的；其次是确保组织内的非正式结构，如质量项目组等和员工所在的部门之间自动协调。

④有形或技术环境。顾客往往对服务的有形环境首先产生印象。对顾客而言，有形环境如办公室设备、技术系统和服务的价格传递着关于质量的清晰的信息，旅馆地理位置、建筑物的外观设计、大堂的布局和客房内家具的陈设都是有形环境。高质量的有形或技术环境对员工和顾客都是重要的，它们传递着无形服务的线索和信息，而且是服务质量体系的一部分。

(5)质量控制规范。所制定的质量控制规范应能有效地控制每一服务过程，以保证服务满足服务规范和顾客需要。

质量控制的设计应包括：①识别每个过程中对规定的服务有重要影响的关键活动；②对关键活动进行分析，选出一些质量特性，对其测量和控制以保证服务质量；③对所选出的特性规定评价的方法；④建立在规定界限内影响和控制特性的手段。

(二)两种注重质量的服务设计技术

1. 服务蓝图

蓝图是指在分析和用图表示服务过程的不同阶段时所采用的一种系统的方法。通过图表把服务看作一个流动的过程，可以使我们更好地理解人、财、物与服务体系和其他部分之间的相互依赖。在设计阶段通过服务蓝图有助于确定服务潜在的缺陷。利用这个方法可以设计新的服务，评估和再设计已有的服务并可作为评价服务体系的工具。

蓝图技术的基础是详细地描述服务提供随时间变化的各种因素，这些因素使确定和避免质量缺陷成为可能，并给出解决问题的方法。然后通过因素把事件、活动和决策标记成不同的符号，并按时间顺序详细绘制服务提供的全过程。在所有的服务中，时间是影响质量和成本的重要因素。蓝图技术不仅使在服务过程的不同阶段通过计算顾客能接受的时间来考虑提供服务的时间成为可能，还由于能控制生产率，进而使控制收益成为可能。一般来说，要求的时间与服务的复杂程度有关。

在服务蓝图中，一条视野分界线把服务提供过程中顾客可见的部分与顾客不可见的部分分离开来。在可见线以上，顾客和员工、不同类型的有形环境打交道。但一般而言，蓝图最大部分在可见线以下。过程的大部分顾客是无法看到的，被视野分界线分开，这条隔离线有助于服务企业集中控制过程中最困难部分，以减少服务质量风险。

Skostack 指出，蓝图有助于服务企业在质量问题发生以前确定可能的问题源泉，她总结出以下四个步骤：

(1)绘制事件的过程：研究不同的组成成分，提供了在服务过程中要求的有关信息，它给我们更多的机会分析、控制和改进服务设计；

(2)分清可确定的缺陷：当事件清晰后，就很容易发现潜在的系统缺陷，这使再设计时预防缺陷成为可能；

(3)建立时间框架：所有的服务过程给出服务的时间，建立时间框架有助于帮助在服务过程中不同阶段确定能接受的标准时间；

(4)分析获利能力：标准化时间有助于分析收益效果，标准的时间在衡量质量和分配资源上也是很重要的。

2. 服务质量功能开发

质量功能开发强调把顾客的需要和期望系统化地转化进与公司相关的规范中。尽管质量功能开发方法一直应用于制造业公司，但考虑到服务的特征，在服务公司设计阶段利用质量功能开发也是一种有效的提高设计质量的方法。

质量功能开发包括下列四个阶段过程：

(1)第一阶段：确定顾客的需要和期望，包括研究竞争性环境中对手的行为；

(2)第二阶段：转化为服务术语，定义服务要求和设计服务体系，使服务质量从一开始就得到控制；

(3)第三阶段：计划过程，选择服务过程按要求提供服务，并利用服务流程图定义过程或活动；

(4)第四阶段：计划服务的日常生产，定义工作指令和员工培训计划等。

例如，我们可以使用质量功能展开模型，以质量屋的形式展开硕士研究生的教育质量需要与教育质量技术设计(质量特性)之间的关系。质量屋能把研究生对高校教育质量的需要转化为高校教育质量的技术设计要求，并且量化分析高校研究生教育质量需要与技术保证措施间的关系度，经过数据分析处理后，找出对满足高校研究生教育质量需要贡献最大的技术措施，即关键质量特性，开展研究生教育质量设计，开发出满足学生需要的教育服务。质量屋展开如表 4.7 所示。

表 4.7　**研究生对高校教育质量要求的质量屋展开**

	师资队伍			人才培养								支撑条件			后勤保障			校园文化			要求的重要性
	大师名师数量	教学科研团队和梯队	师资队伍水平与结构	学生个性和创新素质培养	课程设置	教学内容教材教学方式	选修课数量	学业考试评价体系	师生交流互动	课外实践实习活动	学校就业指导	教室与图书馆设施	数据库与网络资源	体育健身设施	食宿条件	医疗设施	校园安全	校园环境	学习与学术氛围	学生社团活动	
课程结构	△	△	△	△	●	●	○			○											1.23
课程实用性		△	△	○	●	●	○	△	△	○											1.60
理论与实践结合度		△	○	○	●	●		△	○	●	△										1.58
师资力量	●	●	●																○		1.21
课外实践安排					△	△		○		●	○									△	1.64
师生交流		△	○			○		△	●		●								△	△	1.38
就业指导		△	△						△	○	●									△	1.54
教室与图书馆设施						○						●						△	○		1.12
数据库与网络资源						○		△				●	●		○						1.05
体育设施				○	△	△	△	△						●				●		△	1.19
住宿条件													△	△	●		○	○			1.44
食堂条件															●			○			1.54

续表

	师资队伍			人才培养								支撑条件			后勤保障			校园文化			要求的重要性
	大师名师数量	教学科研团队和梯队	师资队伍水平与结构	学生个性和创新素质培养	课程设置	教学内容教材教学方式	选修课数量	学业考试评价体系	师生交流互动	课外实践实习活动	学校就业指导	教室与图书馆设施	数据库与网络资源	体育健身设施	食宿条件	医疗设施	校园安全	校园环境	学习与学术氛围	学生社团活动	
学校医院条件																●		○			1.47
安全管理															○		●	●			1.26
校园环境												○	○	○	○	○	△	●			1.15
校园学术氛围	○	○	△	○	△	△	△		○			○	○						●	○	1.34
校园文体活动				○										○				△	○	●	1.02
质量特性分值	11.3	17.4	20.64	21.42	26.22	36.87	11.02	11.72	18.8	29.21	21.1	18.32	14.16	13.9	25.28	10.8	11.77	33.49	19.71	16.45	

表4.7中，●表示两者是强相关关系，分值为5分；○表示两者是中等相关关系，分值为3分；△表示两者是弱相关关系，分值为1分。我们首先将质量特性在关系矩阵上的分值乘上研究生教育质量感知和期望差异的平均数(重要性)，得出乘积，然后加总所有质量变量的上述乘积，作为对各个质量特性(技术措施)的评估值。

在上述排序中，满足研究生需求的前几项质量特性为：教学内容教材教学方式(36.87)、校园环境(33.49)、课外实践实习活动(29.21)、课程设置(26.22)、食宿条件(25.28)、学生个性和创新素质培养(21.42)、学校就业指导(21.1)、师资队伍水平与结构(20.64)、学习与学术氛围(19.71)等。

第五章　可靠性工程基础

可靠性作为产品或系统在特定条件下，在预期的时间内发挥特定功能的能力，是质量的一个基本指标或维度。可靠性是产品、过程和系统设计的关键方面之一。今天，在诸如交通、通信和医疗领域所使用的复杂的设备都有极高的可靠性要求，高可靠性是现代商品增强市场竞争优势的重要因素。本章介绍可靠性的相关概念、度量方法、系统可靠性的预计和可靠性工程与管理。

第一节　可靠性及其相关概念

质量的观念一直在不断地变革，从过去的狭义的注重产品性能的质量观念转向现代的全面质量观念。对于硬件产品来说，通常其质量特性包括性能、可信性(包括可靠性、维修性和保障性)、安全性、经济性等。性能、可信性、安全性是产品的内在质量特性。经济性和寿命反映了产品的竞争能力，称为外延质量特性。由此可见，可靠性是产品的基本质量特性之一，是评价产品质量的重要指标。

随着全面质量管理的深入发展，产品的可靠性和维修性越来越受到用户的关注。用户购置产品，不仅要求产品具有良好的性能，而且要求产品具有“高可靠性”“长寿命”“便于维修”等。从某种意义上讲，性能指标体现了产品的“素质”，可靠性指标体现了产品的“体质”。

一、可靠性概况

随着科学技术的发展，设备和系统越来越复杂，导致“系统相关的任一部分失效而导致整个系统失效的机会增多”，设备复杂化，导致其更多地代替人的操作，但降低了设备的可靠性，易发生故障。随着现代科技的进步、市场竞争的加剧，一些设计和工艺技术更加成熟，生产周期缩短，要求产品本身有高可靠性。因此，现在在任何工程设计中都必须把可靠性作为一个重要因素加以考虑。

可靠性的概念最早来源于航空领域。20 世纪 70 年代以后可靠性技术从航天领域迅速扩展到更广泛的民用产品。80 年代以来，可靠性工程向更深、更广的方向发展，在策略上，把可靠性及维修性置于与性能、费用和进度同等重要的地位；在管理上，加强集中统一管理，强调可靠性及维修性管理应制度化；在技术上，深入开展软件可靠性、机械可靠性以及光电器件可靠性等的研究，全面推广计算机辅助设计(CDA)技术在可靠性领域的应用，积极采用模块化、综合化、容错设计、光导纤维和超高速集成电路等新技术来全面提高系统的可靠性。

我国从20世纪60—70年代，首先在电子工业部门和国防部门开始进行可靠性的研究、普及工作，在5年时间内使我国的电视机平均故障间隔时间提高了1个数量级，配套元器件使用可靠性也提高了1~2个数量级；经过近10年的努力，使军用元器件可靠性提高了2~3个数量级，保证了运载火箭、通信卫星的连续发射成功和海底通信电缆的长期正常运行。1984年我国组建了全国统一的电子产品可靠性信息交换网，并颁布了GBJ299-87《电子设备可靠性手册》，有力地推动了电子产品的可靠性工作。1986年国防科工委成立了全国军事技术装备可靠性标准化技术委员会，相继成立航空、航天、舰船和兵器可靠性标准化分技术委员会，组织编写了可靠性国家军用标准体系表，1987年原总后勤部和国防科工委联合批准颁布了GJB368《装备维修性通用规范》；1988年国防科工委批准颁布了GJB450《装备研制与生产的可靠性通用大纲》。进入20世纪90年代以来，可靠性研究工作对象由电子产品向非电子产品，由硬件向软件，由工作状态向储存状态等领域扩展，可靠性工作的开展促进了与之密切相关的装备可用性、保障性、综合技术保障(ILS)等特性以及效能费用分析的研究。

二、可靠性的基本概念

(一)可靠性

从工程的角度出发，可靠性可定义为产品无故障完成任务的能力。从统计的角度出发，可靠性定义为"在规定的时间和给定的条件下，无故障完成规定功能的概率"，即可靠度。理解可靠性要注意以下几点：

(1)产品的可靠性与规定的条件分不开。这里所说的规定的条件，包括使用时的环境条件，如温度、湿度、振动、冲击、辐射，使用时的应力条件，维护方法，储存时的储存条件，以及使用时对操作人员技术等级的要求等。

(2)产品的可靠性与规定的时间密切相关。随着时间的增长，产品的可靠性是下降的。另外，不同的产品对应的时间指标也是不同的。在应用中，时间是一个广义的概念，可以用周期、次数、里程或其他单位代替，也可建立这些单位与时间之间的隶属函数加以描述。

(3)产品的可靠性还与规定的功能密切相关。这里所指的规定的功能就是产品应具备的技术性能指标。只有对规定的功能有清晰的概念，才能对产品是否发生故障有确切的判断。

从应用的角度出发，我们可以把可靠性分为固有可靠性和使用可靠性。前者仅考虑承制方在设计和生产中能控制的故障时间，用于描述产品设计和制造的可靠性水平；后者综合考虑产品设计、制造、安装环境、维修策略和修理等因素，用于描述产品在计划的环境中使用的可靠性水平。

从设计的角度出发，我们可以把可靠性分为基本可靠性和任务可靠性。前者考虑要求保障的所有故障的影响，用于度量产品无须保障的工作能力，包括与维修和供应有关的可靠性，通常用平均故障间隔时间(mean time between failure，MTBF)来度量；后者仅考虑造成任务失败的故障影响，用于描述产品完成任务的能力，通常用任务可靠度(mission reliability, MR)和致命性故障间隔任务时间(mission time between critical failure, MTBCF)来度量。

(二)维修性

产品(或系统)发生故障后，寻求故障部位和原因，排除、修复故障，验证是否恢复到正常工作状态等一系列的活动称为维修。维修可进一步分为预防性维修和故障后维修。维修性通常指后者。

维修性指的是产品维修的难易程度，是产品设计所赋予的一种维修简便、迅速和经济的固有属性。它通常定义为“产品在规定条件下和规定时间内，按规定的程序和方法进行维修时，保持或恢复到规定状态的能力”，简写为 M。其概率度量称为维修度。所谓规定的条件，主要是指维修的机构和场所及相应人员与设备、设施、工具、备件、技术资料等资源条件。所谓规定的程序和方法，是指按技术文件规定采用的维修工作类型、步骤和方法。

一个产品不工作的时间包括以下两部分：(1)在设备、备件、维修人员和维修规程等齐全的条件下，用于直接维修工作的时间，称为直接维修时间(maintenance time, MT)。(2)由于保障资源补给或管理等原因而造成延误的时间，称为延误时间(delay time, DT)。

平均修复时间(mean time to repair, MTTR)是直接维修时间的平均值，有：

$$\text{MTTR}=\frac{\text{直接维修时间}}{\text{故障次数}}=\frac{\text{MT}}{n}$$

例如，产品累计 100 次故障的总维修时间 MT 为 10000 小时，则

$$\text{MTTR}=\text{MT}/n=10000\text{小时}/100\text{ 次}=100\text{ 小时/次}。$$

显然，MTTR 越小说明维修性越好。

提高维修性的主要途径有：定期更换零部件或早期发现故障，进行维护保养；在设计和制造时就考虑使其结构易于早期发现故障，易于进行维修。

(三)保障性

保障性在我国国防科技系统称为综合保障工程，国外称为综合后勤保障(integrated logistics support, ILS)或后勤工程 (logistic engineering)。综合保障工程最初是针对军方的武器装备，是研究在装备研制时如何处理与保障有关问题的一门科学，其目的是在获得装备的同时得到与其匹配的保障资源，建立保障系统，及时形成战斗力。维修保障工作只是综合保障工程的一个方面。

所谓保障性，系指产品设计特性和计划的保障资源能满足使用要求的能力，简写为 S。表征保障性的指标是平均延误时间(mean delay time, MDT)，即：

$$\text{MDT}=\frac{\text{维修延误的总时间}}{\text{故障次数}}=\frac{\text{DT}}{n}$$

例如，产品累计 100 次维修的累计延误时间 DT 为 3000 小时，则

$$\text{MDT}=\text{DT}/n=3000\text{ 小时}/100\text{ 次}=30\text{ 小时/次}。$$

显然，MDT 越小越好。它反映了产品使用者的管理水平，以及提供资源的能力。

综合保障工程的任务是：(1)策划并制定维修规划，保证维修工作有序进行，包括维修类型、维修原则、维修级别、保障资源要求等；(2)使设计接口协调合理；(3)向有关人员提供有关资料；(4)备件保障；(5)培训保障；(6)保障设备；(7)计算机资源保障；(8)其他，包括满足人员、包装、运输、储存、防护、环境等要求。

(四)测试性

在维修过程中，极为重要的环节是确定产品是否出故障，及哪个部位出故障。所谓测试性，是指产品能及时并准确地确定其状态(可工作、不可工作或性能下降)，并隔离其内部的一种设计特性，简写为T。

测试性与维修性及可靠性密切相关，因为具有良好测试性的设备将减少故障检测及隔离时间，进而减少维修时间，改善维修性；任何不能被检测出的故障状态的存在将直接影响产品的可靠性，通过采用测试性好的设备可及时检测出故障，排除故障，进而提高产品的使用可靠性。

测试性通常用故障检测率(fault detection rate，FDR)、故障隔离率(fault isolation rate，FIR)和虚警率(fault alarm rate，FAR)度量。

(五)可用性

可用性是产品可靠性、维修性和保障性三种固有属性的综合反映，指产品处于可工作状态或可使用状态的能力，也称为有效性。

可用性的概率表征称为可用度。可用度有多种分类，常用的有以下两种：

一种是产品能工作时间(up time，UT)与总时间(能工作时间UT与不能工作时间NT之和)之比，称为使用可用性(operational availability)，记为A_0。不能工作时间NT包括累计直接维修时间MT、累计延误时间DT，则有：

$$A_0=\frac{\mathrm{UT}}{\mathrm{UT+NT}}=\frac{\mathrm{UT}}{\mathrm{UT+MT+DT}}$$

另一种是理想状态，即MDT=0，此时将产品的平均故障间隔时间与平均故障间隔时间及平均修复时间的和之比，称为固有可用性(inherent availability)，记为A_i，有：

$$A_i=\frac{\mathrm{MTBF}}{\mathrm{MTBF+MTTR}}$$

A_i反映了生产方的设计、制造和管理的综合水平，越大越好。

(六)可信性

可信性的概念首先是随着军事技术的发展而发展起来的。可信性是一个非定量的集合性术语，表述可用性及其影响因素：可靠性(R)、维修性(M)、保障性(S)、测试性(T)。可信性已明确不是一个定量的术语，对可信性的定量要求，就是具体的可靠性、维修性、保障性、测试性的定量要求；可信性大纲即可靠性、维修性、保障性、测试性大纲；可信性要求即可靠性、维修性、保障性、测试性要求。

产品在完成规定任务的这段时间内所经历的事件和环境按时间次序描述，称为“任务剖面”。产品在任务开始时可用的条件下，在规定的任务剖面中，能完成规定功能的能力称为产品的“(狭义)可信性”，简写为 D。产品在执行任务中的状态及可信性取决于与任务有关的产品可靠性及维修性的综合影响。

产品在规定的条件下满足给定定量特性要求的自身能力称为产品固有能力(capability)，简写为 C，一般就是产品的性能，固有能力参数是一系列指标体系。产品在规定的条件下满足给定定量特征和服务要求的能力称为产品的效能(effectiveness)，简写为 E。它是产品可用性(A)、可信性(D)及固有能力(C)的综合反映。效能的一种简单表达式为：

$$E=ADC$$

在产品的寿命周期或其预期的有效寿命内，产品研制、生产、使用、维修及保障中发生的或可能发生的一切直接、间接、派生或非派生的所有费用的总和称为寿命周期费用(life cycle cost，LCC)。

效能与 LCC 之比，称为效能—费用比，是在方案比较中重要的决策参数。可信性工作的目标是：提高产品的可用性；提高产品的任务成功性；减少维修人力；减少保障费用。因此，它对装备的作战能力、生存力、部署机动性、维修人力和保障费用产生重要的影响。为了适应科学技术发展的新形势，必须在质量观念上进行根本改变，从狭义质量转变为广义质量。明确性能、可靠性(广义的概念，即可靠性、维修性、保障性、测试性)、费用、进度是决策衡量的四个首要参数，在研制的开始就不断进行综合权衡，以取得系统最佳的效能与 LCC。

第二节　可靠性的度量

对可靠性的相应能力做出定量描述的量称为可靠性特征量。“寿命”是可靠性的一项最重要的指标。从数学上看，研究可靠性主要是研究产品寿命的概率分布。可靠性特征量是关于寿命的一些描述量，主要有可靠度、累积失效分布函数、失效分布概率密度函数、失效率、平均故障间隔时间、失效前平均时间等。

一、可靠度

可靠度是指产品在规定条件下和规定时间内完成规定功能的概率。它是时间的函数，记为 $R(t)$。设 T 为产品寿命的随机变量，则：

$$R(t)=P(T>t)$$

上式表示可靠度是产品寿命 T 超过规定时间 t 的概率，或产品在规定时间 t 内完成规定功能的概率，并且有以下两个特点：(1)$0\leqslant R(t)\leqslant 1$；(2)$R(0)=1$，$R(\infty)=0$。

例如，$R(5000)=0.95$，意味着在 5000 小时内，平均 100 件产品中大约有 95 件能完成规定的功能，大约有 5 件产品会失效。

可靠性特征量理论上的值称为真值，由产品失效的数学模型确定。它虽然是客观存在的，但实际上是未知的。在实际应用中，我们只能通过对 n 个样本的观测，经过统计计算得到真值的估计值，称为可靠性特征量的估计值，记为 $\hat{R}(t)$。

$$\hat{R}(t)=\frac{n_s(t)}{n}=\frac{n-n_f(t)}{n}$$

式中：$n_s(t)$代表在规定时间 t 内完成规定功能的产品数量；

$n_f(t)$代表在规定时间 t 内失效的产品数量。

例 5.1　某电子器件 110 只的失效时间经分组整理后如表 5.1 所示，试估计它的可靠度函数。

表 5.1　**某电子器件失效时间分布**

组序	失效时间范围(小时)	失效数量(个)	累计失效数量(个)	未失效数量(个)
1	0~400	6	6	104
2	400~800	28	34	76
3	800~1200	37	71	39
4	1200~1600	23	94	16
5	1600~2000	9	102	7
6	2000~2400	5	108	2
7	2400~2800	1	109	1
8	2800~3200	1	110	0

根据估算公式 $\hat{R}(t)=\frac{n_s(t)}{n}=\frac{n-n_f(t)}{n}$，可计算得到：

$$\hat{R}(0)=1 \qquad \hat{R}(400)=\frac{104}{110}=0.945$$

$$\hat{R}(800)=\frac{76}{110}=0.691 \qquad \hat{R}(1200)=\frac{39}{110}=0.355$$

$$\hat{R}(1600)=\frac{16}{110}=0.145 \qquad \hat{R}(2000)=\frac{7}{110}=0.064$$

$$\hat{R}(2400)=\frac{2}{110}=0.018 \qquad \hat{R}(2800)=\frac{1}{110}=0.009$$

若把这些计算结果描在坐标纸上，并用光滑曲线把这些点连接起来，就可得到一条下降的可靠度分布函数曲线，如图 5.1 所示。

二、失效分布

可靠度是从完成规定功能的角度去看产品的可靠度，下面再从功能丧失即失效的角度去看产品的可靠度。产品在规定条件下和规定时间内失效的概率，称为不可靠度。它显然也是时间的函数，记为 $F(t)$。根据定义有：

$$F(t)=P(T\leqslant t)=1-P(T>t)=1-R(t)$$

因此，可靠度与不可靠度之间具有以下关系：$F(t)+R(t)=1$。同样它具有以下两个

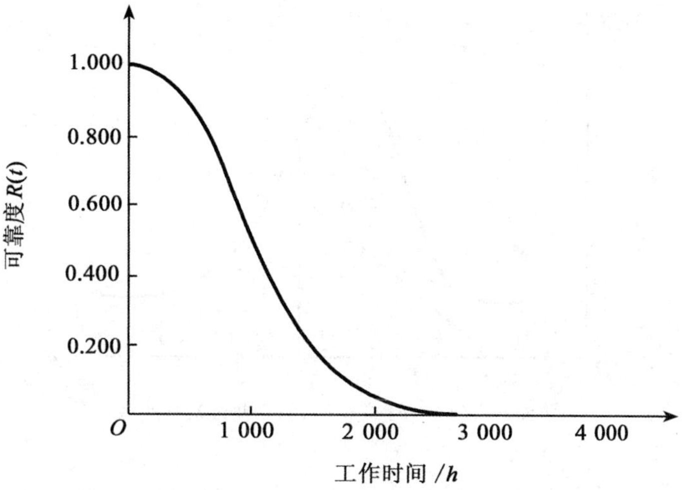

图 5.1　某电子器件可靠度分布函数曲线

特点：(1) $0\leqslant F(t)\leqslant 1$；(2) $F(0)=0$，$F(\infty)=1$。

不可靠度的估计值 $\hat{F}(t)$ 为：

$$\hat{F}(t)=\frac{n_f(t)}{n}$$

一般不可靠度也称为累积失效概率、失效分布函数和寿命分布函数。它的导数就是失效分布概率密度函数，记为 $f(t)$。

$f(t)$ 表示产品连续工作时间 t 之后的一个单位时间 Δt 内，产品失效数量与 $t=0$ 时刻的产品总数之比。

$$f(t)=\lim_{\Delta t\to 0}\frac{n_f(t+\Delta t)-n_f(t)}{n\Delta t}=\frac{\mathrm{d}F(t)}{\mathrm{d}t}=F'(t)=-R'(t)$$

因此，$f(t)$、$F(t)$ 与 $R(t)$ 之间的关系如下：

$$F(t)=\int_0^t f(t)\,\mathrm{d}t \qquad R(t)=\int_t^{\infty} f(t)\,\mathrm{d}t=1-\int_0^t f(t)\,\mathrm{d}t$$

三者之间的关系可以用图 5.2 加以描述，即累积失效分布函数 $F(t)$ 是失效分布概率密度函数 $f(t)$ 在 $0\sim t$ 的积分面积；可靠度函数 $R(t)$ 是 $f(t)$ 在 $t\sim\infty$ 的积分面积。

根据定义，失效分布概率密度函数的估计值 $\hat{f}(t)$ 为：

$$\hat{f}(t)=\frac{n_f(t+\Delta f)-n_f(t)}{n\Delta t}=\frac{\Delta n_f(t)}{\Delta t}\bigg/ n$$

表示产品连续工作时间 t 之后的 $t\sim(t+\Delta t)$ 单位时间内，产品失效数量与 $t=0$ 时刻的产品总数之比。

三、失效率

对于产品丧失规定的功能，或产品不能完成规定功能的事件或状态，若是不可修复的

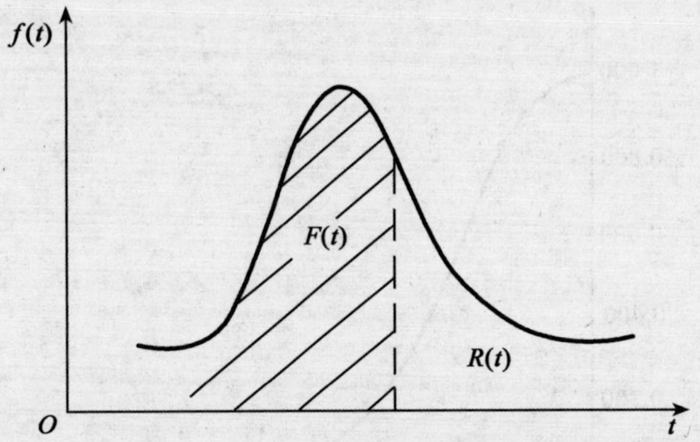

图 5.2　$f(t)$、$F(t)$、$R(t)$之间的关系曲线

产品，称这种状态为失效；若是可修复的产品，称这种状态为故障。

产品的失效率是可靠性理论中一个重要的概念，在实践中，它又是某些产品可靠性的重要指标，许多产品就是用失效率的大小来确定其等级的。

(一)失效率的定义

失效率是指连续工作时间 t 之后尚未失效的产品在 $t\sim(t+\Delta t)$ 的单位时间内发生失效的条件概率，也称瞬时失效率，记为 $\lambda(t)$，即：

$$\lambda(t)=\lim_{\Delta t\to 0}\frac{1}{\Delta t}P(t<T\leqslant t+\Delta t/T>t)$$

$$=\frac{\mathrm{d}F(t)}{\mathrm{d}t}\frac{1}{R(t)}=\frac{f(t)}{R(t)}$$

经过数学变换，可得：

$$\lambda(t)=\frac{f(t)}{R(t)}=-\frac{\mathrm{d}R(t)}{\mathrm{d}t}\frac{1}{R(t)}=-\frac{\mathrm{d}[\ln R(t)]}{\mathrm{d}t}$$

$$R(t)=\mathrm{e}^{-\int_0^t\lambda(t)\mathrm{d}t}$$

失效率的估计值 $\hat{\lambda}(t)$ 为：

$$\hat{\lambda}(t)=\frac{n_f(t+\Delta t)-n_f(t)}{[n-n_f(t)]\Delta t}=\frac{\Delta n_f(t)}{n_s(t)\Delta t}$$

或

$$\hat{\lambda}(t)=\frac{n_f(t+\Delta t)-n_f(t)}{n\Delta t}\Bigg/\frac{|n-n_f(t)|}{n}=\frac{\hat{f}(t)}{\hat{R}(t)}$$

例 5.2　对 100 个某种型号产品进行寿命试验，在 $t=100$ 小时前有 2 个失效，在 100~105 小时内有 1 个失效；在 $t=1000$ 小时前有 40 个失效，在 1000~1005 小时内有 1 个失效，分别求 $t=100$ 小时和 $t=1000$ 小时，产品的失效率估计值 $\hat{\lambda}(t)$ 和失效密度估计值

$\hat{f}(t)$。

根据估计值公式：

$$\hat{f}(100)=\frac{1}{5\times100}=0.002 \qquad \hat{\lambda}(100)=\frac{1}{5\times98}=0.00204$$

$$\hat{f}(1000)=\frac{1}{5\times100}=0.002 \qquad \hat{\lambda}(1000)=\frac{1}{5\times60}=0.00333$$

比较上述计算结果可以看出，从失效密度看，在 $t=100$ 小时和 $t=1000$ 小时之后的单位时间内失效数量是相同的，因此失效密度是相同的。但是从失效率来看，工作到 $t=100$ 小时和 $t=1000$ 小时还在正常工作的产品数是不同的，条件不同，失效率也是不同的。因此，失效密度 $f(t)$ 不如失效率 $\lambda(t)$ 灵敏度高。

(二)平均失效率

失效率是表示产品可靠性常用的指标之一。在工程实践中，往往取平均失效率表示产品的这一特性。

$$\bar{\lambda}=\int_0^T \lambda(t)\,\mathrm{d}t/T$$

平均失效率的估计值 $\hat{\bar{\lambda}}$ 为：

$$\hat{\bar{\lambda}}=\frac{n_f}{\mathrm{UT}}=\frac{n_f}{\sum_{i=1}^{n_f} t_{f_i}+n_s t}$$

式中：UT 代表总累积工作时间；t_{fi} 代表第 i 个产品失效前的工作时间；n_s 代表整个试验期间未出现失效的产品数；n_f 代表整个试验期间出现失效的产品数。

例 5.3　某产品 100 只，每天工作 12 小时，第一年末有 1 只失效，第二年末有 1 只失效，第三年 6 月末有 2 只失效，其余 96 只工作了 3 年，求此产品的平均失效率(一年按 360 天计算)。

$$\begin{aligned}\mathrm{UT}&=\sum_{i=1}^{n_f} t_{fi}+n_s t=360\times12\times(1\times1+2\times1+2.5\times2+3\times96)\\&=1278720(\text{小时})\\\hat{\bar{\lambda}}&=\frac{n_f}{\mathrm{UT}}=\frac{4}{1278720\mathrm{h}}=0.313\times10^{-5}/\mathrm{h}\end{aligned}$$

失效率的基本单位是菲特(fit)，定义为：$1\mathrm{Fit}=10^{-9}/\mathrm{h}$，表示每 1000 个产品工作 100 万小时后只有 1 个失效；或者每 10000 个产品工作 10 万小时后只有 1 个失效。这是一个很小的数，只有可靠性很高的产品才能达到，所以失效率常常表示高可靠产品的可靠性指标，它越小可靠性越高。

国家标准 GB1772-79 规定我国电子元器件的可靠性按失效率共分为七级，见表 5.2。

表 5.2　**我国电子元器件的可靠性等级标准**

名称	符号	最大失效率
亚五级	Y	$3\times10^{-5}/h$
五级	W	$1\times10^{-5}/h$
六级	L	$1\times10^{-6}/h$
七级	Q	$1\times10^{-7}/h$
八级	B	$1\times10^{-8}/h$
九级	J	$1\times10^{-9}/h$
十级	S	$1\times10^{-10}/h$

例如，我国的瓷片电容器经过权威机构验证核实，其失效率达到 $3\times10^{-8}/h$，故规定为七级电容器，其包装上可用“Q”给予标示。

(三)产品失效率曲线

人们在各种产品的使用和试验中得到大量的寿命数据，经过统计分析后发现，许多产品都服从一条典型的失效率曲线，通常称为产品寿命特性曲线，这条曲线具有两头高、中间低的特点，呈现“U”形，习惯称为浴盆曲线。这条曲线明显地分为三段，对应着三个时期，如图 5.3 所示。

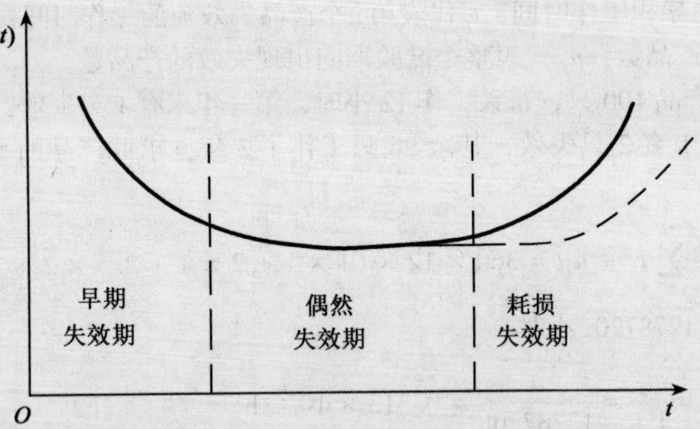

图 5.3　产品失效率曲线

(1)早期失效期。其特点是失效率较高，但随着工作时间的增加，失效率迅速下降。这一时期产品失效的主要原因是由于原材料不均匀和制造工艺缺陷等引起的。应该采取如下措施：加强原材料检验、改进设计、采用合理的筛选技术和加负荷试验将有缺陷、不可靠的产品尽早暴露出来，使剩下的产品有较低的失效率。一旦产品失效率达到交付使用点，产品就可出厂，交付使用。

（2）偶然失效期。其特点是失效率低而稳定，失效率是一常数或近似常数，这是产品最好的工作时间。在这一时期，产品失效常常是由多种因素（内在的和外界的）造成的，而每种因素都不太严重，因此失效纯属偶然。在这一阶段要尽力做好产品的维护和保养工作，让这一时期尽量用足。

（3）耗损失效期。其特点是失效率随着工作时间的增加而上升。这类失效是由于材料老化、磨损而引起的。在可靠性工作中常采用预防性措施，提前更换接近耗损期的零部件或元器件，或者采用长寿命的元器件来延长产品的使用寿命，如图 5.3 中的虚线。

了解特定产品的寿命特性曲线，有助于可靠性工程师预测其行为并相应地做出决策。比如，如果制造商知道微处理器的早期失效期为 600 小时，则可以在投放市场之前在实际或模拟运行条件下测试芯片 600 小时（或 600 小时以上）。

产品可靠性的知识在确定产品担保时间方面很有用。为了说明这个问题，以轮胎制造商的情况为例，轮胎制造商必须为一种新的轮胎系列确定里程担保政策。根据工程师的试验数据，所建立的累积失效曲线如图 5.4 所示。累积失效曲线上任何一点的斜率表示这一时刻的失效率，失效率曲线是对累计失效曲线描点形成的。图 5.4 显示的是在特定的里程之内，轮胎胎纹磨平的概率。有一半的轮胎到 36500 公里会出现失效，87% 的轮胎到 42000 公里时失效，只有 14% 的轮胎的胎纹到 31000 公里就磨损掉。因此，如果确定 31000 公里为担保里程，管理者可以计算出预计的成本是更换 14% 的轮胎。另外，这个数据也许表明相对于竞争对手的产品这是一种不良设计，可能有必要在设计更改时来改进可靠性。需要注意的是，在这个实例中，没有按编年方式度量时间，只是根据产品使用的情况。

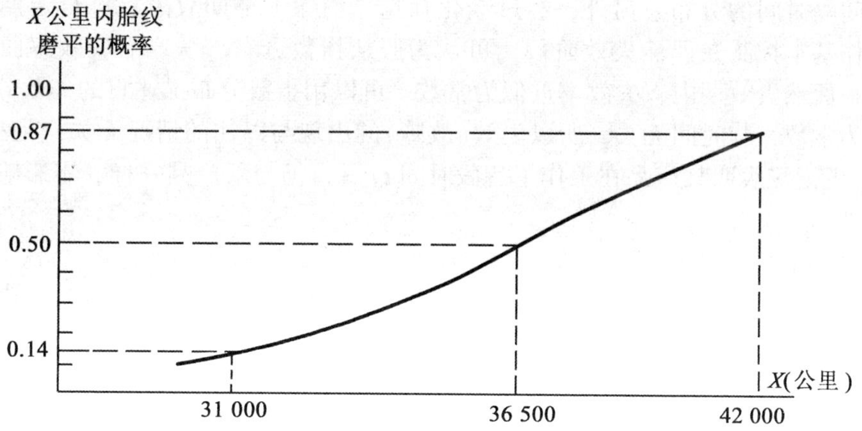

图 5.4　与轮胎里程对应的累积失效率曲线

四、平均寿命

在寿命特性中最重要的是平均寿命。它定义为产品寿命的平均值。平均寿命的数学意义就是寿命的数学期望，以 θ 或 $E(t)$ 表示，即：

$$\theta = \int_0^{\infty} tf(t)\,dt = E(t)$$

对于可修复产品，平均寿命是指相邻两次故障期的工作时间的平均值，即平均故障间隔时间（mean time between failure，MTBF）。

对于不可修复产品，平均寿命是指产品失效前的工作时间平均值，即失效前平均工作时间（mean time to failure，MTTF）。

平均寿命 θ 与失效密度函数 $f(t)$、可靠度 $R(t)$ 之间的关系为：

$$\theta = \int_0^{\infty} tf(t)\,dt = \int_0^{\infty} t\frac{-dR(t)}{dt}dt = \int_0^{\infty} R(t)\,dt$$

平均寿命的估计值 $\hat{\theta}$ 的表达式为：

$$\hat{\theta} = \frac{\text{所有产品的总工作时间}}{\text{总失效数}} = \frac{\text{UT}}{n_f}$$

当产品可靠度下降到某一可靠度 r 时对应的工作时间，称为可靠寿命，记为 t_r。

$$R(t_r) = r \qquad F(t_r) = 1-r$$

当产品可靠度下降到 0.5 时对应的工作时间，称为中位寿命，记为 $t_{0.5}$。

$$R(t_{0.5}) = 0.5 \qquad F(t_{0.5}) = 0.5$$

五、指数分布失效形式

失效分布包括指数分布、Weibull 分布、正态分布、对数正态分布等，其中指数分布在可靠性研究中是最重要的一种分布，几乎是专门用于描述电子设备可靠性的一种分布，此处主要介绍指数分布。理论上已证明，指数分布在一定的条件下可以用来描述大型复杂系统故障间隔时间的分布。另外，经过老化筛选，消除了早期故障且进行定期更换的产品，其工作基本控制在偶然失效阶段，可认为服从指数分布。从产品失效率曲线可以看出，产品在偶然失效期内，失效率近似为常数，可以用指数分布描述它的失效分布。由于其失效率为常数，与时间无关，所以失效（故障）的出现与以往的情况无关，是独立的（无记忆的）。无记忆表明某产品在工作了一段时间 t_0 后，仍与新产品一样，不影响未来工作寿命的长度。

失效概率密度函数为：

$$f(t) = \lambda e^{-\lambda t} \qquad t \geqslant 0$$

可靠度函数为：

$$R(t) = \int_t^{\infty} f(t)\,dt = \int_t^{\infty} \lambda e^{-\lambda t} dt = e^{-\lambda t}$$

累积失效分布函数（不可靠度）为：

$$F(t) = \int_0^t f(t)\,dt = 1 - R(t) = 1 - e^{-\lambda t}$$

失效率函数为：

$$\lambda(t) = \frac{f(t)}{R(t)} = \frac{\lambda e^{-\lambda t}}{e^{-\lambda t}} = \lambda\text{（常数）}$$

平均寿命为：

$$\theta = \int_0^\infty R(t)\,\mathrm{d}t = \int_0^\infty \mathrm{e}^{-\lambda t}\mathrm{d}t = \frac{1}{\lambda}$$

这表明，当失效分布为指数分布时，失效率是一个与时间无关的常数，失效率与平均寿命互为倒数。

可靠寿命为：

$$R(t_r) = \mathrm{e}^{-\lambda t_r} = r$$

$$-\lambda t_r = \ln r$$

$$t_r = -\frac{1}{\lambda}\ln r$$

当 $r=0.5$ 时，有中位寿命：

$$t_{0.5} = -(1/\lambda)\ln 0.5 = 0.693\theta$$

当 $t=\theta=1/\lambda$ 时，称为特征寿命，这时：

$$R\left(t=\theta=\frac{1}{\lambda}\right)=\mathrm{e}^{-\lambda(1/\lambda)}=\mathrm{e}^{-1}=0.368$$

$$F\left(t=\theta=\frac{1}{\lambda}\right)=1-0.368=0.632$$

表明失效分布服从指数分布的产品能正常使用到平均寿命的概率为 36.8%，或者说有 63.2%的产品连续正常工作不到平均寿命就要发生失效。

例 5.4　已知某公司生产的 X 型号彩色电视机的可靠性指标(MTBF)= 15000 小时，经可靠性测试试验，证实该产品失效分布服从指数分布，求下列可靠性指标：(1)产品的失效率 $\lambda(t)$。(2)产品的工作时间 $t=1440$ 小时的可靠度 $R(t)$ 和累积失效概率函数 $F(t)$。(3)已知该产品的平均修复时间(MTTR)= 8 小时，求产品的固有可用度 A_t。

根据题意有：

(1)产品的失效率为：

$$\lambda(t)=\lambda=\frac{1}{\mathrm{MTBF}}=\frac{1}{15000\mathrm{h}}=6.7\times10^{-5}/\mathrm{h}$$

(2)产品的工作时间 $t=1440$ 小时的可靠度为：

$$R(t=1440)=\mathrm{e}^{-6.7\times10^{-5}\times1440}=\mathrm{e}^{-0.096}=0.908$$

累积失效概率函数为：

$$F(t=1440)=1-R(t=1440)=1-0.908=0.092$$

(3)产品的固有可用度为：

$$A_t=\frac{\mathrm{MTBF}}{\mathrm{MTBF}+\mathrm{MTTR}}=\frac{15000}{15000+8}=0.999$$

第三节　系统可靠性的预计

系统是由相互作用和相互依赖的若干单元(元件或子系统)组成的具有特定功能的有机整体。在系统设计过程中，在选择元件时，除了确保能完成特定的功能外，还应权衡元件的质量与成本。一个系统的可靠性不仅与组成系统的各个单元的可靠性有关，而且与系统的结构形式有十分密切的关系。一个系统中的单元可能是串联、并联或混联的，或以更复杂的可靠性逻辑结构模式连接。给定任一系统的可靠性逻辑结构模式以及所选元件的可靠性指标，系统设计者必须计算系统可靠性指标。如果系统可靠性指标达不到预定水平，则必须修改该系统设计。这个设计—计算—修改的过程将继续重复，直到所设计系统达到预定水平。

一、可靠性框图

计算系统可靠性的第一步是建立系统的可靠性框图，即从可靠性角度用框图来描述单元失效及它们的组合如何导致系统失效的逻辑关系，通常又称为可靠性结构模式。系统可靠性在很大程度上取决于组成单元的可靠度、系统的可靠性结构模式、组成单元的数量。

例如，汽车可以分为五大子系统：发动机、变速箱、制动、转向与轮胎。为了保证一辆汽车能正常工作，这五大系统缺一不可。因此，汽车的可靠性框图如图 5.5 所示。

图 5.5　汽车系统的可靠性框图

图 5.5 所示的可靠性框图并不代表这些子系统在汽车中的实际连接方式。它只表示每个子系统都要正常工作，才能确保汽车正常工作。此外，在可靠性框图中，方框可以代表一个基本元件、部件，也可以是子系统。如果需要详细分析图 5.5 中各个元件的可靠性，则可进一步分解每个子系统。一个子系统的方框则会被另一个可靠性框图所代替。

需要强调的是，系统可靠性框图与系统的原理图是有区别的。前者表示系统中各个子系统(元件)之间的逻辑关系(功能关系)，而后者表示系统中各个子系统的物理关系。

得到系统可靠性框图以后，下一步就是计算系统的可靠性。下面将分别讨论几种可靠性模型的系统可靠性计算。为了阐述方便，在下面的讨论中采用下列假设：(1)各单元只可能有两种状态：正常与失效(故障)，而没有中间状态；(2)各单元工作与否是相互独立的，即任一单元的正常工作与否不会影响其他单元的正常工作。

二、串联系统

串联系统的 n 个单元必须全部工作，系统才会正常工作，任一单元故障都会导致系统故障。串联系统是最常用的系统可靠性模型，其可靠性框图如图 5.6 所示。

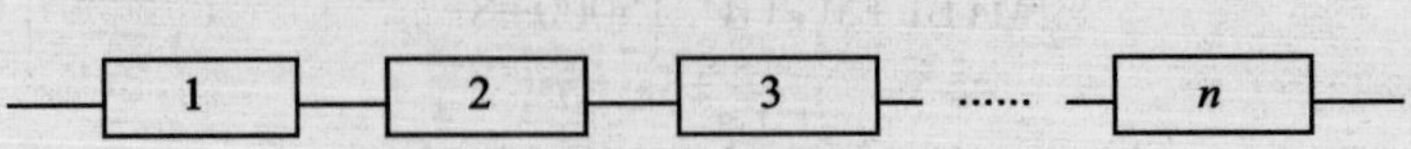

图 5.6　串联系统

根据串联系统的定义及其逻辑框图，系统可靠性函数 $R_s(t)$ 等于所有单元可以同时正

常工作到时间 t 的概率。利用单元工作与否的独立性假设，系统的寿命 T 是第一个出现故障的单元的寿命，系统可靠性函数 $R_s(t)$ 即为所有单元可靠性函数 $R_i(t)$ 之乘积，即：

$$T_s = \min\{T_1, T_2, \cdots, T_n\}$$

$$R_s(t) = \prod_{i=1}^{n} R_i(t)$$

或者利用累积失效函数，有：

$$F_s(t) = 1 - \prod_{i=1}^{n}[1 - F_i(t)]$$

式中：T_i 代表第 i 个单元的寿命，$i=1, 2, \cdots, n$；T_s 代表系统的寿命；$F_i(t)$ 代表第 i 个单元的累积失效函数；$F_s(t)$ 代表系统累积失效函数。

例如，假设一台个人计算机由处理单元、调制解调器和印刷电路板构成，其可靠性分别为 0.997、0.980 和 0.975。那么，系统的可靠性为：

$$R_s = 0.997 \times 0.980 \times 0.975 = 0.953$$

由于单元可靠性 $R_i(t)<1$，则系统可靠性函数 $R_s(t)$ 的公式说明，串联系统中单元数量越多，系统可靠性越低。因此，一个系统越复杂，失效的概率越大。

如果各单元寿命分布均为指数分布，即：

$$R_i(t) = e^{-\lambda_i t} \quad i=1, 2, \cdots, n$$

系统可靠性函数 $R_s(t)$ 为：

$$R_s(t) = \prod_{i=1}^{n} R_i(t) = \prod_{i=1}^{n} e^{-\lambda_i t} = e^{-\left(\sum_{i=1}^{n}\lambda_i\right)t}$$

系统失效率 $\lambda_s(t)$ 和平均寿命 θ_s 分别为：

$$\lambda_s(t) = -\frac{R_s'(t)}{R_s(t)} = \sum_{i=1}^{n} \lambda_i$$

$$\theta_s = \int_0^{\infty} R_s(t)\,dt = 1 \Big/ \sum_{i=1}^{n} \lambda_i$$

式中：λ_i 代表第 i 个单元的失效率，$i=1, 2, \cdots, n$。

上面的公式说明，当串联系统中各单元寿命为指数分布时，系统的寿命也为指数分布。

假设由两个失效率分别为每小时 0.004 个和 0.001 个的元件构成的串联系统，那么：

$$R_s(t) = e^{-(0.004+0.001)t} = e^{-0.005t}$$

则 100 个小时的生存概率为：

$$R_s(100) = e^{-(0.004+0.001)100} = e^{-0.5} = 0.6065$$

三、并联系统

当构成系统的所有单元都发生故障时，系统才发生故障的系统称为并联系统。在一个并联系统中，只要有任何一个单元工作，系统就处于工作状态。因此，并联系统可以提高系统的可靠性。并联系统的可靠性框图如图 5.7 所示。

设初始时刻 $t=0$，所有单元同时开始工作，则并联系统的寿命 T 为最后发生故障的单

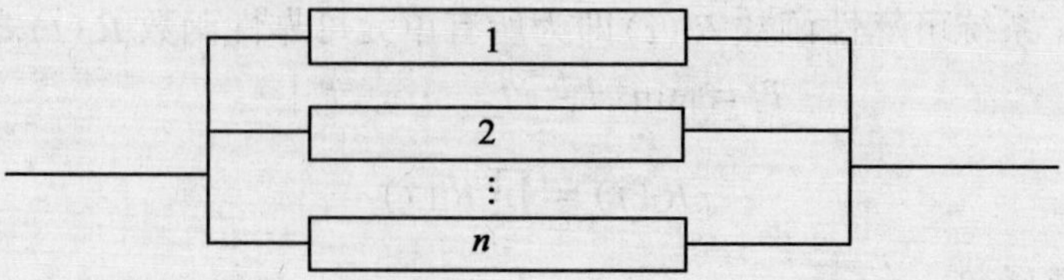

图 5.7　并联系统

元的寿命，即：

$$T_s = \max\{T_1,\ T_2,\ \cdots,\ T_n\}$$

根据并联系统的定义及其逻辑框图，系统累积失效函数 $F_s(t)$ 为所有单元累积失效函数 $F_i(t)$ 的乘积，即：

$$F_s(t) = \sum_{i=1}^{n}[1 - R_i(t)]$$

那么，系统可靠性函数 $R_s(t)$ 为：

$$R_s(t) = 1 - F_s(t) = 1 - \prod_{i=1}^{n}[1 - R_i(t)]$$

例如，航天飞机上的计算机在设计上内建了冗余，以防失效。5 台计算机并行设计。所以，如果每台计算机的可靠性为 0.99，则系统的可靠性为：

$$R_s = 1-(1-0.99)^5 = 0.9999999999$$

由于单元可靠度 $R_i(t)<1$，则 $F_s(t)$ 会随着系统中单元数量 n 的增大而减小，相应的系统可靠度 $R_s(t)=1-F_s(t)$ 会随着系统中单元数量 n 的增大而增大，即并联系统中单元数量越多，系统可靠性越大。

四、串联—并联系统

在实际中，经常会出现如下三类串联—并联系统。

(一) 串联—并联系统

考虑一个系统由 m 个子系统串联而成，而每个子系统是由 n 个元件并联而成的。我们称这样一个系统为串联—并联系统，其可靠性框图如图 5.8 所示。

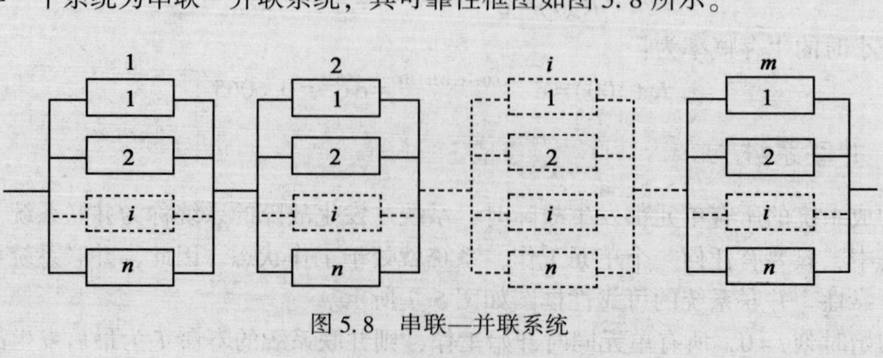

图 5.8　串联—并联系统

假设每个元件都具有相同的累积失效分布 $F(t)$，则串联—并联系统的可靠性函数为：

$$R_s(t)=[1-F^n(t)]^m$$

串联—并联系统可视为是从串联系统变化而来的，考虑一个有 m 个元件的串联系统。如果将每一个元件都加上 $n-1$ 个工作储备元件(active redundancy)，则得到图 5.8 所示的串联—并联系统。由于串联—并联系统中具有工作储备元件，所以其系统可靠性比单纯的串联系统高。但是，串联—并联系统的成本也较高，存在系统可靠性优化设计问题。

例如，要确定图 5.9(a)所示的串联—并联系统的可靠性，首先计算并联系统 B 的可靠性。

$$R_s=1-(1-0.9)^3=0.999$$

这一可靠性水平相当于用一个具有 0.999 可靠性水平的元件 B 取代三个并联的元件 B，如图 5.9(b)所示。下一步，计算这个系统的可靠性：

$$R_s=0.99\times0.999\times0.96\times0.98=0.93$$

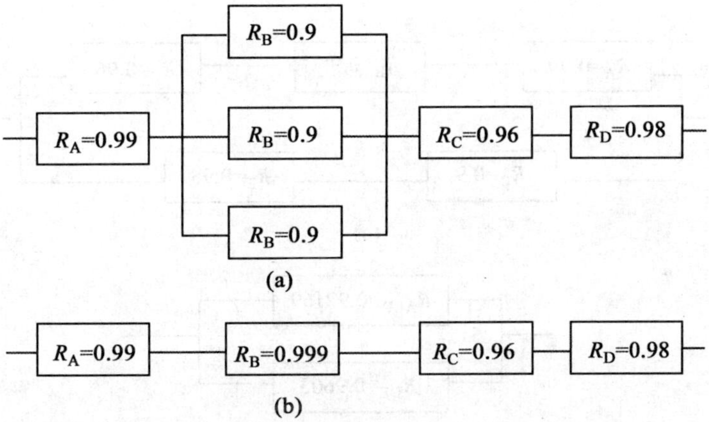

图 5.9　串联—并联系统及其等效串联系统

(二)并联—串联系统

考虑一个系统由 m 个子系统并联而成，而每个子系统是由 n 个元件串联而成的。我们称这样的系统为并联—串联系统，其可靠性框图如图 5.10 所示。

假设每个元件都具有相同的可靠性函数 $R(t)$，则并联—串联系统的可靠性函数为：

$$R(t)=1-[1-R^n(t)]^m$$

并联—串联系统可视为由一并联系统变化而来的。考虑一个子系统由 n 个元件串联而成，将 m 个这样的子系统并联在一起即构成图 5.10 所示的并联—串联系统。因为使用了工作储备，并联—串联系统的可靠性高于任一子系统。对于一个并联—串联系统也存在系统可靠性优化设计的问题。

例如，要确定图 5.11(a)所示的并联—串联系统的可靠性，可以通过计算串联系统 ABC 的可靠性和串联系统 DE 的可靠性来计算系统的可靠性。

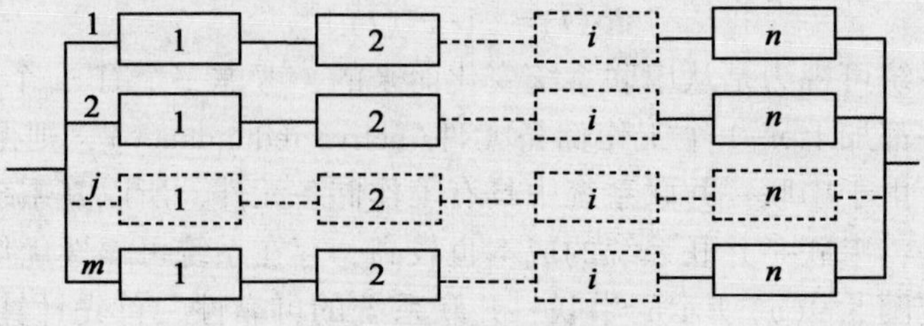

图 5.10　并联—串联系统

$$R_{ABC} = 0.95 \times 0.98 \times 0.99 = 0.92169$$

$$R_{DE} = 0.99 \times 0.97 = 0.9603$$

这个系统的等效并联系统如图 5.11(b)所示。系统的可靠性计算如下：

$$R_s = 1 - (1 - 0.92169)(1 - 0.9603) = 0.9969$$

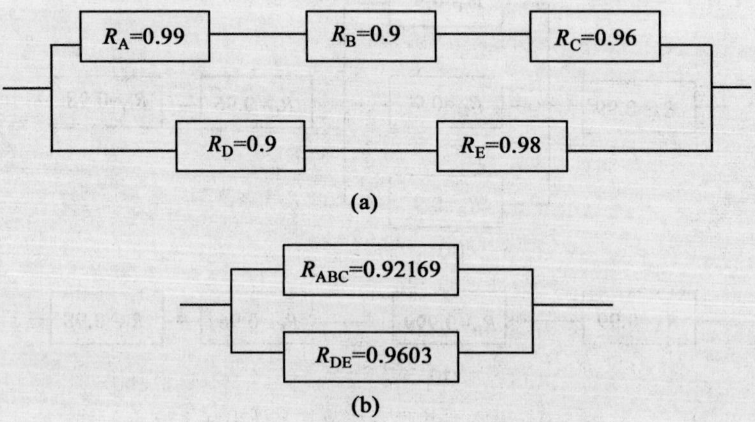

图 5.11　并联—串联系统及其等效并联系统

(三) 串联—并联混合系统

有些系统中各个元件之间的关系既有串联也有并联，图 5.12 就是属于这类系统的一种可靠性框图。

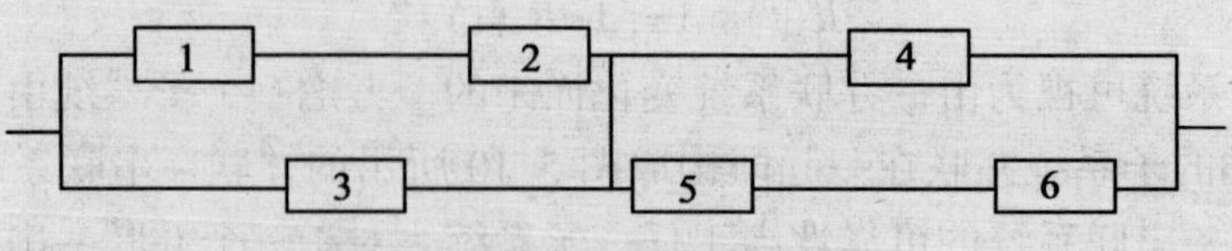

图 5.12　串联—并联混合系统

在图 5.12 中，元件 1 与元件 2 串联构成子系统 1，元件 5 和元件 6 串联构成子系统

2，子系统 1 和元件 3 并联构成子系统 3，子系统 2 和元件 4 并联构成子系统 4，最后子系统 3 和子系统 4 串联而成整个串联—并联混合系统。假设图 5.12 中元件的可靠性函数均为 $R(t)$，则利用串联模型和并联模型系统可靠性计算公式，可以得到串联—并联混合系统的可靠性函数为：

$$\begin{aligned} R_s(t) &= \{1-[1-R^2(t)][1-R(t)]\}\{1-[1-R^2(t)][1-R(t)]\} \\ &= \{1-[1-R^2(t)][1-R(t)]\}^2 \end{aligned}$$

五、旁联系统

前面讨论的并联系统利用工作储备来提高系统的可靠性，但却未必能有效地提高系统的工作寿命，原因是在这种模型中系统的寿命等于 n 个并联元件中最好的元件的寿命，因此可以引入旁联系统。

在一个由 n 个元件组成的旁联系统中，只有一个元件在工作，其他元件则处于非工作状态。当一个工作元件发生故障时，通过一个故障监测和转换装置而使得另一个元件工作，这种系统的可靠性框图如图 5.13 所示。

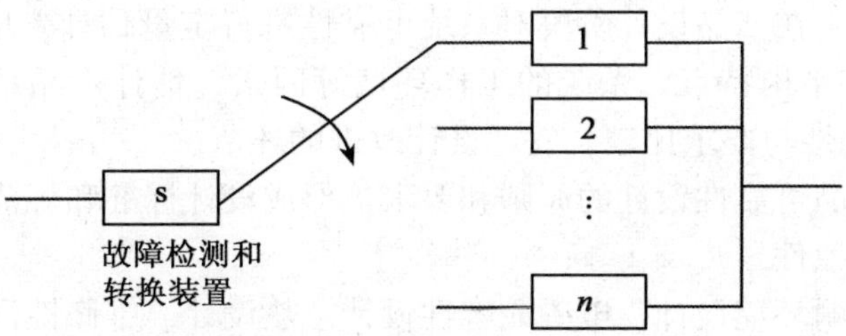

图 5.13　旁联系统

假设故障监测与转换装置的可靠性为 1，元件 i 的寿命为 T_i，则旁联系统的寿命 T_s 为：

$$T_s = T_1 + T_2 + \cdots + T_n$$

当 n 个元件的失效分布均为指数分布，失效率均为 λ 时，可以证明，旁联系统的可靠性函数为：

$$R_s(t) = e^{-\lambda t}\left[1 + \lambda t + \frac{(\lambda t)^2}{2} + \frac{(\lambda t)^3}{3} + \cdots + \frac{(\lambda t)^{n-1}}{n-1}\right] = \sum_{i=1}^{n} \frac{(\lambda t)^{i-1}}{(i-1)} e^{-\lambda t}$$

第四节　可靠性工程

可靠性工程是关于设计、制造和保证产品具有高可靠性的知识和技术。可靠性工程中的许多技术已经得到开发。可靠性技术最初是通过统计研究直接度量和预测产品的可靠性，主要的关注点集中在确定诸如晶体管和电阻器这样的单个元件的失效率。运用元件失效率的知识，预测由这些元件组成的复杂系统的可靠性，可靠性技术的发展，涉及产品设计、制造、使用和维修等产品寿命周期的各个环节，逐步形成一门提高产品质量的工程技术学科——可靠性工程。相应的有设计可靠性、制造可靠性、使用和维修可靠性等，在各个领域已经形成了一系列技术和方法。这些技术和方法又可分为可靠性设计方法、可靠性分析方法、可靠性试验方法等。本节简要介绍可靠性工程中的一些常用技术和方法。

一、可靠性设计

产品设计极大地影响到产品的固有可靠性，可靠性设计与分析在产品设计中具有重要的地位和作用。

(一)可靠性设计的主要工作

可靠性设计是明确可靠性要求，运用可靠性设计技术试验、预测、评估可靠性，选择和控制产品元件及其结构关系，分配和实现可靠性的过程。主要包括：

(1)规定产品的可靠性要求，即可靠性指标，如 MTBF、MTTF 等。

(2)建立可靠性模式。典型的可靠性模型有串联模型和并联模型。这些模型可用于在产品整体层次上和分系统层次上定量地分配、估计和评价产品的可靠性。

(3)分配可靠性，即将产品总的可靠性指标分配到特定的产品子系统层次。

(4)预测可靠性。在产品设计阶段对系统可靠性进行定量估计，根据相似的产品可靠性数据、系统构成和结构特点、系统的工作环境等因素，估计产品系统及子系统的可靠性，同时将预测可靠性与要求比较，发现设计改进的环节。

(5)正式确定产品可靠性设计的原则和要求，形成设计标准和规范。

(6)选择和控制元件。

(7)必要时进行耐环境设计、电磁兼容性设计、热设计、维修性设计等。

(二)提高可靠性的方法

常用的方法有：

(1)选择标准化的元器件。保证高可靠性的方法之一是采用有过多年实际使用可靠性记录的元件。如果元件的失效率可以确定，那么可以在设计过程中选择和使用标准元件。利用标准化元件不仅可以实现高可靠性，而且还可以因标准化元件用于各种不同的产品而降低成本。此外，差额使用元器件或者采用高安全系统的元件，也是提高产品可靠性的方法。

(2)使用冗余技术。冗余提供的是各种可用的备份元件。当系统中的任何一个元件失效，可能引起整个系统出现一次失效时，这些元件可以使用冗余技术。在设计上，冗余元件可以采用待命的方式，也可以采用并联的方式进行配置。在待命系统中，一旦运行单元失效，则转换到待命单元；在并行配置中，两个单元都正常运行，但只需要一个单元正常发挥作用。对于那些失效的代价极高的系统，诸如飞机和卫星通信系统，冗余十分重要。然而，冗余会增加系统的成本、尺寸和重量，所以设计者应根据需要增加的可靠性来权衡这些因素。

(3)耐环境设计。许多故障由于化学反应而随着时间的推移不断恶化。这种反应由于温度和湿度的影响而加重。了解材料的特性及其对环境影响的反应，有助于消除潜在的故障，或者使产品对影响可靠性的各种环境条件有更强的适应性。可靠性工程师必须与化学家、材料科学工程师及其他有助于了解故障机制的人员密切合作来提高可靠性。

(4)维修性设计。在产品设计开始时，就考虑通过设计和分析维修性，来保证产品的高可靠性。其中包括简化设计、互换性与模块化设计、防误与安全设计、故障检测设计和人机工程的运用等。

二、可靠性分析

在产品设计和维护过程中，常用的可靠性分析方法有故障模式及影响分析(FMEA)和故障树分析(FTA)两种。以往人们依靠经验和知识来判断元器件故障对系统产生的影响，这种判断过分依赖于个人的经验和技术水平，因而缺乏系统性和科学性。故障模式及影响分析为人们提供了一种系统、全面、标准化的有效分析工具。这种方法可以系统地分析零件、元器件、设备所有可能的故障模式、原因及后果，以便发现设计、生产中的薄弱环节，加以改进提高产品的可靠性，而故障树分析可以帮助判断潜在的故障或计算产品发生故障的概率，可用于指导故障诊断、改进运行和维修方案。

(一)故障模式及影响分析(FMEA)

1. 故障模式及影响分析的基本概念

故障模式及影响分析(failure mode and effect analysis，FMEA)是一种可靠性分析的重要定性方法。它按照一定的格式有步骤地分析每一个部件、单元(或每一种功能)可能产生的故障(失效)模式，每一种失效模式对系统(设备)的影响及失效后的严重程度，是一种失效因果关系分析。

故障模式、影响及危害性分析(failure mode，effect and criticality analysis，FMECA)是在FMEA的基础上再增加一层任务，即判断这种故障模式影响的致命程度有多大，使分析量化，因此，FMECA也可看成是FMEA的一种扩展。

总的说来，FMEA和FMECA是对组成产品部件可能发生的故障类型及其对上一级乃至整个系统的影响和危害度进行分析的方法。

目前，国内外的航天、航空、汽车、电子等行业都大力推广这种简单易行、效果良好的方法，并采取强制性的措施加以推广。如国际通信卫星、欧洲空间局和美国的各型卫星都规定必须普遍进行FMEA。日本的汽车行业也规定，不但在设计阶段必须进行，而且在制造过程中也进行FMEA。我国的航天、航空工业也普遍使用。

FMEA(FMECA)的主要用途包括：(1)发现设计、生产中的薄弱环节，有助于设计人员有针对性地采取改进措施。(2)协助确定可靠性的关键件和重要件。它们是改进设计、可靠性增加、生产质量控制的主要对象。(3)为产品的检验程序、故障试点的设置、维修分析、保障分析提供依据。

2. 故障模式中的基本概念

故障模式是指产品故障的一种表现形式，如断裂、接触不良、泄漏、腐蚀等。

故障影响是指每种故障模式对产品使用、功能或状态所导致的后果，可分为以下三个层次的影响：(1)局部影响是指该故障模式对当前所分析层次的产品的影响；(2)高一层次影响是指对当前所分析层次高一层的产品的影响；(3)最终影响是指对最高层次产品的影响。

严重度是指某故障模式所产生后果的严重程度，可分为四类：Ⅰ类——灾难的，是一种会引起人员或系统(如飞机、坦克、舰船等)毁坏的故障；Ⅱ类——致命的，是一种会引起人员严重伤害、重大经济损失或导致任务失败的系统严重损坏的故障；Ⅲ类——临界的，是一种引起人员轻度伤害、一定的经济损失或导致任务延误或降级的系统轻度损坏的故障；Ⅳ类——轻度的，是一种不足以导致人员伤害、一定的经济损失或系统损坏的故障，但它会导致非计划性维护或修理。

3. FMEA(FMECA)的工作程序

FMEA 是从基本单元的故障模式和产品的功能结构，确定单元故障与系统(产品)状态之间的关系。这是一种从“下”至“上”的分析方法，重点考虑构成系统的每一个单元出现故障对系统(产品)的影响，以列表方式进行。

FMEA 的工作程序如下：(1)列出产品(系统)中各部件的名称编号。(2)假设并列出可能发生的所有失效模式。(3)说明各失效模式对整个系统的影响。(4)指出失效的危害程度。(5)提出防止失效的纠正方法和补救措施。

一种故障模式是否值得重视不仅与它的后果有关，还与它出现的概率大小有关。对某种故障模式的后果及其发生概率的综合度量，称为危害性(度)。FMECA 在 FMEA 的基础上加以下两条：(1)确定故障影响的严重等级。(2)估计基本组成单元故障模式的出现概率。

表 5.3 列出了一个典型的 FMEA 实例，它是对普通家用电灯插座的分析。

表 5.3　　**某种电灯泡故障模式影响分析**

元件名称	故障模式	故障原因	故障影响	纠正措施	危害点评
插销 元件号： P-3	接线松动	使用振动、加工	将不导电；可能产生热	浇铸插头和接线	不纠正可能导致火灾
	插销本身没有故障	用户在插拔时接触管脚	可能引起严重的电击或死亡	对浇铸插头扩大安全性附加物	儿童
金属底部和茎部	倾斜或缺口	坠落、撞击、搬运	外观降级	严控完工工序、改进包装	表面
灯泡插座	破裂	过热、撞击、强力	如果接触金属底部和茎部，可能导致电击；更换灯泡时可能产生电击	改进金属底部和茎部	危险
接线	灯泡与插销之间断路、磨损	疲劳、受热、粗心大意	不导电；可能产生热、断路或导致电击	采用适合预定环境的、寿命长的导线	危险；在说明书中警示
	内部短路	过热、隔热层易碎	导致电击或灯丝断开不能使用	采用适合预定环境的、寿命长的导线	
	内部导线断路	插座脱落、导线扭曲	导致电击或灯丝断开不能使用	采用齿形边或凹槽，以防插座从旋转处脱落	

(二)故障树分析(FTA)

1. FTA 的基本概念及主要用途

故障树分析(fault tree analysis，FTA)是通过对可能造成产品故障的硬件、软件、环境、人为因素进行分析，画出故障树，从而确定产品故障原因的各种可能组合方式和(或)其发生概率的一种分析技术。其目的是帮助判明潜在的故障或计算产品发生故障的概率，以便采取相应的改进设计措施，也可用于指导故障诊断、改进运行和维修方案。

迄今，FTA 已被国内外公认为是对复杂系统进行安全性、可靠性分析的一种好方法。FTA 可用于故障的定性分析和定量分析。定性分析的思想类似于因果图，因果图一般用于故障原因和故障结果相对简单、直观的情况。当故障原因相对复杂或原因之间或因果之间存在某种关联性时，就要用故障树进行分析。故障树的定量分析，是依据底事件(基本事件)的发生概率按故障树的逻辑关系计算出顶事件(结果事件)的发生概率。

FTA 的主要用途包括以下几个方面：

(1)从安全性角度出发，比较各种设计方案，或者对已确定的某种设计方案，评估其是否满足安全性要求。

(2)对于大型复杂系统，通过 FTA 可能发现由几个非致命的故障事件组合导致的意外致命事件，据此采取相应的改进措施。

(3)为制定使用、试验及维修程序提供依据。

(4)为系统的管理、使用、维修人员，提供一个形象的管理、使用、维修的“指南”或查明故障的“线索表”。

2. 故障树的建立

故障树是一种倒状逻辑因果关系图，用一系列事件符号、逻辑门符号和转移符号描述产品(系统)中各种事件之间的因果关系。常用的故障树符号如表 5.4 所示。

故障树的建立是 FTA 的关键，因为故障树的完善程度将直接影响定性分析和定量计算的准确性。现以演绎法建树为例，对故障树的建立作简单介绍。

表 5.4　**常用的故障树符号**

分类	符　　号	说　　明
事件	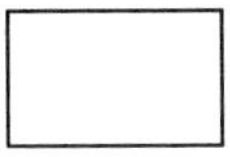	结果事件(包括顶事件与中间事件)
	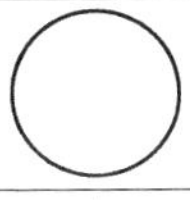	基本事件
	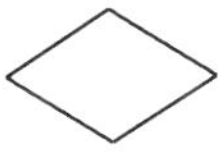	未展开事件：其输入无须或无法进一步分析的事件
	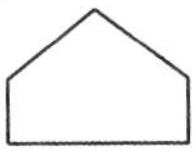	房形事件：作触发事件用，或作开关用

续表

分类	符　号	说　明
逻辑门	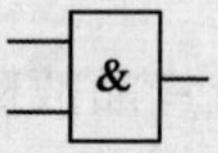	与门
	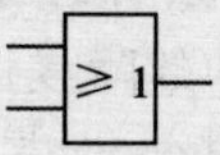	或门
	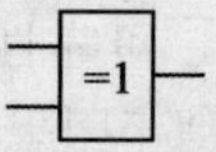	异或门：仅当一个输入存在时才有输出
		禁止门：若禁止条件不成立，即使有输入也无输出
		表决门：n 个输入至少有 m 个存在，则有输出
子树转移相同	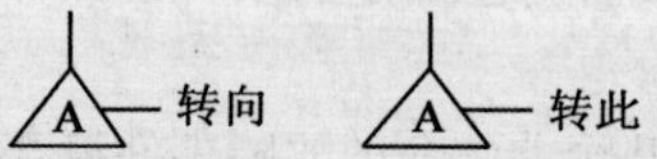	将树的一个完整部分(子树)转移到另一处复用，A 是标号
子树转移相似	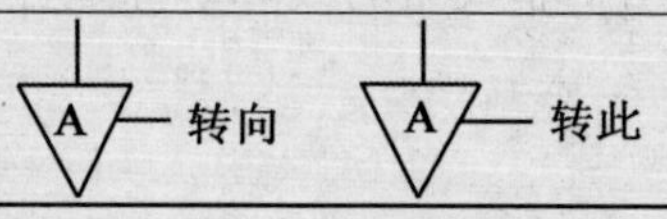	转移前后的子树结构相同，但事件不同

先写出顶事件(即系统不希望发生的故障事件)表示符号作为第一行，在其下面并列写出导致顶事件发生的直接原因(包括软件、硬件、人及环境因素等)作为第二行。把它们用相应的符号表示出来，并用适合的逻辑门与顶事件相连。再将导致第二行的那些故障事件(称中间事件)发生的直接原因作为第三行，用合适的逻辑门与中间事件相连。按这个线索步步深入，一直追溯到引起系统发生故障的全部原因，直到不需要继续分析为止(称为底事件)。这样就形成了一棵以顶事件为“根”、中间事件为“节”、底事件为“叶”的倒置的故障树。

图 5.14 是一个电动机工作原理图，图 5.15 是以“电动机过热”为顶事件的故障树图。

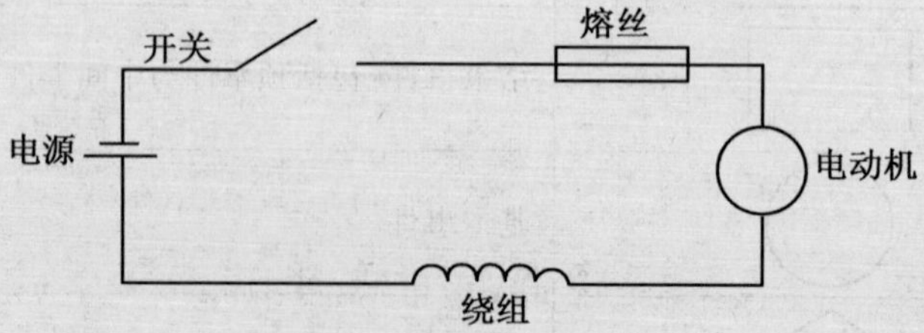

图 5.14　电动机工作原理图

3. 故障树的分析和流程

故障树的定性分析就是找出导致顶事件发生的原因和原因组合，即找出全部最小割

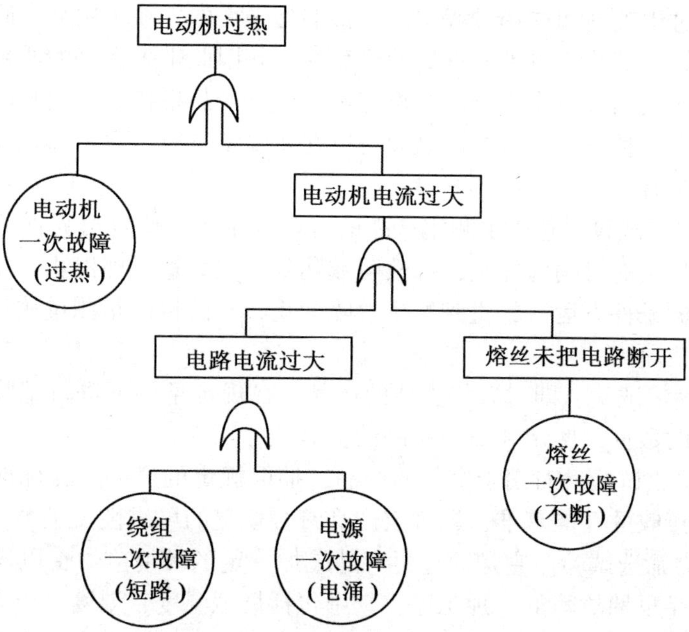

图 5.15　“电动机过热”的故障树图

集。最小割集是指一些底事件的集合，它们都发生时顶事件必须发生，而这些底事件中缺一个就不会导致顶事件发生。如图 5.15 中，最小割集就是：电动机一次故障、绕组一次故障及熔丝一次故障、电源一次故障及熔丝一次故障，共三个。最小割集中底事件的数量称为阶数。一般阶数越低的最小割集越重要；在低阶最小割集中的底事件比高阶中的重要；在不同最小割集中重复出现次数越多的底事件越重要。根据上面三条原则，即可将底事件及最小割集按重要性进行排序，以便确定改进措施的方向。

故障树的定量分析，就是根据底事件的发生概率按故障树逻辑门关系，计算顶事件发生的概率，以判断是否满足规定的安全性和可靠性的要求。

FTA 属于演绎法。它由上而下，由顶事件出发，分析顶事件的一切可能原因或原因组合。其流程为：(1)选择顶事件。(2)构造故障树。(3)定性分析识别系统故障模式。(4)定量分析计算顶事件发生概率及单元重要度。(5)识别设计的薄弱环节。(6)采取改进措施，提高系统的可靠性。

三、可靠性试验

产品的可靠性主要由设计可靠性和产品元件可靠性决定，不过可靠性十分复杂，通常不能单纯地根据对设计的理论分析来确定，而需要正式的试验，其中涉及确定产品性能的环境条件、运行时间和故障模式等。

产品可靠性试验是对产品可靠性进行调查、分析和评价的手段，通过试验发现产品设计、元器件、原材料和工艺方面的缺陷或潜在故障，以采取有效措施，提高产品可靠性。

实践证明，可靠性试验十分有用。可靠性数据在产品责任保护、评估设计可靠性和供应商可靠性以及过程策划和选择过程中，通常都是必需的。在军用品合同中，通常要求有可靠性数据。良好的试验可以带来良好的可靠性，并因此带来良好的质量。在供应商可靠性评价中，试验的数据可以作为产品合格与不合格、产品批接收与拒收的依据。

可靠性试验有多种方式。可靠性试验可以在实验室进行，也可以在现场进行。从实验的目的来看，通常有：

(1)可靠性测定试验。它用于测定产品的可靠性水平，确定可靠性的各项指标。这种试验通常进行到规定的时间即停止，或故障数达到一定数量时即停止。比如常见的寿命试验，产品在特定的条件下运行，直到发生故障为止，它的目的是测量故障的分布，以更好地了解和消除这些原因。

(2)可靠性鉴定试验。即对有代表性的产品，在规定条件下进行试验，获得产品可靠性是否满足要求的数据，鉴定和证明产品的可靠性。

(3)可靠性验收试验。对用于交付的产品，抽取规定的样品，在标准的试验环境下进行试验，验证可接收的性能基准，以确定产品符合规定的可靠性要求。

(4)环境应力筛选试验。它是通过对产品施加一定的环境应力，以剔除不良元件或工艺缺陷引起的产品早期故障的一种工序，其中包括模拟温度、湿度、压力等环境条件。比如半导体产品的烤机试验，将产品暴露在高温下，来强制缺陷发生。烤机后生存下来的元件很可能拥有更长的、无故障的运行寿命。

(5)可靠性增长试验。它是在一定的环境应力下，为暴露产品的薄弱环节，同时证明改进可靠性的措施是否有效而进行的再现试验。通过在规定的产品实际工作环境应力、模拟环境应力或加速变化的环境应力条件下试验，发现故障，分析和纠正故障，验证纠正措施的有效性，以提高产品的可靠性。

第五节　可靠性管理

一、可靠性管理的概念及步骤

众所周知，产品固有可靠性的上限是由设计决定的，随着产品投入生产，其可靠性一般会有所降低，随着生产的进展、工艺过程的改进和生产经验的积累，可靠性将增长。产品出厂经过运输、储存后进入现场使用，其使用可靠性通常会再次降低。随着使用时间的推移及使用维护人员对产品越来越熟悉、使用维护经验的积累，使用可靠性将有所增长。可靠性管理总的目标是使产品在设计时有可靠性指标和设计措施，在生产时有实现可靠性的保证措施，在使用时有维持可靠性水平的措施。

可靠性管理通常是按产品寿命周期阶段划分的，主要有开发设计、生产、销售、使用、维修等阶段。在产品寿命周期内，企业为提供满足使用要求的高可靠性产品而采取的提高可靠性的一切措施、方法和活动，称为可靠性管理。实践证明，要保障产品的可靠性，除了进行可靠性分析和设计外，还要进行系统而周密的可靠性管理。产品的可靠性管理是建立在健全的质量管理基础上的。

可靠性管理是一个计划、组织实施和不断改进的过程。有效的可靠性管理，一般需要遵循以下几个步骤：(1)定义顾客的效能要求。(2)确定重要的经济因素并评估它们与可靠性要求之间的关系。(3)定义产品使用的环境和条件。(4)选择满足可靠性要求及成本准则的元件、设计和供应商。(5)确定机器和设备的可靠性要求，及其在生产过程中对产品可靠性的影响。(6)分析现场可靠性数据作为一种质量改进的方法。

二、可靠性的过程管理

可靠性管理贯穿于产品可靠性形成乃至产品生命周期的全过程。每个过程都有其相应的目的、技术、方法和手段。

(一)可靠性目标的确立

根据日本质量管理专家田口博士的损失函数，高可靠性可以产生较低的社会成本。消费者肯定期望产品100%可靠，对各个制造商而言，这是一个很有价值的目标。然而，要求所生产的产品在所有条件下仍有完美的可靠性是不现实的。为了实现高可靠性，必须采用更好的原材料和更加精确的制造过程。这些改进将增加成本，从而达到消费者不愿意支付的价格。因此，管理层必须在经济因素与寻求成本最小化之间取得平衡，时刻牢记过低的可靠性可能危害公司的声誉，同时导致销量损失或招致产品责任诉讼。这样的决策必须由高层管理者从战略上考虑。

(二)设计过程可靠性管理

可靠性作为质量的一个基本方面，应设计到产品中去。关于产品或系统的效能特性、运行条件、效能持续期支配着技术设计。产品效能会由于其使用方式和环境条件而增加变异。比如，由于化学成分、振动、压力的变化，或者由于温度和湿度的变化所引起的原材料的膨胀和收缩，使得各种变化随着时间的推移而发生，产品失效迟早会发生，创造出永不失效的产品几乎是不可能的。问题不是产品是否失效，而是何时失效。设计师必须确定失效在多大程度上是可接受的，并建立可靠性规范。

许多消费者通常不会始终正确地使用产品或遵从所建议的维护程序。设计者必须考虑到操作误差所导致的失效，同时必须在发生失效时保持安全性。这方面的一个例子是铁路信号，一旦发生失效则变成红色。防误设计可以在突然出现操作误差时防止继续运行。例如温度控制可以通过不允许加热开关在风扇开关闭合之前闭合，来预防过热。

(三)生产过程可靠性管理

设计为可靠性奠定了基础，生产保证可靠性的实现，两者共同决定了产品的固有可靠性。经验表明，如果忽视生产过程中的可靠性管理，将使实际的可靠性降低到预计值的10%。生产过程中可靠性管理的重点一是最大限度地排除和控制各种不利因素；二是最大限度地检出不可靠因素造成的缺陷。

大量故障统计资料表明，产品故障中有10%~20%是由于生产的原因造成的。生产过程中产生缺陷的主要原因是：(1)工艺设计不良；(2)生产过程中附加不良应力、搬运损伤或试验工作不当等；(3)由生产者的技术水平、疲劳等因素造成的人为差错；(4)外购件的质量得不到应有的保证，进厂没有按规定检验等。这些因素对产品可靠性发生综合作用的过程，也就是可靠性降低的过程。

由生产缺陷造成的故障模式有：接触不良；元器件定位不当；表面或材料污染；焊接不牢；装配、紧固不当；材料有发纹、弯曲、变形等。这些缺陷又可分为两类：一类是与时间无关的质量缺陷；另一类是与应力、时间或两者均有关的可靠性缺陷。对于质量缺陷采用一般的质量控制检验措施可以加以排除。检验和测试效率越高，缺陷被排除的可能性也就越大。而部分可靠性缺陷采用一般的常规质量控制检验方法是不易发现的，通常采用受控的环境应力筛选将缺陷加以排除。

针对上述缺陷产生的原因，在生产过程中可采取的保证可靠性的方法主要有：

(1)加强生产过程的质量控制。制定严格的质量控制要求，检验和测试程序，以及数据的收集、分析和纠正要求等。

(2)根据产品的特点，制定生产过程中不同工序之间必要的筛选试验程序，以便发现可靠性缺陷，促进潜在故障的暴露。

(3)优化工艺设计及生产技术、生产设备，严格操作规程。

(4)加强生产人员的培训，提高其技术水平，创造优良的生产条件。

(5)选择高质量的货源，加强进厂入库前的检验工作。

(6)建立有效的故障报告、分析和纠正措施系统。发现问题，及时报告并采取改进措施，使产品的固有设计可靠性得以保持。

(四)包装、运输和防护可靠性管理

在可靠性管理中，还不能忽视包装和运输。不良的防护和搬运，可能极其严重地影响交给顾客的产品的可靠性。比如有一家公司在一个12米长的卡车中装载了半车没有恰当包装的计算机。在运输中，各个箱子从4米高处掉下来，翻倒散落在长途行驶的卡车里。硬纸盒全部破坏，人们以为所有的计算机全部毁坏了。然而，有一台计算机由于经过精心包装和包装测试而没有损坏。

(五)使用、维修阶段的可靠性管理

使用、维修不当可能导致产品使用可靠性下降，其主要原因是：(1)在使用过程中不按产品使用规程操作。(2)对产品不熟悉或由于疏忽、粗心等原因对产品施加的应力超过了设计极限。(3)具有损耗特性的产品，随着使用时间的增加，可靠性降低。(4)维修不当，在计划或非计划维修中引入缺陷。如外来物留在产品中、螺栓没有拧紧或拧得过紧、元器件更换不当、注入了不合适的润滑剂、安装错误等。(5)在现场使用、维修过程中所受的环境应力超出预期的应力。如在沙漠地区使用、维修时，产品可能会受到沙尘和高温等环境应力的影响。

因此，产品使用、维修阶段的可靠性与维修性和人机工程等多种因素有关，要保证产品使用的可靠性，应特别重视操作管理及维修管理。

在使用过程中另一项重要的可靠性工作是可靠性数据的收集、分析及反馈。因为使用

阶段收集和分析的可靠性数据，对产品的设计和生产的评价最权威，它反映的使用及环境条件最真实，参与评估的产品数量较多，其评估结果反映了产品趋向成熟期或已达到成熟期时的可靠性水平，是该产品可靠性工作的最终检验，也是今后开展新产品的可靠性设计和改进原产品设计的最有益的参考。其主要用途有：(1)跟踪产品在现场的可靠性状况。(2)对出现的故障或问题进行分析，为改进产品可靠性提供依据。(3)评价改进措施的有效性。(4)验证产品设计、生产过程中所采取的可靠性措施的正确性和合理性；环境应力筛选和可靠性增加试验的效果以及厂内可靠性鉴定试验的正确性。

三、计算机软件的可靠性管理

许多日用消费品越来越依赖计算机(严格地讲是微机芯片)控制，相应地依赖控制软件。必须防止计算机软件的失效引起的偏离要求。可能每个人都经历过在不适当的时候发生的系统崩溃的情况。

软件可靠性问题可能导致很大的不方便或危害。比如，1990 年 1 月 15 日，在美国有一条控制 AT&T 公司电话交换系统的编程语句错误，使得交换机不能正常关闭，从而导致全国范围内电话网长达 9 个小时的饱和状态。另一件更为严重的事件是由于放射治疗机差错，导致几个患者死亡。这次事故是由于控制放射治疗机的软件引起的。如果操作员输入不正常但是可能出现的命令，计算机控制将使机器进入出错或有害的状态，致使患者接受过度的辐射剂量。

在全球化企业竞争中，高质量和高可靠性的软件十分重要。由于软件失效由内在的设计缺陷引起，这些缺陷只有在适当的运行环境中才能暴露出来。常见的软件“虫”就是由于设计规范缺陷、程序编码差错、测试差错或者与硬件及其他支持软件不兼容所引起的。估计和预测软件的可靠性并不容易。

计算机软件更类似于服务而不是制造物。对于计算机软件而言，简单地检验最终产品是不符合实际的。一旦程序完成并存储到磁介质中，所有的“虫子”已经包含在产品中。因此，必须在设计阶段给予特别关注。不幸的是，许多软件厂商在充分的测试完成之前，都面临着巨大的交货压力，这不仅带来昂贵的上市后技术支持，还对公司声誉有损害。

软件生产的环境有其特点，这些对软件质量有不利影响，如：(1)程序员参差不齐的技术水平；(2)小规模的项目工作人员(常常一个人)；(3)没有经验的软件顾客通常只对软件输出感兴趣；(4)定义不良且通常高度复杂的顾客目标；(5)内部因素或外部因素产生的限制，如成本和时间；(6)硬件的复杂性偶尔迫使应用程序员作为系统程序员工作，而不是直接面向顾客提出的实际目标；(7)质量不佳的现有软件，它们是在没有得益于现代支持工具的情况下编制的。

将质量和可靠性嵌入软件是从良好的计划开始的。软件质量保证系统必须集成到当前的实践和程序之中。当软件质量保证独立于软件设计系统时，这样的程序可能容易被忽视或忘记。所有相关的职能小组必须在质量保证人员的指导下工作。由于质量保证程序对软件设计小组通常是新事物，获得接受通常需要行为上的和精神上的各种技术。

目前已经开发了几种用于指导软件开发过程，确保软件质量和可靠性的技术。这些技术包括技术状态管理、评审与审核以及各种测试方法。每种活动都是基于客观的度量和对项目经理或开发团队成员的反馈。

技术状态管理已经广泛地应用于航空和国防工业的硬件项目，也为软件项目所采用。在政府合同中这是关键要求。技术状态管理用于软件设计和维护，它通过紧密地控制组成一个复杂系统的各个软件构件来完成。它提供了将开发和使用过程中的各种更改综合起来的手段。该过程由三项活动构成：(1)为计算机程序(配置定义)建立经过批准的基线配置(设计)。这些基线支持对所有提及的更改进行系统的评估、协调和处理。(2)对基线程序中的所有更改保持控制(更改控制)。(3)提供各种基线和更改的可追溯性。为了确保各项规范得到满足，及确定差错的来源和纠正方法，保持一个关于各项配置及其更改的文件十分重要。

通过独立的评审，可以发现和报告各种问题或潜在的问题。软件质量保证小组负责依据规范、文件和代码保持控制，以保证各项效能和设计要求得到满足。他们还在编码之前评审软件设计，审核开发活动，评审和批准测试计划，监控各项要求的测试。

有许多方法可用于软件验证。其中包括对不能通过测试验证的各种要求的检验，诸如检验流程图和程序清单，与一个已知结果的标准程序比较运行情况，分析程序的输出以证实各种复杂的方程，方程的结果与输入的直接关系，根据已知的输入产生已知的输出进行测试。

第六章　试验设计与田口方法

质量管理的发展从生产过程向设计开发过程和销售服务过程两头延伸。产品首先是设计开发出来的，设计开发是产品满足市场和顾客需要的基础，得到人们越来越广泛的重视。产品的设计开发需要采用科学的理论和方法，本章介绍的试验设计和田口方法正是产品设计开发过程所应用的行之有效的质量控制和管理的技术与方法。

第一节　试验设计概述

一、试验设计的发展及应用范围

试验设计最早应用于农业生产，20 世纪 30 年代，由于农业试验的需要，费歇(R. A. Fisher)在考察各种肥料及施肥量对农作物产量的影响时，建立了试验设计的最初数学模型，在试验设计和统计分析方面做了一系列先驱工作，从此试验设计成为统计科学的一个分支。在工农业生产和科学研究中，经常需要做试验，以求达到预期的目的。例如在工农业生产中希望通过试验达到高质、优产、低消耗，特别是新产品试验，未知的东西很多，要通过试验来摸索工艺条件或配方。如何做试验，其中大有学问。试验设计得好，会事半功倍，反之会事倍功半，甚至劳而无功。随着生产的发展，试验设计的理论和方法也不断发展，各种有效的试验方法越来越广泛地被各个部门所采用。随后，Yates、R. C. Bose、O. Kempthome、W. G. Cochran、D. R. Cox 和 G. E. P. Box 对试验设计都做出了杰出的贡献，使该分支在理论上日趋完善，在应用上日趋广泛。20 世纪 60 年代，日本质量管理和统计学家田口玄一将试验设计中应用最广的正交设计表格化，为试验设计的更广泛使用做出了巨大贡献。于是试验设计方法成为提高产品质量的重要手段，在质量管理中发挥了很大的作用。它能提高产出效率，减少质量的波动，提高产品质量水准，大大缩短新产品试验周期，降低成本，还能延长产品寿命。

1988 年 1 月，美国摩托罗拉公司(该公司当年单独获得由里根总统颁发的第一届美国鲍德里奇国家质量奖)的质量与生产改善顾问 Bhote 发表了题为“试验设计：通向质量的高速公路”的一篇文章。文中认为：“如果质量是带动公司前进的火车头，那么试验设计就是燃料。它能在一两年内，不是以百分之五十或百分之百，而是成十倍甚至成百倍地提高产品质量。”在产品质量改进方面，我国企业应用统计技术比较缺乏和落后，因此这方面的潜力非常大。只要应用试验设计等统计技术，必将给企业带来重大的经济效益。即使是技术和设备完全靠引进的企业，其情形也都不例外。在质量管理中使用试验设计主要有下面两个目的：第一，通过试验，确定影响质量或生产过程的主要原因；第二，选择满足设计质量或产品质量的操作条件。

二、试验设计的原则、程序与方法

(一)试验设计的原则

试验设计作为质量管理的一个重要方法，又是一门数理统计的应用学科。因此，为了得到有说服力的结论，试验设计要求试验数据必须服从既定的统计规律，以便对数据进行有效的分析，并且尽可能减少客观存在的试验误差的干扰，以最终得到比较精确可靠的结论。为兼顾这两方面的要求，试验设计应普遍遵循以下原则：

(1)重复原则。重复是为了估计误差、提高试验的精度和增强统计推断能力。通常用标准差来度量误差的大小和描述该项试验的精度。如没有重复，则只能直接比较每次处理的观测值的大小来判断其优劣，这样的结论既不精确又不可靠。若重复试验，则可对出现的差异是由于因素的变化还是误差的影响得出比较可靠的推断。重复次数越多，试验精度越高，但成本也会增加，所以试验者需要进行权衡。

(2)随机化原则。随机化原则是对数据进行统计分析的基础，只有随机化后的数据才服从一定的统计分布规律，而统计分析是建立在一定的统计分布的理论之上的。按照概率论的观点，经过随机化，系统误差可趋向于相互抵消。在实施试验时，可使未受控制的因素的影响相互抵消而使系统误差转化为随机误差，从而避免在处理平均值时发生偏移。随机化的方法有抽签、查随机数表等。

(3)局部控制原则。局部控制原则是指在一项试验中，除了对选定的因素进行考察外，在必要时，还可以对试验结果产生的影响和对试验产生干扰的其他因素，按某些标准将试验对象和试验环境等试验条件(如日期、地区、生产装置和原料批次等)分成若干部分或区组进行试验，以实现局部控制。实施局部控制的目的在于使各部分内或各区组内的试验环境比较一致或相对稳定，使其差异尽量表现或局限在各部分之间或各区组之间，而不致影响对考察因素的比较和分析。

(二)试验设计的实施程序

试验设计一般可按照以下六个步骤进行：(1)明确试验目的、确定试验指标；(2)选取试验因素及水平；(3)选定试验设计方法；(4)进行试验；(5)数据分析；(6)结论与建议。

(三)试验设计方法的选择

1. 试验设计方法的类型

试验设计方法包括以下几种类型：(1)单因素试验设计；(2)双因素试验设计；(3)多因素试验设计；(4)正交试验设计；(5)均匀试验设计；(6)因子试验设计。

2. 试验设计方法的选择

选定试验设计方法是试验设计中的一项重要工作。具体选择灵活多样，因人而异，因问题而异，因问题所处的不同阶段而异，因试验经费的多少而异，因时间的要求而异，因难度而异等。试验设计方法的选择不仅关系到该项试验能否考察其指标随因素变化的信息，而且直接影响试验分析结论的精确可靠，影响试验精度与试验费用能否保持合理平衡。

按照试验设计考察因素多少的不同，当试验中只考察一个因素时，可选用单因素优选法或完全随机化试验设计等方法；两个因素以上，则可选用多因素设计方法。按照试验设计的条件、要求和目的的不同，如试验条件的变化差异较大，或者试验环境受到限制时，可采用区组设计；如试验需要精细考察若干因素及其交互作用对指标的影响，可以采用析因设计或希望少做些试验的部分析因设计，也可以采用正交设计；如果试验要求找出指标与因素间的数学关系或建立数学模型以用于对指标的预测和对因素进行控制时，则可采用各种回归设计；如需进行新产品的设计开发或优化产品质量设计，则可采用三次设计。如果进行试验以前，根据专业知识和原有的实践经验，就已经知道试验结果与因素之间存在某种数量关系和理论模型，则可进一步采用各种试验回归最优设计，以更有效地对指标进行预测和对因素进行控制。本章重点介绍单因素试验设计和多因素试验设计(主要包括正交试验设计)。

第二节　单因素试验设计

在生产和科研活动中，为保证质量，降低成本，经常会遇到如何选择最优方案的问题。如怎样选择合适的配方、最合理的工艺参数、最佳的生产条件，安排试验方案能做到时间最省，效果良好，成本最低。这一类问题在数学上称为最优化或称优选法。优选法是一种指导我们用较少的试验次数寻找最优方案的科学方法，以达到优质、高产、低耗的效果。当试验中只考察一个因素时，可选用单因素优选法。下面我们介绍单因素优选法的做法。

一、对分法

对分法也叫平分法，是单因素试验设计方法，适用于试验范围为[a，b]，目标函数为单调(连续或间断)的情况下，求最优点的方法，即如果每做一次试验，根据结果可以决定下次试验的方向时，就可以应用对分法。

对分法的做法是：每次取优选因素所在试验范围[a，b]的中点处 C 做试验。其计算公式是：

$$C=\frac{a+b}{2}$$

每做一次试验后，根据试验结果确定下次试验的方向。如下次试验在高处，就把此次试验点 C 以下的一半范围[a，c]画去；反之，就把另一半范围[c，b]画去。然后在剩下的一半范围内再做试验，这样，每试验一次，试验范围就缩小一半，重复地做下去，直到找出满意的试验点为止。

例如，某毛纺厂为解决染色不匀、常常出现外红里浅的问题，要优选起染温度，采用对分法。具体如下：原工艺中的起染温度为40℃，升温后的最高温度达100℃，故试验范围先确定在 40~100℃。

第一次试验点 $C_1=\frac{40+100}{2}=70$，选在 70℃，试验结果比过去常有的外红里浅现象大有好转，起温还可以升高，即将 40~70℃这一段画掉。

第二次试验点选在 70~100℃的中点 85℃$\left(C_2=\frac{70+100}{2}=85\right)$，试验结果出现红里透黑，染色太深，起温过高，应降低，将 85~100℃画掉。

第三次试验点选在 70~85℃的中点 77.5℃$\left(C_3=\frac{70+85}{2}=77.5\right)$。试验结果是在 77.5℃起染染色深浅适度，里外均匀，反复验证后均感满意。为操作方便最后选为 78℃为起染温度。

对分法的优点是简单易行，但其应用要具备两个条件：第一，要有一个现成的标准(或指标)来衡量试验的结果；第二，能预知该因素对指标的影响规律，即能从一个试验结果直接分析该因素取值偏大还是偏小。

二、均分法

均分法是单因素试验设计方法，它是在试验范围(a，b)内，根据精度要求和实际情况，均匀地排开试验点，在每一个试验点上进行试验，并相互比较，以求得最优点的方法。

均分法的做法是：如试验范围 $L=b-a$，试验点间隔为 N，则试验点 n 为：

$$n=\frac{L}{N}+1=\frac{b-a}{N}+1$$

例如，对采用新钢种的某零件进行磨削加工，砂轮转速范围为 420~720 转/分，拟经过试验找出能使光洁度最佳的砂轮转速值。为此，根据规定的转速范围和以往的实践经验，可取试验间隔 $N=30$ 转/分，则这时 $n=\frac{b-a}{N}+1=\frac{720-420}{30}+1=11$，即分为 11 个试验点，每个试验点相隔 30 转/分，这样在转速分别为 420、450、480、510、540、570、600、630、660、690、720 转/分时进行试验，并测得光洁度结果，比较结果，最后确定砂轮转速为 600 转/分时，该零件光洁度最好而选用这一转速。

这种方法的特点是对所试验的范围进行“普查”，常常应用于对目标函数的性质没有掌握或很少掌握的情况，即假设目标函数是任意的情况，其试验精度取决于试验点数目的多少。

三、0.618 法

0.618 法是单因素试验设计方法，又叫黄金分割法。这种方法是在试验范围(a，b)内，首先安排两个试验点，再根据两点试验结果，留下好点，去掉不好点所在的一段范围，再在余下的范围内继续寻找好点，去掉不好的点，如此继续地做下去，直到找到最优点为止。

0.618 法的做法是：第一个试验点 X_1 安排在试验范围(a, b)的 0.618 处，第二个试验点 X_2 安排在试验范围(a, b)的 0.382 处，即 0.618 处的对称点，这时 X_1 与 X_2 在试验范围(a, b)内互为对称点，这两点的位置可用对称公式表示如下：

$$X_1=a+0.618(b-a)$$

$$x_2=a+b-X_1$$

式中 a 为试验范围的小头，b 为试验范围的大头，上面对称公式也可以写成：

第一点＝小+0.618(大-小)

第二点＝小+大-第一点(前一点)

前一点是经过试验后留下的好点。

使用这种方法，一是要记住一个常数即 0.618，二是记住两个公式即前面的两个公式，用对称原理找新试验点直到满意为止。

例如，铝铸件最佳浇铸温度的优选试验，某厂铝铸件壳体废品率高达 55%，经分析认为铝水温度对此影响很大，现用 0.618 法优选。优选范围在 690～740℃。优选过程如下：

第一点＝690+(740-690)×0.618＝720.9≈721℃

第二点＝690+740-721＝709℃

两点相比，第一点合格率低，故去掉 721～740℃这一段，在 690～721℃中优选。

第三点＝690+721-709＝702℃

比较第二、三点，第三点合格率较高，故去掉 709～721℃这一段，在 690～709℃中优选。

第四点＝690+709-702＝697℃

比较第三、四点，第四点较好，合格率达到 95%。

第五点＝690+702-697＝695℃

比较第四、五点，结果四、五点差别不大，故停止优选。最后确定铝水温度在 690～700℃，合格率由 45%提高到 95%。

最后应当指出，0.618 法要求试验结果目标函数 $f(x)$ 是单峰函数，见图 6.1，即在试验范围(a, b)内只有一个最优点 d，其效果 $f(d)$ 最好，比 d 大或小的点都差，且距最优点 d 越远的试验效果越差。这个要求在大多数实际问题中能满足，但也有不能满足的情况，此时不能用 0.618 法。

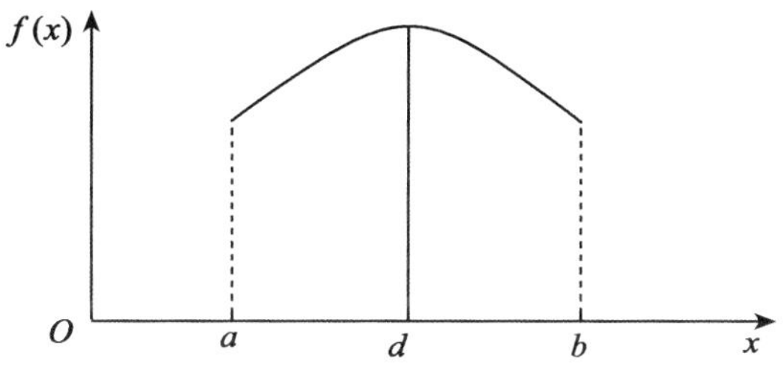

图 6.1　单峰函数图

四、分数法

分数法是单因素试验设计方法。基本原理与 0.618 法相同，适用于试验范围 (a, b) 内目标函数为单峰的情况。但与 0.618 法不同之处在于要求预先给出试验总数，或者可由已确定的试验范围和精确度计算出试验总数的情况。当试验点只能安排在一些高散点上时，如机床的转速有若干档次，采用分数法比 0.618 法更为方便。

分数法中的分子是费波那(Fibonacci)奇数序列，如用 F_0，F_1，F_2，…，F_n 代表这个数列，则费波那奇数满足下列递推关系：

$$F_n = F_{n-1} + F_{n-2} \qquad n \geqslant 2$$

当 $F_0 = F_1 = 1$ 确定之后，费波那奇数序列就完全确定了，即 1，1，2，3，5，8，13，21，34，55，89，144，…序列 (F_n) 就称为费波那奇数序列，我们再令 G_n 为 $\frac{1}{2}$，$\frac{2}{3}$，$\frac{3}{5}$，$\frac{5}{8}$，$\frac{8}{13}$，$\frac{13}{21}$，$\frac{21}{34}$，$\frac{34}{55}$，$\frac{55}{89}$，…当 n 无限增大时，可以证明 G_n 趋向 0.618，因此序列 $\{G_n\}$ 中任一个分数都可以作为 0.618 的近似值。

分数法的做法是：首先确定试验次数 n，它等于分数列 $\{G_n\}$ 中某个分数 G_n 的序号 n_1，第一个试验点用分数 G_n 代替 0.618，其余计算公式和步骤与 0.618 法完全一样。

例如，在机械加工中对机床进行优选转速时，有些机床的转速分成若干档，如车床 C6140 共分 12 档，见表 6.1。

表 6.1　　**车床 C6140 的 12 档转速**

1	2	3	4	5	6
23 转/分	32 转/分	48 转/分	67 转/分	95 转/分	135 转/分
7	8	9	10	11	12
190 转/分	240 转/分	350 转/分	485 转/分	690 转/分	1000 转/分

使用分数法寻找最佳转速的做法如下：

第一步找序列 $\{G_n\}$ 中分母大于 12 的最小分母相应的 G_n，本例为 $G_5 = \frac{8}{13}$，因此 $\frac{8}{13}$ 是第一个试验点，即先在第八档转速 240 转/分做试验。而整个试验次数为 G_5 的序号，即 $n = 5$，第二个试验点可利用 0.618 法公式算出：

$$第二点 = 1 + 12 - 8 = 5$$

即在第五档 95 转/分做试验，然后比较这两档转速的好坏，若第八档好，再使用对称原理，第三次做试验。第三个试验点为：

$$第三点 = 5 + 12 - 8 = 9$$

下一步就在第九档 350 转/分做试验，如此等等，最多做 5 次就能找到最好的转速。

从上例可得出分数法的一般步骤：

第一步，根据试验范围确定试验次数。如果试验范围有 K 个等级，则从序列 $\{G_n\}$ 中找出不小于 K 的最小分母相应的 G_n，则试验次数等于 n。

第二步，第一个试验点取在 G_n 的分子上。

第三步，以下的点按照 0.618 法找对称点继续做试验。

第三节　多因素试验设计

在改进设计参数和工艺条件中，必不可少地要进行科学试验，要试验就有试验次数和试验因素的搭配问题，也就是试验安排问题。特别是对于指标多、影响因素多、各种因素所处的状态又多的情况，如何搞好试验安排就成为一件十分重要的工作。如果试验安排得当，就能使试验的次数少，各种因素状态之间的关系考虑周全，取得事半功倍的效果。当试验中考察两个以上的因素时，可选用多因素试验设计方法，多因素试验设计方法包括因素轮换法、随机试验法、正交试验法等，本节主要介绍正交试验法。

一、正交试验的基本方法

(一) 正交试验的概念

正交试验是一种科学安排和分析试验的方法。它是利用“均衡分散性”和“整齐可比性”正交性原理，从大量的试验点中挑出适量的、具有代表性、典型的试验点以解决多因素问题的试验方法。它在各个专业的设计和试验中都得到广泛应用。

正交试验的主要优点是合理安排试验，减少试验次数；找出较好的试验方案；找出质量指标与影响因素的关系；找到进一步改进产品质量的试验方向等。

(二) 正交试验的有关概念

(1) 试验指标。试验需要考察的效果称为试验指标，简称指标。能够用数量表示的称为数量指标，如硬度、重量、拉力等，不能用数量表示的指标称为非数量指标，如颜色、外观等。

(2) 因素。对试验指标有影响的参数称为因素，如热处理的淬火温度、淬火时间、回火温度、冷却介质成分等。

(3) 水平。因素在试验中所处的状态和条件的变化可能引起指标的波动，把因素变化的各种状态和条件称为因素的水平。一个因素往往要考察几个水平，如采用不同的淬火温度、不同的冷却速度等。

(三) 正交表的格式与特点

所谓正交表，是有规律的、按顺序排成现成的表格，是正交试验的工具，正交试验是通过正交表进行的，最简单的正交表是 $L_4(2^3)$，如表 6.2 所示。

表 6.2　　$L_4(2^3)$ 正交表

列　号		1	2	3
试验号	1	1	1	1
	2	1	2	2
	3	2	1	2
	4	2	2	1

正交表记号 $L_4(2^3)$ 的含义见图 6.2：L 为正交表符号，其下角标 4 为表的行数，即试验次数，括号中 3 为表的列数，即最多可安排 3 个因素，3 下角的 2 为每个因素有 2 个水平。常见的正交表有 $L_4(3^2)$、$L_9(3^4)$、$L_8(2^7)$、$L_{18}(2^{15})$、$L_{27}(3^{13})$、$L_8(4^1\times2^4)$、$L_{18}(6^1\times3^6)$，等等。其中 $L_8(4^1\times2^4)$ 形式的正交表是安排不同水平试验的正交表，该表可安排 5 个因素，其中一个因素有 4 个水平，4 个因素有 2 个水平，试验次数为 8 次。

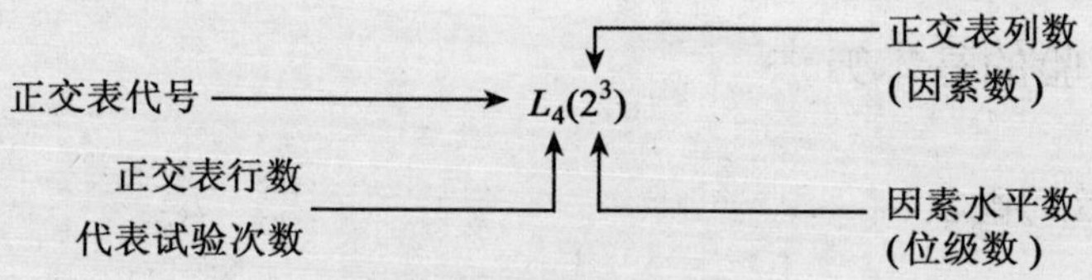

图 6.2　正交表记号含义

正交表有如下特点：

第一，每一列中，每个数字出现的次数都相等。如 $L_4(2^3)$ 表中，第 1 列“1”出现 2 次，“2”也出现 2 次，第 2 列中“1”和“2”也是各出现 2 次。

第二，任意二列中，将同一横行的两个数字看成有序数对(即左边的数在前，右边的数在后)，按这一次序排出的数对，每种数对出现的次数相等，$L_4(2^3)$ 表里的有序数对共有四种，即(1，1)、(1，2)、(2，1)、(2，2)，它们各出现一次。

(四)正交表安排试验的步骤

下面通过一个实例说明应用正交表来安排试验的一般步骤和基本原理。

例如，某工厂生产一种检查某种疾病用的碘化钠晶体，要求应力越小越好，希望不超过 2 度。退火工艺是影响质量的一个重要环节。现在通过正交试验希望能找到降低应力的工艺条件，具体步骤如下：

(1)明确试验目的，确定指标。

试验目的：降低碘化钠晶体的应力，应力越小越好。

试验指标：应力(度)。

(2)制定因素水平表。挑因素、选水平、制定因素水平表，经过考察、分析，本试验中有升温速度、恒温温度、恒温时间和降温速度共 4 个因素，每个因素取 3 个水平(位级)，因素水平表如表 6.3 所示。

表 6.3　　**试验因素水平表**

因素		升温速度 A	恒温速度 B	恒温时间 C	降温速度 D
水平	1	30℃/小时	600℃	6 小时	1.5 安培(自然冷却)
	2	50℃/小时	450℃	2 小时	1.7 安培(自然冷却)
	3	100℃/小时	500℃	4 小时	15℃/小时(降)

(3)选正交表、排表头。因素水平确定之后就可选用合适的正交表，然后排表头。本例有 4 个因素，每个因素有 3 个水平，可选用 $L_9(3^4)$ 正交表，因素安排见表 6.4。

表 6.4　　**$L_9(3^4)$ 表头安排**

$L_9(3^4)$ 列号	1	2	3	4
因素	A	B	C	D

选用正交表的原则是正交表的列数要等于或大于因素的个数，试验次数应取最少的。在排表头时各因素可任意排在各列中，但是一经排定，在试验过程中就不能再变动。

(4)排列试验条件。表头排好之后，将表中每一列的数字 1、2、3 看成该列中每个因素应取的水平，每一行就是每次试验的条件。例如 $L_9(3^4)$ 表的第一列是升温速度 A，在 1 的位置上写上 A_1 = 30℃/小时，在 2 的位置上写上 A_2 = 50℃/小时，在 3 的位置上写上 A_3 = 100℃/小时，其他因素也是同样写法(叫对号入座)，如表 6.5 所示。

表 6.5　　**降低碘化钠晶体应力试验方案**

因　素		升温速度 (℃/小时) A 1	恒温温度 (℃) B 2	恒温时间 (小时) C 3	降温速度 D 4	试验结果 应力 (度)
试验号	1	1(30)	1(600)	3(4)	2(1.7 安培)	
	2	2(50)	1(600)	1(6)	1(1.5 安培)	
	3	3(100)	1(600)	2(2)	3(15℃/小时)	
	4	1(30)	2(450)	2(2)	1(1.5 安培)	
	5	2(50)	2(450)	3(4)	3(15℃/小时)	
	6	3(100)	2(450)	1(6)	2(1.7 安培)	
	7	1(30)	3(500)	1(6)	3(15℃/小时)	
	8	2(50)	3(500)	2(2)	2(1.7 安培)	
	9	3(100)	3(500)	3(4)	1(1.5 安培)	

表 6.5 就是具体的实施方案，表中 9 次试验每次都是不同因素不同水平的随机搭配，例如第一个试验是 $A_1B_1C_3D_2$，即升温速度为 30℃/小时，恒温温度为 600℃，恒温时间为 4 小时，降温速度为 1.7 安培。

(5)按试验方案进行试验。试验排定之后就必须严格按照排定的试验方案进行试验，不能再变动。但试验的次序可以任意进行，不一定按照正交表的试验号的顺序依次试验。但是每做一次试验都要记下所得的结果(即达到的指标)，填入表 6.5 的最右一列“试验结果”。

(五)试验结果分析

通过不同试验方案的试验得到数个试验指标。如上例得到 9 种(应力)，见表 6.6，现在来分析试验结果并对试验方案进行评价。对试验结果的分析有两种方法，一是直观分析法，二是极差分析法。

表 6.6　　降低碘化钠晶体应力试验方案及试验结果

因　素		升温速度(℃/小时) A 1	恒温温度(℃) B 2	恒温时间(小时) C 3	降温速度 D 4	试验结果 应力(度)
试验号	1	1(30)	1(600)	3(4)	2(1.7 安培)	6
	2	2(50)	1	1(6)	1(1.5 安培)	7
	3	3(100)	1	2(2)	3(15℃/小时)	15
	4	1	2(450)	2	1	8
	5	2	2	3	3	0.5
	6	3	2	1	2	7
	7	1	3(500)	1	3	1
	8	2	3	2	2	6
	9	3	3	3	1	13
I=位级 1，三次产率和		15	28	15	28	总和=$I+II+III$=63.5 度
II=位级 2，三次产率和		13.5	15.5	29	19	
III=位级 3，三次产率和		35	20	19.5	16.5	
极差 R		21.5	12.5	14	11.5	

直观分析法就是直观比较试验方案的试验结果。从表6.6看出第5号试验应力最低(0.5度)，试验组合是$A_2B_2C_3D_3$。这是从试验直接得到的结果来分析，但是否有更好的试验组合，还需要通过极差分析来探索。

极差分析法要求通过计算同一因素不同水平试验指标的极差，了解试验结果的波动情况，然后比较不同因素的极差值，以便找到效果更好的试验方案。通过极差比较还可找出影响试验的主要因素，进而寻找更优的试验方案。下面用表6.6讲述极差分析法分析问题的步骤。

1. 计算数据

(1)计算各因素不同水平的指标和。用I、II、III分别表示对应各因素1、2、3水平的指标和。例如对A因素1、2、3水平的指标和分别用I_A、II_A、III_A表示。

$$I_A=6+8+1=15$$

$$II_A=7+0.5+6=13.5$$

$$III_A=15+7+13=35$$

其他因素用同样方法进行计算，其结果见表6.6。

(2)计算各因素不同水平指标的极差R。用各因素不同水平指标的最大值减最小值，如上例A因素的极差为：

$$R_A=35-13.5=21.5$$

其他因素由此类推，其结果见表6.6。

(3)计算指标值总和T。

$$T=I+II+III=15+13.5+35=63.5(\text{A因素})$$

本例各因素I、II、III的指标和是相等的，都等于9次试验结果指标值之和，即：

$$6+7+15+8+0.5+7+1+6+13=63.5$$

2. 对计算结果进行分析

(1)找出较优的试验搭配方案。较优的试验搭配方案，是以每个因素中试验指标效果较好的水平进行搭配。对上例来说因为指标是应力度，指标值越低试验效果越好。依此搭配较优试验方案为$A_2B_2C_1D_3$。

(2)排出主次因素。极差所反映的是指标值的波动，对每个因素来说，指标值的波动是由于因素所取不同的水平而引起的。所以极差越大，说明该因素的不同水平对试验指标的影响越大，那么它就应该是试验的主要控制对象，也就是主要因素。对主要因素要以较优的水平搭配试验。相反，极差较小的因素，说明该因素所处的状态，即所取的不同水平对试验指标影响不大，那么该因素就不作为主要控制对象，它就是一般因素。对一般因素的水平就可以根据试验方便、资金节约的原则选取。当然这里所说的主要因素或一般因素是在特定的试验条件下而言的，如上例各因素的主次排列是A、C、B、D。

于是在$L_9(3^4)$正交表之外，通过计算后还可以采用一个搭配较优的试验方案为$A_2C_1B_2D_3$。

(3)画趋势图展望下批试验的更好条件。为了进一步降低指示应力，以每个因素的实际位级用量为横坐标，其试验结果总和为纵坐标，画出各因素的趋势图，上例见图 6.3，从图中可看出这些因素的发展趋势，做进一步的分析。从图 6.3 来看，恒温温度随 450℃、500℃、600℃三个高度逐步上升，说明如果温度下降，应力还将继续降低，这意味着原来的三个位级都选高了，就是 450℃的恒温温度也是高的，下次试验时可将此温度降至 400℃或更低一些。恒温时间随 2、4、6 小时逐步下降，这也证实了过去“时间长应力低”的看法是正确的。恒温 6 小时最好，但考虑到节约电力和提高工效等综合效益，恒温时间取 4 小时也是可以的。

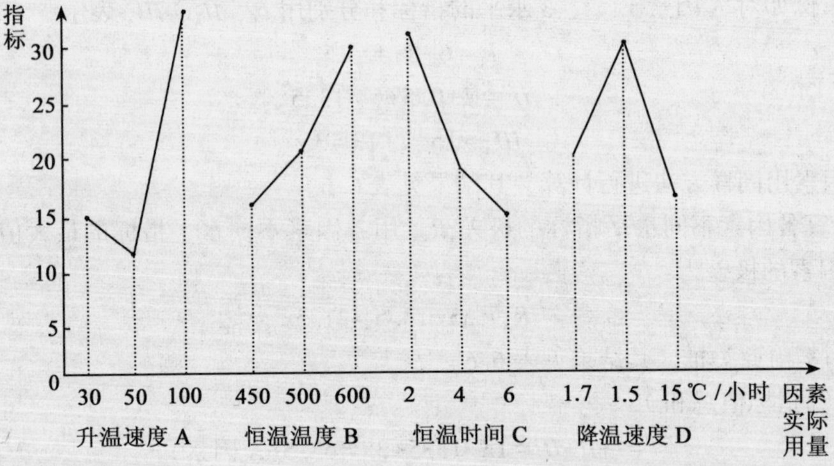

图 6.3　试验趋势图

这样，一个新的试验方案形成，把展望的 4 个好的位级结合到一起，即恒温温度降到 400℃记为 B_4，恒温时间 4 小时，升温速度 50℃/小时，降温速度 15℃/小时，得到 $A_2B_4C_3D_3$ 的试验新方案。

二、多指标的正交试验

在前面的例子里，正交试验指标只有一个，是多因素单指标的正交试验，但在生产实践中，用以衡量试验效果的指标往往不止一个，而是若干个，这类试验就称为多因素多指标的正交试验，简称多指标试验。在多指标试验中各指标之间可能存在一定的矛盾，这个指标好了，那个指标可能不符合要求。如何兼顾各个指标，找出符合每个指标要求的生产条件，这就是多指标试验所要研究的问题。常用的方法有两种：综合平衡法和综合评分法，下面分别进行讨论。

(一)综合平衡法

应用综合平衡法时，试验安排的步骤和单指标试验一样，只是分析的时候先对各个指标分别进行分析，找出适合各个指标的较优试验方案，然后再进行综合平衡，找出兼顾各个指标都尽可能好的试验方案。下面通过一个例子来说明。

例如，某橡胶厂为提高某一种橡胶配方的质量，选定考察指标为伸长率(%)、变形(%)、屈曲(万次)。试确定满足3项指标的配方条件。

整个试验设计过程与单指标试验设计相同，现归纳如下：

1. 明确试验目的，确定试验指标。

试验目的：提高某一种橡胶配方的质量。

试验指标：伸长率越大越好，变形越小越好，屈曲次数越多越好。

2. 制定因素水平(位级)表。经专业知识分析可制定因素位级表，如表6.7所示，有4个因素：促进剂用量、氧化锌总量、促进剂D所占比例、促进剂M所占比例；每个因素取4个水平(位级)。

表6.7　**因素水平表**

因素		促进剂用量 A	氧化剂总量 B	促进剂D所占比例 C	促进剂M所占比例 D
水平	1	2.9	1	25%	34.7%
	2	3.1	3	30%	39.7%
	3	3.3	5	35%	44.7%
	4	3.5	7	40%	49.7%

3. 选正交表排表头。本例有4个因素，每个因素有4个水平，可选用$L_{16}(4^5)$正交表，因素安排如表6.8所示，该表的列数比试验因素多一列，因素只有4个，选用5列的正交表，最后一列可不用。

表6.8　**$L_{16}(4^5)$表头排列**

$L_{16}(4^5)$列号	1	2	3	4	5
因素	A	B	C	D	

4. 选择好正交表后，确定试验计划方案。本例由于是4位级(水平)4因素的多指标试验设计，且无重点考察因素，可以选择$L_{16}(4^5)$列号正交表来安排试验。整个计划和分析如表6.9所示。

表 6.9　**橡胶配方试验方案及试验结果**

因素		A 1	B 2	C 3	D 4	伸长率 (%)	变形 (%)	屈曲 (万次)
试验号	1	1(2.9)	1(1)	1(25%)	1(34.7%)	545	40	5.0
	2	1	2(3)	2(30%)	2(39.7%)	490	46	3.9
	3	1	3(5)	3(35%)	3(44.7%)	515	45	4.4
	4	1	4(7)	4(40%)	4(19.7%)	505	45	4.7
	5	2(3.1)	1	2	3	492	46	3.2
	6	2	2	1	4	485	45	2.5
	7	2	3	4	1	499	49	1.7
	8	2	4	3	2	480	45	2.0
	9	3(3.3)	1	3	4	566	49	3.6
	10	3	2	4	3	539	49	2.7
	11	3	3	1	2	511	42	2.7
	12	3	4	2	1	515	45	2.9
	13	4(3.5)	1	4	2	533	49	2.7
	14	4	2	3	1	488	49	2.3
	15	4	3	2	4	495	49	2.3
	16	4	4	1	3	476	42	3.3
伸长率	Ⅰ	2055	2136	1992	2047			
	Ⅱ	1956	2002	2017	2014			
	Ⅲ	2131	2020	2049	2022	$T_{伸}=8134$		
	Ⅳ	1992	1976	2076	2051			
	R	175	160	84	37			
变形	Ⅰ	176	184	169	183			
	Ⅱ	185	189	186	182			
	Ⅲ	185	185	188	182	$T_{变}=735$		
	Ⅳ	189	177	192	188			
	R	13	12	23	6			
屈曲	Ⅰ	18.0	14.5	13.5	11.9			
	Ⅱ	9.4	11.4	12.3	11.3			
	Ⅲ	11.9	11.1	12.3	13.6	$T_{屈}=49.9$		
	Ⅳ	10.6	12.9	11.8	13.1			
	R	8.6	3.4	1.7	2.3			

5. 试验结果分析。

(1)直接比较的好条件为：

伸长率为试验号9，即 $A_3B_1C_3D_4$；

变形为试验号1，即 $A_1B_1C_1D_1$；

屈曲为试验号1，即 $A_1B_1C_1D_1$。

(2)通过计算找到的好条件为：

伸长率为 $A_3B_1C_4D_4$；

变形为 $A_1B_4C_1D_2$；

屈曲为 $A_1B_1C_1D_3$

从极差 R 得知诸因素对各指标的显著性影响顺序为：

伸长率为 A、B、C、D；

变形为 C、A、B、D；

屈曲为 A、B、D、C。

由上可知，因素 A 对伸长率、屈曲起显著作用，对变形的作用处于第二位。根据上面两个条件，再综合3个指标情况，因素 A 应取位级1。

因素 B 在对伸长率、屈曲的作用中处于第二位。根据上面的好条件，因素 B 应取位级1；从变形指标来看，因素 B 应取位级4。但从专业分析来看，因素 B 在变形指标中作用小。综合分析后，因素 B 应取位级1。

因素 C 仅在变形指标中占首位，在其余指标中均处于次要地位。故位级选取由变形指标决定，取为 C_1。

因素 D 在伸长率、变形指标中为次要因素。故可由屈曲指标决定位级用量，可取为 D_3，或 D_4。

6. 确定因素的适宜位级组合。经过以上综合平衡后，某橡胶的适宜配方可定为 $A_1B_1C_1D_3$；或 $A_1B_1C_1D_4$。经工艺验证，调整后就可转化为适宜生产条件，用于生产过程之中。

7. 画趋势图，展望进一步的好条件。趋势图见图6.4。由趋势图可展望下批试验因素 A 应在 A_1 位级附近取位级；因素 B 应在 B_1 位级附近取位级；因素 C 应在 C_1 附近取位级；因素 D 应在 D_1 或 D_4 位级附近取位级。制定新的位级表再设计试验。

(二)综合评分法

所谓综合评分法，是首先对各个指标分别挑选较优试验方案，然后在指标的矛盾中比较主次，对因素、水平(位级)进行平衡，寻找统筹兼顾的试验方案。实质上，综合评分法也是一种综合平衡的方法。但这个方法不是把平衡放在最后，而是对每次试验进行指标间的综合比较，然后根据综合的指标效果给予评分。具体做法是把多指标综合成用得分表示的单一指标，按得分进行排队，分数较高的方案就是较优方案。综合评分的关键是评分，这个评分是指标间矛盾比较的综合过程，所以既要反映各指标的要求，也要反映指标的重要程度。下面通过一个例子来加以说明。

例如，某厂对铜基合金进行镀银，基体材料是：铅青铜 QAl，铅黄铜 HPb、锡青铜 QSn，为提高镀银光亮度，决定进行正交试验。

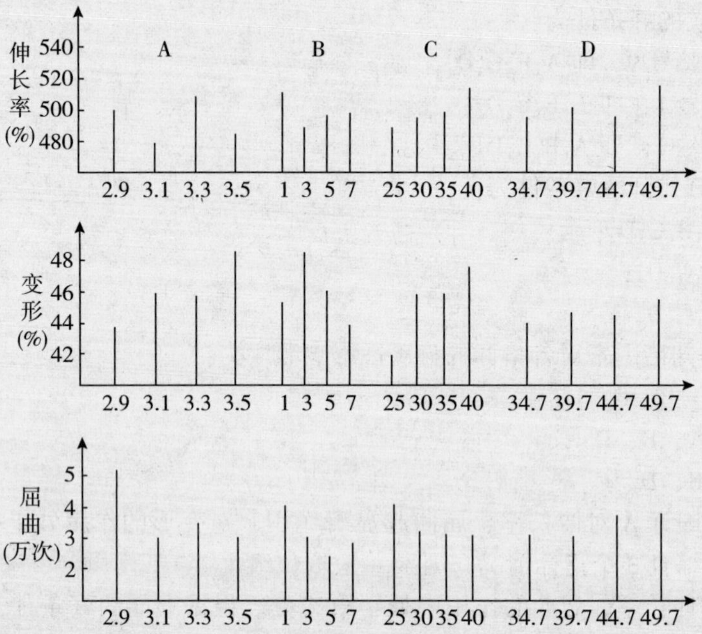

图 6.4　试验趋势图

1. 明确试验目的，定指标。

试验目的：提高镀银光亮度。

试验指标：观察 3 种材料浸银层光亮度。这是个品质指标，均用百分制进行质量评定。

2. 定因素水平表。

因素和水平：通过对 QAl、HPb、QSn 所含主要化学成分的理论分析，认为 H_2SO_4、HNO_3、HCl 组成的混酸溶液能够与其发生作用，特别是 HNO_3 对 QAl 可能有明显效果。从生产、劳保考虑，温度尽可能接近室温，因而确定考察 H_2SO_4、HNO_3、HCl 浓度和温度 4 个因素。根据预备试验和以往经验决定各选三个水平，具体选法如表 6.10 所示。

表 6.10　**试验因素水平表**

因素		H_2SO_4(mol/L) A	温度(℃) B	HNO_3(mol/L) C	HCl(mol/L) D
水平	1	340	20	120	4
	2	420	40	80	0
	3	380	30	160	2

表 6.10 中 HCl 的 0 水平是为了考察不加 HCl 的情况。

3. 选定正交表安排试验。根据因素和水平的数量，决定选用正交表 $L_9(3^4)$；试验安排如表 6. 11 所示。

表 6. 11　　**提高镀银光亮度试验方案及试验结果**

因素		H_2SO_4 A 1	温度 B 2	HNO_3 C 3	HCl D 4	试验结果				
						QAl	HPb	QSn	总分	平均分
试验号	1	1(340)	1(20)	3(160)	2(0)	50	60	60	170	56. 7
	2	2(240)	1	1(120)	1(40)	70	85	75	230	76. 7
	3	3(380)	1	2(80)	3(2)	85	100	90	275	91. 7
	4	1	2(40)	2	1	100	95	100	275	98. 3
	5	2	2	3	3	60	75	85	220	73. 3
	6	3	2	1	2	35	70	80	185	61. 7
	7	1	3(30)	1	3	75	90	85	250	83. 3
	8	2	3	2	2	35	90	70	195	65. 0
	9	3	3	3	1	65	55	95	215	71. 7
I		238. 3	225. 1	221. 7	246. 7	平均分相加 *I*+*II*+*III* = 678. 4				
II		215. 0	233. 3	255. 0	183. 4					
II		225. 1	220. 0	201. 7	248. 3					
R		23. 3	13. 3	53. 3	64. 9					

4. 试验结果分析。由于本例是个品质指标试验，因此先对每个指标进行评分，然后在此基础上进行综合评分排队。具体做法是根据对 QAl、HPb、QSn 三种材料的光亮度评分，先计算总分，再计算平均分数。把平均分作为一个综合指标，分数越高越好。分析过程参看表 6. 11。从表中看出，直观分析第 4 号试验评分最高(98. 3)，表明 $A_1B_2C_2D_1$是个较好的工艺条件，只是光亮度还不够理想。进行极差分析得到的较好工艺条件为 $A_1B_2C_2D_3$。

从极差分析结果看，主次因素的排列顺序是 D、C、A、B。

5. 画趋势图展望较优的工艺条件。

从趋势图 6. 5 以及实际情况分析，D 因素之所以极差大，并不是因为 HCl 水平的变化对试验结果影响较大引起的，而是由于溶液中有没有 HCl 的问题。如果试验中都有 HCl，不管用 4mol/L，还是用 2mol/L，极差都是很小($III-I=248.3-246.7=1.6$)，所以确认主次因素的排列应为 C、A、B、D，同时也得出结论：不加 HCl 不行。

由趋势图 6. 5 可展望较优的工艺条件为：

(1) HCl 固定在用量 4mol/L 上；

(2)温度在 40℃和 30℃;

(3) H_2SO_4 试用比 340mol/L 更低的浓度;

(4) HNO_3 试用比 80mol/L 更低的浓度;

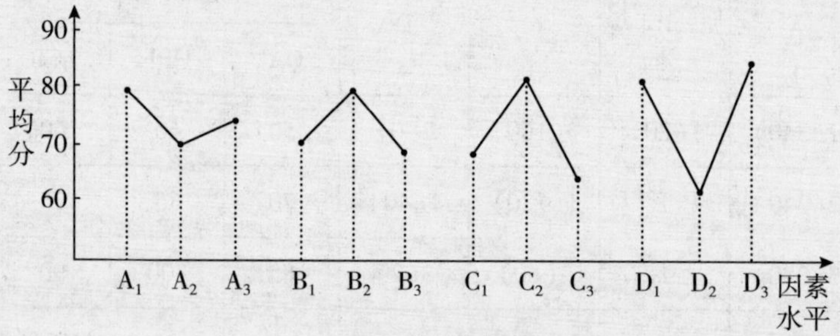

图 6.5　试验趋势图

这样就得到一个新的试验方案如表 6.12 所示。

表 6.12　**新的因素水平表**

因素		H_2SO_4(mol/L) A	温度(℃) B	HNO_3(mol/L) C	HCl(mol/L) D
水平	1	280	40	70	4
	2	310	30	50	4

三、水平不等的正交试验

在生产实践中，除了前面所讨论的单指标或多指标的正交试验都是水平相等的以外，还会遇到由于设备、原料或生产条件的限制，在考虑试验方案时某些因素水平个数的选择受到制约，因此，要比其他因素的水平数少。另外，有的试验某些因素水平又要多考虑一些等。这就需要解决水平数不等的试验问题，处理这类问题有两种方法：一是直接使用水平数不等的正交表，二是拟水平法，即在等水平的正交表内，安排不等的试验。

(一)直接使用水平数不等的正交表

例如，电泳涂漆工艺试验。

1. 试验指标：电泳涂漆膜均匀、平整光滑色相。这是多指标试验，通过综合评分化为单指标得分，采取 10 分制，得分越高越好。

2. 确定因素水平：根据经验，固体份含量(%)A 是影响电泳涂漆的主要因素，是考虑的重点，取 4 个水平；其他 4 个因素如电压(V)、漆液温度(℃)、pH 值、阴阳极间距离(mm)均为 2 个水平。如表 6.13 所示。

表 6.13　　因素水平表

因素		固体份含量 A	电压 B	漆液温度 C	pH 值 D	阴阳极间距 E
水平	1	8	70	20	7.5	120
	2	11	80	30	8.5	100
	3	14				
	4	17				

3. 选定正交试验表安排试验。根据因素和水平的数量，选正交试验表。考察因素 5 个，但水平不等，一个因素 4 水平，4 个因素 2 水平。可以直接选用 $L_8(4^1 \times 2^4)$ 正交表来安排试验。试验安排见表 6.14。

表 6.14　　电泳涂漆工艺试验方案及试验结果

因素		A 1	B 2	C 3	D 4	E 5	得分 y
试验号	1	1(8)	1(70)	1(20)	1(7.5)	1(120)	1
	2	1	2(80)	2(30)	2(8.5)	2(100)	10
	3	2(11)	1	1	2	2	6
	4	2	2	2	1	1	3
	5	3(14)	1	2	1	2	8
	6	3	2	1	2	1	2
	7	4(17)	1	2	2	1	9
	8	4	2	1	1	2	10
I		11	24	19	22	15	
II		9	25	30	27	34	$T = \sum_{i=1}^{8} Y_i$
III		10					
IV		19					
K_1		5.50	6.00	4.75	5.50	3.75	
K_2		4.50	6.25	7.50	6.75	8.50	因素主次为
K_3		5.00					AECDB
K_4		9.50					
R		5.00	0.25	2.75	1.25	4.75	

4. 试验结果分析。

(1)直观分析。从直接使用水平不等正交表 $L_8(4^1 \times 2^4)$ 的 8 次试验(见表 6.14)的综合得分看，第 2 号和第 8 号得分最高都为 10 分，相应的较优水平组合为：

$A_1B_2C_2D_2E_2$，即固体份含量为 8%，电压为 80V，漆液温度为 30℃，pH 值为 8.5，阴阳极间距为 100mm。

$A_4B_2C_1D_1E_2$，即固体份含量为 17%，电压为 80V，漆液温度为 20℃，pH 值为 7.5，阴阳极间距为 100mm。

(2)计算分析。计算各因素的 I、II、III、IV。因素 A 分为 4 个等级，I、II、III、IV 分别为水平 1，2，3，4 的各 2 次得分之和。因素 B，C，D，E 都分别为 2 个水平，I、II 分别是它们的水平 1，2 各 4 次得分之和。

由于各因素的水平数不等，而各水平的得分之和又与各水平参加试验次数有关，因此，还要计算出各因素各水平相应的平均指标值 K_i(K_i 等于各水平的得分之和除以水平重复数，i 为水平的编号)。水平重复数是指在整个试验中，该因素的该水平参加试验的次数，如第 1 列因素 A 的水平 1，2，3，4 分别参加 2 次试验，水平重复数为 2；因素 C 的水平 1，2 分别参加 4 次试验，水平重复数为 4。

对于水平不等而直接选用水平不等的正交表做试验，试验结果经过求各因素各水平平均指标值及求极差的处理后，就可像等水平时一样，按极差大小判定因素主次及确定较优水平的组合。

本例中，因 $R_A>R_E>R_C>R_D>R_B$，因素主次为 A，E，C，D，B。计算选优的水平组合为 $A_4B_2C_2D_2E_2$。

(二)拟水平法

在试验中，由于不同水平的因素而找不到合适的正交表，或者即使有合适的正交表，但需要做次数很多的试验，这时就采用拟水平法。所谓拟水平法，是在因素水平数不等而选用等水平的正交表安排试验时，对水平较少的因素虚拟一个或几个水平，使之与正交表相应列的水平数相等的方法，这种虚拟的水平称为拟水平。

例如，某厂某车间对影响产品的质量原因进行研究。

1. 试验指标：产品不合格率 y 越小越好。

2. 确定因素水平：经分析，影响产品质量的主要因素有 3 个：①操作方式，该车间采用两种操作方式(水平有 2 个)。②班组成员的技术水平，当时有 3 个等级(水平有 3 个)。③产品的种类，该车间产品分大、中、小 3 类(水平有 3 个)。因素水平表见表 6.15。

表 6.15　　因素水平表

因素		操作方式 A	班组技术水平 B	产品种类 C
水平	1	Ⅰ	甲	大
	2	Ⅱ	乙	中
	3		丙	小

3. 选正交试验表安排试验。因为 3 个因素中有 2 个因素水平为 3，另一个因素水平为 2。若选用不等水平正交表 $L_{18}(2\times3^7)$，试验次数为 18 次，试验次数太多，空列也有 5 列，

不合适。若选用正交表 $L_9(3^4)$ 试验次数减少一半，且只有一空列，较为合适，但因 A 只有 2 个水平，少 1 个水平，怎么办呢？根据以往的经验，认为操作方式 I 比较好，把它重复一次充当操作方式的Ⅲ水平。这样，因素 A 在形式上就变成 3 水平的因素了。A_3 为虚拟的水平，于是这 3 个因素均为 3 水平。选用正交表 $L_9(3^4)$ 设计试验方案。

试验安排及试验结果如表 6.16 所示。

表 6.16　　**产品质量影响原因试验方案及试验结果**

因素		A 1	B 2	C 3	产品不合格率(%) Y_i
试验号	1	1(Ⅰ)	1(甲)	1(大)	1.20
	2	1	2(乙)	2(中)	1.10
	3	1	3(丙)	3(小)	2.30
	4	2(Ⅱ)	1	3	1.40
	5	2	2	1	3.40
	6	2	3	2	4.50
	7	3(Ⅰ)	1	2	1.20
	8	3	2	3	0.80
	9	3	3	1	3.10
I		9.70	3.8	7.7	$T=\sum_{i=1}^{9} Y_i = 19$ 因素主次为 BAC
II		9.30	5.3	6.8	
III			9.9	4.5	
K_1		1.62	1.27	2.57	
K_2		3.10	1.77	2.27	
K_3			3.3	1.50	
R		1.48	2.03	1.07	

4. 试验结果分析。

(1)直观分析。直接从 9 次试验结果看到，产品不合格率最小的是第 8 号试验，只有 0.8%，因此，直接选优的水平组合为 $A_1B_2C_3$。

(2)计算分析。对于有拟水平因素的试验，计算各因素各水平的指标之和，极差分析方法与等水平的试验都基本相同，只是对拟水平的因素要按实际的水平数计算。如因素 A 在第 1 列，计算 I_A时，它是水平 1 及水平 3 的指标值之和。

$$I_A = Y_1 + Y_2 + Y_3 + Y_7 +_8 + Y_9 = 9.70$$

$$II_A = Y_4 + Y_5 + Y_6 = 9.3$$

计算因素 A 的两个水平对应的平均指标值：

$$K_1 = \frac{1}{6}I_A = 1.617,\ K_2 = \frac{1}{3}II_A = 3.10$$

从极差的大小看，由于 $R_B>R_A>Rc$，因素主次为 B，A，C，较优水平组合为 $A_1B_1C_3$。

本例的实际情况是对 3 种类型的产品，由哪个班组采用哪种操作方式可以降低不合格率，通过正交试验看到对于第三种类型的产品由班组甲或乙都行，但要采用第一种操作方式。不论哪种产品，丙组的不合格率都很高。

四、因素之间存在交互作用的正交试验

前面所介绍的正交试验的安排和分析方法，不管是单指标的，多指标的，还是不同水平的试验，在分析因素水平对指标的影响时，只考虑因素本身对指标的影响。例如，对 A 因素来说，在讨论 A 因素对指标影响时，不管其他因素处在什么水平，只从 A 的极差就可判断它所起的作用大小。对其他因素也做同样的分析，在此基础上选取诸因素中较优水平。但是在某些试验中却存在另外一种情况，其中某个因素(如 A 因素)水平的优劣，与另一因素(如 B 因素)取什么水平有密切的依赖关系。也就是 A 因素较优水平的选取，不能只看 A 因素各水平对指标影响的好坏，必须同时考虑它与 B 因素水平之间的搭配。对 B 因素也是如此。在这种条件下，我们称因素 A 与因素 B 之间存在交互作用，记作 $A\times B$。

下面通过例子来说明当试验因素之间存在交互作用时，试验的安排和试验结果的分析。

例如，乙酰胺苯磺化反应的正交试验设计。乙酰胺苯是一种药品原料，希望通过正交试验设计来提高它的收率。

1. 明确目的、确定指标。

试验目的：提高收率，收率越大越好。

试验指标：收率 Y(Y 用百分率表示)。

2. 制定因素水平表。在试验指标选定后，就可以对影响指标的各种因素进行分析，排除那些对指标影响不大或已经掌握得较好的因素，挑选那些对指标影响大的，但又没有把握的因素进行考察。通过分析研究，本例试验决定考察以下四个因素：A(反应温度)、B(反应时间)、C(硫酸浓度)、D(操作方法)。由过去的经验知道，反应温度与反应时间的组合方式对收率也有影响，于是还要考虑因素 A 与因素 B 的交互作用 $A\times B$，其他的交互作用均可忽略。

对于选出的因素，根据生产经验或专业知识，确定它们的变化范围。在此范围内选出每个因素的水平，水平的间隔要适当，因素水平选定以后列成因素水平表(这些和前面的试验设计基本相同)。本例每个因素选取两个水平，其因素水平如表 6.17 所示。

表 6.17 **因素水平表**

因素		反应温度 A	反应时间 B	硫酸浓度 C	操作方法 D
水平	1	50℃	1 小时	17%	搅拌
	2	70℃	2 小时	27%	不搅拌

必须注意的是，因素水平表的制定应当由试验者按照实际情况以及专业知识和生产经

验来确定，这一步是安排试验方案的重要环节，直接关系到试验的成败，应由有关人员共同认真地商定。

3. 选定正交表安排试验。

(1)选表。首先根据水平数选表的类型，本例中各个因素均取 2 个水平，故选用 2 水平正交表；其次根据因素个数及交互作用个数选表的大小，本例共有 4 个因素及 1 个交互作用，故选用的表至少有 5 列。综合考虑后，选用 $L_8(2^7)$ 来设计试验方案。

(2)表头设计。由于选用 $L_8(2^7)$ 来设计试验方案，故必须用 $L_8(2^7)$ 相应的交互作用表设计表头，表头安排如表 6.18 所示。

表 6.18　　**$L_8(2^7)$ 表头安排**

列号	1	2	3	4	5	6	7
因素	A	B	A×B	C			D

(3)设计试验方案。在正交表 $L_8(2^7)$ 中，将排有因素的各列(即 1，2，4，7 列)中的水平记号换成各因素的具体水平，抽去其他列，经过这样填写以后，正交表就成了一张试验方案表，如表 6.19 所示。

表 6.19　　**乙酰胺苯磺化反应试验方案表**

因素		A 1	B 2	C 4	D 7	收率(%)
试验号	1	1(50℃)	1(1 小时)	1(17%)	1(搅拌)	65
	2	1	1	2(27%)	2(不搅拌)	74
	3	1	2(2 小时)	1	2	71
	4	1	2	2	1	73
	5	2(10℃)	1	1	2	70
	6	2	1	2	1	73
	7	2	2	1	1	62
	8	2	2	2	2	67

4. 进行试验及试验结果分析。试验方案一经确定后试验的先后顺序可以任意安排，不必按表中的试验号为序，当然也可以按顺序进行，有条件的也可以同时进行。本例试验结果如表 6.20 所示。

表 6.20　**乙酰胺苯磺化反应试验结果分析表**

因素		A 1	B 2	A×B 3	C 4	 5	 6	D 7	收率(%)
试验号	1	1	1	1	1	1	1	1	65
	2	1	1	1	2	2	2	2	74
	3	1	2	2	1	1	2	2	72
	4	1	2	2	2	2	1	1	73
	5	2	1	2	1	2	1	2	70
	6	2	1	2	2	1	2	1	73
	7	2	2	1	1	2	2	1	62
	8	2	2	1	2	1	1	2	67
I		283	282	268	268	276	275	273	$T=555$
II		272	273	287	287	279	280	282	
R		11	9	19	19	3	5	9	

(1)直观分析。直观分析不必运用数理统计方法，只需从试验方案表中直接找出较为满意的试验方案，从表 6.20 可知，本例第 2 号试验的收率最大，为 74%，因此，在已做的 8 次试验中最好的方案为第 2 号试验，其相应的试验条件为 $A_1B_1C_2D_2$，即反应温度为 50℃、反映时间为 1 小时、硫酸浓度为 27%、操作方法为不搅拌。

(2)计算分析找出最优水平组合。

计算部分和 *I*、*II*。例如，第一列 I_A 表示对应于因素 *A* 的 1 水平的四个试验结果，即 $Y_1Y_2Y_3Y_4$之和；II_A表示对应于因素 A 的 2 水平的 4 个试验结果 $Y_5Y_6Y_7Y_8$之和。不难看出对每一列都有 $I+II=T$，这些计算都可以在正交表上进行，不仅排有因素的各列需要计算部分和 *I*、*II*，而且排有交互作用的列以及空列也要进行同样的计算。

对每一列计算极差 *R*。每一列的极差等于该列部分和的最大值减部分和的最小值，由于本例各列均为 2 个水平，所以 $R=|I-II|$。

①确定因素的主次顺序。极差 *R* 的大小反映该因素(或交互作用)水平变化时试验指标的变化范围；空列的极差 *R* 的大小反映试验中随机误差引起的试验指标的变化范围，所以，凡是因素(或交互作用)的极差超过空列极差之均值，则是显著性因素(或显著性交互作用)，否则是不显著因素(或不显著性交互作用)。此外还可以根据极差 R 的大小判别因素(或交互作用)的主次顺序。从表 6.20 可见本例的主次顺序为：A×B、C、A、B、D。

②确定最优水平组合。确定最优水平的原则是：对显著性因素(或显著性交互作用)选取其最优水平；对不显著因素(或不显著交互作用)或者选其最优水平，或者兼顾其他条件(如考虑便于操作或降低成本等)选取。

本例 A×B 取第 2 水平最佳，故取 A_1B_2或 A_2B_1；C 取最优水平 C_2；A 取最优水平 A_1；B 取最优水平 B_2，所以 A 取 1 时，水平组合为 A_1B_2；D 取最优水平 D_2。

综上所述，计算以后，最优水平组合为 $A_1B_2C_2D_2$。该方案不在已做的 8 次试验中，是 8 项试验以外的设计试验方案。

5. 画趋势图展望更好的条件。其方法与前面所述的方法相同，本例从略。

第四节　田口方法

日本著名质量管理专家田口玄一博士于20世纪70年代创造了田口方法(田口称之为质量工程学)，把数理统计、工程技术和经济学结合起来，应用于质量管理中，得到了日、美及世界上一些国家的广泛关注。

田口方法从田口的质量概念出发，研究了开发设计阶段的线外质量管理和生产制造阶段的线内质量管理。前者作为一种质量管理技术在产品开发和技术开发的一些领域中得到了有效的应用，取得了显著的效果，本节将作简略的介绍。

一、基本概念

(一)产品质量

田口博士把产品质量定义为“产品上市后给社会带来的损失大小，但由于产品功能本身所产生的损失除外”。

这里应注意，定义中所说的“社会”是指除生产厂家(即供方)以外所有的人。定义中所说的“给社会带来的损失”包括以下三个方面：(1)由于产品功能波动所引起的损失；(2)由于产品弊害项目所引起的损失；(3)产品的使用费用。定义中所说的“给社会带来的损失”不包括由于产品功能本身所产生的损失。

显然，这里的产品质量定义与GB/T19000—2000标准中所定义的质量以及相应的产品质量的概念是不相同的。

(二)质量特性

田口博士把质量特性区分为静态质量特性和动态质量特性。

1. 静态质量特性

静态质量特性分为计量和计数两大类。

(1)计量特性。计量特性分为望目、望小和望大特性。

①望目特性。当存在目标值 m 时，期望质量特性 y 围绕目标值 m 波动，且波动越小越好，则 y 称为望目特性。例如，图纸规定零件尺寸为Φ20±0.1，则零件实际尺寸 y 即为望目特性，其目标值 m 为20。

②望小特性。当期望质量特性 y 及其波动越小越好时，则 y 称为望小特性，这时 y 不取负值，如零件摩擦表面使用后的磨损量、测量产生的误差、化学制品的杂质含量等。

③望大特性。当期望质量特性 y 及其波动越大越好时，则 y 称为望大特性，这时 y 不取负值，如弹簧的寿命、铸造铁水的流动性、在一定强度下支架的刚度等。

(2)计数特性。计数特性是将质量特性划分为有限个等级并加以计数的值，通常可分为以下几种：

①等级数据，如上、中、下；优、良、中、及格、不及格等。

②难以计量的数据，如泄漏程度可分为不漏、微漏、一般泄漏、严重泄漏。

③顺序数据，如按产品的优劣排序为：1，2，3，4，…

④截尾寿命试验数据，如产品寿命试验中寿命为100h、101～500h、501～1000h、1001～2000h、2001h以上。

2. 动态质量特性

按确定的目标或期望，通过改变输入信号使输出特性随着输入信号的变化而相应变化且波动越小越好的质量特性，称为动态质量特性，如图6.6所示。

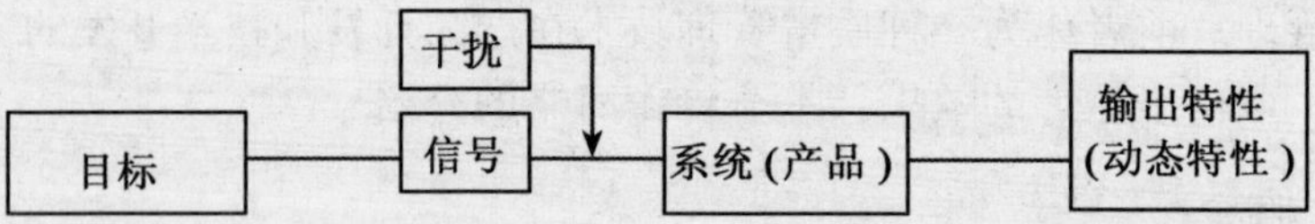

图6.6　动态质量特性示意图

在许多实际问题中，系统(产品)的输出特性常表现为动态质量特性，如导弹的飞行轨迹、汽车方向盘的操作灵活性、染料的染色性能、金属材料的压延性、计量测试设备的测试性。

动态质量特性按输入信号可分为主动型和被动型两类，如表6.21所示。

表6.21　**主动型与被动型动态质量特性**

类型		主动型	被动型
项目	应用	调整	计测
	输入信号	调整因素	被计测对象
	输出特性	调整值	计测值
	可控因素	系统的参数	系统的参数
	质量	可调整性、抗干扰性好	可校正性、抗干扰性好

另外，动态质量特性从输入和输出的取值出发，又可以分为表6.22中所列的四种。

表6.22　**四种动态质量特性**

类型	输　入	输　出
1	计量值	计量值
2	计量值	计数值
3	计数值	计量值
4	计数值	计数值

对于上述静态质量特性和动态质量特性，从影响产品质量的全过程——营销和市场调研、产品设计和开发、过程策划和开发、采购、生产或服务提供、验证、包装和贮存、销售和分发、安装和投入运行、技术支持和服务、售后、使用寿命周期结束时的处置或再生利用等来讲，每一个活动都存在着质量特性。一般来说，位于前面活动的是原因特性，称为下位特性；而位于后面活动的是结果特性，称为上位特性。如前道工序为下位特性，后道工序为上位特性；参数设计为下位特性，容差设计为上位特性。

(三)功能波动与质量损失函数

田口博士把质量定义为产品上市后的产品质量损失，这种损失可概括为三个部分损失之和，即：

产品质量损失(质量)=功能波动损失+弊害项目损失+使用费用

例如，考察电动机的转速。设电动机转速的目标值 $m=1000$ 转/分。如果电动机转速由于各种原因达不到目标值，即产生了功能波动及功能波动损失。弊害项目是电动机工作时产生的噪声和振动对人身与环境所造成的损失。使用费用是电动机运行时的耗电费用。

田口博士认为，在上述三项损失中重点是第一项，应设法评价并减少功能波动所造成的损失。也就是说，提高产品质量的关键在于减少功能波动所引起的社会损失。

1. 功能波动

产品功能波动，即产品功能的质量特性 y 与目标值 m 之间的差异，产生的原因大致有以下三类。

(1)外干扰(外噪声)。外干扰是指产品使用时，由于使用条件和环境条件的变化所引起产品功能的波动，如温度、湿度、操作者、位置、输入电压、磁场、气压等。

(2)内干扰(内噪声)。内干扰是指产品在储存和使用过程中，随着时间的推移，发生的影响产品功能的波动，如材料变质、老化、磨损等。

(3)产品间波动。产品间波动是指在相同条件下生产制造的一批产品，由于人、机、料、法、环的细微变化而引起该批产品质量特性值的变异。

上述三种干扰综合作用的结果使产品在使用时发生功能波动，即质量特性值 y 偏离目标值 m。一般来讲，这种波动是经常存在和不可避免的，其质量特性 y 常常服从正态分布，当然也有时服从均匀分布或其他分布。

田口博士认为，对于上述三种类型干扰，最重要的措施是在设计开发阶段用模拟三种干扰进行试验和统计分析的方法来增强产品抗干扰的能力，进行稳健性设计。

2. 质量损失函数

产品功能波动客观存在，有功能波动就会造成社会损失。所谓质量损失函数是指定量表述产品功能波动与社会损失之间关系的函数。不同的质量特性，有不同的质量损失函数。显然，“波动”越大，“损失”越大。

(1)望目特性的质量损失函数。当质量特性为望目特性、目标值为 m 且 $y \neq m$ 时，$|y-m|$ 越大，损失越大。这时质量损失函数为：

$$L(y)=K(y-m)^2$$

其中 K 为比例常数：

$$K=\frac{A}{\Delta^2}=\frac{A_0}{\Delta_0^2}$$

其中 Δ 为容差，A 为不合格品损失，Δ_0 为功能界限，A_0 为丧失功能的损失。显然，当 $|y-m|\leqslant\Delta$ 时，产品为合格品；当 $|y-m|>\Delta$ 时，产品为不合格品。

望目特性质量损失函数 $L(y)$ 如图 6.7 所示。

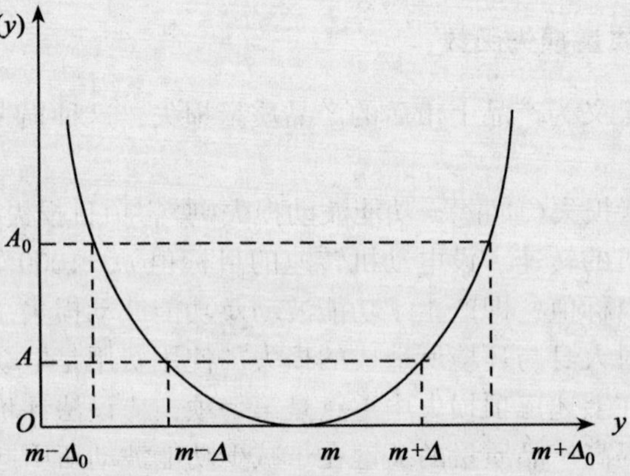

图 6.7　望目特性质量损失函数

若有 n 件产品，则其平均质量损失函数 $\overline{L}(y)$ 为：

$$\overline{L}(y)=\frac{1}{n}\sum_{i=1}^{n}L(y_i)=K\left[\frac{1}{n}\sum_{i=1}^{n}(y_i-m)^2\right]$$

(2)望小特性的质量损失函数。当质量特性为望小特性时，期望 y 越小越好。因此，可以设目标值 $m=0$。这时质量损失函数为：

$$L(y)=Ky^2 \qquad y>0$$

其中 K 为比例常数：

$$K=A\Delta^2=A_0\Delta_0^2$$

望小特性质量损失函数 $L(y)$ 如图 6.8 所示。

若有 n 件产品，则其平均质量损失函数 $\overline{L}(y)$ 为：

$$\overline{L}(y)=K\frac{1}{n}\sum_{i=1}^{n}y_i^2$$

(3)望大特性的质量损失函数。当质量特性为望大特性时，期望 y 越大越好。显然，望大特性 y 的倒数 $1/y$ 就是望小特性。因此，我们可以对望大特性作倒数变换，转化为望小特性来处理。这时质量损失函数为：

$$L(y)=\frac{K}{y^2} \qquad y>0$$

其中 K 为比例常数：

$$K=A\Delta^2=A_0\Delta_0^2$$

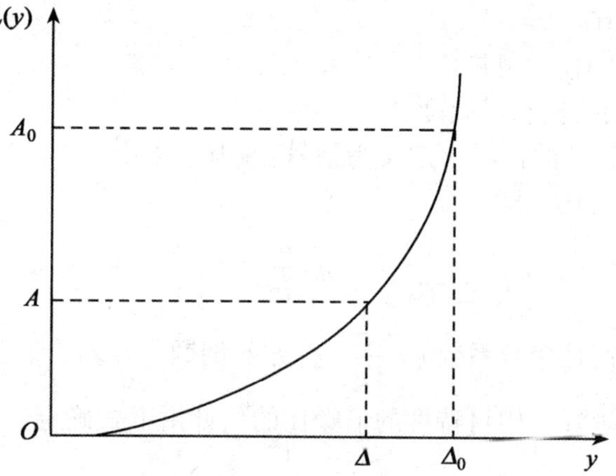

图 6.8　望小特性质量损失函数

望大特性质量损失函数 $L(y)$ 如图 6.9 所示。

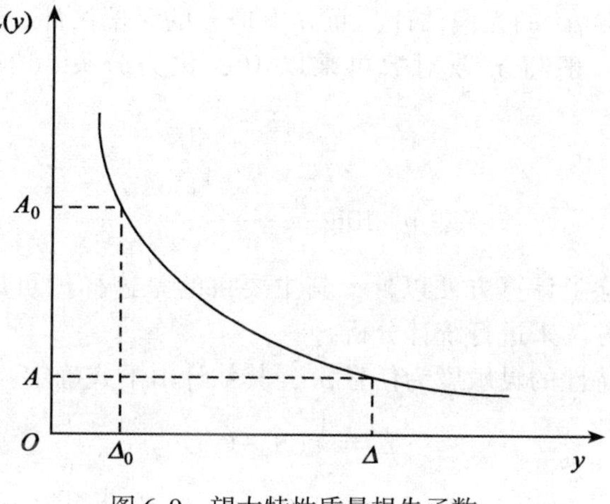

图 6.9　望大特性质量损失函数

若有 n 件产品，则其平均质量损失函数 $\overline{L}(y)$ 为：

$$\overline{L}(y) = K\frac{1}{n}\sum_{i=1}^{n}\frac{1}{y_i^2}$$

(四)信噪比与灵敏度

信噪比(SN 比)源于通信领域，是指信号(signal)的功率 S 与噪声(noise)的功率 N 之比，作为评价通信设备及其线路的信号质量优劣的指标。田口博士在参数设计中引入了 SN 比的概念，作为评价设计质量优劣的一种测度，是产品质量特性的稳健性指标，反映了功能波动的分散程度。

灵敏度作为评价设计质量优劣的另一种测度，是产品质量特性的平均水平的指标，反映了功能分布的平均值。

1. 静态特性的信噪比与灵敏度

(1)望目特性的信噪比和灵敏度。

①信噪比。望目特性的信噪比定义为信号 μ^2(质量特性 y 的平均值的平方)与噪声 σ^2(质量特性 y 的方差)之比，即：

$$\eta=\frac{\mu^2}{\sigma^2}$$

望目特性的信噪比是变异系数 $r=\frac{\sigma}{|\mu|}$ 平方的倒数。显然，其物理意义十分清楚，望目特性的信噪比越大越好。望目特性的信噪比的估计由下式确定：

$$\hat{\eta}=\frac{\hat{\mu}^2}{\hat{\sigma}^2}=\frac{\frac{1}{n}(S_m-V_e)}{V_e}(\text{dB})$$

式中：$S_m=n\bar{y}^2=\frac{1}{n}(\sum_{i=1}^{n}y_i)^2$，$V_e=\frac{1}{n-1}\sum_{i=1}^{n}(y_i-\bar{y})^2=\hat{\sigma}^2$，$\bar{y}=\frac{1}{n}\sum_{i=1}^{n}y_i$。

这里应注意，$\hat{\mu}^2$ 是 μ^2 的无偏估计，而 $\hat{\eta}$ 不是 η 的无偏估计。

在实际计算中，一般将 $\hat{\eta}$ 取对数再乘以 10，化为分贝(dB)值，这时，我们记为 η，有：

$$\eta=10\lg\frac{\frac{1}{n}(S_m-V_e)}{V_e}$$

经过对数变换，除了计算方便以外，其主要目的是这样做可以使 η 近似服从正态分布，以便用方差分析方法来进行统计分析。

②灵敏度。望目特性的灵敏度为信号 μ^2，其估计由下式确定：

$$\hat{\mu}^2=\frac{1}{n}(S_m-V_e)$$

在实际计算中，一般将 $\hat{\mu}^2$ 取对数再乘以 10，化为分贝(dB)值，这时，我们记为 S，有：

$$S=10\lg\left[\frac{1}{n}(S_m-V_e)\right]$$

③望零特性的信噪比与灵敏度。望零特性是望目特性的目标值 $m=0$ 时的特例，这时其信噪比与灵敏度定义为：$\eta=\frac{1}{\sigma^2}$，$S=\mu$。

其计算公式为：

$$\eta=10\lg\left[\frac{1}{n-1}\sum_{i=1}^{n}(y_i-\bar{y})^2\right]$$

$$S=\bar{y}=\frac{1}{n}\sum_{i=1}^{n}y_i$$

(2)望小特性的信噪比与灵敏度。望小特性的信噪比定义为信号 μ^2 与噪声 σ^2 之和的倒数，即：

$$\eta=\frac{1}{\mu^2+\sigma^2}$$

望小特性期望 μ^2 和 σ^2 越小越好，即 $\mu^2+\sigma^2$ 越小越好，则其倒数望小特性的信噪比越大越好。望小特性的信噪比的估计由下式确定：

$$\hat{\eta}=\frac{n}{\sum_{i=1}^{n} y_i^2}$$

将 $\hat{\eta}$ 取对数再乘以 10，化为分贝(dB)值，这时，我们仍记为 η，有：

$$\eta=-10\lg\left[\frac{1}{n}\sum_{i=1}^{n} y_i^2\right](\mathrm{dB})$$

望小特性的灵敏度 μ^2 及其估计和计算见望目特性。

(3)望大特性的信噪比与灵敏度。将望小特性的信噪比估计公式中的 y_i 变换成 $1/y_i$，可分别得到望大特性的信噪比的估计公式和计算公式为：

$$\hat{\eta}=\frac{n}{\sum_{i=1}^{n}\frac{1}{y_i^2}}$$

$$\eta=-10\lg\left[\frac{1}{n}\sum_{i=1}^{n}\frac{1}{y_i^2}\right](\mathrm{dB})$$

望大特性的灵敏度 μ^2 及其估计和计算见望目特性。

2. 动态特性的信噪比与灵敏度

(1)信噪比。当输出动态特性 y 与输入信号 M 存在线性关系，即理想功能状态时有：

$$y=\beta M$$

这时动态特性的信噪比 η 定义为：

$$\eta=\frac{\beta^2}{\sigma^2}$$

式中 β^2 为信号，σ^2 为噪声。当 β^2 相同时，σ^2 小则 η 大；当 σ^2 相同时，β^2 大则 η 大。η 越大表示输出特性对输入信号越敏感，调整性和抗干扰性越好。

动态特性的信噪比的计算公式为：

$$\eta=\lg\frac{\frac{1}{r}(S_\beta-V_e)}{V_e}(\mathrm{dB})$$

式中 r 为有效除数，S_β 为信号 M 的线性效应引起波动的平方和，V_e 为方差的估计。

(2)灵敏度。动态特性 y 与输入信号的线性比例大小由 β^2 来表示，称为灵敏度，记为 S，即：

$$S=\beta^2$$

动态特性的灵敏度的计算公式为：

$$S=10\lg\left[\frac{1}{r}(S_{\beta}-V_{e})\right]$$

二、三次设计

田口博士的三次设计是一种新产品、新技术的优化设计方法。三次设计即系统设计、参数设计和容差设计。其中：系统设计是设计系统的总体方案；参数设计是寻求最佳的参数组合；容差设计是确定合理的容差。

在产品(或技术)开发中，首先要对产品(或技术)系统进行规划。田口博士认为，产品规划是从市场出发的，是通过对市场和顾客的需求分析进行的。他还认为，这种规划应考虑和研究以下内容：产品功能、产品价格、产品设计寿命。也就是说，产品规划的目的在于确定：(1)产品功能目标(包括产品寿命)；(2)产品价格目标。

显然，这些目标的确定建立在市场营销分析和技术经济分析的基础上，由企业管理层，特别是高层管理者进行决策。之后，根据产品规划的结果，就进入三次设计阶段，因此产品规划是三次设计，特别是系统设计的依据和基础。

(一)系统设计

在产品规划已经确定了功能和价格目标后，如何进行产品系统的选择或开发，则是系统设计应该考虑的问题。系统设计的内容包括：

(1)考虑具有相同功能的各种系统，从一些相近的系统中选择与功能目标一致的系统。这个系统可能是已经存在的系统或新开发的系统。这里应特别注意研究产品规划中所确定的功能、价格、寿命等要求。当产品可能因丧失功能而给社会造成重大损失时，如人身安全和重大财产损失，还应考虑安全设计。田口博士常把系统设计称为系统选择就是这个含义。

(2)根据功能目标要求，确定产品的质量特性、质量特性目标值，这样就把功能目标转化为可以进行设计的具体要求。

(3)进行产品总体结构的设计，包括产品各组成部分，即系统、分系统、组件、零部件的设计。通过结构设计来保证产品功能的实现，从某种意义上讲，系统设计是功能结构的设计。

(4)研究和确定质量特性与所选择或设计的结构的参数之间的关系。若该关系存在着一个理论模型或公式来表达，则为可计算性情形，这时可直接通过数据进行系统分析；若该关系不存在理论模型或公式，则为不可计算性情形，这时必须通过试验获取数据再进行系统分析。

系统设计在产品与技术开发中占有极为重要的地位，是参数设计和容差设计的前提。系统设计主要依靠专业工程技术人员运用专业技术来完成，田口方法并不解决系统设计的问题。

(二)参数设计

在系统设计完成的基础上，开始进行参数设计。参数设计的目的是根据系统设计中所确定的所有参数，通过多因素的优选方法来考察三种干扰(内干扰、外干扰、产品间波动)对系统质量特性的影响，寻求最佳的参数组合，以求得抗干扰性最佳的设计方案，使系统质量特性波动小、稳健性好，并且价格低廉。

田口博士的参数设计，是利用正交表来安排试验方案，引进内侧正交表和外侧正交表，运用信噪比和灵敏度进行统计分析的一种方法。

为了达到最好的经济效果，使成本最低，田口方法常常采用级别低、波动大、价格低的元器件和零部件进行参数最佳值和最适宜的组合，即功能性最好的组合。为什么采用级别低、波动大和价格低的元器件和零部件而整个系统的质量特性仍很稳定呢？其原因是非线性效应的利用。

通常系统的质量特性 y 与参数之间存在着非线性关系。例如，某稳压电源输出电压 y 的目标值为 $m=220\text{V}$，若组成该稳压电源的某元器件参数 x 取为 x_1，采用的是三级品，其波动范围为 Δx_1，由此引起的 y 的波动范围为 Δy_1；通过参数设计将 x_1 移到 x_2，这时对同样的波动范围 Δx_1，系统的质量特性 y 的波动范围 $\Delta y_2 \ll \Delta y_1$。在这种情况下，只要合理地选择参数的中心值，在参数波动幅度不变的情况下就可以大大减少 y 的波动范围，如图 6.10 所示。

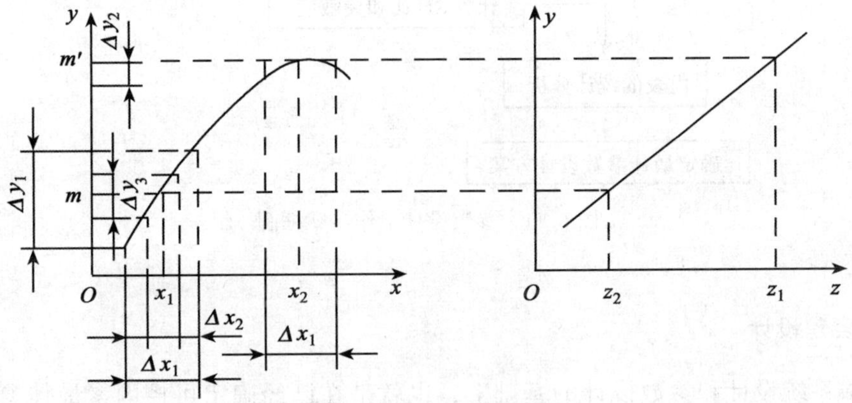

图 6.10　参数设计示意图

与此同时，却出现了 y 的中心值从目标值 m 移到 m'，并产生偏移量 $\Delta m=m'-m$ 的矛盾。这样，就需要校正这个偏移量 Δm，使得 y 围绕着目标值 m 散布，而波动又能最小。为此，可设法找到一个与系统质量特性 y 呈线性关系并便于调节的元器件参数 z，使 $y=f(z)=az+b$。这时，只要把 z 从 z_1 调到 z_2，即可补偿上述偏移量 Δm。该参数称为信号因素。

若不进行以上参数设计，单纯追求元器件提高质量等级，如从三级品改为二级品，这时参数 x 的波动范围由 Δx_1 变为 Δx_2，而系统的质量特性 y 在 x_1 处却有 Δy_3 的波动，虽然 $\Delta y_3<\Delta y_1$，但 $\Delta y_3 \gg \Delta y_2$，比在 x_2 处采用三级品元器件的波动大得多。这样做，增加了调节用的一个元器件，即信号因素，但总的效果是既降低了成本又减少了波动。这就是参数设计优于一般设计方法的基本原理。

由以上分析可见，参数设计的特点在于：(1)以寻求系统的最佳参数组合为目的；(2)最佳组合的目标是质量特性波动小、稳健性好和成本低；(3)运用正交表安排试验方案；(4)运用信噪比和灵敏度的统计方法来进行评价；(5)利用元器件、零部件参数的非线性效应进行优化组合。

参数设计的工作步骤如图 6.11 所示。

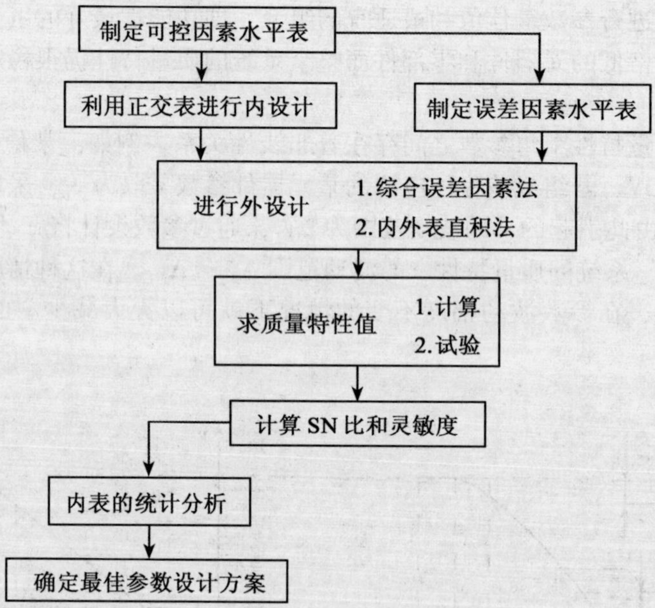

图 6.11 参数设计工作步骤框图

(三)容差设计

在完成系统设计和参数设计的基础上，也就是在已经确定可控因素最佳参数水平组合，即元器件、零部件参数的中心值后，开始进行容差设计。容差设计的目的是在最佳参数水平组合条件下确定各参数的合理容差，以减少波动和成本，提高稳健性。

在参数设计之后，大多数元器件、零部件采用了参数波动范围大的三级品，根据各参数对系统质量特性影响的大小，从经济性角度，即降低系统成本的角度对影响大的参数给予较小的容差范围。这时，可采用的方法有：(1)利用元器件、零部件参数的非线性效应，在三级品基础上进行调整以减小容差范围；(2)把一些元器件、零部件由三级品改为一、二级品以减小容差范围；(3)使用品质更优良的材料；(4)采用更精密的设备和更严格的工艺要求；(5)严格控制产品使用环境条件；(6)其他。

无论采用哪种方法来确定合理的容差，均应以社会总损失最小作为衡量利弊的准则，寻找社会总损失最小的容差设计方案。

容差设计所应用的主要工具是质量损失函数的计算和分析以及回归分析方法。容差设计一般的工作步骤如图 6.12 所示。

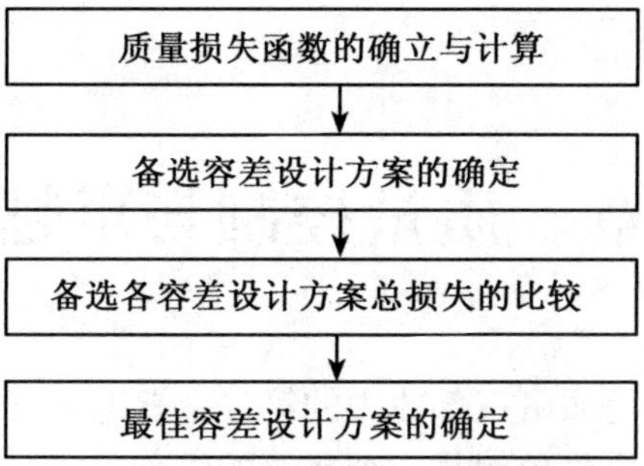

图 6.12　容差设计工作步骤框图

第七章　质量控制与卓越绩效

符合性或质量控制是朱兰质量三部曲中的第二个普遍过程，本章就符合性的过程，亦即质量控制过程加以讨论。质量控制是一个普遍的管理过程，这一过程旨在确保所有关键的运营过程的稳定，防止负面的变化并确保计划的绩效目标能够实现。本章分四节介绍企业质量管理的上述控制过程的主要内容和方法。第一节介绍产品生产过程的质量控制；第二节分析产品销售和使用过程的质量控制；第三节解读产品生产过程的检验；第四节介绍服务运作过程的质量控制。

第一节　产品生产过程的质量控制

一、质量符合性和控制概述

质量控制是一个普遍的管理过程，基于这一过程来管理运营活动以获得稳定性，从而防止负面变化并“维持现状”，质量控制是通过采用反馈回路来进行的。

产品或过程的每一个特征都是一个控制的主题，反馈回路正是围绕这一中心来建立的。人员的控制应该尽可能多地由基层员工来进行，这包括办公室职员、工厂工人、销售人员等。在对质量控制加以计划时广泛使用到流程图。设施控制中的最弱一环是遵守日程计划。为了确保严格遵守日程计划就必须有独立的审核。

明确哪些是主导性的过程变量有助于计划人员分配资源和确定优先次序。

在过程控制的设计中，应向操作人员提供区分真实变化和误报警所需的工具，最好是提供有助于区分特殊原因和一般原因的工具。这方面的一个有效的工具便是休哈特控制图(或控制图)，我们下一章介绍。

自我控制适用于所有职能中的过程，也适用于从总经理到一般工人的所有层次。对结果的责任应当融入可控性当中。理想情况下，有关某个过程是否符合过程质量目标的决策应当由员工作出。

要采用自我检验，必须满足几方面的标准，首先是质量第一，还有相互信任、自我控制、培训、资质等。对于被委任进行产品符合性决策的人员，除了应向他们提供决策指南之外，还必须明确规定其责任。

质量管理控制的适当次序是，首先建立目标，然后计划如何实现目标，这包括了选择适当的工具。在计划质量控制时，应当提供一个供所有决策者使用的信息网络。产品正式投产后，能不能保证达到设计质量目标，这在很大程度上取决于制造部门技术能力以及生产和制造过程的质量管理水平。生产和制造过程的质量管理，重点要抓好工艺准备、基本制造过程、辅助服务过程的质量控制等工作。

二、生产和制造过程质量管理的含义和内容

(一)生产和制造过程质量管理的含义

生产制造是以经济的方法，按质、按量、按期、按工艺要求，生产出符合设计规范的产品并能稳定控制其符合性质量的过程。生产制造过程的质量管理是实现设计意图、形成产品质量的重要环节，也是实现企业质量目标的重要保证。

加强生产制造过程的质量管理，是企业不容忽视的重要工作，其管理思路可概括为下列四条：

(1)质、量、期三位一体。按质、按量、按期完成计划是生产制造的首要任务，而完成这一任务的主要依据则是工艺标准、制造质量控制计划和生产作业计划，这三者必须事先协调、平衡，不可偏废。生产工艺无疑应是生产制造的法规，工艺管理乃是现场质量管理的主导。控制物流、组织均衡生产和文明生产则是开展现场质量管理的基本条件。所以，工艺与生产管理是制造过程质量管理的基础。

(2)按质量职能办事。企业必须明确各有关部门服务、生产现场的质量职能，各司其职，各负其责。制造过程的质量管理通常以车间为主体，以工艺管理为主导，由检验部门进行执法，由设备、工装、计量、供应、生产、劳资、安全等部门分别履行其质量职能，质量管理部门负责协助企业领导分解落实各有关部门的质量职能，并对跨部门的质量管理活动进行协调，但不替代任何专业管理部门具体实施其质量职能。

(3)点、线、面相结合。点、线、面相结合的思路是指：对关键、特殊工序的重要质量特性和部位设立工序质量控制点，实行重点管理；对重要生产线以控制点为核心，连点成线建立重要生产线的现场质量控制系统；对所有工序均按生产工艺规定运用各种质量控制方法进行全面控制。

(4)预防和把关相结合，以预防为主。事先控制影响工序质量的各种因素，把质量隐患消除在发生不合格品之前称为预防；对产品和零部件实行严格的检验，防止不合格品流入下一道工序，杜绝不合格产品出厂称为把关。提倡预防和把关相结合，特别要强调以预防为主，防患于未然，做到既管工序因素，又管制造结果。

(二)生产和制造过程的质量职能和活动

生产制造过程的质量职能体现在以下三方面。

1. 严格贯彻执行制造质量控制计划

根据技术要求及制造质量控制计划，建立责任制，对影响工序质量的因素(“5M1E”，即人、机、料、法、测、环)进行有效控制。

2. 保证工序质量处于控制状态

运用控制手段，找出质量问题的原因，采取纠正措施，使工序恢复到受控状态，以确

保产品质量稳定，符合制造质量控制计划规定的要求。

3. 有效地控制生产节拍，及时处理质量问题，确保均衡生产

严格按期量标准组织生产，有效地控制生产节奏，维持正常的生产秩序。适时开展预防、协调活动，及时处理质量问题，以便均衡地完成生产任务。

生产制造过程的质量职能活动主要有以下几项：明确质量责任；合理组织生产；加强岗位培训；提供设备保障；提供计量保障；提供物资供应；严肃工艺纪律；执行“三自一控”(自检、自分、自作标记，控制自检正确率)；控制关键工序；加强在制品管理；加强质量信息管理；组织文明生产；技术文件与资料的管理；严格工艺更改控制；加强检查考核。

(三)生产和制造过程质量管理的内容

生产制造过程质量管理的内容通常包括：工艺准备的质量控制、基本制造过程的质量控制、辅助服务过程的质量控制，下面分别给予具体介绍。

三、工艺准备的质量控制

工艺准备是根据产品设计要求和生产规模，把材料、设备、工装、能源、测量技术、操作人员、专业技术人员与生产设施等资源系统地、合理地组织起来，明确规定生产制造方法和程序，分析影响质量的因素，采取有效措施，明确生产按规定的工艺方法和工艺过程正常进行，使产品的制造质量稳定地符合设计要求和控制标准的全部活动。工艺准备是生产技术准备工作的核心内容，是直接影响产品制造质量的主要的系统要素。

当产品设计定型之后，工艺准备工作的质量对确保制造质量、提高工作效率、降低制造成本、增加经济效益将起到决定性的作用。尤其是在市场竞争机制下，新产品从开发设计到正式投产的周期越来越短，因此，如何在确保工艺准备质量的前提下缩短工艺准备的周期，已经成为十分重要与现实的课题。

(一)制订制造过程的质量控制计划

为对产品的制造质量实施有效控制，在产品批准投入批量生产之前，必须由工艺部门对生产制造过程的质量控制进行统筹安排，制定质量控制计划，以确保产品制造在受控的状态下进行。

制造过程的质量控制计划涉及工艺准备的各项职能活动，计划的内容视实际需要选择、确定，通常包括下列主要方面：(1)审查、研究产品制造的工艺性，确保生产过程的顺利进行。(2)确定工艺方法、工艺路线、工艺流程和计算机软件。(3)选择与质量特性要求相适应的设备，配备必要的仪器、仪表。(4)对采用的新材料、新工艺、新技术、新设备进行试验、验证。(5)设计、制造、验证专用工装、储运工具和辅助设备。(6)制定工序质量控制计划。对关键工序、部位和环节实行重点控制，对于重点控制的质量特性设置工序质量控制点。编制必要的产品检验计划，明确检验程序、方法、手段、标准等。(7)培训操作人员，对特殊工序的操作与验证人员进行资格培训、考核与认可。(8)判定合理的材料消耗定额与工时定额。核算能源需用量，分析其供应的安全性与可靠性。

(9)确定在产品形成适当阶段的合适的验证，对所有特性和要求明确接收标准。(10)研究改进制造质量和工序能力的措施和方法。(11)确定和准备制造过程的质量记录图表和质量控制文件与质量检验规范等。

(二)工序能力的分析与验证

工序能力是体现工序质量保证能力的重要参数，是指工序能够稳定地生产出合格产品的能力，也即工序处于受控状态下的实际加工能力。

在制造过程中，工序是产品质量形成的基本环节，因此，在工艺准备中应对工序具备生产符合产品质量要求的产品的能力进行验证。关于工序能力的分析与工序质量的控制将在质量管理统计方法中予以阐述。

(三)工艺文件的质量控制

工艺文件是产品制造过程中用来指导工人操作的技术文件，是企业安排生产计划、实施生产调度、劳动组织、材料供应、设备管理、质量检查、工序控制等的重要依据。通常，工艺文件除工艺规程外，还有检验规程、工装图样、工时定额表、原材料消耗定额表等。此外，根据质量要求，为了进行重点控制，还应有工序质量控制点明细表、工序质量分析表、作业指导书、检验计划、检验指导书等。根据产品生产的需要，在可能的情况下还应增加工艺评定书和技艺评定准则等必要的文件。当采用数控设备或计算机控制和测试时，还应编制和维护计算机软件，并使之成为受控工艺文件的组成部分。

工艺文件的形式有：工艺过程卡、工艺卡、操作规程、工艺守则、检验卡、工艺路线等。采用何种形式的工艺文件，应视企业的产品类型、生产规模、生产方式特点而定。对于制定的工艺文件必须贯彻执行，并保持相对的稳定性，若需修改，必须按规定的程序进行审批，以确保受控工艺文件的质量。

四、基本制造过程的质量控制

基本制造过程的质量控制是指从材料进厂到形成最终产品的整个过程对产品质量的控制，是产品质量形成的核心和关键的控制阶段，其质量职能是根据产品设计和工艺文件的规定以及制造质量控制计划的要求，对各种影响制造质量的因素实施控制，以确保生产制造出符合设计意图和规范质量并满足用户或消费者要求的产品。基本制造过程的质量控制的基本任务是：严格贯彻设计意图和执行技术标准，使产品达到质量标准；实施制造过程中各个环节的质量保证，以确保工序质量水平；建立能够稳定地生产符合质量水平要求的产品的生产制造系统。

为此，基本制造过程的质量控制的主要环节包括以下几个方面：加强工艺管理，执行工艺规程；严格质量把关，强化过程检验；坚持文明生产和均衡生产；应用统计技术，掌握质量动态；加强不合格品的控制；防误措施和质量可追查性；验证状态的控制；建立健全工序质量控制点；综合运用工序质量控制方法；制造过程的质量经济分析。下面重点介绍工序质量控制点、防误措施和质量可追查性等质量控制活动。

(一)工序质量控制点

1. 工序质量控制点的含义

工序质量控制点是指在质量活动中需要重点进行控制的对象或实体。我们可以从以下几个方面来理解：(1)工序质量控制点是一个广泛的实体范畴。(2)就产品而言，它可以是硬件产品的关键部位或零件，也可以是软件产品的环节或程序，还可以是流程性材料的重要工艺过程；在服务过程中，它可以是关键部门、关键人员和关键因素。(3)工序质量控制点具有动态性。也就是说，随着过程的进行，工序质量控制点的设置不是永久不变的，例如某环节的质量不稳定因素得到了有效控制，处于稳定状态，这时该控制点就可以撤销，而当别的环节、因素上升为主要矛盾时，就需要增设新的工序质量控制点。

2. 设置工序质量控制点应考虑的因素

在什么地方设置工序质量控制点，需要对产品的质量特性要求和制造过程中各个工序进行全面分析来确定。设置工序质量控制点一般应考虑以下因素：(1)对产品的适用性(性能、精度、寿命、可靠性、安全性等)有重要影响的关键质量特性、关键部位，应设置工序质量控制点；(2)对在工艺上有严格要求，对下一道工序有重要影响的关键质量特性、部位，应设置工序质量控制点；(3)对质量不稳定、出现不合格品较多的项目，应设置工序质量控制点；(4)对紧缺物资或可能对生产安排有重要影响的关键项目，应设置工序质量控制点。

一种产品在生产制造过程中应设置多少个工序质量控制点，要根据产品的复杂程度，以及技术文件上标记的特性分类、缺陷分级的要求而定。工序质量控制点一般可以分为长期型和短期型两种。对于设计、工艺方面的关键、重要项目必须长期重点控制，而对于工序质量不稳定、不合格品较多或用户意见较多的项目，或因为材料供应、生产安排等在某一时期有特殊需要的，则要设置短期工序质量控制点。当技术改进项目的实施、新材料的使用、控制措施的标准化等经过一段时间有效性验证后，控制点可以相应撤销，转入一般的工序质量控制。如果一种产品的关键特性、关键部位和重要因素都设置了工序质量控制点，得到了有效的控制，则这种产品的符合性质量就有了保证。同时，工序质量控制点还可以收集大量有用数据、信息，为质量改进提供依据。所以，设置工序质量控制点，加强工序管理，是企业建立生产现场质量体系的重要环节。

3. 设置工序质量控制点的步骤

设置工序质量控制点可按照以下步骤进行：

(1)结合有关的质量体系文件，按照质量环明确关键环节和部位，然后在程序文件和操作指导书中明确需要特殊控制的质量体系和主导因素。

(2)由设计、工艺和技术等部门分别确定本部门所负责的工序质量控制点，然后编制工序质量控制点明细表，并经批准后纳入质量体系文件中。

(3)编制工序质量控制点流程图，在明确关键环节和工序质量控制点的基础上，要把不同的工序质量控制点根据不同的流程阶段分别编制出工序质量控制点流程图，并以此为依据在生产现场设置质量控制点和质量控制点流程站。

(4)编制工序质量控制点作业指导书，根据不同的工序质量控制点的特殊质量控制要求，编制出工艺操作卡或自检表与操作指导书。

(5)编制工序质量控制点管理办法。工序质量控制点虽然单独存在，但又有很强的相关性，必须统一综合管理，制定管理办法，解决接口问题。

(6)正式验收工序质量控制点。

以上做法和编制的文件都要与质量体系文件相结合，并经过批准正式纳入质量体系中有效运转。

(二)防误措施和质量可追查性

经验表明，产品的质量事故，往往不只限于技术方面的原因，人为的因素也常常占有很大的比例。一些技术不稳定或人为因素造成的生产过程失控，使某些重要的质量特性的缺陷潜伏下来，造成在使用中出现重大故障，酿成严重损失。对于这些差错，我们应力求避免或降至最低程度。同时，为了防止类似故障的发生，就必须找出产品上可能潜在的缺陷，防误措施和质量可追查性就是为了解决上述问题而提出来的。

1. 防误措施

差错往往是由于误操作或疏忽而引起的，这种人为的差错可以通过采用机械化、自动化等方式，或采用一些相应的装置，使误操作或疏忽造成的人为差错不发生或使差错降至最低程度。以上采用的各种各样的方法，我们统称为防误措施。常见的防误措施有以下几种：

(1)保险措施。包括：①进行连锁程序设计，例如为了保证作业A的实施，把后续作业B安排在作业A的基础上进行，作业A未完成，就无法进行作业B；②设置报警或截断装置，一旦过程中断或发生其他反常现象，就发出信号，例如热处理炉温度过高即报警并自动断电，如果运转一切正常，它就不响；③设置解除报警信号，只有在一切补救步骤实现以后，才发出声响；④设置确保安全的装置，这些措施不仅起装置保险的作用，而且还可以检查前道作业的工作质量，例如当操作失误，或输入不正确的材料时，机器就自动停机，保证人身安全。

(2)感官的扩大。包括：①安装指示物和定位装置，以便精确定位，胜过人工控制；②适当增加照明强度，从而增加可见度，避免视觉差错；③实行遥控观察，不受距离、热度、烟幕等影响，从而能进行清楚的观察；④利用多信号，以增强识别和反应的可能性，例如同时发生振铃、闪光，以及特殊声音。

(3)重复。包括：①利用多种识别代号，以防止产品混淆，例如药品加标签，有毒药物加上骷髅标志，钢材涂上颜色等；②要经过多重批准，例如药品配方必须经过两名独立工作的药剂师的检查批准；③要经过多重检验，例如罐头注入流水线，通过称重、测高、吹气等检查关卡，把空罐挑选出来。

(4)倒数检查程序。例如发射火箭、卫星系统，采用倒数计时系统，检验装配系统以倒序方式检验装配工作是否全部进行完毕等。

2. 质量可追查性

可追查性，又称可追溯性，是指根据记载的标志，追踪实体的历史、应用情况和所处场所的能力。生产过程中的质量可追查性是指具有鉴别产品及其由来的能力。事实证明，一些重大产品往往因为个别零件缺陷造成质量事故，致使大量产品停止使用，直至把该零件全部更换为止。这是由于出事零件无从查考其制造批次和日期的缘故。把产品和零件的批号、日期按规定要求打印在产品零件上，借以辨认制造年月、批号、投入初始状态，同时还可以找出缺陷工序的操作者。

质量可追查性的优点就在于：可在精确无误的基础上回收可疑产品，以免造成使用上的更大损失；易于查明缺陷起因，并使维修和补救费用最少；提供明显标志，以避免产品的混淆。一般说来，质量可追查性有以下几种方法：

(1)批次管理法。对于重大、精密产品应加强批次管理，保证零件、部件、组件批次标志清楚、记录齐全，达到质量信息可追查性。这类产品往往价值很高，使用中出现质量问题危险大，因此在组织生产时，从零件、部件、组件起，分批投入，在它们上面标注产品的批次号码，同时记录有关质量信息。当产品装配时，完整地整理出各零部件的批次。产品出厂时注以连续编号。这样，如果某产品出现事故，并确定是由某零件故障引起的，则从批次号中很快就可以知道该零部件的初始状态、加工者，以及生产制造情况。如需要更换该可疑零件，则可派有关人员到装有该批次零件而正在使用的产品上进行更换。同时，工厂应保存用户的名单，以便查找。

(2)日期管理法。对于连续生产、价值较低的产品，一般采用日期编号作为可追查的标志。由于生产的特点，各种不同来源的原材料不定时地陆续投入加工过程，所以没有形成自然批量。日期编号以一些主要工作，例如打包、最后试验、最后装配等发生的日期为基础，记录实际投产的材料、制造期间的加工条件，以及试验结果。因为这些产品具有连续生产的性质，不可能精确地辨别投入一批新材料或改变加工方法的起止日期，所以只能采用这一方法。

(3)连续编号管理法。在消费品和工业设备制造中广泛采用连续编号来区别单位产品的生产制造和装配情况。例如电扇、电冰箱用连续编号，其质量保证制度也与这些连续编号相联系。较大的产品，例如汽车、摩托车，还可以对一些主要分析系统及车辆本身同时使用连续编号。

五、辅助服务过程的质量控制

为保证基本制造过程实现预定的质量目标，保证基本制造过程正常进行，还必须加强对辅助服务过程的质量管理。辅助服务过程的质量管理，一般来说，包括物料供应的质量管理、工具供应的质量管理和设备维修的质量管理等内容。

(一)物料供应的质量管理

与基本制造过程直接相关的物料，包括原材料、辅助材料、外购件、外协件等，这些物料本身质量的好坏，直接影响到产品质量。因此，物料供应质量管理的任务，就是要保证所供应的物料符合规定的质量标准，做到供应及时、方便。同时要在保证满足生产需要的前提下，减少储备量，以加速资金周转。

1. 物料采购的质量职能

物料采购的质量职能就是为产品质量提供一种“早期报警”的保证。为了执行这一职能，一般要进行以下活动：(1)对合格供应商的要求；(2)对物料供应商的调查和评价；(3)处理同供应商的关系；(4)进货检验；(5)对物料供应商的监督；(6)根据对供应商的质量评级；(7)制定供应手册。

以上在采购过程中所进行的活动，企业可根据所采购的物资的不同而有所不同，随着产品越来越趋于复杂，上述活动均需进行，下面分别予以介绍。

2. 对合格供应商的要求

随着科学技术的进步和生产力的发展，生产的社会化程度和专业化水平不断提高，分工愈来愈细，协作面更加广泛。一方面，提高外购材料、零件和部件的比重所带来的经济效益要比自制所带来的大得多；另一方面，这也能够使本企业集中于关键技术方面的提高，从而不断增加产品在市场上的竞争力，保证产品在性能和经济性等方面处于领先地位。可见，供应商提供满足需方需要的合格的产品，对于需方是十分重要的。因此，选择合格的供应商是采购活动的首要工作。

合格的供应商应具备完全满足规范、图纸和订货单要求的能力。具体说来，包括提供合格的材料和产品；按时交货；满足数量要求；价格合理；服务周到。

一般来说，可以采取以下办法来了解供应商是否具备这些能力：

(1)根据供应商的信誉，对比类似产品的历史情况，对比其他用户的使用情况，凭经验来考虑选择供应商；

(2)根据供应商提供的样品进行评价来选择供应商；

(3)根据对供应商的能力和质量体系进行现场调查和评价来选择供应商；

(4)根据是否取得有关质量认证机构的质量体系认证证书来选择供应商。

前两种方法一般只适用于传统产品，而且只限于了解质量，对于现代产品就要运用第三种方法，即要对供应商的设计质量、生产设备和售后服务等进行全面的调查，或用第四种方法。

3. 对物料供应商的调查和评价

供应商调查是对供应商能力做出的一种预测。一般方法是派出一组有资格的观察员对供应商进行访问。观察员了解设备，研究各种程序，同负责人交谈并收集有关资料。通过这些工作，他们就能够对供应商是否有可能交付优质产品作出正确的预测。

要使预测结果尽可能如实反映实际情况，就需要对调查的方法和内容做认真细致的考虑。总的说来，调查的方法切忌形式主义，调查的内容力求全面。经验表明，为了做到有的放矢，心中有数，最好是事先编制调查表，寄发给被调查的供应商，要求如实填写。调查组在研究供应商提供的信息之后，再到现场进行访问、调查、核实。调查表的要点大致包括以下内容：

(1)经营管理，包括宗旨、质量方针、组织机构、在质量上承担的责任；

(2)设计，包括组织机构、采取的制度、规范的质量、现代技术的运用、对可靠性注意的程度、工艺变更的控制；

(3)制造，包括技术装备、设备保养、特殊工序、加工能力、工艺策划的质量、批别质量的辨认和追查能力；

(4)采购，包括规格、供应关系、程序；

(5)质量控制，包括组织机构、质量控制方法的有效性、质量计划(包括材料、在制品、成品、包装、储存、运输、使用、现场服务)、对执行计划的审查；

(6)检验和试验，包括实验室、特种试验工具仪表、计量控制；

(7)质量协作，包括协作组织、订货单分析、对分包厂的控制、质量成本分析、纠正措施的环节、不合格品的处置；

(8)资料体系，包括设备、程序、报告，以及信息反馈系统的有效程度；

(9)人员，包括规定讲授的内容、培养工作、群众质量管理；

(10)质量成果，包括成绩表现、有声望的用户和分包商对供应商的意见和评价。

4. 处理同供应商的关系

为了处理好双方的关系，制定一些原则是必要的。日本在1960年的质量管理大会上制定了供需双方质量管理十原则，1966年又做了修改。供需双方必须相互信任，相互协作，怀着共存共荣的观念和企业的社会荣誉感，诚实地遵循以下十条原则：

(1)供需双方有责任相互理解对方的质量体系，共同实行质量管理；

(2)供需双方必须各自具有自主性，并相互尊重对方的自主性；

(3)需方有责任向供方提供明确的要求，使供方清楚知道制造什么好；

(4)供需双方在开始交易时，必须就质量、数量、价格、交货期、支付条件等签订合同；

(5)供方有责任保证质量，使需方在使用中能够满意，而且有责任提供必要的客观数据；

(6)供需双方必须在签订合同时确定解决双方争端的方法和程序；

(7)供需双方必须在签订合同时确定双方都满意的评价方法；

(8)供需双方必须站在对方的立场上向对方提供实行质量管理所需的信息；

(9)供需双方必须对订货、生产、库存、计划、事务处理、组织等充分进行管理，以使双方关系保持正常；

(10)双方在进行交易时，必须经常充分考虑最终消费者的利益。

5. 进货检验

需方与供方应就检验方法达成协议，所签订的协议应能使对质量要求和检验、试验与抽查方法的解释的困难减至最少，保证双方对产品质量的检验具有可比性，从而保证检验数据的统一性。需方应制定进货检验计划，作为总检验计划的一部分。在抽样验收的情况下，应根据产品的关键特性来确定检验特性，同时还应考虑供方的能力，权衡检验费用和检验不足造成的后果来选择检验水平。在采购的产品到达前，应确保必要的检验工具、检测器具、仪器和设备完好无缺并经周期检定合格，同时还必须配备训练有素的工作人员。最后，还要保存与接收的产品质量有关的质量记录，这既可达到可追溯性的目的，还可利用这些资料来评价供方的工作和质量的趋势。经验表明，供需双方通过有效的管理方法，做到互相信赖对方的检验、测试数据，有利于搞好双方关系。这里介绍一种有效的管理方法，即“合格判定审核”。

“合格判定审核”这一概念是指为了简化入厂手续，提高检验工作效率，同供应商建立长期、稳定的关系，从而有效地保证产品质量，需方对供方的检验工作能力所作的审核。具体做法如下：(1)供应商在交付各批货物时，随时提交检验数据；(2)需方进行入厂检验，并把结果同供应商的检验数据合在一起列表对照比较；(3)经审核认为供应商的检验结果准确、可靠，则减少入厂检验，改为定期检验复核。

6. 对物料供应商的监督

监督供应商是为了保证供应商所提供的产品符合既定标准或适用性的要求而进行的。这里所指的监督，包括程序的、工艺的和产品的各种审核，以及购买者所执行的任何检验，监督也属于"早期报警"的范畴。通常有两种监督方式，一种是通过对供应商的定期访问来实施监督；另一种是派出驻厂代表执行对于某些重大产品或危及人身安全和有重大影响的产品的经常性监督。

如果执行得好，监督活动可以在产品发生不符合规格或不适于使用等故障之前，就让买方或用户获得早期报警。但是达到这一目的是困难的，因为监督工作难以使供需双方都满意，这主要是由于一些对适用性仅有很小或毫无影响的小缺陷，或文件中规定的一些要求虽不影响适用性，但确实影响所证明的状态。若驻厂代表职责不清，就会干涉过多。所以最好的办法是，将出现的缺陷及其程度进行分级，加强解决质量问题以及工序控制的合作。

7. 对供应商的质量评级

对供应商绩效的评级是决定供应关系是否继续下去的依据。在有多个供应商来源的情况下，对供应商的质量评级尤为重要。在质量评级时，不仅要把产品质量合格与不合格的比例作为评价的依据，而且还应把价格、信守合同等情况作为评价的依据，进行综合评价。由于依据不一，综合方法不同，就有各种各样的评价方法。这里介绍菲根堡姆在20世纪50年代提出的百分制评级法。其具体做法是：

(1)质量管理部门负责向采购部门提供进厂材料的质量数据；

(2)采购部门负责选择供应商和安排订货；

(3)两部门共同对供应商进行评分。评分标准如表7.1所示。

表7.1　**百分制评级法评分标准**

因素	优	良	中	劣
质量	40	38~39	36~37	36以下
价格	35	33~34	31~32	31以下
服务	25	22~24	20~21	20以下
总分	100	94~99	87~93	87以下

总分为劣者或单项成绩为劣者应取消其供应商资格。单项评分办法如下：

质量分：评分期间内，例如一个月内，各批进厂材料或产品均合格为满分，即40分。如果发生拒收或退货，则按比例扣分，如表7.2所示。

表 7.2　　质量评分

	进厂批数	合格批数	拒收批数	合格率(%)	系数	分数
A	60	54	6	90	40	36
B	60	56	4	93.3	40	37.3
C	20	16	4	80	40	32

价格分：在被评级的供应商中价格最低者为满分，其余按比例扣分，如表 7.3 所示。

表 7.3　　价格评分　　单位：元

	A	B	C
单价	1.00	1.25	1.50
折扣	0.10	0.15	0.30
运费	0.03	0.06	0.03
净价	0.93	1.16	1.23
系数	35	35	35
分数	35	28.1	26.5

服务分：以信守诺言和按时交货等条件打分。

例如：按质量分，A、B、C 分别是：

A：90%×40=36

B：93.3%×40=37.3

C：80%×40=32

按价格分，A、B、C 分别是：

A：价格最低(0.93)，得满分，1×35=35

B：按比例扣分，(0.93/1.16)×35=28.1

C：按比例扣分，(0.93/1.23)×35=26.5

按服务分，A、B、C 分别是：

A：90%×25=22.5

B：95%×25=23.8

C：100%×25=25

综合以上得分，结果见表 7.4。

表 7.4　　综合评分表

	A	B	C
质量	36	37.3	32

续表

	A	B	C
价格	35	28.1	26.5
服务	22.5	23.8	25
总分	93.5	89.2	83.5

应当指出，总分低于87分、质量分低于36分、价格分低于31分、服务分低于20分的供应商，应当取消其合格供应商的资格；在某种特殊情况下，例如紧俏商品或暂时供不应求的原材料，对于正好处于不合格临界分数的某些供应商，则可以酌情处理，或者做进一步调查，或者给予一定的管理、技术和财务上的援助，促使其提高绩效。

8. 制定供应手册

供应手册，又称供应关系手册，是企业用来指导采购活动和处理同供应商关系的一种工具。手册的内容一般包括如下几方面：

(1)关于本企业的质量方针和采购政策，其中包括同供应商关系的政策。

(2)关于本企业主要产品的目录，以及产品质量状况和在市场上所享有的声誉。

(3)关于本企业同采购活动有关的主要部门及其人员配备和职责范围。

(4)关于本企业各主要产品的质量规格和要求。

(5)关于本企业入厂检验所采取的方式，包括各种抽样验收方案的选择等。

(6)关于本企业收集质量数据的方法和所使用的表格形式，必要时也包括质量信息的传递、反馈等。

(7)关于本企业对供应商的调查、审核、监督以及评级的方式和内容。

(8)关于本企业对供应商的各项要求，例如要求供应商做到：提供首件样品；编制质量计划；进行某些特殊的检验；进行可靠性方面的试验；制定处理不合格品的程序；保存各种记录和报表；制定实施工艺改革的程序等。

(9)关于本企业所使用的各种专门术语的含义。

(10)关于本企业采购、订货以及处理不合格品的规定和程序。

通常利用质量手册的形式来体现企业的质量体系情况，在这种情况下，供应手册就是质量手册的一个组成部分。

(二)工具供应的质量管理

工具包括各种外购的标准工具和自制的非标准工具等，例如冲、模、卡、量、刃具等。

工具不同于原材料之处，在于它不是一次性的消耗品。有的工具，如量具，使用的时间很长，因此在使用期间如何保证质量，是质量管理的一项重要内容。特别是量具，包括各种测试工具，直接影响制造过程的质量检验工作，应在当地计量部门统一组织下进行定期的检验，以保证示值准确。为了统一企业的量值，企业应有专门的部门负责量具的验收、保管、发放、鉴定、校正和修理工作。

生产中所需的大量非标准工具和各种工艺装备，一般由制造部门自行制造。在制造过程中的质量管理，应按前面所讲的基本制造过程中的质量管理要求进行。

自制非标准工具，经过完工检验合格后，应送入仓库保存备用。使用时间长的工具，也有一个在使用期间如何保证质量的问题。对这类工具，一般应采用“借用”办法，由仓库统一管理。要建立工具卡片，记录使用部门、使用负责人以及使用消耗情况、借还日期等。用完后要退库，验证合格后入库，如检查后发现有损坏或达不到质量要求的，要进行修理或报废。对长期在用的工具，要定期到使用地点进行检验，发现质量问题要及时处理。

大量消耗的刃具，要采取集中制造加工的办法，以保证刃具的质量。贵重的、使用时间长的复杂刃具，更要重视采取上述工具管理办法，以保证其质量。

(三)设备维修的质量管理

设备质量的好坏直接影响产品的质量。保持设备的良好状态，首先要依靠生产员工正确使用和认真维护保养，及时消除隐患，使设备完好率保持在90%以上；其次要有专门的设备检修队伍来为生产服务。

企业的设备维修部门在维修设备时，要像保证产品质量一样，保证修复的设备达到规定的质量标准。设备的“三级保养”工作应由企业的设备管理部门负责组织和领导。维修人员和日常生产活动有着密切联系，对保证设备质量，从而保证产品质量，起着重要作用。从质量管理要求来说，他们应做到以下几点：

(1)经常巡回检查设备，及时发现和消除设备隐患，预防设备故障的产生。

(2)与生产员工相结合，正确使用和维护设备，以生产员工为主进行一级保养，以维修工人为主进行二级保养。

(3)对发生故障的设备进行修理。修理要做到及时、迅速，修复设备的质量要符合标准，对关键设备要及时抢修，保证生产制造过程顺利进行和产品的质量。

第二节　产品销售和使用过程的质量管理

产品销售和使用过程是产品质量产生、形成和实现的最后一个过程，即实现过程，包括产品的包装、识别标志、搬运、储存与防护、安装与调试、交付、广告宣传和售后服务等一系列活动。销售和使用过程的质量职能就是开展售前和售后服务，收集现场使用的质量信息。

一、产品销售和使用过程质量管理的内容

产品销售是企业经营管理的重要组成部分，也是企业质量职能的重要环节。随着市场经济的发展，产品销售工作已经成为企业生产经营和质量管理中最能动、最富有生机活力的一环。

产品销售是企业根据自身的经营发展战略，通过营销工作，在市场上销售产品，以满足市场和用户的需求，并使企业获得收益和实现产品的使用价值与经济价值的活动。产品

销售的质量管理，是企业质量管理从生产过程向市场、用户以及流通领域和使用过程的延伸。

产品销售的基本任务是：掌握市场情况，扩大传统市场，开发潜在市场，提高本企业产品的市场占有率，以实现产品销售的计划目标。同时，要在市场竞争中维护企业的权益和树立企业的信誉，以提高企业和产品的社会知名度，并努力降低销售成本，提高企业的综合经济效益。产品销售质量管理的基本职能及各项职能活动，均应服从于上述任务的需要。

二、产品销售的质量职能

产品销售的质量职能可归纳如下：

(1)确定国内外目标市场并制定具体的营销策略，开发和建立营销渠道、销售服务网点；

(2)开展市场研究，确定用户和市场对产品的要求和期望，向设计开发部门提供初始的产品规范，向企业有关职能部门提供用户和市场对本企业产品需求和期望的信息，并促进其提高满足营销要求的能力；

(3)确定并实施企业的商标和广告策略，策划并提供产品介绍，开展宣传，提高产品知名度以及产品在市场上的信誉；

(4)制定、实施并控制企业的产品销售计划，确保实现企业的市场营销目标；

(5)组织、实施、监控对产品的搬运、储存、包装、防护、交付以及安装和服务；

(6)建立营销职能的信息反馈系统，了解用户和市场对本企业产品的需求和期望，获得用户对产品满意与不满意的信息，掌握产品在整个寿命周期内质量特性的表现与演变情况；

(7)策划并制定营销人员的培训计划，建立培训档案；

(8)做好营销职能范围所需的质量记录，并实施全过程的控制。

三、产品销售前的质量管理

在顾客使用产品之前，从保证实现产品的既定质量出发，要着重抓好下列工作：

(一)产品的包装

包装通常是产品生产制造过程的最后一道工序，是为在流通过程中保护产品、方便储存和运输、促进销售，使用适当的材料做成和物品相适应的容器，以及采用适当的处理技术和方法的总称。包装是产品质量的重要组成部分，也是企业生产经营的重要工作。随着科学技术的发展，产品包装已发展成为专门的学科。

有些产品包装分为外包装和内包装。有时特殊产品的修饰和装潢也纳入包装范畴。产品的包装形式应根据产品特点、运输条件、途中的搬运方法、可能遇到的储存条件以及合同的规定等因素予以确定。

产品包装的作用，一是为了保护产品安全、清洁卫生，防止散失、变质和损坏；二是有利促销，具有广告和推销的功能；三是增加利润，即提高产品身价，激发消费者购买的兴趣。包装质量特性的内涵在于包装的适用性、美观性、可靠性、安全性、耐用性和经济性。

（二）产品的识别标志

产品的识别标志与产品的出厂、储存、防护、运输、接收、交付、使用等均有直接关系。如果产品识别标志不清，使产品混淆，不便辨认，易导致不良后果，甚至造成人身伤亡或其他损失，所以产品识别标志的质量控制也是至关重要的。产品的识别标志的内容十分广泛，从商标图案到数字、型号、符号，从商品标签到订货附件，以及彩色涂料等均可作为产品的识别标志。

为做好产品的识别标志，要求做到：

（1）标志和标签的字迹清晰，图案美观，牢固耐久，符合规范化要求；

（2）产品从出厂、接收、交付直到最终用户，均须保持识别标志的完整；

（3）随机附件和特殊订货附件等也必须有明显的识别标志。

产品的标志应便于识别，如果产品质量出现问题，可将识别标志追回，以便于贯彻产品质量的可追溯性管理。

产品的商标是不同生产者专有产品的商品标志。依法注册的商标，是企业在产品上具有专用权的“厂牌”，受法律的保护。

使用注册商标的意义有三：一是维护企业的正当权益，保护企业的信誉；二是有助于督促企业搞好产品质量，如果企业不顾商标信誉，工商行政管理部门还将依法进行追究；三是商标可以发挥促进销售的作用，著名的商标对于产品的销售有着积极的推动作用。

由于商标使用关系到消费者、生产者和国家、社会的直接利益，所以各国均以法律和法规对商标进行管理。企业必须通过质量管理对商标的设计、注册、使用和维护进行质量控制，包括对商标设计、商标注册、商标使用的质量控制以及实行商标设计的质量审核等。

（三）产品的搬运、储存与防护

1. 产品的搬运

产品的搬运就是在保持产品原有质量水平的前提下，采用经济合理的方式，把产品安全、准确地运到用户手中的过程。产品搬运的质量控制包括下列方面：

（1）制定并严格执行产品搬运管理制度，保证合同交货期和产品发运的质量，在企业内部的搬运工作，也要建立健全并实施有关的管理制度；

（2）控制产品装卸、搬运等环节的操作规程，保证安全作业，装卸搬运人员应经培训考核合格后上岗，对以上环节加强监督；

（3）在搬送、运输过程中要有防护措施，对运输质量进行控制，若受企业条件限制，委托运输企业发运时，应对运输方的合格能力进行评审；

（4）要有防止产品错发、漏发及转运过程丢失、损坏等现象的控制措施，加强对产品押运工作的管理；

（5）对体积大、超重的特殊产品，需制定产品发运的质量控制措施计划，并与承运方协调落实起吊、装卸、运输、防护等方案。

2. 产品的储存

产品入库储存的质量控制，应抓住以下环节：

(1)储存区域应整洁，具有适宜的环境条件，对温度、湿度和其他条件敏感的产品，应有明显的识别标志，储存环境应符合技术要求；

(2)采用适当的储存方法，对可能变质或腐蚀的产品应采取相应的防护措施包装储存；

(3)验证合格产品入库时应注明接收日期并作明显标记，对有储存期要求的产品要有适用的产品储存周转制度，产品堆放应划分区域，并摆放整齐，便于存取，防止误用；

(4)定期检查库存产品状况，加强出库管理；

(5)企业应制定产品储存质量控制的程序文件，满足质量保证的要求。

3. 产品的防护

产品的防护与储存的质量控制活动是紧密相连的。就防护而言，其质量控制的主要环节是：

(1)成品仓库应做到"四防""十不"，这"四防"是防火、防水、防盗、防损坏事故，"十不"是不漏、不潮、不腐、不锈、不霉、不变、不混、不噬(咬坏)、不蛀、不曝不冻；

(2)对大型产品或无法入成品库的产品，更要加强防护，按产品防护有效期规定已超期存放的产品要开箱检查并重新防护，如发现异常要及时返工，只有达到防护质量要求时才能发运交付；

(3)为用户(需方)代为保管的产品，包括逾期不发的产品，要与产成品一视同仁地进行防护，并作明显标记，以免误发其他用户；

(4)防护工作要把责任落实到人，加强岗位责任的检查与考核工作。

(四)安装与调试

安装与调试是企业为用户或消费者提供技术支持与服务的活动内容之一。对于安装调试要求高的产品，企业应派出人员为用户进行安装和调试，同时为用户传授有关技术、知识与技能。企业应制定并提供用户正确安装和调试产品的技术文件，明确安装调试方法、具体要求与注意事项，对如何预防安装调试不当和由此引起的产品质量降低作出规定，以使产品顺利进入正常工作状态。

为了传播产品安装与调试的知识与技术以及使用方法和维修保养技术，企业可以举办各种形式的培训班，帮助用户培训技术骨干。

(五)产品交付

产品交付是指产品从进入产成品仓库，直至抵达需方收货地点并由需方完成验收的整个过程。在交付的各个环节，企业均应采取保护产品质量的控制措施，并制定相应的程序文件。除涉及以上关于产品搬运、储存与防护的质量控制外，就产品交付的质量控制而言，应抓好以下两方面：

(1)产品的交付质量必须满足合同规定的交货期、交货状态、交货条件的要求，要保证产品质量的责任一直延续到交付的目的地为止。其中，交货状态是指部件交货、整体交货、解体发运、现场整体交货、散件装箱、单机成套交货等形式。交货条件是指 F. O. B 船上交货（指定装运港）、F. O. R 铁路交货（指定起运地点）、F. O. T 货车交货（指定起运地点）、自提（供方厂内交货）。

（2）产品交付的质量控制活动应该包括以下几项：

①由交货人员（含押运人员、特别派出人员、派驻重点工程工地服务人员等）同用户一起做好货品清点并核对发运通知说明的各项内容；共同检验、复核到达的货品包装及外观质量状态；核检随货到达的质量证明文件及其他文件资料。

②用户对货品收妥无误后，应完成交货手续并在有关资料上签字。

③与用户落实货款支付、结算等事宜，以利及时回收货款。

（六）产品的广告宣传

产品广告宣传是企业产品促销活动之一。广告是社会范畴的经济、文化活动，受法律的约束和保护。广告的作用在于：传递商品信息，沟通产需联系；介绍知识，指导应用；激发需求，增加销量；招徕顾客，促进竞争；启迪思索，丰富文化生活。广告的质量，首先要求内容清楚明白，实事求是，不得以任何形式弄虚作假，蒙蔽或欺骗用户和消费者。同时，广告内容与形式均应健康，设计和构思要有创造性和艺术性。产品质量是广告宣传的基础。产品质量差，广告宣传再多也无济于事，只有产品质量好，再加上广告宣传的媒介作用，才能有助于拓展市场，在竞争中取胜。

四、产品销售后的质量管理

产品销售后的质量管理主要指的是售后服务。售后服务属于产品的附加利益，是现代产品整体概念中十分重要的组成部分。

（一）售后服务的作用

售后服务的作用表现在以下几个方面：

（1）售后服务有助于迅速、有效、持久地发挥产品的功能和社会效益。顾客购买产品的目的是为了使用产品，作为产品的生产者和销售者，应帮助顾客尽快运送、安装、调试产品，培训操作人员，以及提供维修配件和维修服务。这样才能使产品迅速、有效、持久地发挥应有的功能，否则虽然从生产企业看，产品已经销售出去，但从顾客和社会看，产品并未发挥应有的功能和效益。

（2）售后服务有助于提高产品信誉，促进产品销售。使用中的产品是最有说服力的推销员。产品在使用过程中难免发生故障，其中有些是生产企业造成的，有些是顾客使用不当造成的。产品发生故障后，不仅顾客受到了损失，产品生产者同样蒙受很大的损失。具有战略头脑的经营者总是千方百计地降低企业产品的故障率，其中重要的措施之一是加强售后服务，指导和帮助顾客正确使用本企业的产品，如在保证期内一旦发生重大故障，不仅立即派人赶往现场维修，甚至无偿地用新产品更换有故障的产品。其结果是企业只花极少的销售费用，而极大地提高了产品的信誉，加强了顾客的信任感、安全感，从而有力地促进产品的销售。

(3)售后服务有助于生产企业直接倾听顾客的意见，了解顾客的需要，设计出更好的产品。因为售后服务可使生产者和顾客直接见面，互通信息，如果生产者能根据产品使用条件和使用中发生的种种问题来设计产品，就有可能生产出顾客满意的产品。许多成功的产品都是根据顾客的意见不断改进而日益完善的。

(4)售后服务还有助于向顾客介绍产品，引导消费。有许多产品虽然性能良好、物美价廉，但由于顾客不了解，或者由于习惯而不愿接受，或者由于对新技术无知而抱怀疑拒绝的态度，从而影响产品的生存和发展。如果生产者能够主动向潜在的顾客免费传授技术，免费试用新产品，自然就会把新产品介绍给潜在的顾客，一大批潜在顾客就可能成为忠实顾客，从而起到引导消费的作用。

(二)售后服务的内容

售后服务的内容很多，归纳起来，主要有以下各项：

1. 咨询介绍服务

企业不仅要向顾客提供产品，同时还应提供详细的产品技术说明书、必要的产品结构、线路图纸、产品使用和维修手册等资料，把产品向顾客详细介绍。除提供书面资料外，还可设立咨询服务窗口，专门接待感兴趣的顾客，在保守商业秘密的前提下，诚恳、热情、实事求是地回答他们所提出的一切咨询。必要时也可组织潜在顾客参观产品的生产过程和试验过程。通过咨询介绍增强未来的顾客对本企业产品的了解程度和信赖度，及时解决他们的疑虑和将来使用中可能发生的问题。

2. 技术培训服务

技术培训服务可以针对已购买或准备购买本企业产品的顾客，也可针对一切可能购买本企业产品的顾客进行。这种培训完全是服务性的，通常不收费甚至还提供培训期间的生活费用。许多生产高级、复杂、技术密集型产品的企业都普遍开展技术培训服务，例如，计算机公司举办某种型号计算机的培训班，不仅培训操作方法，并提供配套软件，甚至培训简单的软件设计技术。当受训者掌握和熟悉该产品的使用方法后，自然就会倾向于购买该种产品。

3. “三包服务”

我国生产企业一般都实行包退、包换、包修的“三包服务”。有的企业还增加包使用寿命、包赔偿损失、包技术培训等新的内容。“三包”实际上是生产企业对产品质量和功能所作出的保证和承诺。正因为产品可能发生某种问题才需要“三包”，因此应把“三包”看作产品质量出现问题时的一种补救措施，而不应把“三包”看成是对顾客的恩赐。

4. 维修服务

任何产品特别是耐用品在使用中都会发生磨损，都需要维修服务。生产企业对产品的维修服务的形式一般有三种：

(1)定点维修。生产企业在本企业产品销售比较集中的地区，派人设立修理部。为了节省费用也可委托各地有关企业、商店作为本企业某种产品的特约维修点。特别是对于那些比较笨重，不便长途运输的产品，或者结构特殊、需要专门零件和修理技术的产品，更应在产品市场覆盖范围内设立修理点，以方便顾客修理。

(2)上门修理。定点修理需要顾客把损坏的产品送到修理点才能修理，对某些产品而言这样做仍不很方便。较好的方法是上门修理。顾客通过信件、电报、电话把产品故障情况和停放地点通知生产企业，企业派人上门修理。例如，某拖拉机厂向顾客保证在接到顾客要求修理的函电后，本省 24 小时赶到现场，国内其他地区三天内赶到现场进行修理。尽管产品质量好，但难免发生故障，所以这种及时的修理服务保证对顾客具有极大的吸引力，可以防止顾客可能因设备故障所造成的损失。

(3)巡回服务。对于一些精密、高级、复杂、昂贵的仪器设备，生产企业应根据产品档案，主动巡回进行预防性维修，这样就可以避免故障发生后产生的损失，使顾客更加放心。

5. 访问服务

生产耐用品的企业要做好访问服务，一般分为四次：第一次访问在产品出售后 1 个月内进行，主要检查产品安装和操作情况，建立产品顾客档案；第二次访问在产品出售后 3~6 个月之内，主要帮助顾客对产品进行保养，发现顾客在使用中的问题，及时予以提示；第三次访问在产品出售后 2~3 年内进行，主要进行修理服务，更换一些已经损坏的零件，恢复产品的功能，同时也要向顾客介绍此类产品目前还可使用，但正在变得陈旧和落后；第四次访问在产品出售后 5~6 年之间进行，主要目的是向顾客介绍新产品，并用大量的事实向顾客证明购买新产品替代老产品所能带来的经济效益。

五、现场使用质量信息的收集和管理

顾客使用产品的质量信息是评价产品质量最直接、最确切、最及时的重要信息，做好现场使用信息的收集、整理、分析和传递工作，是不断改进和提高产品质量的重要措施。

(一)顾客意见的分析和处理

这里所用的“意见”两字是指顾客对产品质量所表示的不满，其中包括退货、换货、包修、损失索赔等情况。绝大多数的生产企业能认真对待这些意见，并迅速组织人员予以处理。处理意见的目的是重新为顾客提供服务，从而保持生产企业在顾客中的信誉。对于个别意见，比较好处理。问题是对于重复性的意见不仅要进行统计归类，还要分析出现某类故障或缺陷的原因，采取纠正措施，从技术上或归类上彻底根除。

但是，应该注意，对产品意见的多少，并不一定就是衡量产品质量好坏的唯一标准，重要的是对具体问题要具体分析，切忌笼而统之，大而化之。经验表明，造成用户意见多少的原因是多方面的，包括：

1. 产品质量不好，但顾客没有提意见

造成顾客不提意见的原因是：产品价格低，不值得提；超过保修期，顾客自费修理；产品在市场上供不应求。这些没有正式提出的不满意见，可以说是对生产企业的一种威胁。当顾客自认倒霉后，决定不再购买该企业的产品，还会对该企业的产品进行“反宣传”，这样就会失去顾客。如果企业的经营者体会不到产品故障的实际严重程度，而是自欺欺人，洋洋得意地认为产品已使顾客满意，那将会导致严重后果。为了避免这种危险，企业必须采取措施来获取真实的产品使用质量信息。

2. 归类意见有假象，不能充分反映质量状况

主要是有些顾客意见表达得有些过分，其形式如下：

(1)顾客使用不当，提出修理。实际上在保修期内送修产品中约有 1/3 并非是质量问题。如果顾客学习有关手册或指导书，本来是完全可以避免这些故障的。

(2)维修不当，退换较多零部件。在维修过程中，维修技术员在判断产品故障时找错了原因，于是换下了可疑的零部件，而故障依然存在。技术员把换下的零部件作为"不合格品"退回，其实这些零部件中往往有较大的比重是合格的。虽然这种顾客意见的重要性是有限的，但可以通过分析所得到的数据说明现场使用的质量情况。然而，不要仅限于顾客意见的数据，而是要收集更为广泛的数据。

3. 单价对顾客意见的影响

产品的单价往往对顾客意见数与现场故障数之比具有极大的影响。调查的数据显示：在单价低时，意见和现场故障数之比低于 1%。对于这类产品，仅仅利用意见数来衡量现场使用质量是完全靠不住的。单价上升时，意见数也上升。对于单价极高的产品，意见数与现场故障数之比几乎是 1∶1。

4. 时间对顾客意见的影响

对于寿命长的产品来说，首次发生故障以前的工作时间是决定投诉率的主要变量。"磨损"的产品，也就是当其达到规定的使用寿命的产品，因年久失修，并不会引起什么意见。相反，由于无故障运转时间有所增加，中间偶发性故障的概率极小，所以当出现"婴儿夭折性"故障时，就易于提出投诉。

(二)现场使用的质量信息的管理

为了正确分析顾客意见，使其成为提高质量的可靠信息来源，就必须对现场使用的质量信息进行管理。这里的"现场使用的质量信息"是指产品出厂后所形成的对生产企业有用的一切有关的信息情报。因而单从修理部门获取信息是不够的，应通过各种渠道收集信息，并组织管理好这项重要工作，才能收到应有的效果。

1. 确定信息内容

由于产品不同，现场使用的质量信息的内容就有较大的差别。现场使用信息对企业的设计、生产制造等多方面都有重要作用，因此企业质量部门可以会同厂内设计、工艺、生产、检验、维修和销售等部门，共同研究确定所需要的信息内容。

对家用电器和生产资料工业品的使用质量信息，可以包括以下内容：产品及其重要的几项质量特性；产品故障类型、部位，故障前产品正常运转的累积时间(包括已过保修期的产品)；故障影响范围的大小，通常是以包修服务率(保修费与包修产品总数之比)等指标作为统计量；最易损坏或损失最大的故障次数；了解产品的使用环境，以便分析故障是在使用环境下出现的还是在环境恶劣情况下出现的；收集顾客对产品的满意程度信息。

2. 选择合适的信息收集方法

现场使用信息的来源有多种：同现场有关人员接触，包括向销售员、顾客意见调查员、技术维修人员、修理部门人员了解情况；有控制地"试用"产品，生产企业可以充分

利用自己的产品，有选择地在某些顾客中试用，按规定时间提取数据；向顾客购买情报，可以签订合同，按规定执行；产品监测，它可以在产品使用过程中对产品的完好状态进行监测。

3. 现场使用信息的管理

现场使用信息来源多，信息量大，只有集中进行归纳整理分析，才能变为有用的信息。目前，很多企业都还没有设立一个专门负责质量信息的部门。质量信息工作一般分散在几个部门中进行，如销售、服务、维修等部门，此外，技术设计和制造部门在处理现场技术问题时也收集到部分第一手信息。

我国一些企业的经验表明，在质量管理部门中配备专职人员从事质量信息管理的办法是有利的。这类专职人员的主要职责是：厂内外质量信息反馈的组织联络工作；进行数据处理和质量信息综合分析工作，并写出报告，作为领导决策的依据；必要时参加分析试验和组织现场调查；组织回复顾客意见等。

随着产品和质量信息数据的不断增多，单纯靠传统的统计分析方法已经不能适应当前信息管理的要求，应该借助于计算机和网络，将现场使用的质量信息进行分类、编码、储存，经过处理，及时、准确地提供所需要的质量信息。

第三节　产品生产过程的检验

质量检验是人们最熟悉、最传统的质量保证方法，质量检验是生产过程的一个有机组成部分，通过加强质量检验工作可以分离并剔除不合格品，以保证满足客户的要求。同时，通过检验还可以及时预测不合格品的生产，以避免损失。因此，质量检验是全面质量管理中不可缺少的重要组成部分。

一、质量检验的含义和任务

ISO9001∶2000 中指出，检验是“通过观察和判断，必要时结合测量、试验所进行的符合性评价”。质量检验实际上是针对生产过程或服务的“质量特性”所进行的技术性检查活动。一般说来，检验包括以下几个步骤：(1)度量：采用试验、测量、化验、分析与感官检查等方法测定产品的质量特性。(2)比较：将测定结果同质量标准进行比较。(3)判断：根据比较结果，对检验项目或产品作出合格性的判定。(4)处理：对单件受检产品，决定合格放行还是不合格返工、返修或报废。对受检批量产品，决定接收还是拒收。对拒收的不合格批产品，还要进一步作出是否重新进行全检或筛选甚至报废的结论。

一般来说，质量检验有下列五项基本任务：(1)鉴别产品或零部件、外购物料等的质量水平，确定其符合程度或能否接收。(2)判断工序质量状态，为工序能力控制提供依据。(3)了解产品质量等级或缺陷的严重程度。(4)改善检测手段，提高检测作业发现质量缺陷的能力和有效性。(5)反馈质量信息，报告质量状况与趋势，提供质量改进建议。

为了做好质量检验工作，必须具备一些基本条件，如要有一支熟悉业务、忠于职守的质量检验队伍；要有可靠和完善的检测手段；要有一套齐全明确的检验标准；要有一套既严格又合理的检验管理制度等。

二、检验的质量职能

在产品质量形成的全过程中，为了最终实现产品的质量要求，必须对所有影响质量的活动进行适宜而连续的控制，而各种形式的检验活动正是这种控制必不可少的条件。质量检验作为一个重要的质量职能，其表现可概括为五个方面：鉴别职能、保证职能、报告职能、预防职能和改进职能。

(一)鉴别职能

检验活动的过程就是依据产品规范(如产品图样、标准及工艺规程等)，按规定的检验程序和方法，对受检物的质量特性进行度量，将度量结果与产品规范进行比较，从而对受检物是否合格作出判定。正确地鉴别产品质量是检验活动的基础功能，是检验质量职能种种表现的前提。

(二)保证职能

在正确鉴别受检物质量的前提下，一旦发现受检物不能满足规定要求时，应对不合格品做标记，进行隔离，防止在适当处理前被误用。这种层层把关使“不合格的材料不投产，不合格的毛坯不加工，不合格的零件不转序，不合格的零部件不装配，不合格的产品不出厂”，从而保证产品的符合性质量，这就是检验的保证职能，保证是任何检验都必须具备的最基本的质量职能。

(三)报告职能

报告职能就是信息反馈的职能，是全面质量管理得以有效实施的重要条件。在检验工作的过程中，及时进行信息反馈，采取纠正措施只是报告职能的最起码的要求。报告职能的更重要的表现，是通过检验活动，系统地收集、积累、整理及分析研究各种质量信息，根据需要编制成各类报告或报表，按规定向企业有关人员及部门报告企业产品质量的情况、动态和趋势，为企业质量决策提供及时、可靠和充分的依据。一般而言，检验质量报告大致应包括如下内容：(1)原材料、外购件、外协件进厂验收检验的情况；(2)成品出厂检验情况，如合格率、返修率、报废率、降级率及相应的经济损失；(3)各生产单位质量情况，如平均合格率、返修率、报废率及相应的经济损失，以及质量因素的排列图分析；(4)产品报废原因的排列图分析；(5)不合格品的处理情况；(6)重大质量问题的调查、分析和处理情况；(7)改进产品质量的建议；(8)其他有关问题。

(四)预防职能

鉴别、保证和报告三个方面互相配合，共同构成检验质量职能的基础。但是，检验毕竟只能在质量事实发生之后才能进行，所以，仅靠检验的鉴别、保证和报告职能不可能从根本上解决生产中的质量问题。现代质量管理对其职能的强化主要着眼于两个方面，即在检验的鉴别、保证和报告职能的基础上进一步把检验工作和其他有关工作结合起来，发挥检验对质量的预防职能和改进职能。检验的预防职能大致反映在下列四个方面：(1)在生产过程中，要求首件检验符合规范的要求，从而预防批量产品质量问题的发生；(2)通过巡回检验及时发现工序或工步中的质量失控问题，从而预防出现大的质量事故；(3)保证检验人员和操作人员统一测量仪器的量值，从而预防测量误差造成的质量问题；(4)当终检发现质量缺陷时，及时采取改进措施，预防质量问题的再次发生。

(五)改进职能

检验的改进职能表现在下列三个方面：

(1)通过检验工作获取的生产过程的质量信息及暴露的设计问题，为产品整顿时的设计改进提供依据；

(2)向工艺部门提供有关加工、转运和装配等方面的质量信息，帮助工艺部门对其工艺方案、工艺路线和工艺规程的质量保证能力进行审查、验证和改进；

(3)在质量检验和试验中发现的外购件、外协件及配套件的质量问题，主要是进货检验中难以发现的内在质量、功能质量及可靠性指标等，通过将这些问题及时反馈给采购职能部门，帮助其对供应商的质量保证能力进行审查。

三、质量检验的方式

在实践中，常按不同的特征对质量检验的方式进行分类。

(一)按检验的数量特征划分为全数检验和抽样检验

1. 全数检验

全数检验就是对待检产品百分之百地逐一进行检验，又称全面检验或百分之百检验。全数检验存在如下的一些缺点或局限性：

(1)检验工作量大，周期长，成本高，占用的检验人员和设备较多，难以适应现代化大生产的要求；

(2)虽然投入了很大的检验力量，但是由于受检个体太多，往往导致每个受检个体检验标准降低，或检验项目减少，因此，反而削弱了检验工作的质量保证程度；

(3)检验的质量鉴别能力受到各种因素的影响，差错难以完全避免，在全数检验中，这个问题往往更加突出，由于错检和漏检的客观存在，全数检验的结果并不像人们想象中的那么可靠；

(4)不能适用于破坏性的或检验费用昂贵的检验项目；

(5)对批量大但出现不合格品不会引起严重后果的产品，全数检验在经济上得不偿失。

由于上述原因，在质量检验中，如无必要一般不采用全数检验的方式。全数检验适用于以下条件：精度要求较高的产品和零部件；对后续工序影响较大的质量项目；质量不太稳定的工序；需要对不合格交验批进行百分之百重检及筛选的情况。

2. 抽样检验

所谓抽样检验，是按照数理统计原理预先设计的抽样方案，从待检总体，如一批产品、一个生产过程中，取得一个随机样本，对样本中每一个体逐一进行检验，获得质量特性值的样本统计值，并同相应标准比较，从而对总体质量进行判断，作出接收或拒收、受控或失控等结论。

由于抽样检验只检验总体中的一部分个体，其优点是显而易见的。可以认为，全数检验的缺点或局限性恰恰是抽样检验的优点或长处。然而，抽样检验也有其固有的缺点，主要反映在两个方面：一方面，在被判为合格的总体中，会混杂一些不合格品，或反之；另一方面，抽样检验的结论是对整批产品而言的，因此错判，例如将合格批判为不合格批而拒收或将不合格批判为合格批而接收，从而造成的损失往往很大。虽然运用数理统计原理精心设计抽样方案可以减小和控制错判风险，但不可能绝对避免。一般地，抽样检验适用于全数检验不必要、不经济或无法实施的情况，应用非常广泛。

(二)按检验的质量特性值的特征划分为计数检验和计量检验

计数检验适用于质量特性值为计点值或计件值的场合；计量检验适用于质量特性值为计量值的场合。计数检验和计量检验将在质量管理数理统计方法一部分中作详细介绍。

(三)按检验方法的特征划分为理化检验和感官检验

1. 理化检验

理化检验是应用物理或化学的方法，依靠量具、仪器及设备装置等对受检物进行检验。理化检验通常测得检验项目的具体数值，精度高，人为误差小。理化检验是各种检验方式的主体，特别受到人们的关注。随着现代科学技术的进步，理化检验的技术和装备不断得到改进和发展，例如过去的破坏性试验有些已用无损检测手段来代替；钢材化学成分的快速分析由于光谱分析技术的发展而得以实现。

2. 感官检验

感官检验就是依靠人的感觉器官对质量特性或特征作出评价和判断，例如对产品的形状、颜色、气味、伤痕、污损、锈蚀和老化程度等，往往要靠人的感觉器官来进行检查和评价。感官质量的判定基准不易用数值表达，感官检验在把感觉数量化及比较判断时也常受人的自身个性及状态的影响。因此，感官检验的结果往往依赖于检验人员的经验，并有较大的波动性。虽然如此，但由于目前理化检验技术发展的局限性以及质量检验问题的多样性，感官检验在某些场合仍然是质量检验方式的一种选择或补充。

(四)按检验对象检验后的状态特征划分为破坏性检验和非破坏性检验

破坏性检验后，受检物的完整性遭到破坏，不再具有原来的使用功能，如寿命试验、强度试验以及爆炸试验等都是破坏性检验。随着检验技术的发展，破坏性检验日益减少，而非破坏性检验的使用范围在不断扩大。破坏性检验只能采用抽样检验方式。

(五)按检验实施的位置特征划分为固定检验和流动检验

1. 固定检验

固定检验就是集中检验，是指在生产单位内设立固定的检验站，各工作点上的产品加工以后送到检验站集中检验。固定检验站专业化水平高，检验结果比较可靠，但也有不足之处，例如需要占用生产单位一定的空间，易使生产工人对检验人员产生对立情绪，以及可能造成送检零件之间的混杂等。

2. 流动检验

流动检验就是检验人员直接去工作点检验。流动检验的应用场合有其局限性，但由于不受固定检验站的束缚，检验人员可以深入生产现场，及时了解生产过程的质量动态，容易和生产工人建立相互信任的合作关系，有助于减少生产单位在制品的占用。

(六)按检验目的的特征划分为验收检验和监控检验

1. 验收检验

验收检验广泛存在于生产全过程，如原材料、外购件、外协件及配套件的进货检验，半成品的入库检验，产成品的出厂检验等。验收检验的目的是判断受检对象是否合格，从而作出接收或拒收的决定。

2. 监控检验

监控检验也叫过程检验，目的是检查生产过程是否处于受控状态，以预防由于系统性质量因素的出现而导致的不合格品的大量出现，例如生产过程质量控制中的各种抽样检验就是监控检验。

质量检验方式的分类还有很多，在此不一一列举。实际上，一种检验活动往往具有多种特征，因此，可以同时属于多种检验方式。

四、质量检验的基本类型

实际的检验活动可以分成三种类型，即进货检验、工序检验和完工检验。

(一)进货检验

进货检验是对外购货品的质量验证，即对采购的原材料、辅助材料、外购件、外协件及配套件等入库前的接收检验。为了确保外购货品的质量，进厂时的收货检验应由专职质检人员按照规定的检查内容、检查方法及检查数量进行严格的检验。

进货检验的深度主要取决于需方对供方质量保证体系的信任程度。需方可制定对供方的质量监督制度，例如对供方的定期质量审核，以及在生产过程的关键阶段派人对供方的质量保证活动进行现场监察等。需方对供方进行尽可能多的质量验证，以减少不合格品的产出，这是需方保证进货质量的积极措施。

进货必须有合格证或其他合法证明，否则不予验收。供方的检验证明和检验记录应符合需方的要求，至少应包括影响货品可接受性的质量特性的检验数据。

进货检验有首件(批)样品检验和成批进货检验两种。

1. 首件(批)样品检验

首件(批)样品检验是需方对供方提供的样品的鉴定性检验认可。供方提供的样品必须有代表性，以便作为以后进货的比较基准。首件(批)样品检验通常用于以下三种情况：供方首次交货；供方产品设计或结构有重大变化；供方产品生产工艺有重大变化。

2. 成批进货检验

成批进货检验是对按购销合同的规定供方持续性后继供货的正常检验。成批进货检验应根据供方提供的质量证明文件实施核对性的检查。针对货品的不同情况，有如下两种检验方法：

(1)分类检验法。对外购货品按其质量特性的重要性和可能发生缺陷的严重性，分成A、B、C三类。A类是关键的，必须进行严格的全项检查；B类是重要的，应对必要的质量特性进行全检或抽检；C类是一般的，可以凭供货质量证明文件验收，或做少量项目的抽检。

(2)抽样检验。对正常的大批量进货，可根据双方商定的检验水平及抽样方案，实行抽样检验。

进货检验应在货品入库前或投产前进行，可以在供方处也可在需方处进行。为了保证检验工作的质量，防止漏检或错检，应制定"入库检验指导书"或"入库检验细则"。进货经检验合格后，检验人员应做好检验记录，及时通知仓库收货。对于检验不合格的应按照不合格品管理制度办理退货或进行其他处置。

(二)工序检验

工序检验有时称为过程检验或阶段检验。工序检验的目的是在加工过程中防止出现大批不合格品，避免不合格品流入下道工序。因此，工序检验不仅要检验在制品是否达到规定的质量要求，还要检验影响质量的主要工序因素(即"5M1E")，以决定生产过程是否处于正常的受控状态。工序检验的意义并不是单纯剔除不合格品，还应看到工序检验在工序质量控制乃至质量改进中的积极作用。

工序检验通常有以下三种形式：

(1)首件检验。所谓首件，是指每个生产班次刚开始加工的第一个工件，或加工过程中因换人、换料、换活以及换工具、调整设备等改变工序条件后加工的第一个工件。对于大批量生产，"首件"往往是指一定数量的样品。实践证明，首件检验是一项尽早发现问题，防止系统性质量因素导致产品成批报废的有效措施。

首件检验一般采用"三检制"的办法，即先由操作者自检，再由班组长复检，最后由检验员专检。首件检验结果应由专职检验员认可并打上规定的质量标记，做好首件检验的记录。无论在何种情况下，首件未经检验合格，不得继续加工或作业。检验人员必须对首件的错检、漏检所造成的后果负责。

(2)巡回检验。巡回检验要求检验人员在生产现场对制造工序进行巡回质量检验。检验人员应按照检验指导书规定的检验频次和数量进行，并做好记录。工序质量控制点应是巡回检验的重点，检验人员应把检验结果标在工序控制图上。

巡回检验对检验人员提出了较高的素质要求，也是检验人员充分发挥职能作用的检验方式。检验人员在认真履行检验职能的同时，还应积极主动地帮助操作工人树立"质量第一"的思想意识，分析质量原因，提高操作技术。当巡回检验发现工序质量问题时不能有情面观念，要严格把关。一方面，要和操作工人一起找出工序异常的原因，采取有效的纠正措施，恢复工序受控状态；另一方面，必须对上次巡回检验后到本次巡回检验前所有的加工工件全部进行重检或筛选，以防不合格品流入下道工序或用户。

(3)末件检验。末件检验是指在主要靠模具、工艺装备保证质量的零件加工场合，当批量加工完成后，对最后加工的一件或几件产品进行检查验证的活动。末件检验的主要目的是为下批生产做好生产技术准备，保证下批生产时能有较好的生产技术状态。末件检验应由检验人员和操作人员共同进行，检验合格后双方应在“末件检验卡”上签字。

(三)完工检验

完工检验又称最终检验，是全面考核半成品或成品质量是否满足设计规范标准的重要手段。由于完工检验是供方验证产品是否符合顾客要求的最后一次机会，所以是供方质量保证活动的重要内容。

完工检验必须严格按照程序和规程进行，只有在程序中规定的各项活动已经圆满完成，以及有关数据和文件齐备并得到认可后，产品才能准许发出。

完工检验可能需要模拟产品用户的使用条件和运行方式。在有合同要求时，经由用户及用户指定的第三方一起对产品进行验收。必要时，供方应向用户提供有关质量记录。成品质量的完工检验有两种，即成品验收检验和成品质量审核，这些必须有用户的参与并得到用户的最终认可。完工检验可以是全数检验，也可以是抽样检验，应该视产品特点及工序检验情况而定。供方质量体系应保证，在质量计划规定的活动完成以前绝不发货；同时，质量体系还应该保证收集所有影响质量活动的记录，以便生产结束后对它们立刻进行评审。

五、质量检验的组织和主要管理制度

(一)质量检验计划

检验计划的深度因产品的重要性、复杂程度以及与企业其他产品的差异而不同。但是，作为一个完整的检验计划一般应包括如下的基本内容：

(1)检验规程。通常用检验流程图来表达检验计划中的检验活动流程、检验站点设置、检验方式和方法及其相互关系。

(2)质量缺陷严重性分级表。对于不能满足预期使用要求的质量缺陷，其质量特性的重要程度、偏离规范的程度、对产品适用性的影响程度等客观上存在着或大或小的差别。对这些质量缺陷实施严重性分级有利于检验质量职能的有效发挥，以及质量管理综合效能的提高。

(3)检验指导书。检验指导书是产品检验规程在某些重要检验环节上的具体化，是产品检验计划的构成部分。编制检验指导书的目的在于为重要的检验作业活动提供具体的指导。通常，对于工序质量控制点的质量特性的检验作业活动，以及关于新产品特有的、过去没有类似先例的检验作业活动都必须编制检验指导书。检验指导书的基本内容包括：检验对象、质量特性、检验方法、检测手段、检验判断、记录与报告等。

检验计划除上述基本内容外，还包括测量和试验设备配置计划、人员调配、培训、资格认证等事项的安排及其他需要特殊安排的事项。

(二) 检验机构的设置

检验机构是企业中执行质量规范、行使质量职权、具有相对独立性的职能机构。为了充分有效地开展检验的质量职能活动，检验机构的独立性至关重要。不仅各生产单位的专职检验机构及人员需要直接隶属于检验部门，而且，凡承担一定检验职能的设计、采购、工艺、生产等系统的人员在质量检验职能活动中也属于检验工作系统。

设置检验机构通常应遵循如下原则：(1) 检验机构应设置在质量把关的关键环节；(2) 检验机构应能满足生产流程的需要；(3) 检验机构应有合适的空间和环境；(4) 检验机构的设置应考虑节约检验成本。

不论检验机构如何设置，企业的检验活动都应当形成若干子系统，即进货检验系统、工序检验系统、成品检验系统和检验控制与管理系统。

检验工作系统的组织既有合埋性问题，又有经济性问题，实际上是一项系统工程。作为单个检验站，就其工作特点而言是一个随机服务系统，可用排队模型进行分析和优化。对检验站的评价指标主要有三个：(1) 平均等待时间。指从送检产品到达检验站起，到产品开始接受检验的时间长度。(2) 忙期。指检验站处于不间断地连续繁忙状态的时间长度。(3) 排队长度。指等待检验的产品数量。

一般来说，检验站的设计原则应满足平均检验率或平均服务率(μ)大于送检工件的单位时间平均到达率(λ)。

送检工件到达的数量是一个随机事件，服从泊松分布。假定一种工件的到达与其他工件的到达是完全相互独立的，而且在任何情况下的实际排队过程都是如此。单位时间内的平均到达率为λ，则平均到达时间为$1/\lambda$。同样，可以认为服务率也是服从泊松分布，平均服务率即平均检验率为μ，则平均服务时间则为$1/\mu$。

在检验站中，还要确定检验规则。最简单的检验规则是先到先服务。也就是第一个到达的产品首先得到检验，依此类推。有时也要按照检验时间最短的原则，即检验时间最短的最先检验，依此类推。采用哪一种检验原则，要看具体情况而定。

(三) 三检制

三检制就是操作者自检、工人之间互检和专职检验人员专检相结合的一种检验制度。这种三结合的检验制度有利于调动广大职工参与企业质量检验工作的积极性和责任感，是任何单纯依靠专业质量检验的检验制度所无法比拟的。

(1) 自检。自检就是操作者对自己加工的产品，根据工序质量控制的技术标准自行检验。自检的显著特点是检验工作基本上和生产加工过程同步进行。因此，通过自检，操作者可以及时地了解自己加工的产品的质量问题以及工序所处的质量状态，当出现问题时，可及时寻找原因并采取改进措施。自检制度是工人参与质量管理和落实质量责任制度的重要形式，也是三检制能取得实际效果的基础。

(2) 互检。互检就是工人之间相互检验。一般包括：下道工序对上道工序流转过来的在制品进行抽检；同一工作地轮班交接时的相互检验；班组质量员或班组长对本班组工人加工的产品进行抽检等。互检是对自检的补充和监督，同时也有利于工人之间协调关系和交流技术。

(3)专检。专检就是由专业检验人员进行的检验。专业检验人员熟悉产品技术要求，工艺知识和经验丰富，检验技能熟练，效率较高，所用检测仪器相对正规和精密，因此，专检的检验结果比较正确可靠。而且，由于专业检验人员的职责约束，以及和受检对象的质量无直接利害关系，其检验过程和结果比较客观公正。所以，三检制必须以专业检验为主导。专业检验是现代化大生产劳动分工的客观要求，已成为专门的工种与技术。在质量检验工作中，任何弱化检验，以自检排挤专检的做法都是错误的。实践表明，自检或互检容易发生错检和漏检，这不仅和生产工人的检验技能及检测手段等客观因素有关，还和生产工人在自检或互检时的立场、态度、情绪等主观因素有关，所以，检验的质量职能必须通过专检来保证。

六、不合格品的管理

不合格品的管理是质量检验，也是整个质量管理中的重要问题。不合格品是指没有满足某个规定的要求的产品。在质量检验工作中，对可疑的不合格品或生产批次，必须认真加以鉴别，对确实不符合要求的产品必须确定为不合格品。

对质量的鉴别有两种标准：一种是符合性标准，即产品是否符合规定的技术标准。这种鉴别有明确的标准可以对照，是质量检验人员及机构的经常性工作。另一种是适用性标准，即产品是否符合用户要求。用户要求往往因人、因时、因地而异，较多个性而较少共性，因此，产品质量的适用性标准可能会超出质量鉴定的范畴。从现代质量观来看，产品质量的符合性标准和适用性标准在本质上应该是一致的，但在现实生活中这两种标准未必总能合拍。某些用户对一个完全符合质量标准的产品可能会觉得并不称心如意，而某些用户对一个不完全符合质量标准的产品反而觉得其性能和质量正合心意。但是，不管怎样，为了真正发挥质量检验的把关和预防职能，任何情况下都应坚持质量检验的“三不放过”原则，即“不查清不合格原因不放过，不查清责任者不放过，不落实改进措施不放过”。

当生产过程的某个阶段出现不合格品时，绝不允许对其做进一步的加工。同时，根据“三不放过”原则，应立即查明原因。如系生产过程失控造成，则在采取纠正措施前，应暂停生产过程，以免产生更多的不合格品。根据产品和质量缺陷的性质，可能还需对已生产的本批次产品进行复查全检。对于不合格品本身，应根据不合格品管理程序及时进行标示、隔离、评审、处置，提出预防措施，防止不合格再发生。

(一)标示

对不合格品的标示，应按产品特点和质量体系程序文件的规定进行。对不合格品的标示应当清楚醒目，并应采用不能消除或更改的标示方法，对不合格品及其标示必须按统一格式认真做好记录。

对已作了标记和记录的不合格品，供方应在等候评审和最终处置期间将其放置在特定的隔离区，并实行严格控制，以防在此之前被动用。

(二)隔离

有了标记以后，将不合格品和合格品进行隔离，放置在指定的隔离区，予以标明，以防止在适当处置前继续使用或与合格品混用或错用。

(三)评审

出于经济上的考虑，企业可以指定有关部门和人员对不合格品进行评审，以便确定是否特许(或让步)、接收(经修理或不修理)或返修、返工、降级、报废。进行评审的人员应有能力判定评审的决定对互换性、进一步加工、性能、可靠性、安全性及外观的影响。

(四)处置

从某种意义上说，处置就是实现评审所作出的决定，对不合格品的处置主要包括：

(1)返修：对虽然可能不符合原规定要求，但能使其满足预期的使用要求的不合格品所作出的处置。

(2)降级：对因外表或局部的质量问题达不到质量标准，又不影响主要性能的不合格品所进行的降低级别的处置。

(3)报废：对无法修复或在经济上不值得修复的不合格品予以废弃的处置。

(4)特许(或让步)：对使用和放行不符合规定要求的产品的书面认可。这种情况有时称为“弃权”或“回用”(该产品称为回用品)。特许一般限于某些特定不合格特性在指定偏差内并限于一定期限或数量的产品。

(5)返工：对不合格品采取的措施，使其满足规定的要求。

需要明确的是，不合格品的评审结论是一次性的，也就是说只对当时被处置的不合格品有效，不能作为以后验收其他产品的依据。

(五)预防措施

预防措施是指为了防止潜在的不合格、缺陷或其他不希望的情况的发生，消除其原因所采取的措施。对按同样设计或同样程序加工的其他不合格产品的评审和对以前各批同样产品的评审都属于预防措施之列。

预防措施的目的是确保工作的顺利进行，以及减少返工、返修或报废的费用。因此，应对返修、返工和改进的产品进行重新检验或重新试验，以验证其是否符合规定要求。此外，在有必要追回不合格的成品时，则不论该成品是在成品库房、输送途中、销售商仓库，还是已经使用都应追回。在作出追回的决定时要考虑安全性、产品责任及顾客满意程度这些因素的影响。

(六)防止不合格再发生

这是指防止再次发生同样性质的不合格品，因此要求：

(1)出现不合格品(批)后，应对其进行质量分析，努力做到“三不放过”，即原因未查清不放过；责任未明确不放过；改进措施未落实不放过。

(2)对不合格品(批)的档案要定期进行统计分析，查清造成不合格的系统性原因和偶然性原因，以便采取针对性措施，努力排除问题再次发生的可能性或把再次发生的可能性减少到最低程度。

不合格品的控制是一项综合性、技术性很强的工作，它涉及向顾客提供质量保证，加强质量分析和采取纠正措施等一系列问题，要求必须明确职责权限，把不合格品的控制所包含的各项职能落实到有关部门。一般来说，不合格品的鉴别与隔离，属于符合性判断，应以检验部门为主；但不合格品的评审和处置属于适用性判断，应由企业另行指定的部门，如质量保证部门或不合格材料审查委员会等及其人员进行评审，以确保它们能够使用、返修、降级、让步或者报废。

第四节　服务提供过程的质量控制

一、控制服务质量的基本步骤

控制服务质量的基本步骤分别是选择控制对象，建立测量体系，设立绩效标准，测量实际的绩效，将绩效与标准进行比较，对差异采取措施。

第一，选择控制对象。为了选择控制对象，我们必须首先识别一个主要工作过程，识别过程目标，描述过程，识别顾客，发现顾客需求。

第二，建立测量体系。开发测量单位以及测量的方法(传感器)。控制对象可以是服务特征、服务过程特征、过程负效应的混合。控制对象的定量包含以下两种指标：

绩效指标。这些指标度量了服务过程的输出、顾客需求的符合性，正如控制对象的测量单位所定义的那样。

过程指标。这些指标度量了服务过程中影响绩效指标的活动或者变动。具体的测量可以涉及主导过程的潜在因素，例如设置、时间、成分、工人和信息。

服务业中经常将顾客满意度属性与过程测量指标联系起来。

第三，设立绩效标准。这一步骤涉及为每个绩效指标和每个服务过程指标设置目标值，以及最大和最小极限。

第四，测量实际的绩效。有时候测量过程是自动的。例如，在一个保险服务中心等待回复的电话数量，在一个快餐经销点满足一个顾客订单所需要时间。在其他案例中，测量过程是更为复杂的。例如，为了测量顾客接触活动的质量，研究者扮演顾客来评价质量交付中的关键维度。

第五，将绩效与标准进行比较。有时候，比较要超越简单的平均值分析。真实的值与目标值的比较可能使用统计过程技术来区分普通的和特殊的原因。例如，对两个银行处理贷款的时间进行了比较。两个银行的平均水平为 7 天。对于银行 A，几乎所有的贷款在 5~8 天的时间得到了处理，而银行 B 平均需要 7 天，但是一些贷款需要 21 天来处理，因此，银行 B 的服务过程就会存在较大瑕疵。

第六，对差异采取措施。未能满足标准可能要求采取三项行动：故障判断及排除、质量改进或者质量计划。故障判断及排除和诊断不定期问题的过程通常要比在慢性问题上取得改进的过程简单一些。

二、服务提供过程的质量管理

服务提供过程是将服务从服务供方提供给服务消费者的过程，是顾客参与的主要过程。服务提供过程有两大基本特征：服务提供者与服务消费者之间的关系十分密切；服务生产过程和消费过程是同时的。

(一)服务提供过程模型

根据服务提供过程模型，服务的提供被视野分界线划分为两部分，一部分是顾客可见的或接触到的服务企业；另一部分是顾客看不见的，由服务企业辅助部分提供的，但又是企业提供给顾客服务所必需的、不可缺少的。

1. 相互接触部分

对于顾客而言，与企业发生接触的过程是顾客可以看见的，这部分顾客看得见的服务提供活动叫作服务提供系统的相互接触部分。外部顾客通过相互接触部分接受服务，它包括顾客以及顾客直接接触的能够影响服务质量的资源。

在相互接触过程中，能够产生和影响服务质量的资源包括介入过程的顾客、企业的一线员工、企业的经营体制和规章制度、企业的物质资源和生产设备。

2. 后勤不可见部分

在服务提供过程中，顾客极少有机会看到视野分界线后面发生的事情。他们一般不关注在自己看不见的地方还在进行着的那部分服务提供过程。在后勤不可见部分，一方面是直接为顾客提供服务的一线员工接受企业后勤人员的服务，另一方面是企业后勤人员作为服务供方向一线员工等内部顾客提供后勤支持服务。内部后勤支持服务是顾客接受服务的必不可少的条件，但由于视野分界线的阻隔，顾客不一定能理解，因此，顾客认识不到那部分服务提供过程对整个服务质量所作的贡献。顾客只关注相互接触阶段，即使内部服务相当优异，但接触过程服务质量低劣，顾客也会认为企业的服务质量不高。由于顾客没有看到企业在可见线之后做了多少工作，他们认为看得到的服务提供过程并不复杂，因此，可能无法理解为什么各种服务具有价格牌上标明的那么高价格。通常服务企业可以采取适当的宣传或扩大顾客与企业接触范围的方式，使顾客理解服务的全部内涵，但由于扩大了相互接触部分，这可能会增加服务质量控制的难度。

辅助部门在服务提供过程中起到后勤支持作用，这种支持作用表现在管理支持、有形设施支持和系统支持三个方面。

(二)服务供方的评定

服务企业作为服务的供方，要保证服务提供过程的质量，就要对是否遵守已规定的服务提供规范，对是否符合服务规范进行监督，在出现偏差时对服务提供过程进行调查。

服务企业要测量、验证关键的过程活动，避免出现不符合顾客需要的倾向和顾客不满意，并将企业员工的自查作为过程测量的一部分。

通常认为测量服务业中的质量要比在制造业中难得多。现代制造是很古老的，许多学者将其根源追溯到18世纪。本质上，制造总是依赖于测量、数量、权重等。测量对于制造来说看起来可定量并且是其固有的特征。然而，基于服务的产业经常依赖于定性的测量，例如好、更好、最好，以及经济、豪华和奢侈。

测量服务质量的一个方法就是SERVQUAL模型。这一模型识别了服务质量的五个维度：

第一个维度是有形性：设施、设备、人员和材料的外观；

第二个维度是可靠性：可靠地和准确地执行的能力；

第三个维度是响应性：提供及时快捷的服务；

第四个维度是保证性：对员工的信任和信心；

第五个维度是移情性：同理心，对顾客的个性化关注。

服务企业进行过程质量测量的另一个方法是绘制服务流程图，显示工作步骤和工作任务，确定关键时刻，找出服务流程中的管理人员不易控制的部分、不同部门之间的衔接等薄弱环节，分析各种影响服务质量的因素，确定预防性措施和补救性措施。

考核是难以计量的，这是由于服务是无形的，结果要经过顾客的主观判断，不易精确量化。除此以外，服务企业管理人员也很难量化服务质量的经济价值。

服务过程质量控制关系到服务业中每一个人，包括顾客看得见和看不见的人员，各种服务质量控制制度应能发掘质量缺陷及奖励质量优良，并协助改善工作。以机器代替人力，尤其是取代那些例行性服务，有助于服务质量控制。

例如，一家航空公司通过研究以下事项来执行服务过程质量标准：每位顾客在取得登机牌时需要花费多少时间；将行李从飞机上卸下来的过程需要花费多少时间；有电话进来未接听之前应容许它响几下等。

又如，一家快餐公司的服务质量标准的注意事项有：汉堡包在多少时间要翻面多少次；未卖出的汉堡包只能保持多久；未卖出的炸薯条只能保持多久；收银员应当以目光接触每位顾客并微笑等。

以上这些例子说明，在服务提供过程中建立质量控制标准，应当是能够做到的。不过，服务企业在制定标准和执行上，可能比制造业更困难。服务企业许多可以改善生产率的方法也都可以用来改善质量，如机器设备的采用，时间与动作研究，具体业务标准化、专门化，流水线作业等原则和措施。尤其是科技的利用可能最有效，但是机器设备毕竟不如人那样有弹性。

（三）顾客评定

顾客评定是对服务质量的基本测量，顾客的反映可能是及时的，也可能是滞后的或回顾性的。很少有顾客愿意主动提供自己对服务质量的评定，不满的顾客总是在不预先给出允许采取纠正措施的信息前就停止使用或消费服务。片面地依赖顾客评定作为顾客满意的测量，可能会得出错误的结论，导致服务企业决策失误。

对顾客满意方面的评定和测量，应集中在服务提要、服务规范、服务提供过程满足顾客需要的范围内。服务企业经常会发生以为提供的是优质服务，但顾客可能并不满意的情况，这可能表明了规范、过程或测量中的缺陷。顾客评定与服务企业自身评定相结合，评价两者之间的相容性，可以为改进服务质量、采取改进措施提供帮助。

为了掌握服务对顾客态度和行为所造成的冲击，并确保服务追踪报告能跟上新的变化应进行顾客满意度调查。例如，一家信用卡公司每年大约追踪 12000 笔交易。在顾客刚与公司有过某种接触之后，立刻进行访谈，以了解他们对柜台作业的满意程度，以及是否会影响他们将来对信用卡的使用。这家公司的一位高层主管解释说，顾客满意度调查能做到我们利用其他方法无法做到的事，这种调查能使我们与信用卡持有人更加接近，更重要的是，调查报告并未被束之高阁，这些报告最后提供给我们改善服务质量必须采取的具体行动，以及有关如何加强服务的新观念，这种调查是质量保证的最佳工具。

(四)不合格服务的补救

没有任何服务质量体系能绝对保证所有的服务都是可靠的、无缺陷的，不合格服务在服务企业仍是不可避免的。对不合格服务的识别和报告是服务企业内每个员工的义务和责任。服务质量体系中应规定对不合格服务的纠正措施的职责和权限，尽早识别潜在的不合格服务。

服务中错误的不可避免，是否意味着无失误服务目标是不值得争取的，当然并不是这样。服务企业也应像制造业那样，追求“零缺陷服务”，不断提高由服务的可靠性所带来的利润回报。

但是，某些服务企业在纠正不合格服务方面所做的工作并不好，不是反应不恰当，就是根本没有反应，以致让抱怨的顾客感到更糟糕。当有不合格服务发生时，顾客对服务企业的信任将会发生动摇，但并不会完全丧失，除非出现以下两种情况：过去的不合格重复出现或不合格服务的补救并未使顾客感到满意，它加重了不合格，而不是纠正了不合格。

不合格服务的重复出现可能意味着服务可靠性发生了严重问题。由于可靠性是优质服务的基础和核心，当一个企业的服务缺陷连续不断地出现时，其他任何事情对顾客来说，都变得不重要了。再好的服务补救措施也不能有效地弥补持续的服务不可靠对顾客的不良影响。

当出现不合格的服务时，紧跟着一次毫无力度的服务补救，服务企业就是让顾客失望了两次，丧失了两次关键时刻，其后果只能是极大地降低顾客对服务企业的信任。当服务企业可靠性较差，较频繁地发生不合格服务时，较差的补救将使顾客对服务企业完全丧失信任。即使是一次绝好的纠正措施，也对增强顾客对企业的信任和对服务质量的评价影响不大。但当服务企业享有较高的服务可靠性记录时，一次对不合格服务的正确处理将产生很大的影响，不仅不会降低顾客对企业的评价，甚至可能增强顾客心目中的服务质量，使顾客更加信任该企业。也就是说，完善的服务质量体系要求有很高的服务可靠性，以及发生偶然的不合格服务时，有完备的超过顾客期望的纠正措施。

服务质量体系针对不合格服务的补救应有两个阶段。

1. 识别不合格服务

要识别不合格服务，成功地将服务问题揭示出来，就必须建立一个有效的系统来监测顾客的抱怨，进行顾客研究、监测及记录服务过程的工作状况。

(1)监测顾客抱怨。要完整地了解顾客抱怨，并不是仅仅通过顾客的投诉就能清楚，因为大多数经历不合格服务的顾客往往并不向服务企业投诉和抱怨，却会向多达十个以上的人诉说他们消费不合格服务的经历。对服务企业直接投诉和抱怨的顾客，其不合格服务的补救就较容易做到，只需采取必要的外部行动，向顾客道歉，并承认服务企业确实存在让他们不满意的地方，而且将纠正措施及时通知他们。对经历了不合格服务但又不进行抱怨的顾客，唯一的补救办法是通过顾客研究，将不合格服务找出来。

(2)进行顾客研究。进行顾客研究的目的是识别不合格服务，研究的方式可以是定性的，也可以是定量的。以顾客身份亲身经历是识别一项服务的可能不合格之处的有效途径。几乎每种类型的服务，从飞机旅行到汽车修理，从娱乐业到通信业都可以通过实地观察，亲身经历来了解其中的问题。

(3)监测服务过程。通过对服务过程的详细流程图，例如服务蓝图等进行细致的检查，以找出其中的缺陷和失败点以及服务中存在潜在问题的地方，进行重点监测，形成文件记录，并且对过去的不合格服务进行系统的追踪和分析。一旦找出了潜在的缺陷，就可能对出现不合格的环节进行细致的观察，而且制订应付不合格服务的计划，以使问题发生时，能进行有效的处理。

2. 处理不合格服务

在顾客看来，不能积极地处理不合格服务，往往是比出现基本的服务问题更为严重的缺陷。一些基本的服务问题，顾客很可能会发现并将它作为不可避免的事情来对待，但服务企业若不能解决已经暴露的不合格服务，则顾客往往更加不能容忍。企业要采取积极的措施以满足顾客的要求。在服务质量体系中，可通过以下三点得到保证。

(1)让员工为不合格服务的纠正做准备。不能让员工毫无准备地面对服务问题而做出反应。虽然可能有些员工在与经历不合格服务的顾客打交道时，能够很自然地反应灵敏，并使顾客感到满意。但大多数员工不能做到这一点。即使平时对顾客服务较好的员工处理服务问题时，也会感到有些棘手。服务人员没有能力或不愿意对意外情况做出有效反应，是一个普遍存在的难题。在服务质量体系中，应当通过对员工在沟通技能、创造力、应变能力和对顾客的理解方面进行培训，来使员工有准备地面对不合格服务，满足顾客的需求。

(2)充分授权给第一线员工。不合格服务几乎都发生在顾客和第一线员工之间，顾客面对不合格服务时，最直接的反应能让第一线员工感觉到。培训员工而不对员工充分授权，将无益于解决顾客问题。给员工以满足顾客需求的权力与训练员工具有解决不合格服务的能力同样重要。在授权给员工时，还应让员工工作更便利。

(3)奖惩员工。服务质量体系应规定对能正确识别并能采取积极措施，来处理不合格服务以满足顾客需求的员工进行适当的奖励。因为刚开始时，员工往往担心服务企业会对他们的积极行动，例如无条件退货、免收车费或免费提供食品和饮料等行为进行惩罚。要消除这些顾虑，就应当在服务体系中明确正面的刺激，同时对由于相反的行为而丧失解决顾客问题的机会并可能最终导致企业永远失去顾客的员工，要进行必要的惩罚。

三、通过服务质量体系控制服务质量

服务企业必须把服务质量管理作为企业管理的核心和重点，把不断提高服务质量，更好满足顾客和其他受益者的需求作为企业管理和发展的宗旨。但任何一个服务企业要实现自己的质量战略，如果没有完善的服务质量体系做保证，都将仅仅成为空洞的口号。

制造企业经过长期的发展和实践，通过控制生产流程和标准化作业，结合国际标准和制造企业的特点，已经可以较好地控制产品质量，并在企业内部建立起较完善的质量体系。和制造企业相比，服务企业的质量管理水平参差不齐，不仅理论上缺乏深入的研究，实践中对服务质量体系问题也缺乏应有的重视。

服务质量体系就是为实施服务质量管理所需的组织结构、程序、过程和资源。对它的理解应注意以下三个方面：

(1)服务质量体系的内容应以满足质量目标的需要为准。

(2)服务企业的质量体系主要是为满足服务企业的内部管理需要而设计的。它比特定顾客的要求要广泛，顾客仅仅评价该服务质量体系的相关部分。

(3)为了合同或强制性质量评价的目的，可要求对已确定的服务质量体系要素的实施进行证实。

服务质量体系的作用是为了达到和保持服务质量的目标，使服务企业内部相信服务质量达到要求，使顾客相信服务符合要求。质量体系是一种客观存在的事物，它是实施服务质量管理的基础，又是服务质量管理的技术和手段。建立服务质量管理体系的最终目的要服从于服务企业的质量方针和目标。

四、建立服务质量体系的要点

服务质量体系主要有管理者的职责、资源、质量体系结构三个关键方面，而顾客则是服务质量体系三个关键方面的核心。只有当管理者的职责、人力和物质资源以及质量体系结构三者之间相互配合和协调时，才能保证顾客满意。

(一)管理者的职责

服务企业管理者的职责是制定服务质量方针并使顾客满意。成功地实施这个方针依赖于管理者对服务质量体系的开发和有效运行的支持。

1. 质量方针

质量方针是对服务质量体系的要求和基本输入。服务质量体系是实现本企业质量方针的基本手段和根本保证。任何服务企业在服务质量体系的设计和建立时，均应编制并颁布本企业的质量方针，并通过服务质量体系的实施，保证本企业质量方针的实现。

质量方针是服务企业总的质量宗旨和方向，是企业在服务质量方面的总的意图。总体上看，质量方针是服务企业总方针的一部分，但随着服务竞争新时代的到来，必然要强调服务企业以服务质量为中心，从而决定了服务质量方针的地位和作用。服务质量方针应使整个企业总的方针适应服务竞争的要求，也就是说，服务质量方针应是整个企业总方针的核心部分，引导企业在日趋激烈的市场竞争中以服务质量取胜，以服务质量求得效益，以服务质量的优势保证企业的生存和持续发展。

服务企业的最高管理层应该高度重视且亲自主持制定本企业的质量方针，并以正式文件予以颁布。企业领导者应以必要的措施确保质量方针的传播、理解、实施和保持。

服务质量方针应明确服务企业所提供服务的等级、企业的质量形象和信誉、服务质量的目标、保证服务质量的措施、全体员工的作用等内容。

2. 质量目标和质量活动

服务企业要实现本企业的质量方针，首先要识别建立质量目标的主要目的。建立质量目标的主要目的应当包括：顾客需要与职业标准和道德相一致、不断地改进服务、考虑社会和环境方面的要求、提高服务的效率等。以上主要的质量目的可以转化为一系列的质量目标和活动。

例如，用适当的质量测量，如产品衡量、过程衡量和顾客满意度衡量来清楚地定义顾客的需要；采取预防措施和控制，以避免顾客的不满意；优化质量成本，达到所要求的服务业绩和等级；在服务组织内形成共同承担义务的机制；不断评审服务要求和成绩，使与改进服务质量的时机相一致；预防服务企业对社会和环境的不利影响。

质量活动是指从识别需要到获取、使用、评价全过程中与服务质量直接相关或间接相关的全部活动。确定质量活动和选择质量体系要素本质上是相通的。服务质量活动是选择服务质量体系要素的基本依据，确定质量活动又是对服务质量体系要素的延伸和展开。因此，确定质量活动实质上就是质量体系要素的展开。服务质量体系要素体现为一组过程，任何服务工作都是通过过程完成的，每个过程都包含一定的质量活动。因此，确定质量活动是建立组织结构的前提。

质量活动可分为直接质量活动和间接质量活动。确定质量活动的目的是最终落实质量职责、权限和接口控制，这是由于要明确分配质量职能，必须先搞清楚质量过程中每项活动所赋予过程增值转换时的质量职能。换句话说，服务质量是在一连串的增值过程中实现的。

(1)确定直接质量活动。直接质量活动是指与服务质量设计、形成和实现直接相关的活动。确定直接质量活动的主要依据有：

①服务质量环。服务质量环概述了服务质量体系要素的各项过程，但对不同的服务类别，服务质量环又不尽相同。服务质量环阶段的多少以及每个阶段的复杂程度，影响着质量活动的多少和复杂程度。服务企业的质量活动与制造企业的质量活动有明显的差别，而且针对服务行业的不同类别，可根据服务企业的具体情况、服务类型和特点来确定合适的服务质量环。

②服务类别和质量特性。不同类别的服务，其服务质量形成过程相差很大，质量活动往往不同。不同的质量特性，也影响着质量活动。

③市场竞争形势的变化。随着市场竞争形势的变化，服务企业的质量活动各具特色，市场开发和支持服务的质量活动也更加活跃。

④服务企业的经济规模。服务企业的经济规模，也对质量活动的多少和特点产生影响。

(2)确定间接质量活动。间接质量活动即以组织、计划、协调、控制、反馈为特征，通过一定的媒介对服务质量形成和实现产生间接影响的活动。间接质量活动一般有：质量改进、质量信息管理、质量教育、质量审核、质量奖惩、群众性的质量活动等。确定间接质量活动的依据主要有：

①服务质量管理的实践证明是行之有效的活动。如群众性的质量管理活动，包括质量管理小组、合理化建议等。这类已经在实践中证明是行之有效的活动，服务企业在设计服务质量体系要素时应予以确定和采用。

②服务质量体系和服务质量管理的发展需要强化的质量活动。例如，质量改进，通过对服务质量体系的改进实现服务质量的改进。质量改进是服务企业的自我行为，从总体上讲，目前服务企业的质量改进工作差距较大，因此，把质量改进纳入服务质量体系之中，是服务质量管理的必然趋势。

服务企业在确定直接或间接质量活动后，应形成文件，并采取如下措施：

①明确规定一般和具体的质量职责；

②明确规定影响服务质量的每一项活动的职责和权限，通过赋予充分的职责、组织独立性和权限，以便按期望的效率达到规定的质量目标；

③规定不同活动之间的接口控制和协调措施；

④工作重点应该是查明潜在或实际的质量问题，并采取预防或纠正措施。

3. 质量职责和权限

管理者的职责包括对由于其活动影响服务质量的所有人员，明确规定一般的和专门的职责和权限。这些职责和权限包括服务企业内部和外部各个接触面上的顾客与服务提供者之间有效的相互关系。所规定的职责和权限应该与为达到服务质量所必需的手段和方法相一致。

应该说，服务企业的全体员工都对服务质量具有不同程度的影响，一线员工提供服务给顾客并直接与顾客接触，其他员工对服务质量和顾客满意起到间接的影响。只有明确合理分工的质量职责和权限，一线员工才可以在确定的权限范围内尽可能地满足顾客的要求，其他员工也可以通过承担适当的义务并与一线员工进行有效的合作，以持续地改进服务质量，并使顾客满意。

在设计或识别质量活动的基础上，按照分解、细化的质量职能，将其一一对应，分配到各层次、各部门、各岗位，最终落实到每个员工。落实职权是指分配或承担职责和权限。应该说，服务企业内每个员工都有自己的职责和权限，但一些关键人员的职责和权限的落实有利于职能部门和全体员工的质量职责的确定、分配和落实。这些少数的企业关键人物如高层管理人员，在明确并充分有效地行使了自己的职权以后，其他问题就能迎刃而解。

4. 管理评审

管理者应对企业质量体系进行正式、定期和独立的评审，以便确定质量体系在实施质量方针和实现质量目标中是否持续稳定和有效。评审中应特别关注和强调改进的必要性和机会。评审应由管理者中的适当成员或有资格的、直接向最高管理者报告工作的、独立的人员进行。管理评审是管理者的一项重要职责，对于企业质量体系的有效运行和持续改进是必不可少的。

管理评审由一系列的有组织的、综合性的评价构成，包括服务业绩分析的结果，即在达到服务要求和顾客满意方面，有关服务提供过程的全面效果和效率的信息；与规定的服务质量目标相符的质量体系所有要素的执行情况和有效性的内部审核结果；由技术、质量概念、市场战略、社会环境等各种情况带来的变化。

评审者应该把观察记录、结论和建议作为评审和评价的结果以文件形式提交管理者，以便在制订服务质量计划时采取必要的措施。

(二)资源

资源是服务质量体系的物质、技术基础和支撑条件，是服务质量体系赖以存在的根本，也是能有效运行的前提和手段。资源包括人力资源、物质资源和信息资源三部分。

1. 人力资源

人是服务企业最重要的资源，几乎所有的服务都要由服务企业的员工来提供。对顾客而言，服务员工是顾客评价服务质量的重要来源。他们往往把第一线员工当作服务的化身。由于服务是一种情绪性的工作，管理好服务体系中的人力资源必须做到以下三点：

(1)聘用个性适宜提供良好服务的人。大多数制造企业可以直接吸收到相当多的有经验的员工，而且其中绝大多数员工都不必直接接触顾客。例如汽车制造公司不必要求装配线上的工人能主动替顾客解决问题，因为他们几乎没有机会与顾客直接打交道。即使工人必须提供面对面的服务，但由于作业的标准化、专业化和集中化，也可以相对减少其中个性的成分，甚至不需要运用自己的判断力。但对绝大多数服务企业而言，大部分工作岗位需要经常与顾客密切接触，工作过程中充满了不确定性，因为顾客的需要和期望各不相同，服务企业员工在执行任务时，不可能全按标准作业来进行。他们必须自行判断如何解决顾客的问题，必须不断采取主动式服务才能针对各个顾客的特殊情况提供个性化的服务。但在大多数服务企业，当需要员工自己判断解决顾客面临的实际问题时，员工的服务多半不佳。由于相当多的服务企业仍在一定程度上依附于制造企业或其他企业而存在，一些服务企业对员工特别是对第一线员工的聘用投入足够的重视。

由于服务是无形的，顾客对服务质量的好坏，是根据他们与服务人员打交道的经验来判断的。有些研究发现，即使提供服务的系统发生故障，使得提供服务的效率降低，只要顾客认为服务企业员工是在关心他们，了解他们的需求，以及尽量设法补救，顾客仍然会同情谅解。但不幸的是，如果服务企业的管理者以制造商品的办法来管理服务，员工提供的服务多半不佳。传统的制造企业需要一切都在控制之下，生产过程每一步骤都必须按部就班，员工必须严格遵守，而且整个制造过程都必须防止干扰。但优质的服务则相反，它欢迎顾客提出要求，并且有能力进行弹性处理。

作为服务质量体系的重要资源，挑选一个新员工，不论是位于什么岗位，都应当像挑选一个事业上的合伙人一样。服务企业必须找个性上能提供顾客良好服务的人，即能适合服务企业文化的人。许多服务质量优异的企业列出了优秀服务人员应具备的能力和个性，针对需要来了解服务企业的应征者是否具备这些素质。应征者以往的相关经验对一个有良好服务质量文化的企业而言，并不一定就是优点。相当多的管理优秀的服务企业认为没有相关经验恰好能符合他们的期望，他们可以用自己的方式培养一些能很快适应本企业服务文化的员工。如果这些人在其他相似服务企业工作过，就可能养成一套与本企业完全不同的服务意识和方法。在服务企业，员工的个性是否开朗，比经验、技术能力可能更重要。

(2)培训。不断地、密集地、全面地培训是服务质量体系要素得以有效实施的前提。

服务领先的公司都拨出1%~2%的营业收入作为第一线员工、管理人员和高层主管的培训经费。当然，培训的课程要因职位不同而有所差异。与顾客直接接触的员工所需的培训，与在办公室工作的人有很大的不同。第一线员工所需要的技能与中层管理人员也不相同。但所有的培训都应当包括提供后勤支援的人如何对待内部顾客即第一线员工或其他服务企业的工作人员。

除正式的培训以外，服务企业也可以通过社会化过程来培训员工。如通过同事和上司示范工作诀窍，传授应有的价值观和服务态度等。不管是采用正式的还是非正式的方式，对所有员工的培训都必须前后一贯，并要符合公司发展战略、经营策略、文化和人事政策，同时要得到服务企业相关部门的支持。

如果培训只针对直接提供顾客服务的第一线员工实施，而不是针对同样需要这种训练的监督和管理人员及后勤支持人员；培训只集中于与外部顾客的关系，而不提及与内部顾客的关系以及团队合作的重要性，这种培训对服务企业提高服务质量并无长期效果。

由于服务质量包含技术质量和功能质量两方面的内容，服务培训也可以分为技术培训和功能培训两种。没有一家服务企业可以直接把员工放在某个新职位上，然后，希望他们能自行学会有关的各种技术，并能提供高质量的服务。要提供杰出的服务，就要确保每一个员工，并非只是与顾客直接接触的那部分员工，而是包括所有能影响到顾客对服务质量评价的员工，都对如何执行本职工作有深入的认识。服务质量体系要求根据服务作业过程和步骤，把每一职务分解成具体的步骤，然后利用各种语言、文字和形象等传播方式，把服务规范的内容灌输给员工。通过垂直式或水平式交叉培训，可以使公司在服务能力上进行较大的弹性调整，同时提高员工的自尊心和工作的积极性。更重要的是，交叉培训能确保每一个员工都有能力解决顾客面临的问题，并在顾客与服务企业内部作业之间扮演桥梁角色。

为提高服务质量而进行的培训，其具体方案可以有多种选择，以下列举几种方案以供参考：①服务现场面对面培训；②角色培训；③小组在岗培训；④研讨会；⑤针对不同岗位的培训班，如经理培训班、主管人员培训班、一线员工培训班等。

(3)适当的激励。服务质量体系要求对员工进行适当的激励。员工与顾客接触得越多，越需要在情绪上投入。激励是一种正式的鼓励和赞美，可以通过激励鼓舞所有的员工，但通常情况下，很多激励方式因为缺乏公正、次数太少或缺乏心理意义而最终趋于失败。只有挑选获胜者的过程郑重其事，大公无私，并与顾客心目中的服务质量密切相关，这样的激励才有意义。要员工维持长期干劲，保持企业的服务质量优势，不能只靠赞美和奖赏，还须提供给员工可以展望的未来，并要超过一般的水准。很多服务企业的员工，特别是第一线员工，他们不仅薪资少，而且很难出人头地，导致服务企业的人员流动率较大。如何通过最佳的激励方式调动这些能直接影响企业形象和服务质量的员工的积极性是完善服务企业质量管理体系的重要课题。

2. 物质资源

大多数人认为服务业仅仅是劳动密集型的行业，不需要太多的资本投资。然而，服务业固然对人力资源需求巨大，但为了提供服务而必须建立的基础设施及设备，也会使服务企业资本密集度相当高。即使是纯粹的服务企业，从餐厅到电力公司，其资本密集程度也不在制造企业之下。这是由于公用事业、航空公司以及其他一些需要昂贵设施提供服务的行业和主要依靠人力提供服务的行业：餐厅、零售店、保险公司等也都需要可观的资本投资，而且其中绝大部分是着眼于以科技代替人力。

所有的服务企业提供顾客服务，建立完善的服务质量体系都要对基础设施及设备建设投入大量的资金，这些基础设施及设备包括：基本的装修和服务工具，有关顾客的信息系统，管理的通信网络，备用物资的储备等。对基础设施及设备的投入与对人力的投入是相互关联的。由于员工培训很难速成，新员工需要几个月甚至更长时间才能达到熟练的地步。如果他们还没有对服务企业提供的服务和产品有深入的了解，每一个新手所处理的"关键时刻"，都可能是公司形象和信誉以及未来的销售额丧失的时刻。而基础设施及设备的投入可以使服务员工更新生产力，并降低增聘新员工的需要，节约了挑选和培训新员工的时间和费用，又避免了损失未来的销售额和公司的发展机会。

服务企业对基础设施及设备的需要可以根据顾客的服务需求以及自我服务能力而适时调整。整个服务企业的服务系统可按不同子市场的顾客需求，设定其提供服务的产能，避免对每一位顾客提供全面的服务，因而可以减少对基础设施及设备投入的巨额资金需求。

服务企业对基础设施及设备投资的一个好处在于一些服务行业具有规模经济，可以在边际成本下提高服务质量，或是增添新的服务品种。如果服务企业在竞争者之前，先对服务质量体系中的基础设施及设备投入适当的规模，其产生的规模效应可以形成有力的垄断优势，甚至可构成竞争壁垒，在保证提供的服务质量基础上排斥新的竞争者出现。

3. 信息资源

服务质量体系有赖于服务质量信息系统的支持。对信息资源的投资，就像对其他物质资源的投资一样，目的都是提高和加强服务企业的竞争优势。拥有信息基础的服务企业，可以根据自身的信息资源对顾客提供个性化的服务，针对顾客的偏好适时调整其服务，以提高服务效率。

服务企业获得信息资源的主要渠道包括以下四个方面：顾客、企业第一线员工、企业管理层、社会公众。服务企业可针对不同来源而特别设计调查方式来获得与服务质量有关的不同来源的信息资源。服务企业可以利用信息资源来完善自己的服务质量体系。

(三)质量体系结构

服务企业的质量体系结构包括组织结构、过程和程序文件三个部分。

1. 组织结构

组织结构是组织为行使其职能按某种方式建立的职责、权限及其相互关系。

质量体系的组织结构是组织为行使质量管理职能的一个组织管理的框架。其重点是将组织的质量方针、目标层层展开成多级的职能，再转化分解到各级、各类人员的质量职责和权限，明确其相互关系。由于整个管理最活跃和最关键的因素是人，管理的执行者是人，被管理者也是人，因此，规范人的行为的组织结构就是整个管理的核心。

组织结构可以看成是质量体系的静态描述，在静态情况下，考虑管理框架、层次结构、部门职能分配、职责、权限和相互关系的协调和落实，组成一个质量管理的组织系统。

对于服务企业而言，考虑服务的特殊性，其组织结构的设立就应与传统的制造企业的组织结构有所不同，主要表现在一线员工的职责和权限、管理者的职权和管理的层次等方面。

2. 过程

ISO9000 标准是建立在“所有工作都是通过过程来完成的”这样一种认识的基础上，每一个过程都有输入，输出是过程的结果。对于服务企业而言，过程的输出就是无形的服务。每个服务企业都有其独特的过程网络，服务企业的质量管理就是通过对服务企业内部各种过程进行管理来实现的。

根据服务质量环，服务可划分为三个主要过程，即市场研究和开发、服务设计和服务提供过程。市场研究和开发过程是指服务企业通过市场研究与开发确定和提升对服务的需求和要求的过程。服务设计过程是指把市场研究和开发的结果，即服务提要的内容转化成服务规范、服务提供规范和服务质量控制规范，同时反映出服务企业对目标、政策和成本等方面的选择方案。服务提供过程是将服务从服务供方提供到服务消费者的过程，是顾客参与的主要过程。

3. 程序文件

程序是指为进行某项活动所规定的途径。对服务质量体系而言，程序是对服务质量形成全过程的所有活动，规定恰当而连续的方法，使服务过程能够按规定具体运作，达到系统输出的要求。

对于服务质量体系，所有程序最终必须形成程序文件，使之有章可循，有法可依。程序文件是质量体系可操作的具体体现，是质量体系得以有效运行的可靠保证。我们这里主要讨论与服务质量活动有关的那些程序。形成文件的程序应根据服务企业的规模、活动的具体性质、服务质量体系的结构而采用不同的形式。

服务质量体系应能对所有影响服务质量的活动进行适宜而连续的控制。服务质量体系应重视避免问题发生的预防措施，同时还应保持一旦发现问题就做出反应和加以纠正的能力。为实现服务质量方针与目标，应制定、颁发和保持服务质量体系各项活动的形成文件的工作程序并加以贯彻实施。这些程序对影响服务质量的各项活动的目标和执行做出规定。

服务工作程序是服务企业为确保所提供的服务满足明确的和隐含的需要，保证质量方针和质量目标得以实现所制定和颁布的所有影响服务质量的各项直接和间接活动的规定。根据性质，可以分为管理性程序和技术性程序两类。服务质量体系程序就是属于管理性的工作程序。把服务质量体系程序写成文件，即程序文件。

对某一项影响服务质量的活动，质量体系程序有如下作用：

(1)各部门、各岗位严格执行程序，可以对服务质量活动进行恰当而连续的控制，使服务质量始终保持在受控状态；

(2)由于在程序文件中事先对预防措施进行了适当安排，可以减少发生服务质量问题的风险；

(3)由于事先做出安排，一旦发生服务质量问题，可以及时做出反应并能迅速加以纠正。

程序文件是有关人员实施质量活动的依据。程序文件的基本内容是阐述影响服务质量的那些管理、执行、验证或评审人员的职责、职权和相互关系，说明如何执行各种活动、使用文件及进行控制。其详细程度要满足对有关质量活动进行恰当而连续控制的需要。在编写时要注意可操作性，特别是在编写细化的质量活动时，更需要一步一步地列出开展此项活动的工作流程和细节，列出输入、转换和输出的内容，包括文件、物品、人员等，明确他们与其他活动的接口和协调措施；规定开展质量活动时，在物资、人员、信息和环境等方面应具备的条件，明确每个环节内转换中的各种因素，即有哪个部门或岗位参与，具体做什么，做到什么程度，达到什么要求，如何控制，形成怎样的记录和报告等。同时，还应涉及可能出现的任何例外事项，规定可能发生质量问题的预防措施，以及一旦发生质量问题应采取的补救措施。

(四) 与顾客的接触

顾客是服务质量体系中最关键的因素，也只有服务质量体系的其他因素相互沟通，共同发展并和谐地服务于顾客这个中心，才能使服务质量体系有效地运行。

管理者应采取有效的措施在顾客与服务企业之间建立畅通的信息沟通渠道。同顾客直接接触的人员是企业获得服务质量改进过程信息的重要来源。以下五点可能是服务企业做好与顾客接触所必不可少的。

(1) 理解顾客。服务企业首先必须了解自己的行业，知道顾客为什么要来；其次，必须通过人口统计或其他渠道了解顾客的信息。

(2) 发现顾客的真实需要。发现顾客的真实需要可以通过简单的询问，如面谈、电话交谈或信函等形式，也可以通过调查问卷或其他能够使公司知道顾客需要的服务的有效方法。

(3) 提供顾客需要的产品和服务，使顾客理解所提供的服务。在对一些客观数据、必要的反馈和竞争对手有充分的了解以后，就应该考虑提供顾客需要的产品和服务。

使顾客理解所提供的服务，包括使顾客明白服务的过程、服务的费用；解释服务、服务的传送、服务费用之间的关系；保证顾客意识到他们对服务质量的贡献；一旦发生问题，服务企业的补救措施；所提供的服务与顾客的真实需求之间的关系等。

(4) 尽最大限度地提供顾客满意的服务。服务企业应当创造性地研究自己的产品和服务，以持续保持并不断提升顾客的满意度。例如书店中设立茶座或咖啡厅，向顾客提供茶、咖啡或糖果等；加油站设置洗车场，并免费给加油的汽车提供清洗服务等。

(5) 使顾客成为“回头客”，并使顾客传播公司的服务。拥有一批固定的顾客是一些服务企业成功的秘诀。只有顾客一次又一次来消费服务，企业的经营才可能成功。

同时，通过提供优质服务，使满意的顾客自愿为服务企业作广告、宣传，是十分有效的营销策略之一。

顾客接触服务供方各种资源的方式，以及服务供方的运作方式，对于顾客体验到的服务质量关系非常大。也就是说，服务的功能质量水平的高低，是由服务买卖双方的相互接触决定的，而且正是在这种买卖双方的相互接触中，服务的技术质量及服务的最终结果被转移到顾客身上。这种顾客与服务供方的各种资源相互接触的时空环境在服务业的经营管理中叫作“关键时刻”。

关键时刻就是顾客光顾服务企业任何一个部门时发生的那一瞬间。经过短暂的相互接触，顾客已经对服务企业的服务质量，甚至是潜在的产品质量有了一定的理解。每个关键时刻都是服务供方将自己的服务质量展示给顾客的机会，错过了这样的机会，服务过程就已经完结，顾客一旦离去，企业就再也无法轻易提高服务质量的感知水平。如果在关键时刻，服务质量发生了问题，要采取补救措施，显然为时已晚。即使想办法去补救，那也只能设法主动创造关键时刻。有了新的关键时刻，企业才有机会展示自己的服务质量。当然这种事后补救措施，有时会有意外的效果，但和事前就认真管理好关键时刻相比，仍然是服务质量管理体系不完善。

服务过程是由一系列的关键时刻组成的，要做到对服务过程的管理，以确保整个服务质量体系的完善，提供给顾客优质服务，首先必须确定服务过程的关键时刻。

重要的关键时刻随行业、产品和服务对象的不同而不同。例如在零售店购物时某些顾客可能认为等待接待的时间是重要的关键时刻。如果等待接待的时间很长，服务的关键环节就有了问题。对另外一些顾客而言，可能售货员的帮助和商品的陈列是重要的关键时刻，顾客对它们的评价在对整个企业服务质量的评价中所占的权重较大。

关键时刻的行为主要取决于交往过程中顾客的观点，但也并不是所有的关键时刻都要有员工的直接参与。如顾客开车进停车场时，正经历一些关键时刻，停车场是否有空的车位，路标位置是否明显，是否容易看懂等，这些都是潜在的关键时刻，并且在这些关键时刻，服务企业的员工并没有直接参与。

当服务背景、顾客行为模式和员工行为模式三者之间协调一致时，意味着员工和顾客对关键时刻服务的看法相同。服务企业在这些关键时刻就会赢得顾客的信任，顾客对企业服务质量的评价就会相应地提高。相反，当服务背景、顾客行为模式和员工行为模式三者之间不一致时，就可能严重影响关键时刻，导致顾客对服务质量的评价降低。

五、服务业的时间进度安排与控制

服务系统中的时间进度安排提出了一些制造系统不常遇到的问题。这主要是因为不能存储和盘点服务，以及顾客需要服务的随机性。有些时候，第二个困难可以通过预约或预订系统得以修正，但服务无法存储这一生活常识却是绝大多数管理者必须遭遇的难题。

史蒂文森指出，大多数服务系统有能力接待更多的顾客。因此，顾客排队等候只是一个短期现象。此外，某些时候服务系统是空置着的，服务者也是空闲的，等候顾客光临。在控制服务质量时，必须权衡提供特定水平服务能力的成本与让顾客等候服务的潜在成本。因为顾客把等候看作不增值活动。特别在等候时间很长时，他们倾向于把排队归因于服务质量差。同样，从企业观点来看，让雇员等候也是不增值的。

等候队列通常出现在顾客随机抵达等候服务的情况下。我们在日常生活中遇到的等候队列包括超级市场收款机、快餐厅、机场检票处、剧院、邮局等处的队列。在许多情形下，“顾客”不是人，而是待填订单、等候卸货的卡车或待修理设备等。此外，还有一些等候队列，如等候靠岸的轮船、等待着陆的飞机以及在信号灯前等候的小汽车等。

服务时间进度安排与控制一般采用预约系统或预订系统的形式。

第一，预约系统。预约系统的目的是控制顾客到达时间，在顾客等候时间最短的同时，达到最高程度的服务容量利用率。医生可以用预约系统把患者安排到下午，上午的时间则留出来处理医院事务。类似地，律师也可以根据法律程序安排当事人。然而，即使采用预约方式，仍然会由于患者或当事人的不准时，取消预约，产生无法完全控制服务时间长度等问题。

第二，预订系统。预订系统能够使服务系统对特定的系统需求做出比较精确的估计，使顾客由于长时间等待、得不到服务等而产生的失望感降至最小。预订系统广泛应用于度假胜地、酒店与汽车旅馆、餐馆以及某些运输模式，例如定期航线、汽车租赁等。餐馆实施预订系统，管理者就能疏散或集中顾客，使需求与服务能力互相匹配。晚到与放弃预订也能中断系统。

第三，劳动力排程。顾客排程是需求控制，劳动力排程则是服务能力控制。当需求能被合理预期时，劳动力排程效果最佳。这一点在顾客到达餐馆、剧院以及交通高峰期等具备重复性模式的情形中可以得到很好的印证。对医务人员、警察、电话销售员、信用卡公司、共同基金公司等进行的时间安排也都属于这同一种排程。还有一个因素需要考虑，即劳动力柔性能够匹配多大范围内的顾客需求变化。服务能力应该通过受过交叉培训的员工修正，这些员工在需求高峰期被派往瓶颈作业开展临时救援。

影响劳动力排程柔性的限制因素有很多，包括法律的、行为的、技术的(例如工人执行某些特定操作的资格)和预算的限制等。

第四，多资源排程。有些情况下需要协调使用超过一种的资源。例如，医院必须对外科医生、手术室工作人员、恢复室工作人员、接待室、专用设备、护理人员等安排时间进度安排。教学机构必须对全体教员、教室、视听设备、学生等安排进度计划。参与进度计划的资源越多，问题复杂性就越大，达到最佳进度安排的可能性就越小。此外，系统可变性也将使问题复杂性大大增加。例如，教学机构经常改变自己的教学计划，学生注册人数也在变，学生的选课模式也各有不同。

航空公司也是一个需要进行多资源排程的服务系统。空勤人员、飞行器、行李处理设备、售票处、门卫、舷梯、维修人员等，都必须协调一致。政府部门关于飞行员飞行小时数的规定也为系统设置了限制条件。而且空勤人员和设备都不固定在一个地方。另外，空勤人员的休息时间是必须考虑的因素。但是，飞行器却差不多可以持续地使用，除了定期维护与修理之外。

第八章　质量管理统计方法

现代质量管理活动中，需要应用各种数理统计技术方法。为此，统计技术成为质量体系的一个重要因素。本章分四节介绍质量管理的统计方法：第一节介绍质量特性及其数据整理，第二节分析过程能力，第三节叙述抽样检验方法，第四节阐述质量控制图。

第一节　质量特性及其数据整理

一、过程与过程控制系统

一个产品的制造常常可以分解为若干个过程。这里讲的过程是指制造过程的一个工段、一道工序、一项操作等，是将人、设备、材料、方法、环境等五项输入资源按一定要求组合起来，转化为中间产品、半成品、零部件等输出的活动。

譬如加工一根轴就是一个过程，它是操作者利用机器、刀具、毛坯钢材、一定电压的电源和一定的测量工具等资源(这些都属于输入)，按一定的要求将它们组合起来进行加工，形成一根一定规格的轴(这便是输出)。

如果在过程中和过程的输出处增加信息的收集，并利用统计方法对收集到的信息进行加工，通过统计处理发现问题，寻找原因，指出进一步应采取的行动，再反馈给过程的输入，调整过程的某些输入资源，以保证过程工作正常，这样一系列处理称为反馈系统。一个过程增加了反馈系统就称为过程控制系统。

产品质量的改进与提高都要通过过程的反馈系统来实现，因此统计方法在过程控制系统中得到了广泛的应用。质量管理就是建立在“所有工作都是通过过程来完成的”这一基本认识基础上的。一个好的质量管理系统不仅是若干过程的总和，而且是相互协调与相容的。

二、质量特性及其分布

产品的质量可以用产品的质量特性 X 来表示。在质量管理中遇到的质量特性的观察值(也称为数据)通常是定量的，即 X 的取值是可以用一定的数量单位来度量的，它们又可以分为两类：(1)计量数据。计量数据取值可以通过某种量具、仪器等的测定得到，它们可以取某一区间的一切值，例如轴的直径、钢材的强度、产品的寿命等都属于计量数据。(2)计数数据。计数数据取值是通过数数的方法获得的，它们往往只能取非负整数，例如一批产品中的不合格品的个数、铸件上的气泡个数等都属于计数数据。

任意两个产品不会是完全一样的，即使在自动化生产线上生产的产品也不例外。产品间的差异可以很大，也可以很小，有时可能小到无法测量，但差异总是存在的。每个产品的质量特性取什么值是随机的，但一大批产品的质量特性的取值会呈现出某种规律性。

在同样的生产条件下，同类产品的同一质量特性值不会完全相同，因此可以把这些特性值的全体看成一个总体，每个产品的特性值便是一个个体。如同在数理统计中所述，可将质量特性 X 看成一个总体，它是一个随机变量。随机变量 X 的分布也称为总体的分布，例如 X 服从正态分布，就简称该总体为正态总体。

为了研究产品的质量情况，就需要研究其质量特性 X 的分布，即要研究总体的取值规律性，为此需要从总体中抽取若干个个体，它们构成一个样本，即从一大批产品中抽取若干个产品测定其质量特性值，样本中包含的个体的个数便是样本的容量，通常用 n 表示。当我们抽取了样本后便可以获得它们的质量特性观察值，记为 x_1，x_2，…，x_n，这便是我们所说的数据，即样本的观察值。在我们与数据打交道时，如果对数据不加整理，就会使人眼花缭乱，不得要领，只有经过整理才能从中发现规律，作为决策的依据，所以数据的整理是必不可少的。对不同性质的数据有不同的整理方法。

三、质量管理中的常见分布

(一)正态分布

当收集到的数据为计量数据时，表明对应的质量特性 X 是一个连续型随机变量。在质量管理中最常见的连续型随机变量的分布便是正态分布，其概率密度函数为：

$$f(x)=\frac{1}{\sqrt{2\pi}\sigma}\mathrm{e}^{\frac{(x-\mu)^2}{2\sigma^2}} \tag{8.1}$$

它有两个参数 μ 和 $\sigma(\sigma>0)$，记为 $N(\mu,\ \sigma^2)$，图形见图 8.1，其特点是曲线关于 $x=\mu$ 对称，并在 $x=\mu$ 处达到最高，然后向两边下降，在 $x=\mu\pm\sigma$ 处有拐点，当 $x\to\pm\infty$ 时以水平轴为渐近线。当 X 服从正态分布 $N(\mu,\ \sigma^2)$ 时，也记为 $X\sim N(\mu,\ \sigma^2)$。

图 8.1 给出了正态分布曲线下不同面积所包含的概率大小。例如，总体数值有 68.27%落于 $\mu\pm1\sigma$ 界限的范围内，有 95.45%落于 $\mu\pm2\sigma$ 界限的范围内，有 99.73%落于 $\mu\pm3\sigma$ 界限的范围内。上述结论是质量管理中经常要用到的。

当 σ 不变时，不同的 μ 对应的曲线形状不变，仅仅是位置不同。而当 μ 不变时，不同的 σ 对应的曲线形状不同，σ 大的曲线较矮胖，σ 小的曲线较瘦高。因此，这里 μ 反映了曲线的位置，是位置参数，它是正态随机变量的平均值，也称 μ 为正态变量的均值(或数学期望)；σ 反映了曲线的形状，即随机变量取值的离散程度，是形状参数(也称尺度参数)，也称 σ 为正态变量的标准差，σ^2 为其方差。常记为 $E(X)=\mu$，$\mathrm{Var}(X)=\sigma^2$。

$\mu=0$，$\sigma=1$ 的正态分布称为标准正态分布，记为 $N(0,\ 1)$。如果一个随机变量 X 服从标准正态分布，则其取值落在任意区间的概率可以通过查表计算得到，表中给出了任意 $x\geqslant0$ 对应的分布函数值 $\Phi(x)=P(X\leqslant x)=P(X<x)$，当 $x<0$ 时，由分布的对称性可知 $\Phi(-x)=1-\Phi(x)$，从而：

$$P(a<X<b)=\Phi(b)-\Phi(a)$$

特别地，有：

$$P(-1<X<1)=\Phi(1)-\Phi(-1)=2\Phi(1)-1=0.6827$$

$$P(-2<X<2)=\Phi(2)-\Phi(-2)=2\Phi(2)-1=0.9545$$

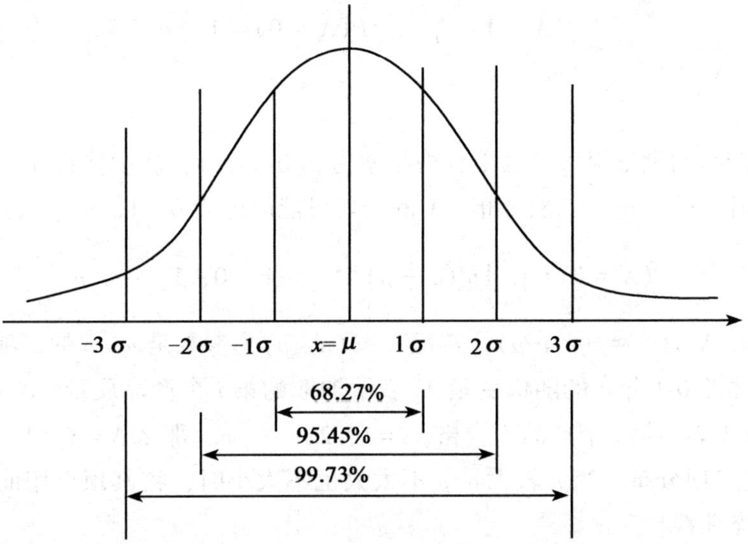

图 8.1 正态分布 $N(\mu,\ \sigma^2)$ 的概率密度曲线

$P(-3<X<3)=\Phi(3)-\Phi(-3)=2\Phi(3)-1=0.9973$

$P(-4<X<4)=\Phi(4)-\Phi(-4)=2\Phi(4)-1=0.99994$

$P(-5<X<5)=\Phi(5)-\Phi(-5)=2\Phi(5)-1=0.9999994$

$P(-6<X<6)=\Phi(6)-\Phi(-6)=2\Phi(6)-1=0.999999998$

当 $X\sim N(\mu,\ \sigma^2)$ 时，$(X-\mu)/\sigma\sim N(0,\ 1)$，因此有：

$$P(a<X<b)=\Phi\left(\frac{b-\mu}{\sigma}\right)-\Phi\left(\frac{a-\mu}{\sigma}\right)$$

从而：

$P(\mu-\sigma<X<\mu+\sigma)=\Phi(1)-\Phi(-1)=2\Phi(1)-1=0.6827$

$P(\mu-2\sigma<X<\mu+2\sigma)=\Phi(2)-\Phi(-2)=2\Phi(2)-1=0.9545$

$P(\mu-3\sigma<X<\mu+3\sigma)=\Phi(3)-\Phi(-3)=2\Phi(3)-1=0.9973$

$P(\mu-4\sigma<X<\mu+4\sigma)=\Phi(4)-\Phi(-4)=2\Phi(4)-1=0.99994$

$P(\mu-5\sigma<X<\mu+5\sigma)=\Phi(5)-\Phi(-5)=2\Phi(5)-1=0.9999994$

$P(\mu-6\sigma<X<\mu+6\sigma)=\Phi(6)-\Phi(-6)=2\Phi(6)-1=0.999999998$

这表明当某质量特性 $X\sim N(\mu,\ \sigma^2)$ 时，其特性值落在区间 $(\mu-3\sigma,\ \mu+3\sigma)$ 外的概率仅为 0.27%，这是一个小概率事件，通常在一次试验中是不会发生的，一旦发生就可认为质量发生了异常，在后面的质量检查和控制图中要用到这一设想。

(二)常见的离散型分布

1. 0-1 分布

当将产品质量 X 仅分为合格品与不合格品时，可记产品合格为 $X=0$，产品不合格为

$X=1$，如果产品的不合格品率为 $p(0<p<1)$，那么随机变量 X 的分布便是 0-1 分布：

$$P(X=1)=p \qquad P(X=0)=1-p \tag{8.2}$$

此时 $E(X)=p$，$\mathrm{Var}(X)=p(1-p)$。

2. 二项分布

如果一批产品的批量很大，其不合格品率为 $p(0<p<1)$，从中抽查 n 个产品，发现有 X 个不合格，则 X 的分布为二项分布，X 的一切可能取值为 0，1，…，n，且：

$$P(X=k)=\binom{n}{k}p^k(1-p)^{n-k} \qquad k=0,\ 1,\ \cdots,\ n \tag{8.3}$$

此时 $E(X)=np$，$\mathrm{Var}(X)=np(1-p)$。常记 $X\sim b(n,\ p)$ 为参数是 n，p 的二项分布。

用如上所述的 0-1 分布的随机变量 X_i 表示抽取的第 i 个产品质量，$X_i=0$ 表示第 i 个产品合格，$X_i=1$ 表示第 i 个产品不合格，$i=1$，2，…，n，那么 $X=X_1+X_2+\cdots+X_n$ 就服从参数为 n，p 的二项分布。当 n 较大且 p 不太大也不太小时，将其顶点用曲线连起来，该曲线类似于正态曲线。

3. 泊松分布

一个铸件上的气孔数、一匹布上的疵点数等质量特性 X 的分布是泊松分布，其一切可能取值为 0，1，…且：

$$P(X=k)=\mathrm{e}^{-\lambda}\lambda^k/k! \qquad k=0,\ 1,\ \cdots \tag{8.4}$$

其中参数 $\lambda>0$，是随机变量 X 的均值也是其方差，即有 $E(X)=\lambda$，$\mathrm{Var}(X)=\lambda$。常记 $X\sim P(\lambda)$，称为参数是 λ 的泊松分布。

当 λ 的值较大时，若将其顶点用曲线连起来，那么该曲线也类似于正态曲线。

对泊松分布 $P(\lambda)$ 来讲，其取值在均值±3 倍标准差内的概率与参数 λ 有关，即 $P(\lambda-3\sqrt{\lambda}\leqslant X\leqslant\lambda+3\sqrt{\lambda})$ 与 λ 有关，表 8.1 给出了若干个 λ 对应的 $P(\lambda-3\sqrt{\lambda}\leqslant X\leqslant\lambda+3\sqrt{\lambda})$ 的值，从表 8.1 中可见当 $\lambda\geqslant 1$ 时，该概率值都大于 0.99。

表 8.1　　当 $X\sim P(\lambda)$ 时，$P(\lambda-3\sqrt{\lambda}\leqslant X\leqslant\lambda+3\sqrt{\lambda})$ 的值

λ	$\sqrt{\lambda}$	$\lambda-3\sqrt{\lambda}$	$\lambda+3\sqrt{\lambda}$	$P(\lambda-3\sqrt{\lambda}\leqslant X\leqslant\lambda+3\sqrt{\lambda})$
0.04	0.2	<0	0.64	0.961
0.5	0.7	<0	2.6	0.985
1	1	<0	4	0.996
2	1.4	<0	6.2	0.995
3	1.7	<0	8.1	0.996
4	2	<0	10	0.997
9	3	0	18	0.998

四、常用统计量与参数估计

(一)常用统计量

频数频率分布可以较全面地反映总体中数据的大致分布情况，但是在有些情况下我们希望知道产品的某些特征量，譬如产品的平均寿命是多少、质量特性值的波动有多少等。这时就需要用到统计量。

在数理统计中不含未知参数的样本的函数称为统计量，在质量管理中常用统计量来估计产品质量的某些特征量。

常用的统计量有两类，一类反映样本的位置状态，一类反映样本的波动大小。

1. 反映样本位置的统计量

常用的是以下两种：

(1)样本均值。样本均值是样本的算术平均值，常记为 $\bar{x}$，即：

$$\bar{x}=\frac{1}{n}\sum_{i=1}^{n}x_i \tag{8.5}$$

样本中的多数数据分布在样本均值附近，因而样本均值是表示样本位置的最好的统计量，人们喜欢用它估计质量特性的均值。

(2)样本中位数。虽然样本均值用得很多，但是它容易受数据中一些特大与特小值，又称为异常值的影响，先看下面的一个例子。

例 8.1　设容量为 5 的样本的观察值为 3、5、7、9、11，则其样本均值为 7，如果把 11 误记为 71，则样本均值变为 19。

因此，当数据中存在异常值时，把样本均值作为数据的代表不太合适，从而引入另一个特征量——样本中位数，它是样本中的数据从小到大排列后处在中间位置的数，当样本容量 n 为奇数时，它恰为中间的一个数；当 n 为偶数时，它是中间两个数据的平均，常常记为 $\tilde{x}$。若记排序后的样本观察值为 $x_{(1)}\leqslant x_{(2)}\leqslant\cdots\leqslant x_{(n)}$，则：

$$\begin{aligned}&\tilde{x}=x_{\left(\frac{n+1}{2}\right)} && n\ \text{为奇数}\\ &\tilde{x}=\frac{1}{2}\left[x_{\left(\frac{n}{2}\right)}+x_{\left(\frac{n}{2}+1\right)}\right] && n\ \text{为偶数}\end{aligned} \tag{8.6}$$

例 8.2　设容量为 4 的样本观察值为 10、15、23、30，则其样本中位数是(15+23)/2=19。如果增加一个观察值 35，则样本 10、15、23、30、35 的中位数为 23。

中位数受异常值的影响较小，譬如例 8.1 中不管哪一组数据其中位数都是 7。

2. 反映数据波动的统计量

常用的有以下三种：

(1)极差。极差是样本中的最大值与最小值的差，记为 R。

$$R=x_{(\max)}-x_{(\min)} \tag{8.7}$$

极差的计算简单，但是对样本信息的利用不够，且它受异常值的影响也较大，譬如例 8.1 中原来数据的极差为 8，如果把 11 误记为 71 后的极差就变成 68，两者相差很大。

(2)样本方差与样本标准差。为了充分利用数据，常用样本方差表示数据的波动。它是数据与其样本均值的差的平方和除以(样本容量-1)，常用 s^2 表示，即：

$$s^2 = \frac{1}{n-1}\sum_{i=1}^{n}(x_i - \bar{x})^2 \tag{8.8}$$

譬如在例 8.1 中，由于样本容量 $n=5$，样本均值 $\bar{x}=7$，所以其样本方差为：

$$s^2=[(3-7)^2+(5-7)^2+(7-7)^2+(9-7)^2+(11-7)^2]/4=10$$

如果 5 个数据改为 5、6、7、8、9，则 $\bar{x}=7$，其样本方差为 2.5，这说明后 5 个数据比前面 5 个数据的波动小，也就是说后面的 5 个数据相对于前面的 5 个数据而言比较集中。这一点在直观上是明显的。

样本方差可以反映数据的波动，但是其量纲却与数据的原始量纲不同，它是原始量纲的平方，所以在使用中也常常用其算术根，称为样本标准差，常常记为 s，即：

$$s = \sqrt{s^2} \tag{8.9}$$

(3)变异系数。为了比较不同指标的波动，需要排除数据量纲的影响，因而常采用变异系数，它是样本标准差与样本均值的比，常用 C_v 表示，即：

$$C_v = s/\bar{x} \tag{8.10}$$

例 8.3 某厂生产两种不同规格的轴，现在从每一种规格的轴中各取 10 根，测得它们的直径的均值与标准差分别为：产品 A：均值为 105mm，样本标准差为 1.05mm。产品 B：均值为 1500mm，样本标准差为 10.5mm。若从它们的样本标准差看产品 B 的直径的波动大，然而产品 B 的直径也大，从而其测量误差也大，因而直接看样本标准差就难以比较，为此我们计算各自的变异系数分别为：

产品 A 的变异系数为：1.05/105＝1%

产品 B 的变异系数为：10.5/1500＝0.7%

由此可见产品 B 的直径的波动比产品 A 的小。

(二)参数估计

1. 总体均值与方差的无偏估计

设总体 X 的均值为 μ，方差为 σ^2，则通常用 $\bar{x}$ 估计 μ，用 s^2 估计 σ^2，记为：

$$\hat{\mu} = \bar{x} \qquad \hat{\sigma}^2 = s^2 \tag{8.11}$$

它们都是相应参数的无偏估计，即：

$$E(\bar{x}) = \mu \qquad E(s^2) = \sigma^2 \tag{8.12}$$

但是 s 不是 σ 的无偏估计。

2. 正态分布场合标准差的无偏估计与均值的其他估计

(1)标准差的无偏估计。在正态分布场合，即当 $X \sim N(\mu, \sigma^2)$ 时，可以通过 s 和 R 获得 σ 的无偏估计。

用 s 获得 σ 的无偏估计：

$$E(s) = c_n\sigma \tag{8.13}$$

其中 c_n 是与 n 有关的量，在控制图的国家标准中用 C_2^* 表示，其某些值见表 8.2，从而得 σ 的无偏估计为：

$$\hat{\sigma}_s = s/C_2^* \tag{8.14}$$

表 8.2　　　　C_2^* 的值

n	2	3	4	5	6	7	8	9	10
$1/C_2^*$	1.253	1.128	1.085	1.064	1.051	1.042	1.036	1.032	1.028

用样本极差 R 获得 σ 的无偏估计：

$$E(R)=d_n\sigma \tag{8.15}$$

其中 d_n 是与 n 有关的量，在控制图的国家标准中用 d_2 表示，d_2 的部分值见表 8.3，则得 σ 的又一无偏估计为：

$$\hat{\sigma}_R=R/d_2 \tag{8.16}$$

表 8.3　　　　d_2 的值

n	2	3	4	5	6	7	8	9	10
d_2	1.128	1.693	2.059	2.326	2.534	2.704	2.847	2.970	3.038

当 $n>2$ 时用 s 所作的估计的精度高于用 R 所作的估计。

(2)μ 的另一无偏估计 $\tilde{x}$。用中位数 $\tilde{x}$ 估计 μ，也是 μ 的无偏估计，但是其估计精度一般比用样本均值 $\bar{x}$ 要差。

$$\mathrm{Var}(\tilde{x})=m_n^2\sigma^2/n \tag{8.17}$$

其中 m_n 是与 n 有关的量，在控制图的国家标准中用 m_3 表示，m_3 的部分数值见表 8.4。

表 8.4　　　　m_3 的值

n	2	3	4	5	6	7	8	9	10
m_3	1.000	1.160	1.092	1.198	1.035	1.214	1.160	1.223	1.176

第二节　过程能力分析

讨论过程能力是在如下两个假定条件下进行的：

第一，过程是稳定的，即过程的输出特性 X 服从正态分布 $N(\mu,\ \sigma^2)$。

第二，产品的规格限(下规格限 T_L 和上规格限 T_U)能准确反映顾客或下道工序的工人、使用者等的要求。

这两个假定条件分别说明过程的情况及顾客的要求。

一、过程能力(process capability，PC)

在质量管理中收集样本的目的之一便是要了解过程或工序的生产能力有多大，即生产合格品的能力究竟有多少，如果生产能力太低，就必须采取措施加以改进。

过程能力反映过程本身的生产能力，即过程的稳定程度，稳定程度越高生产能力就越大，对计量特性来讲，其标准差 σ 的大小可以反映过程稳定程度的高低，σ 越小则过程越稳定，从而过程能力就越大。在正态分布情况下，通常把过程控制在 $\mu \pm 3\sigma$ 之内，故过程能力定义为 6 倍标准差，即：

$$\mathrm{PC} = 6\sigma$$

从这个定义可见，计算过程能力需要经过三个步骤：(1)从过程中收集一批数据 x_1，x_2，…，x_n。(2)利用这批数据检验过程的输出特性是否服从正态分布，即判断过程是否稳定。(3)若过程稳定，则可用这批数据估计输出特性的标准差 σ，将其乘以 6 即得过程能力的估计值。

提高过程能力的唯一途径就是致力于减小标准差 σ。这往往涉及许多方面，譬如提高机器的性能、保持原材料的一致性、改善工作环境、提高操作技能等，此外很重要的条件是高层管理人员的参与。

二、过程能力指数

过程能力指数是指过程能力满足标准要求的程度，通常是指公差范围与过程能力的比值，公差越大，σ 越小，则越能满足标准要求，此时生产合格品的能力就越大。

为了定量描述过程能力，下面假定某产品的质量特性 X 服从正态分布 $N(\mu,\ \sigma^2)$。在这种情况下，过程能力指数可以反映产品的不合格品率。

(一)过程能力指数的定义

(1)假定特性值 $X \leqslant T_U$ 为合格品，那么产品的不合格品率为 p_U：

$$p_U = P(X > T_U) = 1 - \Phi\left(\frac{T_U - \mu}{\sigma}\right) \tag{8.18}$$

对 $T_U - \mu$ 的不同值(可以用 σ 为单位来度量)不合格品率 p_U 不同，见图 8.2。

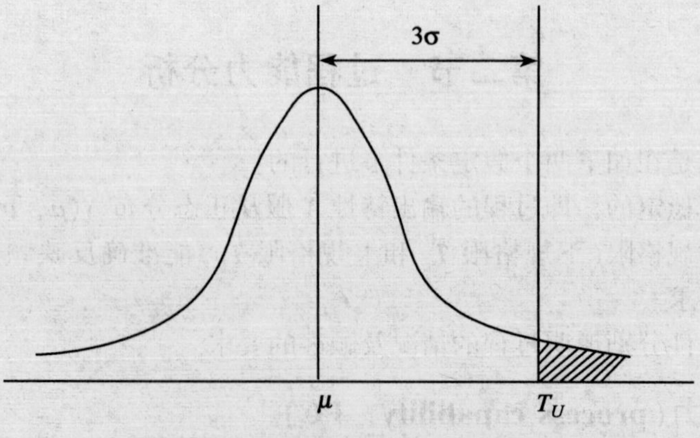

图 8.2　产品规格上限与不合格品率

由此可知 $T_U-\mu$ 值愈大，产品的不合格品率愈低，因此可定义过程能力指数为 $C_{pU}=(T_U-\mu)/(3\sigma)$，$C_{pU}$愈大则产品的不合格品率愈低，从而过程能力愈大。

(2)假定特性值 $X\geqslant T_L$ 为合格品，那么产品的不合格品率 p_L 为：

$$p_L = P(X < T_L) = \Phi\left(\frac{T_L - \mu}{\sigma}\right) \tag{8.19}$$

对 $\mu-T_L$ 的不同值(可以用 σ 为单位来度量)不合格品率 p_L 也不同，见图 8.3。

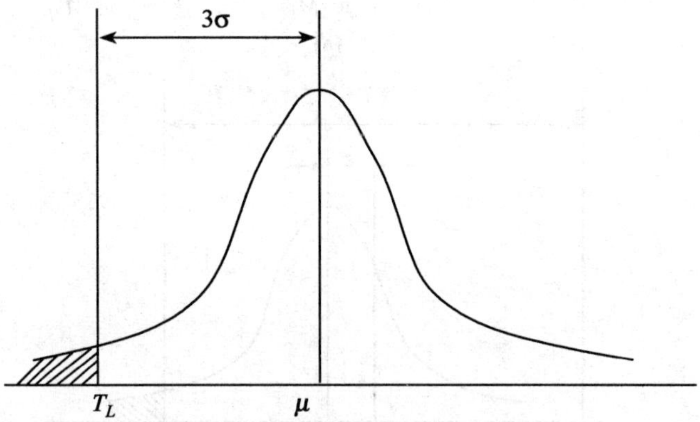

图 8.3　产品规格下限与不合格品率

由此可知 $\mu-T_L$ 值愈大，产品的不合格品率愈低，因此可定义过程能力指数为 $C_{pL}=(\mu-T_L)/(3\sigma)$，$C_{pL}$愈大则产品的不合格品率愈低，从而过程能力愈大。

(3)假定该特性的规格限为$[T_L，T_U]$，当特性值在区间$[T_L，T_U]$内为合格，特性值的规格中心为 M，即：

$$M=(T_L+T_U)/2$$

那么 $X<T_L$ 或 $X>T_U$ 的产品为不合格，见图 8.4。在图 8.4(a)中规格中心与分布中心重合，两边出现不合格品的可能性相同；在图 8.4(b)中规格中心与分布中心不重合，两边出现不合格品的可能性不同。此时其不合格品率为：

$$p=p_L+p_U=P(X<T_L)+P(X>T_U)$$

如果 $M<\mu$，则 $P(X<T_L)<P(X>T_U)$，也就是不合格品主要出现在超过质量上限；反之，当 $M>\mu$ 时，$P(X<T_L)>P(X>T_U)$，这时不合格品主要是达不到质量下限。我们定义过程能力指数为：

$$\begin{aligned}C_{pk}&=\min(C_{pU},\ C_{pL})=\min\left(\frac{\mu-T_L}{3\sigma},\ \frac{T_U-\mu}{3\sigma}\right)\\&=\min\left(\frac{\mu-M+T/2}{3\sigma},\ \frac{M+T/2-\mu}{3\sigma}\right)\\&=\frac{T}{6\sigma}+\min\left(\frac{\mu-M}{3\sigma},\ \frac{M-\mu}{3\sigma}\right)=\frac{T}{6\sigma}-\frac{|M-\mu|}{3\sigma}\end{aligned}$$

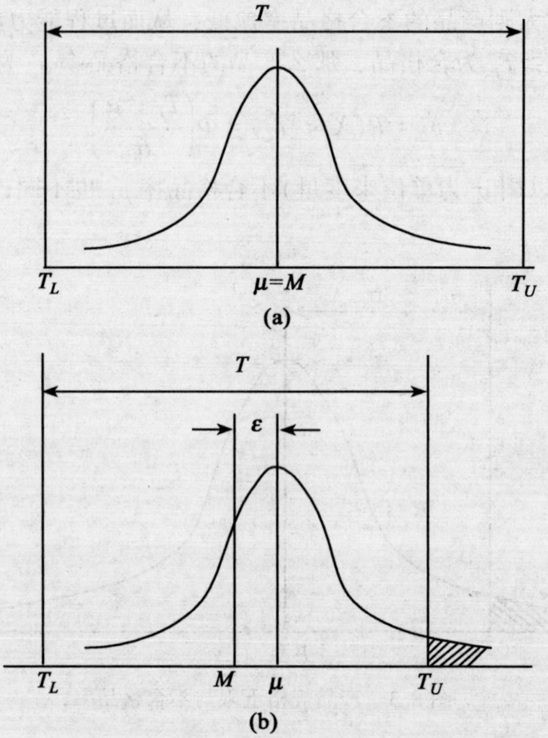

图 8.4　产品规格限与不合格品率

$$=\frac{T}{6\sigma}-\frac{kT/2}{3\sigma}=(1-k)C_p \tag{8.20}$$

其中 $k=2|M-\mu|/T$，C_p 称为潜在过程能力指数，它是过程能力指数的最大值。

如果 $M=\mu$，那么 $k=0$，从而 $C_{pk}=C_p$，这就意味着当特性值有上、下规格限时，如将特性值的中心移到规格的中心时，能使过程能力指数达到最大。

(二) 过程能力指数的计算公式

由于在实际问题中分布的参数往往是未知的，为此常用估计代替。如果从总体中抽取了样本 x_1，x_2，…，x_n，则它们的估计分别为：

$$\hat{\mu}=\bar{x} \qquad \hat{\sigma}=s$$

此时 $\bar{x}$ 是 μ 的无偏估计，只要 n 充分大，s 可以近似看作 σ 的无偏估计。

综上所述，过程能力指数的计算公式罗列如下，仍用 C_p 表示。

1. 单边规格限的情况

(1) 规定上限的情况，即当特性值 $X \leqslant T_U$ 时质量为合格，这时过程能力指数 C_p 为：

$$C_p=(T_U-\bar{x})/3s \tag{8.21}$$

(2) 规定下限的情况，即当特性值 $X \geqslant T_L$ 时质量为合格，这时过程能力指数 C_p 为：

$$C_p=(\bar{x}-T_L)/3s \tag{8.22}$$

2. 双边规格限的情况

即当质量特性值在$[T_L, T_U]$内为合格产品。

记$\varepsilon=|M-\bar{x}|$，$k=\varepsilon/(T/2)=2\varepsilon/T$，过程能力指数仍记为$C_{pk}$，则：

$$C_{pk}=(1-k)C_p=(T-2\varepsilon)/6s \tag{8.23}$$

其中$C_p=T/6s$。

如果$\bar{x}=M$，则$k=0$，从而过程能力指数为：

$$C_p=T/6s \tag{8.24}$$

例 8.4 设某厂生产一种零件，规格规定其直径应为20±0.02(mm)，现从中随机抽取100个，测定其直径，试在下面四种情况下分别求出其过程能力指数：

(1)测得样本均值$\bar{x}=20$，样本标准差$s=0.005$；

(2)测得样本均值$\bar{x}=19.997$，样本标准差$s=0.005$；

(3)测得样本均值$\bar{x}=19.992$，样本标准差$s=0.005$；

(4)测得样本均值$\bar{x}=20$，样本标准差$s=0.004$。

$T=20.02-19.98=0.04$，$M=20$。

(1)$\bar{x}=M$，所以有：

$$C_p=0.04/(6\times0.005)=1.33$$

(2)$\bar{x}\neq M$，此时$\varepsilon=|20-19.997|=0.003$，则：

$$C_{pk}=(0.04-2\times0.003)/(6\times0.005)=1.13$$

(3)$\bar{x}\neq M$，此时$\varepsilon=|20-19.992|=0.008$，则：

$$C_{pk}=(0.04-2\times0.008)/(6\times0.005)=0.8$$

(4)$\bar{x}=M$，所以有：

$$C_p=0.04/(6\times0.004)=1.67$$

从情况(1)、(2)、(3)的比较可见，当偏离增大时，过程能力指数降低；从情况(1)与(4)的比较可见，当标准差增大时，过程能力指数也降低。因此，当产品具有双边规格限时，要提高过程能力指数应从两个方面着手，一是减小质量特性的标准差，一是减小质量特性的均值与规格中心的偏差。

三、过程能力的分等

过程能力指数反映了生产合格品能力的大小，通常将它分成若干个等级，以便针对不同的情况采取不同的措施来改进质量或降低成本。

(1)特级：$C_p>1.67$。对一般产品来讲，这时过程能力过高，可以采取的措施有：缩小公差范围；放宽对特性值波动的限制；改用精度较差的设备以降低成本；放宽质量检验，譬如采取免检等。但是对高科技产品往往要求$C_p>2$。

(2)一级：$1.33\leq C_p<1.67$。对一般产品来讲，这时过程能力充足。这往往是一种理想的状态。这时对非关键性的特性值也可以放宽对其波动的限制，一般应该用控制图进行质量控制，以保证其处于统计控制状态，对产品的检验可以放宽。

(3)二级：$1.00\leq C_p<1.33$。对一般产品来讲，这时过程能力尚可，应该用控制图加以控制，防止发生大的波动；在C_p值接近于1.00时，出现不合格品的可能性增大，应加

强对设备等的检查；对生产的产品应该进行抽样检验。

(4)三级：$0.67 \leqslant C_p < 1.00$。对一般产品来讲，这时过程能力不足，应分析特性值波动大的原因，并采取措施；对不影响最终质量的特性可以放大公差；对产品必须加强检验。

(5)四级：$C_p < 0.67$。对一般产品来讲，这时过程能力严重不足，应从多方面分析原因，对工艺进行根本的改革；对已生产的产品要严格检验。

第三节　抽样检验

一、抽样检验的基本概念和一般原理

(一)抽样检验的基本概念

1. 全数检验和抽样检验

(1)全数检验。全数检验是对每一件产品进行检验，以判断其是否合格，这种方法只在某些情况下使用，譬如非破坏性的检查，批量小、检查费用少的场合，或稍有一点缺陷就会带来巨大损失的场合等，但对很多产品来讲是不可能的，也不需要这样做。譬如自动车床生产的螺钉量很大，如果要对每一个螺钉直径与长度都作检验，那将花费大量的人力，导致成本的增加，而在一大批螺钉中偶尔有几个直径或长度不合格不会造成太大的影响，因此不一定进行全数检验；又譬如要判断显像管的寿命是否符合设计要求，需要进行寿命检验，这是破坏性试验，不可能进行全数检验。

(2)抽样检验。抽样检验是从一大批产品中随机抽出若干个，通过检查这几个产品的质量来判断整批产品的质量是否合格的一种检验方法。具体地讲，抽样检验就是用统计方法规定样本量与接收准则的一个具体方案。

2. 单位产品与产品批

(1)单位产品。单位产品是为实施抽样检验的需要而划分的产品的基本单位。有些产品可按自然单位进行划分，譬如一支笔、一件衣服、一台机床等，也可以是一双鞋等；有的难以用自然单位划分，则可以用一定的长度、面积、体积、重量等作为一个单位产品，譬如可将一匹布、一瓶农药、一袋水泥、一升水、一公斤小麦等作为一个单位产品。

(2)产品批。在抽样检验中对产品的检验总是按批进行的，所谓一个检验批是为实施抽样检验而汇总起来的若干个单位产品，通常可以按生产或流通过程自然形成，如一个投料批、一个运输批、一个工人一天生产的产品等。总之，同一批产品应该是在生产基本稳定的条件下，由同型号同规格的产品构成。

3. 产品质量的表示

(1)单位产品的质量。单位产品的质量可以用其质量特性来衡量，常用的质量特性有计数和计量两种。当产品的质量特性可以用仪器测试时，譬如轴的直径、显像管的寿命、钢材中化学元素的含量等，它们可以用一个连续的量表示，这种质量特性是计量的。有的产品的质量特性只能用离散的量去衡量，通常是用数数的方法统计出产品上所包含的某种不合格数(亦称缺陷数)，譬如一匹布上的疵点数、一个铸件上的气泡数等，这种特性是计点的。还有一种是只判断产品合格与否，譬如一个涂铬的量具表面有麻点，则其外观质量就不合格，这种质量特性是计件的。我们将计点的与计件的质量特性统称为计数的。对于计量的特性值来讲，有时可以将它与质量标准进行比较，以判断其合格与否，将它转换成计数的情况处理。

(2)批的质量。衡量一批产品的质量特性也有很多方法。对计量的特性值来讲，可以用批中所有单位产品的该特性值的平均值表示，还可以用其标准差、变异系数等表示。对计数的特性值来讲，对计点产品可以用批中每个单位产品(或每百单位产品)的不合格数表示，对计件产品可用批中不合格产品所占比例，即不合格品率表示。

(二)常用的抽样检验方案

抽样检验方案有多种。按产品的特性值分，对计数特性值来讲可以用计数抽样检验方案，对计量特性值来讲可以用计量抽样检验方案。按抽取样本的个数来分有一次抽样、二次抽样、多次抽样等。如果生产批是连续的，且验收也是连续进行的，则可依据验收情况随时调整抽样方案的严格度，有时加严，有时放宽，这样就形成了调整型抽样方案，它是由一组严格度不同的抽样方案和一组转移规则组成的一个抽样计划。此外还有其他的抽样检验方法，如散装料抽样检验方案、序贯抽样方案等。

下面介绍一个最简单的计数型一次抽样方案。

例 8.5 在一批产品数量很多的批量为 N 的批产品中，随机抽取一个样本量为 n 的样本，检查其中的不合格品数 r。规定一个 c 值，如 $r \leqslant c$，认为批产品合格，接收；如 $r \geqslant c+1$，认为批产品不合格，拒收。此抽样方案如图 8.5 所示。

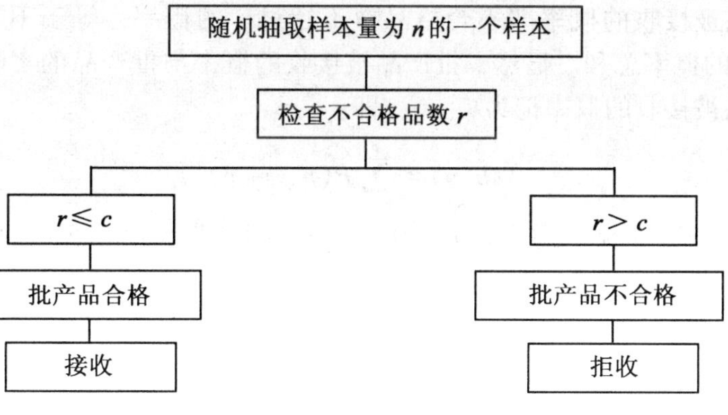

图 8.5 一次抽样检验框图

在计数抽样检查中，对接收批的样本中容许出现的缺陷数或不合格品数的上限值叫接收数，或合格判定数。上例中，c 就是接收数。在计数抽样检查中，对拒收批的样本中规定的缺陷数或不合格品数的下限值叫拒收数，或不合格判定数。上例中，$c+1$ 就是拒收数。在国际上，以 Ac 表示接收数，Re 表示拒收数。例 8.5 中，$\mathrm{Ac}=c, \mathrm{Re}=c+1$。

正由于抽样检查不是全检，所以任何抽样方案都有可能接收质量不好的批，也有可能拒收质量好的批。例如，假设 N 比 n 大得多，令 $n=20$，$c=2$，即 Ac=2，Re=3。

假设 $N=1000$，其中合格品 997 个，不合格品 3 个。这批产品的质量是好的。如果抽 20 个产品构成样本时，得到 17 个合格品及 3 个不合格品，则按抽样方案应拒收这批产品，即拒收质量好的批产品，使生产方蒙受损失。不过正好抽到 3 个不合格品的机会是很小的。

反之，假设 $N=1000$，其中合格品 18 个，不合格品 982 个。这批产品的质量是很不好的。如果抽 20 个产品构成样本时，得到 18 个合格品及 2 个不合格品，则按抽样方案应接受这批产品，即接受质量很不好的产品，使得使用方蒙受损失。不过正好抽到 18 个合格品的机会是非常小的，但总还是有这样的可能。

具有一定质量的批，按给定的抽样方案接收的概率叫接收概率；具有一定质量的批，按给定的抽样方案拒收的概率称为拒收概率。人们非常关心给定抽样方案对一定质量的批的接收及拒收概率。

(三)计数抽样检验的一般原理

我们主要以计数型一次抽样方案为例来说明计数抽样检验方案的一般原理，这时一批产品的质量用不合格品率来衡量。

例 8.6　设批产品的实际不合格品率为 p，问批产品被接收的概率为多少？

在一批总数 N 很大、实际不合格品率为 p 的产品中，随机地抽取一个个体，得到不合格品的概率为 p。随机地抽取 n 个个体，其中得到 r 个不合格品的概率为：

$$P(n,\ r\mid p)=C_n^r p^r(1-p)^{n-r}$$

这里 C_n^r 是牛顿的二项系数，即 $C_n^r=[n(n-1)\cdots(n-r+1)]/r!$，但 $C_n^0=1$。

于是批产品被接收的概率即不合格品数不超过 c 的概率，等于不合格品数为 0，1，2，…，$c-1$，c 的概率总和。显然，批产品被接收的概率与批产品的实际不合格品率 p 有关，故把批产品被接收的概率记为 $L(p)$，即：

$$L(p)=\sum_{r=0}^{c}P(n,\ r\mid p)$$

假设上述的一次抽样方案中，$n=20$，$c=2$。问：当 $p=0$、5%、10%、15%、20%、25%、50%、100%时，批产品被接收的概率 $L(p)$ 为多少？

以 $p=10\%$ 为例：

$$\begin{aligned}L(10\%)&=\sum_{r=0}^{c}P(20,\ r\mid 10\%)\\&=P(20,\ 0\mid 10\%)+P(20,\ 1\mid 10\%)+P(20,\ 2\mid 10\%)\end{aligned}$$

令 $P(20,\ 0\mid 10\%)=C_{20}^0(10\%)^0(1-10\%)^{20-0}=0.9^{20}=0.12158$，类似地有 $P(20,\ 1\mid 10\%)=0.27017$，$P(20,\ 2\mid 10\%)=0.28518$，故：

$$L(10\%)=0.12158+0.27017+0.28518=67.69\%$$

与此类似，有 $L(0\%)=100\%$，$L(5.0\%)=92.46\%$，$L(15\%)=40.49\%$，$L(20\%)=20.60\%$，$L(25\%)=9.12\%$，$L(50\%)=0.02\%$，$L(100\%)=0$。

由此可见，接收概率 $L(p)$ 是一批产品的不合格品率 p 的函数。如果以 p 为横坐标，$L(p)$ 为纵坐标，作出 p-$L(p)$ 曲线，则其形状如图 8.6 所示。曲线从纵轴上的 100%开始，直到横轴上的 100%为止。

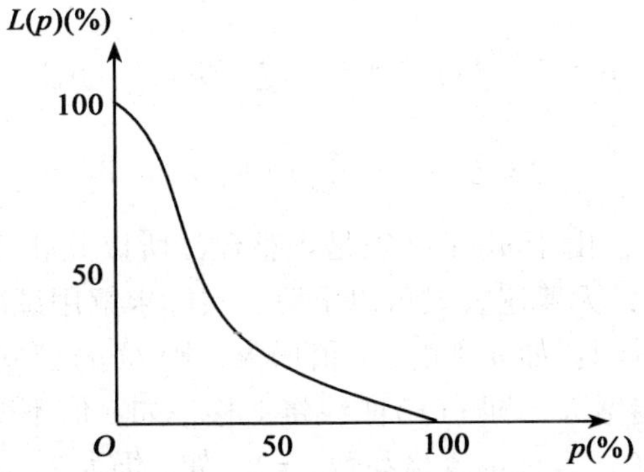

图 8.6　OC 曲线

图 8.6 有典型意义。具有一定质量的批，按给定的抽样方案有一定的接收概率，即 $L(p)$；给定的抽样方案有一定的拒收概率，即 $1-L(p)$。对给定的抽样方案，表示接收概率与批的实际质量的函数关系曲线称为抽样方案的接收概率曲线(OC 曲线)。

理想的不合格品率 p 的抽样方案的接收概率曲线的特点是：有一 p^* 存在，如 $p \leq p^*$，认为批产品是合格的，应以 100%的概率接收；如 $p>p^*$，认为批产品是不合格的，应以 100%的概率拒收；即应有：

$$L(p)=1 \qquad p \leq p^*$$

$$L(p)=0 \qquad p>p^*$$

对生产方来说，选用的抽样方案对自己的产品希望有较小的拒收概率。为此，生产方参考自己的实际情况，选定一个比较高的接收概率(亦即比较小的拒收概率)，称为可接收质量水平或合格质量水平(acceptable quality level，AQL)。相应的拒收概率 $1-L(Q_0)$，称为生产方风险。在实际应用中，生产方风险通常可规定为 5%。按国际惯例，以 α 记 $1-L(Q_0)$。

对使用方来说，批产品的质量水平如差到一定程度，即质量水平 Q 值大到一定水平以上时，是不能接收的。因此，使用方根据自己的需要选定一个质量水平 Q_1，对应于一个确定的比较低的接收概率，称为极限质量(limiting quality，LQ)。当产品的质量水平用不合格品率表示时，极限质量又称为批允许(百分)不合格品率(lot tolerance percent defective，LTPD)。相应的接收概率 $L(Q_1)$ 称为使用方风险。在实际应用中，使用方风险通常可规定为 10%或 5%。按国际惯例，以 β 记 $L(Q_1)$。

二、计数标准型一次抽样检验方案

下面主要介绍不合格品率的计数标准型一次抽样检验方案。

例 8.7　给定 p_0、p_1、α、β，如何选定一次抽样检验方案，亦即选定 n 及 c 值?

对某一 n 及某一 c 值而言，批产品接收的概率为：

$$L(p) = \sum_{r=0}^{c} P(n,\ r \mid p)$$

从而 n、c 应满足：

$$\alpha = 1 - L(p_0) = 1 - \sum_{r=0}^{c} P(n,\ r \mid p_0)$$

$$\beta = L(p_1) = \sum_{r=0}^{c} P(n,\ r \mid p_1)$$

从此联立方程可解出 n、c，由于 n、c 必须是正整数，所以此联立方程常常只能近似地满足，但这是非线性方程组，无普遍公式可以求解，实际求解用试凑法。

从 $L(p)$ 的公式可以看到：如 n 不变，c 值增大，则 $L(p)$ 公式中的 $P(n,\ r \mid p)$ 的项数增加，从而 $L(p)$ 必然普遍增大，即 $L(p)$ 曲线将上移；如 c 值不变，则可以理解为接收条件变严了，例如原来 $n=20$，容许不合格品数 $c=2$，如 c 仍为 2，n 改为 30，则显然对不合格品率的要求变严了，接收概率将变小，亦即 $L(p)$ 曲线下降。但 n 增大时，抽样检验方案将逐步接近全检。

统计工作者算出了不合格品率的计数标准型一次抽样方案表，见表 8.5，对于给定的 p_0、p_1、α、β，可检索出需要的抽样方案。

表 8.5　　**不合格品率的计数标准型一次抽样方案(部分)**

p_1,% / p_0,%	5.30	6.00	6.70	7.50	8.50	9.50	10.5	12.0	p_1,% / p_0,%
1.05	125, 3	115, 3	78, 2	72, 2	64, 2	37, 1	35, 1	32, 1	1.01~1.12
1.20	155, 4	115, 3	105, 3	70, 2	64, 2	58, 2	33, 1	31, 1	1.13~1.25
1.30	150, 4	135, 4	100, 3	66, 2	62, 2	58, 2	52, 2	30, 1	1.26~1.40
1.50	175, 5	130, 4	120, 4	90, 3	58, 2	54, 2	50, 2	47, 2	1.41~1.60
1.70	195, 6	155, 5	115, 4	110, 4	78, 3	52, 2	49, 2	45, 2	1.61~1.80
1.90	245, 8	175, 6	140, 5	105, 4	95, 4	70, 3	47, 2	44, 2	1.81~2.00
2.10	290, 10	220, 8	155, 6	125, 5	95, 4	86, 4	62, 3	42, 2	2.01~2.24
2.40	360, 13	260, 10	195, 8	140, 6	110, 5	84, 4	76, 4	56, 3	2.25~2.50
2.60	470, 18	320, 13	230, 10	175, 8	125, 6	100, 5	74, 4	54, 3	2.51~2.80
3.00		415, 18	280, 13	205, 10	155, 8	110, 6	86, 5	66, 4	2.81~3.15
3.40			350, 17	250, 13	180, 10	140, 8	100, 6	78, 5	3.16~3.55
3.80				310, 17	225, 13	165, 10	125, 8	90, 6	3.56~4.00

续表

p_1,% / p_0,%	5.30	6.00	6.70	7.50	8.50	9.50	10.5	12.0	p_1,% / p_0,%
4.20					275，17	200，13	145，10	110，8	4.01~4.50
4.80						245，17	180，13	130，10	4.51~5.00
5.30							220，17	160，13	5.01~5.60
p_0,% / p_1,%	5.01~5.60	5.61~6.30	6.31~7.10	7.11~8.00	8.01~9.00	9.01~10.0	10.1~11.2	11.3~12.5	p_0,% / p_1,%

表 8.5 的末一行把 p_1 值分成很多区间，表的第一行是 p_1 区间的代表值，例如，区间[7.11，8.00](%)的代表值为 7.5(%)。表 8.5 的右列把 p_0 值分成很多区间，表的左列是 p_0 区间的代表值，例如区间[1.81，2.00](%)的代表值为 1.90(%)。表 8.5 只适用于 $\alpha=5\%$，$\beta=10\%$的抽样方案。

实施不合格品率的计数型一次抽样检查的程序如下：(1)规定个体的质量特性；(2)规定质量特性不合格的分类与不合格品的分类；(3)规定 AQL 与 LTPD；(4)组成检查批；(5)检索抽样方案(具体操作见后)；(6)抽取样本；(7)检查样本；(8)判断检查批接收或拒收；(9)检查批的处置。下面用实例来说明检索抽样方案的具体操作。

例 8.8　设 $p_0=2\%$，$p_1=8\%$，$\alpha=5\%$，$\beta=10\%$。如何检索抽样方案？

本例 $\alpha=5\%$，$\beta=10\%$，故可查表 8.5。

查 p_0 值所在的区间，查出其代表值；查 p_1 值所在区间，查出其代表值。本例中，$p_0=2\%$，在区间[1.81，2.00]内，代表值为 1.90；$p_1=8\%$，在区间[7.11，8.00]内，代表值为 7.5。

查 p_0 代表值所在行与 p_1 代表值所在列交会格中的两个数，左数即 n，右数即 Ac。查 p_0 代表值 1.90 所在行与 p_1 代表值 7.5 所在列交会格中的两个数为 105、4，故 $n=105$，Ac=4。

于是抽样方案为：在批产品中随机抽取样本量为 105 的样本，检查其中的不合格品数 r，规定接收数 Ac=4，拒收数 Re=5。

判断法则为：如果 $r\leqslant 4$，认为这是合格批，接收；如果 $r\geqslant 5$，认为这是不合格批，拒收。

如果行列交会格在表上是空白，说明需要的样本量过大，不经济，或是不合格，建议再次协商，调整 p_0、p_1 值。

三、计量标准型一次抽样检验方案

计数标准型抽样方案的缺点是：对一个产品只检测它是合格品还是不合格品，从一个产品得到的信息不多。因此，往往需要较大的样本量才能作出判断。

设质量特性是正态分布的随机变量，则采用计量标准型抽样方案往往可以减少样本量，缺点是要比较精确地测定产品的质量特性，需要的检测设备可能要精确一些，检测工作量可能要大一些。

设产品的质量特性 X 是正态分布的随机变量，其均值为 μ，方差为 σ^2，则记为 $X\sim N(\mu,\ \sigma^2)$。通常用 $\bar{x}$ 估计 μ，用 s^2 估计 σ^2，记为 $\hat{\mu}=\bar{x}$，$\hat{\sigma}^2=s^2$。它们都是相应参数的无偏估计，即 $E(\bar{x})=\mu$，$E(s^2)=\sigma^2$。

规定的用以判定个体的某质量特性是否合格的界限值叫规格限。规定的合格计量质量特性的最大值叫上规格限，通常记为 U；规定的合格计量质量特性的最小值叫下规格限，通常记为 L；如果 $X>U$，或 $X<L$，产品就不合格。

下面介绍平均值的计量标准型一次抽样方案。

GB8054-87《平均值的计量标准型一次抽样检查程序及表》适用于控制质量特性 X 为正态分布的产品的均值，例如，控制棉纱的平均直径、药粉成分的平均含量等。实施 GB8054-87 的程序如下：

(1)选择抽样检查类型。抽样检查类型为“σ”法，即当产品质量稳定，并有近期质量管理或抽样检查的数据能预先确定批方差 σ^2，换言之，σ 已知时，选用“σ”法。

(2)选定抽样检查方式。抽样检查方式有控制上规格限、控制下规格限、既控制上规格限又控制下规格限三种。根据质量控制需要选定。

(3)确定可接收质量水平(AQL)及极限质量(LQ)。在抽样检查方式为控制上规格限情况下，使用方提出均值的 LQ 值 μ_{1U}，相应的 $\beta=10\%$；生产方提出均值的 AQL 值 μ_{0U}，相应的 $\alpha=5\%$。在抽样检查方式为控制下规格限情况下，使用方提出均值的 LQ 值 μ_{1L}，相应的 $\beta=10\%$；生产方提出均值的 AQL 值 μ_{0L}，相应的 $\alpha=5\%$。

在抽样检查方式为控制双侧规格限情况下，使用方提出 μ_{1U} 及 μ_{1L}，相应的 $\beta=10\%$；生产方提出 μ_{0U} 及 μ_{0L}，相应的 $\alpha=5\%$，但必须满足下面的条件才能引用本标准：

$$\mu_{1U}-\mu_{0U}=\mu_{0L}-\mu_{1L}$$

$$(\mu_{0U}-\mu_{0L})/(\mu_{0L}-\mu_{1L})>0.89$$

$$(\mu_{0U}-\mu_{0L})/(\mu_{1U}-\mu_{0U})>0.89$$

(4)抽样方案的检索。确定“σ”法抽样方案的检索步骤如下：①规定 AQL 及 LQ。②确定 σ 值。通常是由生产厂近期的 10~20 组 $\bar{x}$-R 控制图数据，在检验生产是稳定的前提下，估出 σ 值。③在上规格限情况下，计算 $(\mu_{1U}-\mu_{0U})/\sigma$；在下规格限情况下，计算 $(\mu_{0L}-\mu_{1L})/\sigma$；在双侧规格限情况下，计算 $(\mu_{1U}-\mu_{0U})/\sigma$ 及 $(\mu_{0L}-\mu_{1L})/\sigma$。④从表 8.6 中查出相应的 n、k 值。

表 8.6　　　　**“σ”法的样本量 n 及接收常量 k**

$(\mu_{1U}-\mu_{0U})/\sigma$ 或 $(\mu_{0L}-\mu_{1L})/\sigma$ 值	n	k
2.069 以上	2	1.163
1.690~2.068	3	0.950

续表

$(\mu_{1U}-\mu_{0U})/\sigma$ 或 $(\mu_{0L}-\mu_{1L})/\sigma$ 值	n	k
1.463～1.689	4	0.822
1.309～1.402	5	0.736
1.195～1.308	6	0.672
1.106～1.194	7	0.622
1.035～1.105	8	0.582
0.975～1.034	9	0.548
0.925～0.974	10	0.520
0.882～0.924	11	0.496
0.845～0.881	12	0.475
0.811～0.844	13	0.456
0.782～0.810	14	0.440
0.756～0.781	15	0.425
0.731～0.755	16	0.411
0.710～0.730	17	0.399
0.690～0.709	18	0.388
0.671～0.689	19	0.377
0.654～0.670	20	0.368
0.585～0.653	25	0.329
0.534～0.584	30	0.300
0.495～0.533	35	0.278
0.463～0.494	40	0.260
0.436～0.462	45	0.245
0.414～0.435	50	0.233

注：当计算值小于0.414时，可按下列公式计算 n 和 k：$n=3.56382/(\text{计算值})^2$；$k=0.56207\times(\text{计算值})$。

下面给出应用"σ"法检索抽样方案的一个例子。

例8.9 固体苛性钠中的Fe203含量不能高。使用方提出 $\mu_{1U}=0.0050\%$，生产方提出 $\mu_{0U}=0.0040\%$。已知 $\sigma=0.0006\%$，检索相应的抽样方案。

这是上规格限情况，计算 $(\mu_{1U}-\mu_{0U})/\sigma=(0.0050-0.0040)/0.0006=1.667$。在表8.6中找出计算值1.667所在的档：1.463～1.689。从该档所在的行检索得 $n=4$，$k=0.822$。故应提取样本量 $n=4$ 的样本。

(5)构成批及抽取样本。

(6)样本的检测及 $\bar{x}$ 的计算。

(7)接收或拒收判定。①在上规格限情况下，令 $X_U^*=\mu_{0U}+k\sigma$，如果 $\bar{x}>X_U^*$，拒收；如果 $\bar{x}\leqslant X_U^*$，接收。②在下规格限情况下，令 $X_L^*=\mu_{0L}-k\sigma$，如果 $\bar{x}<X_L^*$，拒收；如果 $\bar{x}\geqslant$

X_L^*，接收。③在双侧规格限情况下，令 $X_U^* = \mu_{0U} + k\sigma$，$X_L^* = \mu_{0L} - k\sigma$，如果 $\bar{x} \leqslant X_U^*$ 且 $\bar{x} \geqslant X_L^*$，接收；否则，拒收。

在例 8.9 中，$X_U^* = \mu_{0U} + k\sigma = 0.0040\% + 0.822 \times 0.0006\% = 0.0045\%$，因此若 $\bar{x} \leqslant 0.0045\%$，则接收这批产品；若 $\bar{x} > 0.0045\%$，则拒收这批产品。

第四节　质量控制图

抽样检验是判断一批产品是否合格的方法，然而这时不合格品已经产生，并造成了一定的损失。为了避免这种损失，只有进行预防。如果不考虑设计中的问题，大部分质量问题可以在制造过程中加以避免。假定在制造过程的每一道工序都建立了一个简单易行的控制系统，质量问题一出现就能及时发现，及时纠正，不使不合格的半成品流入下一道工序，这样就可以避免出现大量的不合格品，达到预防的目的。本节要介绍的统计过程控制图就是一个简单易行的控制系统。

一、波动及其原因

大家知道没有两个产品会完全相同，产品间的差异常常用其质量特性 X 的差异反映出来。造成这种差异的原因是由于在生产过程中存在许多波动源，譬如轴的加工，轴的直径是一个重要的质量特性，在加工过程中，机器的老化、刀具的磨损、毛坯的差异、电压的波动、操作者情绪的波动、操作场所的湿度、光线的差异等都会导致轴的直径值的差异。在一般场合，一个过程的波动源有许多，但是它们的发生是随机的，往往以不可预测的方式影响过程的输出特性。

通常波动有两大类，一是正常波动，一是异常波动。所谓正常波动，其特点是过程中存在许多波动源，每个波动源对质量特性 X 的影响都是很微小的，通常 X 服从正态分布，且其分布不随时间的变化而改变。这时我们称过程处于统计控制状态，也称为受控状态。所谓异常波动，其特点是过程中存在许多波动源，但有一个或几个对质量特性的影响较大，而其他的影响均很小，这些强的波动源的出现，就使 X 的分布会随时间的变化而发生改变，有时改变了分布的位置，有时改变了分布的标准差，有时又会使分布的形状发生变化。这时过程不处于统计控制状态，也称为失控状态。

因此，我们可以根据质量特性的分布去区分波动的类型，当时间变化，质量特性的分布保持不变的正态分布时，为正常波动，这是无法避免的；如果随时间的变化，质量特性的分布发生了变化，则存在异常波动，需要去识别它，并加以剔除。

要消除波动是不可能的，而要减小波动是可能的。如果存在异常波动的话，要设法找出它，用技术的手段去排除，从而使过程恢复到正常的受控状态，例如在轴的加工中发现轴的直径逐渐变大，就可以检查一下刀具是否磨损严重，如果是的话，只要及时调换刀具就可以恢复正常。通常一个产品的特性值总有一个目标值和一定的公差范围，如果波动在公差范围内，这是允许的，这时不需要去减小波动；如果波动超过公差允许的范围，那就要设法减小波动。这往往不是靠简单的技术手段所能解决的，有时需要对整个生产系统作改造，例如更换设备等。

二、控制图概述

控制图是一个简单的过程控制系统，其作用是利用控制图所提供的信息，把一个过程维持在受控状态，一旦发现异常波动，就分析对质量不利的原因，采取措施加以消除，使质量不断提高，并把一个过程从失控状态变为受控状态，以保持质量稳定。

(一)控制图的种类

控制图有很多种。质量特性值通常有两大类，一类是计量的，如温度、长度、电阻等；一类是计数的，如不合格品数、缺陷数等，因此常规控制图也有两大类：

(1)计量值控制图。包括均值-标准差控制图($\bar{x}$-s 图)、均值-极差控制图($\bar{x}$-R 图)、中位数-极差控制图($\tilde{x}$-R 图)、单值-移动极差控制图(x-R_s 图)等。

(2)计数值控制图。包括不合格品率控制图(p 图)、不合格品数控制图(pn 图)、单位缺陷数控制图(u 图)、缺陷数控制图(c 图)等。

(二)控制图的原理与构造

尽管有多种控制图，但其基本原理是一样的，以下以计量控制图来加以说明。

设过程的质量特性 X 是计量的，在过程处于稳定状态即统计控制状态时，X 应服从正态分布，记为 $N(\mu, \sigma^2)$，假如能把此正态分布的两个参数均值 μ 与标准差 σ 控制住，那么质量特性也就得到了控制。为了控制 μ 与 σ，常需要两张控制图，一张用于控制 μ，一张用于控制 σ。在实际中，常用样本均值 $\bar{x}$ 估计 μ，而用样本标准差 s 或样本极差 R 估计 σ。若用 $\bar{x}$ 与 s 分别估计 μ 与 σ 就形成 $\bar{x}$-s 图，若用 $\bar{x}$ 与 R 分别估计 μ 与 σ 就形成$\bar{x}$-R图。

控制图是根据正态分布的 3σ 原理构造的。假如一个统计量 $T=T(x_1, x_2, \cdots, x_n)$ 服从正态分布或近似正态分布，即 $T \sim N(\mu_T, \sigma_T^2)$，其中 μ_T 是 T 的均值，σ_T 是 T 的标准差，根据 3σ 原理，有：

$$P(\mu_T-3\sigma_T<T<\mu_T+3\sigma_T)=0.9973$$

这表明，对统计量 T 作大量重复观察，则其中 99.73%的 T 值应在区间$(\mu_T-3\sigma_T, \mu_T+3\sigma_T)$，仅有 0.27%在此区间外。取 $\mu_T+3\sigma_T$ 为控制上限，记为 UCL；取 $\mu_T-3\sigma_T$ 为控制下限，记为 LCL；取 μ_T 为控制中心线，记为 CL。

将这三条水平线画在一张坐标纸上，其横轴为时间或样本序号，纵轴为 T 的观察值，这就形成了一张控制图。当把 T 的观察值按顺序点在图上，就可用于过程控制。这些上、下控制界限就被用来判断生产过程有无异常，当图上的点越出了上控制界限或下控制界限时就认为生产过程出现异常，因为点越出上、下控制界限是小概率事件，通常在试验中是不可能发生的，一旦发生，就认为过程出现异常。

综上可知，控制图实际上是生产过程质量的一种记录图形，它提供了判断过程是否处于统计控制状态的一种方法，如图 8.7 便是一张 $\bar{x}$ 控制图的示意图。

实际中，μ_T 与 σ_T 是未知的，仍需收集一定数量样本作出估计。μ_T 常用 $\bar{T}$ 作估计，又记 σ_T 的估计为 $\hat{\sigma}_T$，则中心线及上、下控制界限分别为：

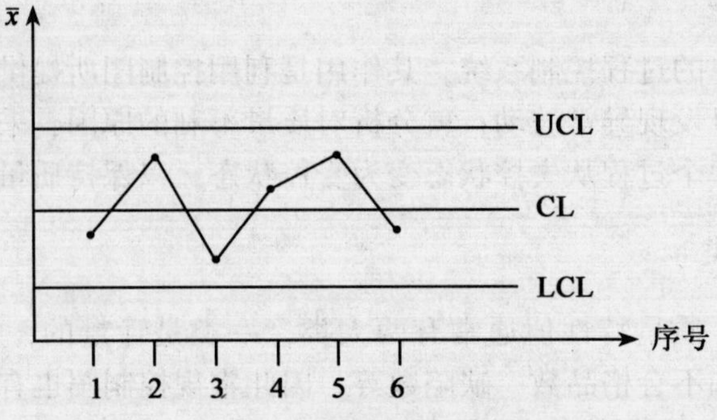

图 8.7　$\tilde{x}$ 控制图的示意图

$$CL=\bar{T} \qquad UCL=\bar{T}+3\hat{\sigma}_T \qquad LCL=\bar{T}-3\hat{\sigma}_T \tag{8.25}$$

(三)控制图的选择

当质量特性为计量值时我们选用计量值控制图，这时需要同时用两张图分别分析或控制特性值的均值及其标准差。当数据可以合理分组时，譬如每一个小时抽 n 个电阻测定其电阻值，这便形成一个样本，这时分析或控制生产过程的均值可以使用均值 $\bar{x}$ 图或中位数 $\tilde{x}$ 图，分析或控制生产过程的离散程度可以使用标准差 s 图或极差 R 图($n>10$ 时都用 s 图)。当数据不能分组时，譬如一次只能得到一个值(如消耗定额)，或生产过程质量均匀(如电镀液的温度)，或取得测量值很费时等情况下通常用 x-R_s 图。

当质量特性为计数值时，只用一张控制图。分析或控制生产过程的不合格品率时用 p 图或 pn 图，分析或控制生产过程的单位产品缺陷数时用 u 图或 c 图。

下面主要介绍均值-标准差控制图($\bar{x}$-s 图)和不合格品率控制图(p 图)的制作与使用。

三、均值-标准差控制图($\bar{x}$-s 图)

均值控制图主要用于判断生产过程的均值是否处于或保持在所要求的统计控制状态，标准差控制图主要用于判断生产过程的标准差是否处于或保持在所要求的统计控制状态，这两张图通常一起用，因此称为均值-标准差控制图，记为 $\bar{x}$-s 图。

下面我们就来叙述制作和使用控制图的一般步骤：

(一)收集数据

首先根据选定的特性值，按一定的时间间隔，抽取一个容量为 n 的样本，共抽取 k 个样本，对每一个样本内的每个样品测定其特性值，将其填在数据表中，一般要求 $k\geq 25$。

例 8.10　某车间生产一种电阻，每隔一小时随机抽 4 个电阻测定其阻值(单位为 kΩ)，这就得到一个样本，共抽取了 25 个样本，数据见表 8.7。标准要求其电阻值在(77.9，86.1)为合格。试作能用于控制的均值-标准差控制图。

表 8.7 **数据及计算表**

产品名称	RTX	质量特性	阻值	检验员	张三
测定日期	2008/6/25	样本容量	4	抽样间隔	1 小时
质量规格	77.9~86.1kΩ				

测量值(kΩ)

i	X_{i1}	X_{i2}	X_{i3}	X_{i4}	$\bar{x}_i$	s_i
1	81.86	81.61	82.98	81.33	81.945	0.723
2	82.09	81.06	80.48	80.07	80.925	0.876
3	81.21	82.77	79.95	80.72	81.162	1.191
4	81.23	80.61	81.68	82.13	81.412	0.649
5	83.20	82.50	82.37	80.54	82.152	1.135
6	82.68	82.48	82.96	82.12	82.560	0.353
7	80.17	81.83	81.12	81.41	81.132	0.705
8	80.40	81.60	85.00	83.80	82.700	2.082
9	80.69	80.49	82.16	84.29	81.908	1.754
10	82.72	82.12	81.77	81.60	81.052	0.495
11	80.98	81.33	81.60	80.70	81.152	0.394
12	80.42	82.20	80.13	80.24	80.748	0.976
13	82.11	82.13	83.22	82.17	81.408	0.542
14	82.40	81.41	82.93	83.13	82.468	0.769
15	81.55	80.91	81.31	82.43	81.550	0.643
16	81.32	80.12	81.23	80.38	80.762	0.602
17	81.39	80.85	80.60	80.93	80.942	0.330
18	81.37	83.12	80.39	81.81	81.672	1.133
19	82.62	82.06	81.49	80.92	81.772	0.732
20	79.76	81.17	81.24	79.54	80.428	0.903
21	81.06	82.06	82.76	82.46	82.085	0.741
22	82.55	83.53	82.94	81.89	82.728	0.688
23	83.33	80.33	80.36	80.67	81.172	1.447
24	81.17	81.33	82.57	80.87	81.485	0.748
25	81.60	79.88	81.69	81.79	81.240	0.910

(二)制作控制图

1. 计算每一个样本的均值与标准差

以 x_{ij} 表示第 i 个样本的第 j 个观察值，用 $\bar{x}_i$ 与 s_i 分别表示第 i 个样本的均值与标准差，即：

$$\bar{x}_i = \frac{1}{n}\sum_{j=1}^{n} x_{ij} \qquad s_i = \sqrt{\frac{1}{n-1}\sum_{j=1}^{n}(x_{ij}-\bar{x}_i)^2} \qquad i=1,\ 2,\ \cdots,\ k$$

例 8.10 中每一个样本的均值与标准差列在表 8.7 的最后两列中。

2. 计算 k 个样本的均值与标准差的均值

这两个均值分别记为 $\bar{\bar{x}}$ 与 $\bar{s}$，即有：

$$\bar{\bar{x}} = \sum_{i=1}^{k}\bar{x}_i/k \qquad \bar{s} = \sum_{i=1}^{k} s_i/k$$

这便是控制图的中心线。对例 7.10 来讲，由表 8.7 的数据可求得：

$$\bar{\bar{x}} = 81.5384 \qquad \bar{s} = 0.8608$$

3. 计算 $\bar{x}$ 图与 s 图的上、下控制界限

根据式(8.25)，$\bar{x}$ 图与 s 图的中心线分别是各样本均值 $\bar{\bar{x}}$ 与标准差的平均值 $\bar{s}$，为了计算上、下控制界限需要给出样本均值的标准差与标准差的标准差。

根据 3σ 原则，$\bar{x}$ 图的上、下控制界限为 $\bar{\bar{x}}\pm3\sigma_{\bar{x}}$，$\text{Var}(\bar{x})=\sigma^2/n$，故 $\sigma_{\bar{x}}=\sigma/\sqrt{n}$，由于 σ 未知，用其无偏估计 $\bar{s}/C_2^*$ 代替，则 $\bar{x}$ 图的上、下控制界限为：

$$\bar{\bar{x}}\pm3\bar{s}/(C_2^*\sqrt{n})=\bar{\bar{x}}\pm A_1^*\bar{s}$$

其中 $A_1^*=3/(C_2^*\sqrt{n})$。

s 图的上、下控制界限为 $\bar{s}\pm3\sigma_s$，$\text{Var}(s)=\sigma^2(1-(C_2^*)^2)$，故$\sigma_s=\sigma\sqrt{1-(C_2^*)^2}$，同样 σ 用其无偏估计 $\bar{s}/C_2^*$ 代替，则有：

$$\bar{s}\pm3\bar{s}\sqrt{1-(C_2^*)^2}/C_2^*=(1\pm3\sqrt{1-(C_2^*)^2}/C_2^*)\bar{s}$$

记 $B_3=1-3\sqrt{1-(C_2^*)^2}/C_2^*$，$B_4=1+3\sqrt{1-(C_2^*)^2}/C_2^*$，则 s 图的上控制界限为 $B_4\bar{s}$，下控制界限为 $B_3\bar{s}$。若 $B_3<0$ 则用 0 代替。

综上可得 $\bar{x}$ 图与 s 图的中心线和上、下控制界限(一)(见表 8.8)。

表 8.8　**$\bar{x}$ 图与 s 图的中心线和上、下控制界限(一)**

	$\bar{x}$ 图	s 图
中心线 CL	$\bar{\bar{x}}$	$\bar{s}$
上控制界限 UCL	$\bar{\bar{x}}+A_1^*\bar{s}$	$B_4\bar{s}$
下控制界限 LCL	$\bar{\bar{x}}-A_1^*\bar{s}$	$B_3\bar{s}$

以上 A_1^*、B_3、B_4 都是与样本容量 n 有关的常数，具体数值见表 8.9，当$B_3\leqslant0$时不予考虑，以“—”表示。

表 8.9　　$\bar{x}$-s 图的系数表

样本大小	A_1^*	C_2^*	B_3	B_4
2	2.659	0.7979	—	3.267
3	1.954	0.8862	—	2.568
4	1.628	0.9213	—	2.266
5	1.427	0.9400	—	2.089
6	1.287	0.9515	0.029	1.970
7	1.182	0.9594	0.113	1.882
8	1.099	0.9650	0.179	1.815
9	1.032	0.9693	0.232	1.761
10	0.975	0.9727	0.276	1.716
11	0.927	0.9754	0.313	1.679
12	0.886	0.9776	0.346	1.646
13	0.850	0.9794	0.374	1.618
14	0.817	0.9810	0.399	1.594
15	0.789	0.9823	0.421	1.572

对例 8.10 来讲，$n=4$，由表 8.9 可查得 $A_1^*=1.628$，$B_4=2.266$，表中 B_3 为“—”，则 B_3 用 0 代替。由此可得中心线和上、下控制界限(见表 8.10)：

表 8.10　　$\bar{x}$ 图与 s 图的中心线和上、下控制界限(二)

	$\bar{x}$ 图	s 图
中心线 CL	81.5384	0.8608
上控制界限 UCL	$81.5384+1.628\times0.8608=82.9398$	$2.266\times0.8608=1.951$
下控制界限 LCL	$81.5384-1.628\times0.8608=80.1370$	0

4. 作分析用控制图

在坐标纸上分别作 $\bar{x}$ 图与 s 图，$\bar{x}$ 图在上，s 图在下，纵坐标分别为 $\bar{x}$ 与 s，横坐标为样本序号，用实线表示 CL，用虚线表示上、下控制界限 UCL 与 LCL(见图 8.8)。然后把各个样本的 $\bar{x}_i$ 与 s_i 的值分别依次点在 $\bar{x}$ 图与 s 图上，通常 $\bar{x}$ 图中的点用“.”表示，s 图中的点用“×”表示，再用直线将相邻的两点连接成折线。

(三)判断生产过程是否处于统计控制状态

从图 8.8 可见，例 8.10 中的第 8 组数据的标准差落在上控制界限外，所以认为生产

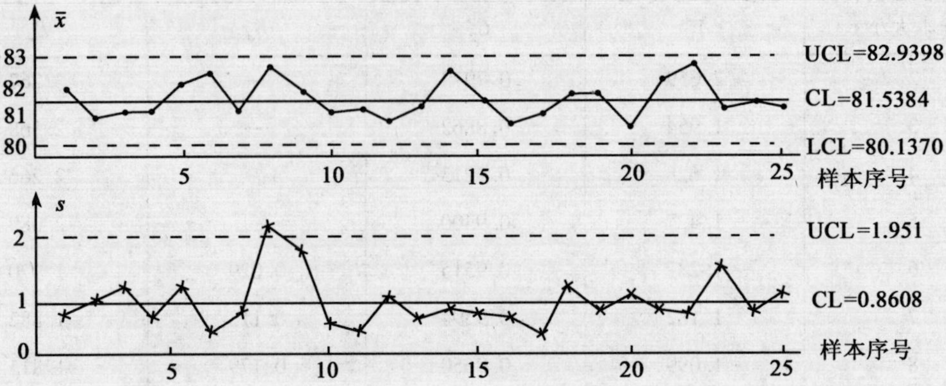

图 8.8　例 8.10 的 $\bar{x}$-s 图

不处于统计控制状态。

通常我们可以通过观察控制图上点的分布情况来判断生产过程是否处于统计控制状态，仅当下列条件都满足时，才认为过程处于统计控制状态。

(1)连续 25 点中没有一点在界限外或连续 35 点中最多一点在界限外或连续 100 点中最多两点在界限外。由于在统计控制状态下，每一点落在控制界限以内的概率为 0.9973，那么连续 25 点都在控制界限以内的概率为0.9973^{25}，从而至少有一点在界限之外的概率为：

$$1-0.9973^{25}=0.065358$$

这是一个小概率事件，通常在一次试验中不应该发生，一旦发生，就认为发生了异常。出现这种情况的可能性有：测量系统发生了变化，譬如测量员的调换、量具更换等；在 s 图上，如果点超出上限，则表示波动在增加；而点超出下限，则波动在减小，质量变好；在 $\bar{x}$ 图上出现这种情况，有可能为某种外界的突发原因引起。

(2)当数据点都落在控制界限以内，生产处于控制状态时，数据点应该在中心线上下随机波动，不应有规律性的排列出现，下列事件的发生都是小概率事件。

①连续 7 点或更多点呈上升或下降趋势。在随机的情况下，每一点对前一点来讲，或大或小，发生的可能性各为 0.5，连续 7 点呈上升或下降趋势的概率为：

$$2\times0.5^{7}=0.015625$$

产生这种情况的可能性有：测量系统的变化，譬如量具精度下降，造成读数的飘移与偏差；在 s 图上，如果点呈上升趋势，表明波动在逐渐增大，可能过程的输入有变化，譬如设备故障、原料变化等；如果点呈下降趋势，表明波动在逐渐减小，应及时研究与总结，以改进质量；在 $\bar{x}$ 图上发生，表明过程均值在逐渐增加或减少，有可能是设备老化、刀具磨损到了需要调换或调整的时候了。

②过多的点落在中心线的同侧：连续 7 点或更多点在中心线同一侧；连续 11 点中至少有 10 点在中心线同一侧；连续 14 点中至少有 12 点在中心线同一侧；连续 17 点中至少

有14点在中心线同一侧；连续 20 点中至少有 16 点在中心线同一侧。

在随机情况下，点落在中心线与控制上限(或下限)之间的概率为 0.9973/2＝0.49865，连续 7 点在中心线的同侧的概率为：

$$2\times0.49865^7=0.015322$$

同理可知：连续 11 点中至少有 10 点在中心线的同侧的概率为 0.0113754；连续 14 点中至少有 12 点在中心线的同侧的概率为 0.0124656；连续 17 点中至少有 14 点在中心线的同侧的概率为 0.0121542；连续 20 点中至少有 16 点在中心线的同侧的概率为0.0108526。这些都是小概率事件。

产生这种情况的原因可能有：测量系统的变化；在 s 图上，若这些点在中心线的上侧，表明波动在增大，可能过程输入有变化；若这些点在中心线的下侧，表明波动在减小，应及时研究当时的生产条件，进行总结，以改进质量，当然也不排除因测量系统的问题而造成这种情况；在 $\bar{x}$ 图上发生上述现象表明过程的均值有位移，可能是环境原因所致。

③连续 3 点中至少有 2 点或连续 7 点中至少有 3 点落在 2 倍与 3 倍标准差控制界限之间。每一点落在中心线与 2 倍标准差间的概率为 0.9545，落在 2 倍标准差与 3 倍标准差之间的概率为 $0.9973-0.9545=0.0428$，那么连续 3 点中恰有 2 点落在其中的概率为 $3\times0.0428^2\times0.9545$，3 点都落在其中的概率为 0.0428^3，因此连续 3 点中至少有 2 点落在 2 倍标准差与 3 倍标准差之间的概率为：

$$3\times0.0428^2\times0.9545+0.0428^3=0.0053239$$

同理连续 7 点中至少有 3 点落在 2 倍标准差与 3 倍标准差之间的概率为0.00238254。由于上述这些现象都是小概率事件，所以一旦出现，表明质量在发生变化，应该引起注意，以防止降低质量的异常情况出现。

当生产过程不处于统计控制状态时，应采取下列措施：首先应该寻找产生异常的原因，在找原因时应先从自已着手，先从内部着手，譬如记录、计算、作图等是否有错，测量是否正确，操作有无不当之处，工具是否有缺损，材料有无变化，电压是否有波动等。当异常数据不多时，在确认原因后，应消除降低质量的异常原因，同时去掉异常数据点对应的一组数据，重新计算中心线和控制界限。然而在重新计算时，不应去掉对提高质量有利的数据，也不能去掉虽使质量降低但不能消除异常原因的数据。重新计算后，如果仍有 1 点在控制界限之外，可补充到 35 个样本后重新计算与考察，此时只允许有 1 点在界限外；如果有 2 个点在界限外的话，可补充到 100 个样本后重新计算与考察，如果仅有 2 个点在界限外，仍属过程受控。当异常数据比例较大时，应改进生产过程，重新收集数据，并重新计算中心线和控制界限。

在例 8.10 中，对产生第 8 组数据的生产情况进行检查，发现是设备发生了故障，所以去掉第 8 组数据重新计算得：$\bar{\bar{x}}=81.4900$，$\bar{s}=0.810$。

由此求得 $\bar{x}$-s 图的中心线和上、下控制界限(见表 8.11)

表 8.11　　$\bar{x}$-s 图的中心线和上、下控制界限

	$\bar{x}$ 图	s 图
中心线 CL	81.4900	0.810
上控制界限 UCL	82.8087	1.835
下控制界限 LCL	80.1713	0

去掉第 8 点后，例 8.10 的分析用控制图见图 8.9，此时再考察例 8.10 控制图上点的分布，发现生产过程处于统计控制状态了。

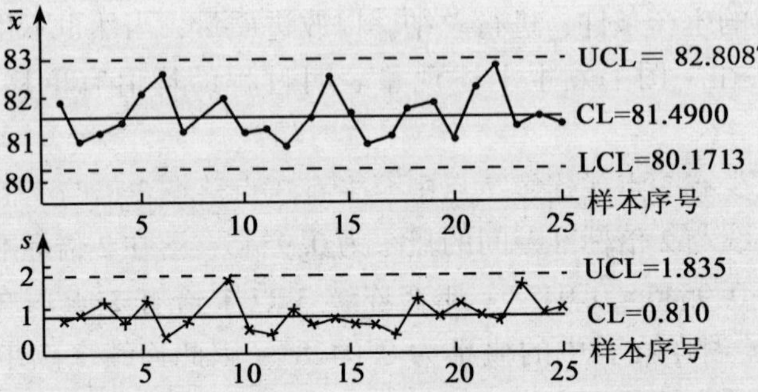

图 8.9　例 8.10 的 $\bar{x}$-s 图

(四)判断生产过程是否满足质量要求

当生产过程处于统计控制状态时，可以进一步判断生产过程是否满足顾客，包括使用者、下一道工序的加工者等的质量要求。可以根据产品的质量要求计算过程能力指数。

在例 8.10 中，质量特性为电阻值，给出了双边规格 $T_L=77.9$，$T_U=86.1$，从而 $M=82$，由于 $\bar{x}=81.4900\neq M$，故用公式(8.23)，σ 未知，用其无偏估计 $\bar{s}/C_2^*$ 代替，$n=4$，$T=T_U-T_L=8.2$，$\varepsilon=0.51$，$\bar{s}=0.810$，$C_2^*=0.9213$,因而过程能力指数为：

$$C_{pk}=\frac{T-2\varepsilon}{6\bar{s}/C_2^*}=\frac{8.2-2\times0.51}{6\times0.81/0.9213}=1.361$$

由此可见，该生产过程满足质量要求，因此所制定的控制图的中心线与控制界限可用于日常生产控制。

(五)作控制用控制图

当生产过程满足顾客的质量要求时，我们便可以用上面获得的中心线与上、下控制界限画出控制图，放在生产现场对质量指标进行控制，这张图便是控制用控制图。在生产现场用控制图时，通常应按收集预备数据的样本容量抽取样本，并测定样本中每一个样品的特性值，计算样本的均值 $\bar{x}$ 与标准差 s，并将它们分别描在 $\bar{x}$ 图与 s 图上，按上面提到的

判断准则去判断生产过程是否处于统计控制状态。当生产过程无异常时可以继续进行生产，如果发生异常，需要及时消除使质量下降的原因，使之不再发生，而对提高质量的有力措施也应及时总结，使之推广。

当控制图使用了一段时间后，应根据实际的质量水平，对控制图的中心线和上、下控制界限进行修正，使控制水平能够不断提高。

四、计件特性的常规控制图

如果我们从一批不合格品率为 p 的产品中抽取若干个产品仅判断每一产品是否合格，又记抽取的 n 个产品中有 X 个不合格，那么 X 服从二项分布 $b(n, p)$。二项分布的参数除了抽取的样本容量 n 外，反映产品质量的参数就是一个 p，所以在这种情况下只需要一张控制图就可以判断过程是否稳定。

用于计件特性的常规控制图有不合格品率控制图(p 图)与不合格品数控制图(pn 图)，下面主要介绍不合格品率控制图(p 图)。

不合格品率控制图用于判断生产过程的不合格品率是否处于或保持在所要求的水平，记为 p 图。制作和使用控制图的一般步骤仍与 $\bar{x}$-s 图类似，这里主要叙述不同之处。

(一)收集预备数据

按事先规定的抽样间隔，抽取 k 个样本，这里每一样本的容量可以不完全相同，但要求平均来讲每个样本至少有一个不合格品。在这种场合，样本的容量一般都比较大，通常在 100 以上，譬如，根据顾客的要求，不合格品率为 0.01，那么，每个样本至少要 100 个，甚至更多，因为在 100 个产品中可能没有一个不合格品。记录每一个样本中的不合格品数，将其填在数据表中，一般要求 $k \geqslant 25$。

例 8.11　某电镀件 25 批产品中的外观质量不合格的件数如表 8.12 所示，试作 p 图。

表 8.12　**数据与计算表**

序号 i	样本容量 n_i	不合格品数 $(np)_i$	不合格品率 $p_i(\%)$
1	724	48	6.63
2	763	83	10.88
3	748	70	9.36
4	748	85	11.36
5	724	45	6.22
6	727	56	7.70
7	726	48	6.61
8	719	67	9.32
9	759	37	4.87
10	745	52	6.98
11	736	47	6.39
12	739	50	6.77

续表

序号 i	样本容量 n_i	不合格品数 $(np)_i$	不合格品率 $p_i(\%)$
13	723	47	6.50
14	748	57	7.62
15	770	51	6.62
16	756	71	9.39
17	719	53	7.37
18	757	33	4.36
19	760	29	3.82
20	737	49	6.65
21	750	61	8.13
22	752	39	5.19
23	726	50	6.89
24	730	58	7.95
25	747	61	8.17

(二)制作分析用控制图

1. 计算每一个样本的不合格品率

以 n_i 表示第 i 个样本的容量，以 $(np)_i$ 表示其中的不合格品数，由此计算第 i 个样本的不合格品率：

$$p_i = (np)_i / n_i \qquad i = 1,\ 2,\ \cdots,\ k$$

例 8.11 的每一个样本的不合格品率记在表 7.10 的最后一列中。

2. 计算 k 个样本的总不合格品率 $\bar{p}$

$$\bar{p} = \frac{\sum_{i=1}^{k}(np)_i}{\sum_{i=1}^{k} n_i} \qquad \text{样本容量不同时}$$

$$\bar{p} = \frac{1}{k}\sum_{i=1}^{k} p_i \qquad \text{样本容量相同时}$$

这便是 p 图的中心线。

在例 8.11 中，样本容量不同，$\sum_{i=1}^{k}(np)_i = 1347$，$\sum_{i=1}^{k} n_i = 18533$，从而得 25 个样本的总不合格品率 $\bar{p} = 1347/18533 = 7.27\%$。

3. 计算 p 图的上、下控制界限

如果将一个产品的不合格品数 Y 看成随机变量，那么它服从二项分布，即：

$$P(Y = 1) = p$$

$$P(Y = 0) = 1 - p$$

则根据中心极限定理可知，容量为 n 的样本的不合格品率近似服从正态分布 $N(p,$

$p(1-p)/n)$。

通常 p 用 $\bar{p}$ 估计，这样得 p 图的中心线及上、下控制界限如下：

中心线 CL：$\bar{p}$

上控制界限 UCL：$\bar{p}+3\sqrt{\bar{p}(1-\bar{p})/n_i}$

下控制界限 LCL：$\bar{p}-3\sqrt{\bar{p}(1-\bar{p})/n_i}$

其中各 n_i 最好相同，因为当样本容量不同时控制界限将不同，但当样本容量同时满足下列两个不等式时，可以采用近似的控制界限计算公式，即当 $n_{\min}\geqslant\bar{n}/2$，$n_{\max}\leqslant 2\times\bar{n}$ 同时成立时，取近似的控制界限为：

中心线 CL：$\bar{p}$

上控制界限 UCL：$\bar{p}+3\sqrt{\bar{p}(1-\bar{p})/\bar{n}}$

下控制界限 LCL：$\bar{p}-3\sqrt{\bar{p}(1-\bar{p})/\bar{n}}$

其中 $\bar{n}=\sum_{i=1}^{k}n_i/k$。

在例 8.11 中 p 图的中心线和上、下控制界限可以采用近似计算公式，因为此时有：$\bar{n}=741.32$，$n_{\min}=719>741.32/2$，$n_{\max}=763<2\times741.32$，则得：

中心线 CL：0.0727 = 7.27%

上控制界限 UCL：

$$0.0727+3\sqrt{0.0727\times(1-0.0727)/741.32}=0.1013=10.13\%$$

下控制界限 LCL：

$$0.0727-3\sqrt{0.0727\times(1-0.0727)/741.32}=0.0441=4.41\%$$

4. 作分析用控制图

只要作一个 p 图即可，这时纵坐标为 p，横坐标为样本序号，同样用实线表示 CL，用虚线表示上、下控制界限 UCL 与 LCL。然后把各个样本的 p_i 值依次点在 p 图上，图中的点用“×”表示，再用直线将相邻的两点连成折线。例 8.11 的 p 图见图 8.10。

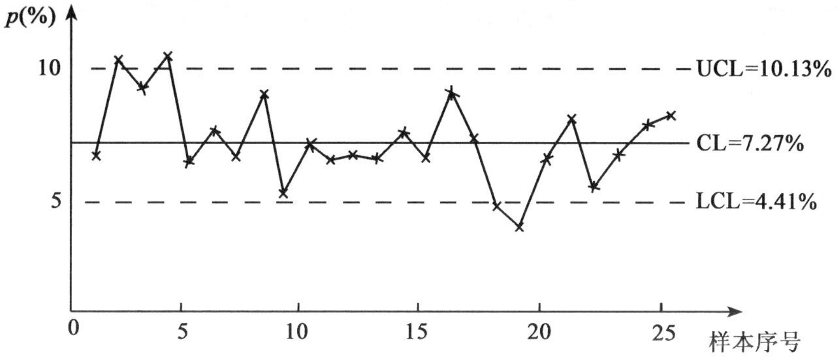

图 8.10　例 8.11 的 p 图

(三) 判断生产过程是否处于统计控制状态

判断规则同前。在例8.11中，从图8.10可见，第2个与第4个样本的p_i值超过上控制界限，第18个与第19个样本的p_i值低于下控制界限，说明生产过程未处于统计控制状态。当生产过程不处于统计控制状态时，应采取的措施同前。

在例8.11中，较低的不合格品率对质量是有利的，因此第18个与第19个样本予以保留，第2个与第4个样本具有较高的不合格品率，应寻找原因，找出原因后可去掉第2个与第4个样本，重新计算控制图的中心线和上、下控制界限：$k=23$，$\sum_{i=1}^{k}(np)_i = 1179$，$\sum_{i=1}^{k} n_i = 17022$，$\bar{p} = 6.93\%$，$\bar{n} = 740.09$。

中心线 CL：6.93%

上控制界限 UCL：

$$0.0693 + 3\sqrt{0.0693 \times (1-0.0693)/740.09} = 0.0973 = 9.73\%$$

下控制界限 LCL：

$$0.0693 - 3\sqrt{0.0693 \times (1-0.0693)/740.09} = 0.0413 = 4.13\%$$

其p图见图8.11，再次检查生产过程发现已处于统计控制状态。

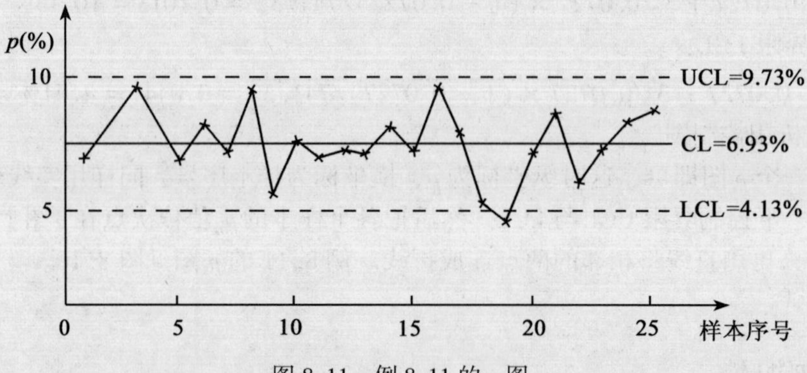

图8.11　例8.11的p图

(四) 判断生产过程是否满足质量要求

在质量特性为不合格品率时，通常规定不合格品率的上限，据此可判断生产过程是否满足质量要求。如果在本例中规定质量要求为平均不合格品率不能超过5%，那么现在的生产过程的平均不合格品率已经超过质量要求的上限，不能满足质量要求，应该采取措施改进质量。这个例子说明，生产过程虽已处于统计控制状态，但不等于产品质量符合要求。不过，我们总是首先要使生产过程受控，然后再调节某些因素，使质量指标符合要求，这可借助于参数设计方法。当生产过程通过调整后再重新收集数据制定控制界限，只有当生产过程受控，并满足质量要求时所制定的控制界限才能用于生产控制。

(五)作控制用控制图

方法同前类似。当控制图使用了一段时间后，应根据实际的质量水平，对控制图的中心线和上、下控制界限进行修正，使控制水平能够不断提高。

第九章　质量改进与持续创新

坚持不断改进质量是质量管理的基本特点，“质量改进永无止境”是质量管理的基本信念。只有不断改进质量形成过程中各环节的工作，才能使产品、服务质量不断提高，使顾客满意，也使本组织获得更好的效益和效率。本章介绍质量改进与持续创新：第一节概述质量改进的含义、组织形式与运行方式，第二节介绍质量改进的老七种工具，第三节分析质量改进的新七种工具，第四节介绍质量改进的基他工具与方法。

第一节　质量改进概述

一、质量改进的含义和目标

(一)质量改进的含义

质量改进是指为向本组织及其顾客提供更多的收益，在整个组织内所采取的旨在提高活动和过程的效益、效率的各种措施。

任何一个组织，其产品质量，无论是有形产品质量，还是无形产品质量，都由两个方面决定：一是使用其产品的顾客的满意程度；二是产品质量形成过程的效率与效果。凡是顾客满意，又在其形成过程中效率高、效果好的产品，其质量也好，否则就差。

组织内的每一项活动或每一项工作都包含着一个或若干个过程，质量改进就是通过改进过程质量来实现的，它实际上是一种以追求更高的过程效果和效率为目标的持续的质量活动。开展质量改进活动时，应努力不懈地主动寻找改进的机会，而不是消极地、待出现质量问题后再去改进。

质量改进活动过程的输出应减少或消除已经发生的某项问题，而预防措施和纠正措施却是消除或减少产生某项问题的原因，并在今后避免或减少再次发生问题。因此，质量改进的关键是预防和纠正措施。

(二)质量改进的目标

每个组织都应有质量改进目标，并把质量改进目标分解到该组织的各部门、单位，形成一个质量改进目标的目标管理体系。

质量改进目标与经营目标应紧密结合，也就是说，质量改进目标应是企业目标的重要组成部分，在质量改进目标中，要突出提高顾客满意度与过程效果、效率方面的目标，例如降低顾客投诉率，降低某一过程的不良品率等。

质量改进目标应能定量测量，即使是定性要求，也必须要有可检查性与可对比性，这些目标应明确易懂，便于测量与分析。既实事求是，恰如其分，又富有挑战性，即必须经过努力才能实现。目标过低、轻易达到或目标过高而难以实现都是不可取的。质量改进目标一旦确定，就要通过各种方法让有关工作人员理解与支持，共同努力去实现。质量改进目标也应定期评审，以反映出不断变化的顾客期望。

由于在过程和活动中未发挥资源的潜力而造成的损失是质量损失，质量损失有有形的如原材料的浪费，也有无形的损失，如顾客满意度下降，丧失信誉等，如何努力降低质量损失，减少质量损失的机会是质量改进的主要方向。因此，每个组织都应在质量改进活动中不断减少质量损失。

二、质量改进工作的管理

质量改进工作的管理包括对质量改进活动的组织、策划、测量和评审。

(一)质量改进的组织

每个组织的质量管理部门应认真负责质量改进的组织工作，其主要任务是：

(1)提出质量改进的方针、策略和目标，明确指导思想，支持和协调组织内各单位、部门的质量改进活动；

(2)组织跨部门质量改进的活动，确定其目标并配备所需资源以满足质量改进活动的需要；

(3)组织质量管理小组(QC小组)活动，实现质量改进目标；

(4)鼓励组织内每个成员开展与本职工作有关的质量改进活动，并协调这些活动的开展；

(5)评审和评估质量改进活动的进展情况等。

组织内各单位层次质量改进的职责是：识别并策划本单位的质量改进活动，并能持续开展；测量与跟踪质量损失减少情况，开发和保持一个使所有工作人员有权力、有能力和有责任持续改进质量的环境。

在跨部门的过程中，组织质量改进的职责主要是：规定过程目标，在部门之间建立和保持联系，识别过程中内外顾客的需要和期望，并转化为具体的顾客要求，寻找过程质量改进机会，配置质量改进所需资源，并监督质量改进措施的实施。

(二)质量改进的策划

组织的管理者应把质量改进目标和计划作为本组织经营计划的一部分，并围绕减少质量损失来确定质量改进目标，制订质量改进计划。

本组织的每个成员应共同参与质量改进计划的制定，以增加质量改进的机会。

质量改进计划一般包括一系列质量改进项目和活动，在实施质量改进计划时，管理者应注意监视和控制这些实施活动，确保其纳入组织的总目标和经营计划之内。

质量改进计划的重点应放在那些新的质量改进项目以及原质量改进未取得充分进展的地方。

(三)质量改进的测量

每个组织都应建立一个与顾客满意度、过程效率相联系的测量系统，既可识别和诊断质量改进机会，又能测量质量改进活动的结果。

一个良好的测量系统应能开展组织内各个部门及各个层次的测量，重点测量下列三个方面的信息：(1)与顾客满意度相联系的质量损失方面信息，例如对现有顾客和潜在顾客的调查、对同类竞争性产品和服务的调查、产品或服务特性记录、年收入的变化情况以及顾客抱怨和索赔等；(2)与过程效率相联系的质量损失方面信息，包括劳动力、资金和物资的利用，返工和报废等不满意过程输出，过程的调整，等候时间及周期，储运、库存规模、时间，不必要的设计以及过程能力，稳定性的统计测量等；(3)社会质量损失方面的信息，如雇员满意度，污染和废物处置造成的危害等。

所有测量结果均应进行统计分析，以了解其发展趋势，同时，也应测量与跟踪偏离以往情况“基线”的趋势，并把测量报告作为质量改进管理报表的重要组成部分。

(四)质量改进的评审

各级管理者均应定期评审质量改进活动的绩效，通过质量改进活动的定期评审，达到或确保：(1)质量改进组织能有效地起到作用；(2)完善和落实质量改进计划；(3)完善质量改进的测量，引导向令人满意的方向发展；(4)把评审结果反映到下轮质量改进策划中去。

当然，通过质量改进活动的评审，也可发现不符合要求的情况，并对其采取适当的措施。

质量改进在数据收集和分析的基础上，按照PDCA循环持续地开展，同时要充分发动和组织本组织的各部门、各单位和全体成员参与，即QC小组是开展质量改进活动的重要组织形式，PDCA循环是开展质量改进活动的运行方式。下面介绍QC小组和PDCA循环的有关内容。

三、质量改进的组织形式

质量管理小组(QC小组)是开展质量改进活动的重要组织形式，质量管理小组是指在自愿的原则下，由工作性质相同或接近的员工，以小组形式组织起来，通过定期的会议及其他活动进行质量改进的一种组织。QC小组也是企业员工参与全面质量管理的重要方法。

(一)建立QC小组的要点

在进行质量改进时，可以组建QC小组，吸收涉及该项目的有关人员参加，共同努力进行改进。尚未进行全面质量管理的企业，也可以组建QC小组，对需要进行的质量过程进行控制，同样能取得好的效果。企业在建立QC小组时应注意以下要点：

(1)QC小组活动需要最高管理层全力支持。按GB/T 19004：2000的规定，管理者应创造适合进行质量改进的环境，这个环境就包括QC小组活动。不难设想，一个不重视质量、不尊重员工的组织是不能有效开展QC小组活动的。在日本，公司总裁经常参与QC

小组活动，有的还亲自上台发表成果或讲课。

(2)QC 小组活动需要进行组织管理。QC 小组活动虽然强调员工自愿参与，但组织必须管理，才能激发员工参与 QC 小组活动的积极性。因此，组织应指定一个部门或人员负责 QC 小组活动的管理工作。

(3)QC 小组活动必须强调自愿参与。QC 小组活动是员工日常工作之外的一种活动，组织只有通过示范、鼓励、支持及奖励等手段来吸引员工参与，而不能用强迫手段迫使员工参与。否则，员工即使参与了也没有积极性，使 QC 小组活动徒具形式，失去作用。

(4)对员工应当进行相应的培训。QC 小组活动要取得成效，员工必须具有相关的知识和技能。为了提高 QC 小组活动的业绩，对参与的员工应当进行培训，培训的内容除 QC 小组和质量改进的基本知识外，至少应包括一些常用的质量改进工具等。

(5)活动课题应结合实际，不要好大喜功。QC 小组活动要循序渐进，选择活动课程时应优先选容易完成的、工作和生产中迫切需要解决的问题。对取得的成果要实事求是评价，要严防形式主义、走过场。也就是说，要更看重过程，而不要把结果作为评价 QC 小组活动的唯一标准。

(6)对取得的成果一定要进行奖励。QC 小组活动结束或告一段落后，一定要按 PDCA 循环的要求及时总结经验，发表成果，给予奖励，以鼓励 QC 小组成员，并吸引更多的员工参与。奖励主要是精神方面的，但也要有物质内容，应由组织的最高管理者颁发。

(二)QC 小组活动的开展

QC 小组活动的开展基本程序是组建 QC 小组、注册登记、选择课题、选好组长、按 PDCA 循环开展工作、撰写成果报告、发表成果和继续活动等步骤。

1. 组建 QC 小组

根据面对的质量问题或可能选择的课题，组建 QC 小组。QC 小组可以是原有班组、科室、部门的人员自愿组成的(偏重于质量控制目的)，也可以是不同班组、科室、部门的人员自愿组成的(偏重于质量改进目的)；可以是不同层次的人员，如工人、管理人员、技术人员等自愿组成的，也可以是不同层次的人员按“三结合”(管理人员、技术人员和工人)方式自愿组成的。也就是说，QC 小组的形式是多样的，应根据具体情况进行组建。一般情况下，以 3~10 人为宜，人数太多不便于开展活动。

2. 注册登记

QC 小组组建起来后，应在组织的主管部门或主管人员处注册登记，填写注册登记表。如果组织愿意，还可报所在地的质量管理协会备案。注册登记的目的，一是加强领导，二是获得支持和帮助。注册登记也可在选择活动课题之后进行。

3. 选择活动课题

活动课题是 QC 小组在一个时期内的质量目标，关系到 QC 小组活动的方向、深度和广度。以下为选择活动课题的一些要点：

首先选择周围易见的课题；选择 QC 小组成员共同关心的关键问题和薄弱环节；“先易后难”，注重能够解决的“小”课题。选择具体的课题，一定要有目标值。选好课题后，编制一份计划表，如表 9.1 所示。

表 9.1 **QC 小组活动计划表**

单位		QC 小组名称		组长	
课题					
开始日期			计划完成日期		
现状			目标		
序号			负责人	备注	
措施					
单位领导			备注		

4. 选好小组长

小组长是核心人物，应是 QC 小组活动的热心人，既要有一定的技能水平，又要善于团结他人；既要有事业心，又要掌握常用的质量改进工具和技术。

5. 按 PDCA 循环开展工作

QC 小组活动的基本程序是 PDCA 循环，活动中一定要注意做好记录。

6. 撰写成果报告

QC 小组活动完成了 PDCA 循环，取得了成果后，要及时总结，撰写成果报告。成果材料必须以活动记录为基础，进行必要的整理，用数据说话，不要生搬硬套，事后编造。成果报告的主要内容包括：成果名称、选题理由、原因分析、措施计划、实施过程、实施效果、标准化措施、遗留问题、下一步打算等。

7. 发表成果

指定一名 QC 小组成员将成果在相应的会议上发表，这需要组织的主管部门或主管人员进行安排。发表成果可以鼓舞士气，吸引其他员工的关注，还可以交流经验，获得其他员工的评价，不断提高活动的效果。优秀成果可以推荐到当地或上级的质量管理协会的有关会议上发表。

8. 继续活动

按 PDCA 循环的要求，可以将遗留的问题作为下一课题继续开展活动，也可以重新选择课题继续开展活动。如果认为课题已经解决，该 QC 小组也可以解散，然后按新的质量问题组建新的 QC 小组开展活动。

四、质量改进的运行方式

计划(plan)、执行(do)、检查(check)、总结(action)循环，简称 PDCA 循环，反映了质量改进活动中所必须经历的四个阶段。这四个阶段不断循环，是质量改进活动的一般运行方法或程序，也是其他管理活动所遵循的一种基本运行方法或程序。

PDCA 循环是美国质量管理专家戴明博士最先总结出来的，所以又称戴明环，如图 9.1 所示。

(一)PDCA 循环的基本内容

PDCA 循环各阶段内容分别为：计划阶段，是指以提高产品质量、降低消耗为目的，通过分析诊断，制定改进的目标，确定达到这些目标的具体措施和方法；执行阶段，是指

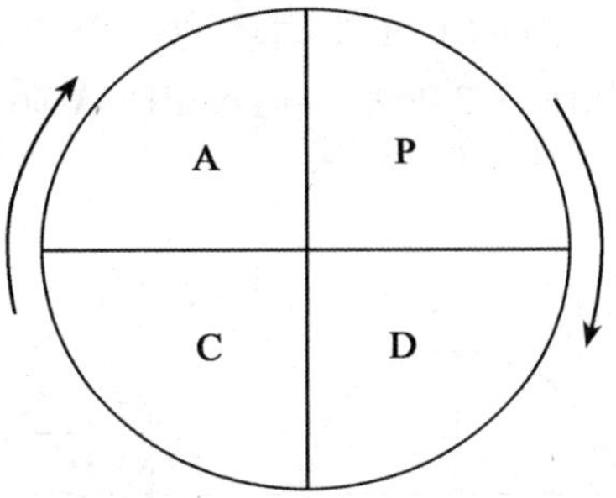

图 9.1　PDCA 循环图

按照已经制定的计划内容，克服各种阻力，扎扎实实地去做，以实现质量改进分目标；检查阶段，是指对照计划要求，检查、验证执行的效果，及时发现计划过程中的经验和问题；总结阶段，是指把成功的经验加以肯定，制定成标准、规程、制度，把失败的教训也变成标准，从而巩固成绩，克服缺点。具体说来，PDCA 循环可以分成八个步骤：

(1)分析现状，找出存在的质量问题。对于存在的质量问题，要尽可能用数据加以说明。在分析现状时，要切忌“没有问题”“质量很好”等自满情绪。

(2)诊断分析产生质量问题的各种影响因素。这就要逐个问题、逐个影响因素地详尽分析，切忌主观、笼统、粗枝大叶。

(3)找出影响质量问题的主要因素。影响质量问题的因素往往是多方面的，从大的方面来看，可以有操作者、机器设备、检测工具、原材料、工艺方法以及环境条件等，每个大方面中又包含许多小的因素。要想解决质量问题，就要在许多因素中，全力找出主要的直接的因素，一般从主要影响因素入手，解决质量问题。

(4)针对影响质量的主要因素，制定措施，提出改进计划，并预计其效果。措施和活动计划应该具体、明确，一般要包括“5W1H”等内容。“5W1H”是指为什么(why)要制定这一措施；预计达到什么目标(what)；谁来执行(who)；在哪里(where)执行这一措施；何时(when)开始和完成；如何(how)执行等。

以上四个步骤是 P 阶段的具体化。

(5)按既定的计划执行措施，即 D 阶段。

(6)根据改进计划的要求，检查、验证实际执行的结果，是否达到了预期的目标，即 C 阶段。

(7)根据检查的结果进行总结，把成功的经验和失败的教训都纳入有关的标准、制度和规定中，巩固已经取得的成绩，同时防止重蹈覆辙。

(8)提出这一循环尚未解决的问题，把它们转到下一次循环。

第七、第八两个步骤是 A 阶段的具体化。

(二)PDCA 循环的特点

1. 大环套小环，互相促进

PDCA 循环作为企业开展质量改进活动的一般方法，适用于企业各方面的工作。因为整个企业就是一个大的循环，各部门又都有各自的 PDCA 循环，直到落实到具体的每个人。上一级的 PDCA 循环是下一级的 PDCA 循环的依据，下一级 PDCA 循环又是上一级 PDCA 循环的落实和具体化，如图 9.2 所示。通过 PDCA 循环，把质量改进或企业各项工作有机地联系起来，彼此协同，互相促进。

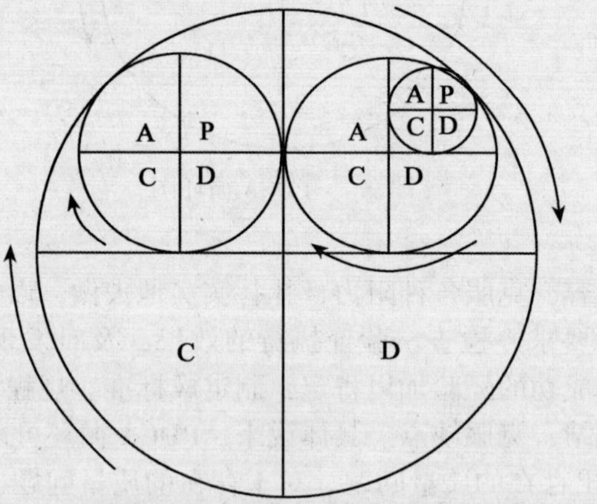

图 9.2　大环套小环示意图

2. 不断循环上升

四个阶段周而复始地转动，每一次转动都有新的内容和目标，因而也意味着前进了一步，犹如爬楼梯，逐步上升。经过一次循环，就解决了一批问题，质量水平就有了新的提高，如图 9.3 所示。

图 9.3　PDCA 循环上升

3. 推动 PDCA 循环，关键在于总结阶段

通过总结经验，肯定成绩，纠正错误，以利再战，这是 PDCA 循环所以能上升、前进

的关键。如果只有前三个阶段，没有将成功经验和失败教训纳入有关标准，在制度和规定中就不能巩固成绩、吸取教训，也就不能防止类似问题再次发生。因此，推动 PDCA 循环，一定要始终如一，抓住总结阶段。

PDCA 循环的四个阶段，反映了从事一项工作的逻辑思路，是必须遵循的。八个步骤则是具体的工作程序，不应强求任何一个循环都要有这八个步骤，要视解决问题的具体情况而定。在进行质量改进活动中，要利用大量的数据和信息，并要结合专业技术运用各种统计方法、工具和技术，对质量数据进行收集和整理，才能对质量状况作出正确的判断。

五、质量改进的步骤和方法

(一) 质量改进的步骤

质量改进应该在数据收集和分析的基础上，按照 PDCA 循环和下列步骤持续地开展：

1. 识别质量改进项目，发起质量改进活动

质量改进通常起始于对质量改进机会或项目的认识，它一般围绕质量损失的测量与质量水平的比较两个方面来识别和确定。组织内的全体成员都可参与质量改进活动的发起，确定质量改进活动或项目时，应明确地提出该项质量改进的必要性、重要性和内容范围，并策划一个活动时间表及所需的资源。

2. 调查原因

通过有关质量信息数据资料的收集、确认和分析来增进对有待质量改进的过程状况的认识，分析原因时应客观科学，绝不能脱离事实依据去假设什么可能的原因，提出应采取的预防或纠正措施时也必须以事实为依据，做到切实可行。

3. 建立因果关系

通过对有关数据资料的统计分析，掌握有待质量改进过程的实质，建立起可能的因果关系，并剔除一些偶然的巧合因素，然后再收集新的数据资料，对建立的因果关系进行试验和确认。

4. 采取预防措施或纠正措施

确定因果关系后，针对其原因拟定可行的预防措施或纠正措施方案，并对方案进行评估，参与实施质量改进的人员也应认真考查方案的优点和缺点，完善预防措施或纠正措施方案。

5. 实施和确认质量改进

在实施预防措施或纠正措施后，应收集和分析有关的数据资料，以确认质量改进活动是否见效或成效大小。如产生不希望发生的后果或质量改进活动无成效，则必须重新认识和确定质量改进项目和活动。

6. 巩固质量改进成果

质量改进成果获得确认后，应保持和巩固成果，这就要修订、更改有关的标准、规范、作业程序、管理程序文件等。同时按新的标准、规范、程序文件进行培训和教育，以便有关人员掌握和实施。

一轮质量改进活动结束了，就应该选择并实施新的质量改进项目或活动，如此循环，使质量改进持续地开展下去。

(二)质量改进的工具和方法

质量改进的工具可以分为老七种工具和新七种工具，老七种工具包括调查表、分层法、排列图、因果图、直方图、散布图和控制图；新七种工具包括关联图、亲和图、系统图、矩阵图、矩阵数据分析法、PDPC法和网络图。

质量改进的老七种工具，除因果图外均为数理统计方法。显然，作为数理统计方法是以数据作为基础的，而数据一般是在过程中产生的。因此，老七种工具常常主要应用于过程的分析和控制，保证投产产品的质量。实践证明，老七种工具对质量改进起着巨大的作用，今后仍将被广泛应用。特别是针对我国的企业管理，缺乏以数据为基础的科学性仍然是当前的主要矛盾。强调“一切用数据说话”仍然应该是必须遵循的指导原则。

在推行全面、全过程、全员的科学的质量管理过程中，从为用户服务、系统最优的基本指导思想出发，只局限于老七种工具是不能满足要求的。特别是为了适应用户要求进行产品更新换代、开发高质量的新产品，创造与消费者的需要相适应的新价值以及搞好经营销售等已经成为当代质量管理必须抓住的主要环节。为此，必须引入适合于系统和综合管理的各种有效方法。质量改进新七种工具正是在这样时代的要求下，经过不断总结而产生的，它着重解决PDCA循环中P阶段的有关问题。

20世纪70年代末、80年代初，日本科学技术联盟的“质量管理研究会”，经过多年的研究和实践，提出了“质量管理新七种方法”，简称“新七种工具”。新七种工具的特点在于：在复杂的事物中，由各种因素整理出思路，把语言和数据等信息，用图表的形式加以整理，成为各有关人员可以共同使用的情报，便于相互协调和合作；同时通过使用新七种工具锻炼自己的思考能力，对问题进行深入、全面地分析研究，抓住实质，较好地找出新的计划或方案，并对实施结果进行预测，从而对现状的问题点或系统积极地进行改善，防止遗漏和差错，减少失误，使开发计划圆满地完成。而且由于采用语言图表形式，将开发过程详细记录下来，可使上级或今后从事开发的人员清楚地了解具体情况。

质量改进的新七种工具是把统计方法和思考过程结合起来，充分体现全面质量管理的全过程、全员参加和以预防为主的特点。与老七种工具相互补充，相辅相成。可以说老七种工具偏重于统计分析，进行工序质量控制，而新七种工具偏重于思考分析过程。

当然，作为质量改进的工具，并不能只局限于老七种工具和新七种工具，还常使用流程图、头脑风暴法、标杆管理、对策表、彩虹图等各种工具与方法等，我们将在以下几节中介绍上述质量改进的工具与方法。

第二节　质量改进的老七种工具

一、调查表

(一)调查表的概念

调查表也称为检查表、核对表等，它是用来收集和整理质量原始数据的一种表格。因产品对象、工艺特点、调查目的和分析对象等的不同，其调查表的格式也不同。常用的调查表有不合格品项目调查表、不合格原因调查表、废品分类统计表、产品故障调查表、工序质量调查表、产品缺陷调查表等。

(二)调查表的应用步骤

调查表的应用步骤如下：(1)确定调查分析的目的和具体的产品或零件对象；(2)设计调查表，调查表的形式多种多样，应根据调查的目的和调查对象的特点，具体进行设计；(3)边调查、边记录产品质量问题；(4)分析调查记录结果，找出主要的质量问题，制定改进措施。

例如，为了保证某塑料制品质量，减少和消灭不良品，需要调查产品有哪些不良项目以及各不良项目发生的数量，可采用不良项目调查分析表，如表9.2所示。每当有不良品发生时，工人或检验人员就根据其不良的种类，在表中相应的不良项目栏内记一调查符号。一天工作完了，不良项目的调查结果也出来了，非常方便。然后对调查结果进行分析，不难找出发生不良品较多的项目，明确减少不良品的主攻方向。

表9.2 **不良项目调查分析表**

品名：　　　　工序：　　　　操作者：

检查者：　　　　日期：　年　月　日

不良项目	检查记录	小计
表面缺陷	正正正正正正	30
砂眼	正正正正正正正正丅	42
加工不良	正正正正一	21
性状不良	正丅	7
其他	正正丅	12
总计		112

二、分层法

分层法也称分类法或分组法，它是用来加工整理质量数据，分析影响质量原因的基本方法。质量数据在未经加工整理之前，是很难说明问题的，运用分层法，就可以使质量数据所反映的质量问题及其原因清楚地暴露出来，便于有针对性地采取改进措施。在进行分层时，常常按层对数据进行重新统计，作出频数频率分析表。在分层时，要求同一层的数据波动较小，而不同层的数据间的波动较大，这样便于找出原因，改进质量。一般常按下列情况进行分层：(1)按时间分：如按日期、季节、班次等；(2)按操作者分：如按性别、年龄、技术等级等；(3)按使用的设备分：如按机床的型号、新旧程度等；(4)按原材料分：如按原材料的成分、规格、生产厂家、批号等；(5)按操作方法分：如按工艺规程、生产过程中所采用的温度等；(6)按检测手段分：如按测量方法、测量仪器等。

使用分层法应根据对数据分析研究的目的进行，有时还要注意各种原因项间的相互影响。当直方图呈现双峰型时常常采用分层法来分析影响产品质量的原因。

分层法的应用步骤如下：(1)确定分析研究的目的和对象；(2)收集有关质量数据；(3)根据分析研究的目的，确定分层标志；(4)按分层标志对质量数据进行分类整理；(5)分析分层结果，找出主要问题或主要因素，并结合现场调查制定改进措施。

例如，某装配厂装配的汽缸体与汽缸盖间经常发生漏油。通过现场调查，得知主要原因可能有两个：一是不同的工人有不同的操作方法，二是汽缸垫生产厂家有两个。为此将数据按不同的工人和不同的生产厂家分别进行分层，见表9.3与表9.4。

表9.3　**按工人分层**

工人	漏油数	不漏油数	漏油的比例
甲	6	13	0.32
乙	3	9	0.25
丙	10	9	0.53
合计	19	31	0.38

表9.4　**按汽缸垫生产厂家分层**

工厂	漏油数	不漏油数	漏油的比例
A	9	14	0.39
B	10	17	0.37
合计	19	31	0.38

由上面两张表可以看出工人乙的操作方法导致漏油发生的比例较低，B厂生产的汽缸垫也导致漏油发生的比例较低。从而建议采用工人乙的操作方法，选用B厂生产的汽缸垫。然而事与愿违，漏油的比例反而增加了。原因在于没有考虑两者间的联系，因此重新考虑分层，如表9.5所示。

表9.5　**工人与厂家的联合分层表**

			工厂		合计
			A	B	
操作者	甲	漏油	6	0	6
		不漏油	2	11	13
	乙	漏油	0	3	3
		不漏油	5	4	9
	丙	漏油	3	7	10
		不漏油	7	2	9
合计		漏油	9	10	19
		不漏油	14	17	31
总计			23	27	50

从表 9.5 可知，在使用 B 厂的汽缸垫时应采用工人甲的操作法，而在使用 A 厂的汽缸垫时应采用工人乙的操作法。采用了以上决策就使漏油问题得以解决。

三、排列图

排列图，又叫帕累托图，它是将质量改进项目从最重要到最次要进行排列而采用的一种简单的图示技术。排列图由一个横坐标、两个纵坐标、几个按高低顺序排列的矩形和一条累计百分比折线组成。

排列图建立在帕累托原理的基础上。什么叫帕累托原理？这是意大利经济学家帕累托在分析意大利社会财富分布状况时得到的“关键的少数和次要的多数”的结论。应用这一原理，就意味着在质量改进的项目中，少数的项目往往起着主要的、决定性的影响。通过区分最重要和最次要的项目，就可以用最少的努力获得最大的改进。如所有顾客的 10%的订货占了营业额的 75%；20%的质量问题可能引起经济损失的 80%等。对于生产中存在的质量问题也是如此，排列图就是一种帮助我们从许多微不足道的多数中找出少数的几个重要原因的一种方法，因此对质量改进很有用。

排列图有两个作用：一是按重要顺序显示出每个质量改进项目对整个质量问题的作用；二是识别进行质量改进的机会。

排列图的应用步骤如下：

(1)选择要进行质量分析的项目；

(2)选择用于质量分析的度量单位，如出现的次数(频数)、成本、金额或其他度量单位；

(3)选择进行质量分析的数据的时间间隔；

(4)画横坐标，按度量单位量值递减的顺序自左至右在横坐标上列出项目，将量值最小的一个或几个项目归并成“其他”项，把它放在最右端；

(5)画纵坐标，在横坐标的两端画两个纵坐标，左边的纵坐标按度量单位规定，其高度必须与所有项目的量值和相等，右边的纵坐标应与左边纵坐标等高，并从 0~100%进行标定；

(6)在每个项目上画长方形，其高度表示该项目度量单位的量值，长方形显示出每个项目的作用大小；

(7)由左到右累加每一项目的量值(以%表示)，并画出累计频数曲线，此曲线又叫帕累托曲线，用来表示各项目的累计作用；

(8)利用排列图确定对质量改进最为重要的项目。

下面我们用一个例子来说明排列图的作图方法。

例如，对某产品检查了七批，将每批检查的情况汇总成表 9.6。

表 9.6 不合格原因调查表

批号	检查数	不合格品数	不合格原因					
			操作	设备	工具	工艺	材料	其他
1	4573	16	7	6	0	3	0	0
2	9450	88	36	8	16	14	0	14
3	4895	71	25	11	21	4	0	10
4	5076	12	9	3	0	0	0	0
5	5012	17	13	1	1	1	1	0
6	4908	23	9	6	5	1	0	2
7	4839	19	6	0	13	0	0	0

其频数频率分布表如表 9.7 所示。

表 9.7 频数频率分布表

原 因	频 数	频 率
操作	105	0.427
设备	35	0.142
工具	56	0.228
工艺	23	0.093
材料	1	0.004
其他	26	0.106
合计	246	1.000

从给出的频数频率分布表中可以明显地看出由各种原因造成的不合格品的比例。为了寻找产生不合格品的主要原因，需要作出排列图，步骤如下：

(1)把表 9.7 按频率从大到小重新进行排列，把原因“其他”放在最后，并加上一列“累积频率”，即将这一行前的所有频率加到这一行的频率上，如“工具”这一行的累积频率是 0.427+0.228=0.655，如表 9.8 所示。

表 9.8 频数频率分布表

原 因	频 数	频 率	累积频率
操作	105	0.427	0.427
工具	56	0.228	0.655
设备	35	0.142	0.797
工艺	23	0.093	0.890
材料	1	0.004	0.894
其他	26	0.106	1.000
合计	246	1.000	

(2)在坐标纸的横轴上从左到右依次标出各个原因项，“其他”这一项放在最后，在坐标纸上设置两条纵轴，在左边的纵轴上标上频数，在右边一条纵轴的相应位置上标出频率。然后在图上每个原因项的上方画一个矩形，其高度等于相应的频数，宽度适当。再在每一矩形的右上方点上一个点，其高度为到该原因为止的累积频率，并从原点开始把这些点连成一条折线，称这条折线为累积频率折线，也称为帕累托折线。本例的排列图见图 9. 4。

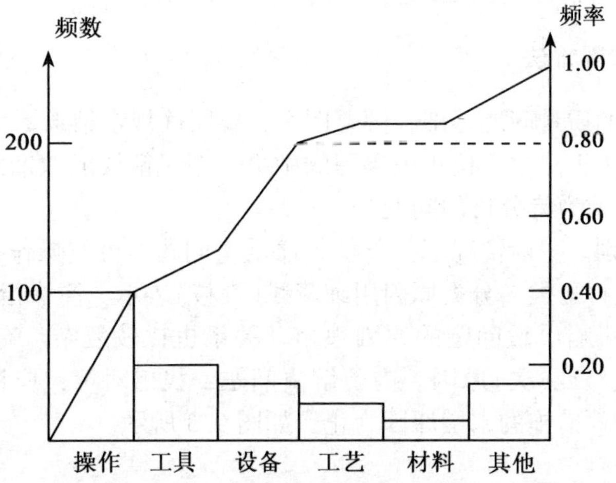

图 9. 4　排列图

(3)根据累积频率在 0~80%之间的因素为主要因素的原则，可以在频率为 80%处画一条水平线，在该水平线以下的折线部分对应的原因项便是主要因素。

从图 9. 4 可知，造成不合格品的主要原因是操作、工具与设备，要减少不合格品首先应该从这三个方面着手。

四、因果图

(一)因果图的概念

因果图，又叫石川图、特性要素图、树枝图、鱼刺图等。它是表示质量特性波动与其潜在原因的关系，即分析因果关系，从大到小、从粗到细、寻根溯源，直至找到问题症结所在的一种图表。运用因果图有利于找到问题的症结所在，然后对症下药，解决质量问题。因果图在质量管理活动中，尤其是在 QC 小组、质量分析和质量改进活动中有着广泛的用途。当产生质量问题时常常需要听取各方面的意见以便分析原因，这时作因果图是一种常用的方法。

影响产品质量的因素很多，各因素之间的关系也很复杂。概括起来主要有两种相互依存的关系，即平行关系和因果关系。

平行关系是指通过直观方法能够找出的，属于同一层次的有关因素的主次关系。这种关系可以用排列图法进行统计分析。

因果关系是指通过分析方法得出的，不同层次间的纵向相互关系，而且很难把造成质量问题的因素单独加以区分。

从影响因素角度，概括起来有操作者、机器、材料、方法和环境五大因素。这些方面的影响因素可看成是一个一个的大原因，每一大原因下，可包括很多中原因，每一中原因下，又包括很多小原因。每个小原因视需要还可进一步分析，构成了因果之间的逻辑关系。正因为影响质量特性的因素很多，关系又比较复杂，才要求有一种方法能同时整理出上述两种关系，这种方法就是因果图法。

(二)因果图的作图方法

(1)确定要分析的质量问题。即在因果图中，要明确规定结果。

(2)画出问题与主干。主干位于因果图的中央，用粗箭线或双箭线表示。箭线从左至右，主干箭头的指向即为待分析的问题。

(3)确定原因类别。一般情况下，分析工序质量问题，可按操作者、机器、材料、方法和环境五大因素进行分类。分类原因用细箭线(大枝)表示，箭头指向主干线。

(4)原因细分。影响质量问题的原因很多，关系也比较复杂。有主要(第一层次)原因，也有次要(第二、三层次)原因。为了解决问题，找出对策，应该逐层进行分析，直到找出能直接采取有效措施的末层原因为止，如图9.5所示。

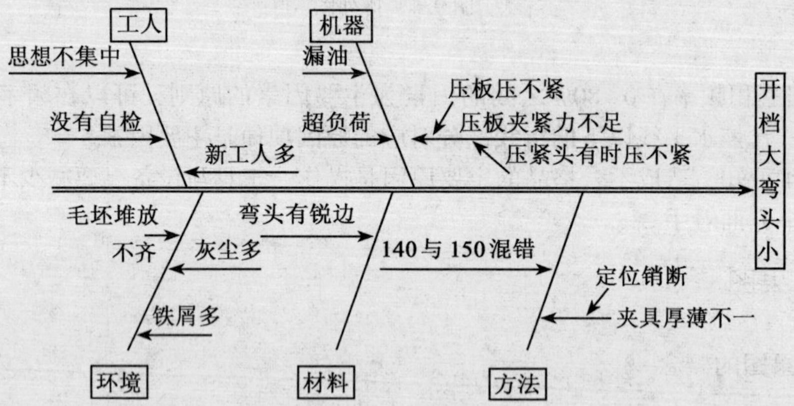

图9.5 因果图

(5)检查“原因”是否有遗漏。

例如，某厂生产的曲拐开档大、弯头小，分析原因，画出的因果图见图9.5所示。图中右边是要分析的质量问题，在本例中为曲拐的开档大、弯头小，左边的大大小小的箭头表示产生质量问题的原因。大枝表示大原因，通常便是上面提到的五个方面，这些大枝与中间的主线成60°角。中枝是大枝中细分出的原因，它们通常与主线平行，如本例的“机器”这一大原因中，有三个细分出来的原因，它们是漏油、超负荷、压板夹紧力不足。当然，必要的话，还可以进一步从中枝分出小枝，如在本例的“压板夹紧力不足”这一原因中又细分出两个更细的原因，即压板压不紧，压紧头有时压不紧。因果图比较直观。当然针对具体问题，不一定非要五个方面的因素齐全。

（三）因果图的功能和用途

应用因果图的主要目的在于它能够全面反映影响质量特性的各项因素，而且逻辑层次分明，既可通过因果分析找出各影响因素间的关系，又可通过因果分析找出解决问题的具体措施。因果图的分析方法从本质上讲，是一种基于“目的和手段”关系的系统分析技术。其目的是要最终解决所要分析的质量问题，但由于原因众多，影响因素间关系错综复杂，不便下手。所以，按原因分类形成一个个子系统。在子系统内，又形成了下一个层次的“目的和手段”关系。依此类推，直至能找出直接采取有效措施的原因（手段）为止。

需要注意的是，应用因果图的目的不是“找出”原因，而是要采取相应的对策。在采取对策时，低层原因的对策较为具体，易于入手，但对质量问题的彻底解决具有一定的局限性。高层原因往往比较抽象，解决起来有一定难度，但一旦形成突破，不但可使问题得到较彻底的解决，而且可取得较高的技术经济效果。所以，在采取对策时要充分考虑对策的层次性和有效性。

因果图的用途大体有以下几个方面：

（1）结果分析。结果分析的特点是已知问题的结果后，沿着“为什么会有这样的结果”的思路，对问题进行逐层分析、解剖，并在因果图上标明相应的原因及对策。结果分析的优点是可以系统地掌握影响产品质量特性的纵向关系；其缺点是容易忽视某些平行因素或横向因素。

（2）工序分析。工序分析是指按工艺流程把各工序作为影响制品质量特性的平行因素，再对影响工序质量特性的因素进行深入分析，并在因果图中标明相应的原因和对策。工序分析的优点是简单、易行；其缺点是相同的影响因素会出现在不同的工序中，既形成重复，又不易反映出各因素间的相互影响。

（3）原因罗列。原因罗列是指尽可能列举产生质量问题的原因，各种因素间的相互关系，经分层整理后绘制出因果图。这种方法的优点是经过对问题多侧面地思考与讨论，能比较客观、全面地对各种因素进行深入分析，不至于遗漏重要的原因或影响因素。其缺点是工作量大，故多用于对少数关键的质量问题进行攻关分析。

（四）应用因果图的注意事项

（1）问题（果）要提得具体。在应用因果图确定要分析的质量问题时，切忌笼统、不具体。问题的提出要有针对性，并尽可能定量化。

（2）一个问题一张因果图。在应用因果图时，不要在一张因果图上分析两个或两个以上的质量问题。多个质量问题，应画多张因果图。

（3）具体问题具体分析。在应用因果图确定原因分类时，要具体问题具体分析。前述操作者、机器、材料、方法和环境仅为通常情况下的影响因素分类。在分析具体问题时，应视需要进行调整或另行设定。

(4)与排列图法联用。在应用因果图时，可先按排列图法进行重要程度排序，再运用创造工程学方法对重点因素进行攻关分析。

(5)原因分析要集思广益。因果图法是一种发动群众、集思广益，寻找、分析原因的方法。应采用质量分析会等形式，鼓励分析人员独立思考，各抒己见。

(6)原因分析要深入、具体。在应用因果图进行原因分析时，分析的层次应深入到能采取具体措施为止。

(7)做好记录。在应用因果图时，所有原因分析均应记录在案，不要遗漏。

(8)注意落实。画出因果图，确定主要原因后，应到现场进行落实，再制定改进措施去解决。

(9)验证效果。改进措施实施后，要运用排列图等方法进行验证，检验效果。

五、直方图

(一)直方图的概念

直方图，又称频数直方图、质量分布图，是指通过对生产过程中大量计量值数据的收集、整理，用一系列宽度相等、高度不等的矩形表示质量特性分布规律的图示方法，也是定性调查工序能力的常用方法。

在直方图中，通过对测定或收集的数据进行整理，并按一定数据范围的间隔分成若干组，以矩形的宽度表示组距，以矩形的高度表示组内数据的频数，从而直观而形象地显示出数据波动的规律。

(二)直方图的作图方法

(1)收集数据。用于绘制直方图的数据不能太少，一般应大于 50 个。只有收集足够的数据，才能使数据的波动呈现出一定的规律性。

(2)确定分组数(K)。数据分组时，分组数的确定一定要适当。组数太少，计算误差较大；组数太多，则难以显示数据的分布规律。一般情况下，分组数可依据数据量的大小选取，如表 9.9 所示。

表 9.9　　直方图分组表

数据量(n)	<50	50~100	100~250	>250
分组数(K)	5~7	6~10	7~12	10~20

(3)确定极差(R)，即数据中的极大值(x_{max})与极小值(x_{min})之差。当数据较多时，可将数据排列成若干行(列)。先找出每行(列)中的极大值和极小值，再从中确定全体数据的最大值和最小值。

(4)确定组距(h)。组距 h 的计算公式如下：

$$h=R \div K$$

组距一般取计量值单位的整数，以便于分组。

(5)确定分组界限值。在分组时，为使数据值不与各分组的边界值相重合，使最小值与最大值都落在数据区间内，分组界限值的单位应取最小计量单位的1/2。即第一组的上、下界限值为 $x_{min} \pm h/2$；第 i 组的上、下界限值为第 $i-1$ 组的上、下界限值加组距(h)，第 i 组的代表值为该组上、下界限值的算术平均值；最后一组的上、下界限值为 $x_{max} \pm h/2$。

(6)统计落入各分组的数据个数(即频数 f)。

(7)列频数分布表。举例说明如下。

例如，某销钉设计尺寸直径为(3+0.4，3+0.6)，为分析工序质量分布，共收集了100个数据。$x_{min}=3.39$，$x_{max}=3.68$。分组数 $K=10$。组距 h 为0.03。则分组界限值、组中代表值及落入各组的频数如表9.10所示。

表9.10　　**频数分布表**

组别	组界值	频数 f	组次 u	fu	fu^2
1	3.385~3.415	1	−4	−4	16
2	3.415~3.445	2	−3	−6	18
3	3.445~3.475	13	−2	−26	52
4	3.475~3.505	19	−1	−19	19
5	3.505~3.535	26	0	0	0
6	3.535~3.565	16	1	16	16
7	3.565~3.595	12	2	24	48
8	3.595~3.625	7	3	21	63
9	3.625~3.655	3	4	12	48
10	3.655~3.685	1	5	5	25
合计		100	/	23	305

(8)计算频数最多的一组的中值 x_0。如本例为：

$$x_0=(\text{上界限值}+\text{下界限值})\div 2=(3.535+3.505)\div 2=3.52$$

(9)确定组次(u)。在确定组次 u 时，以频数最多的一组为基准，并规定该组的组次 $u=0$。由 $u=0$ 组向上依次为−1，−2，…，$-i$，…由 $u=0$ 组向下依次为1，2，…，i，…

(10)计算平均值和标准差。

其计算公式如下：

①数据平均值 $\bar{x}$：

$$\bar{x}=x_0+n\frac{\sum fu}{\sum f}$$

如本例为：

$$\bar{x}=3.52+0.03\times(23\div 100)=3.5269$$

②计算标准差 s：

$$s = h \times \sqrt{\frac{\sum fu^2}{\sum f} - \left(\frac{\sum fu}{\sum f}\right)^2}$$

$$= 0.03 \times \sqrt{\frac{305}{100} - \left(\frac{23}{100}\right)^2} = 0.0519$$

(11)绘制直方图。以数据值的一定比例为横坐标，以频数值(或频率值)的一定比例为纵坐标，画出直方图，如图 9.6 所示。

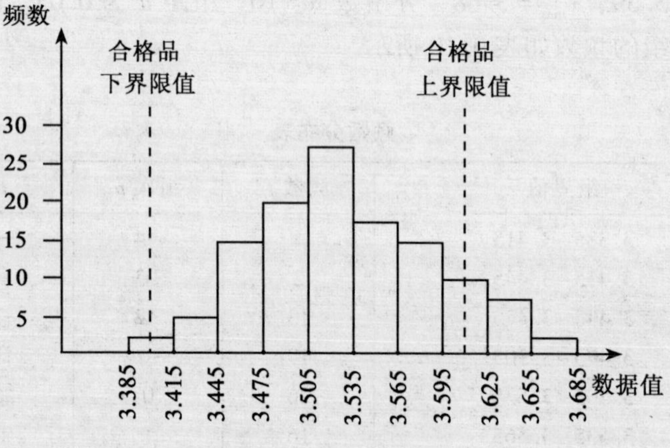

图 9.6　销钉直方图

(三)直方图的功能和用途

直方图是一种反映数据分布规律的方法。前已述及，数据在随机性因素的影响下，呈现一定的波动和分布。数据的波动与分布具有两方面的特点：一是集中性，即数据围绕某个中心值分布，该中心值称为分布中心。如前例的分布中心约为 3.5269。二是分散性，即收集到的数据往往有大有小，未经整理，呈杂乱无章状态。所以，直方图法通过收集、整理计量值数据，显示数据的波动状态，找出数据分布中心和分布规律，形象而直观地传递了质量特性的信息。

直方图的用途，大体有以下几个方面：(1)报告质量情况。在分析制品质量情况时，画出直方图，并在直方图上标明必要的数据，如抽样样品数、平均值、标准差等，有助于对问题的分析和理解，提高质量报告的效果。(2)寻找影响质量的原因。可结合分层法，绘制分层直方图，则可以较方便地判别影响质量特性的原因，找出影响质量特性的主要因素。(3)用于工序能力调查和工序能力指数的计算。(4)用于工序控制。(5)用于生产过程的统计推断。

(四)直方图的观察分析

绘制直方图的目的，就是要通过对直方图形状的观察、分析，判断生产过程的质量状况。

1. 直方图整体形状的观察分析

在直方图的整体形状中，有几种典型的形式与产生该分布的原因直接对应。因此，从这些分布可直接找出质量问题的原因，从而可采取相应措施，消除这些质量问题。几种典型的直方图如图 9.7 所示。

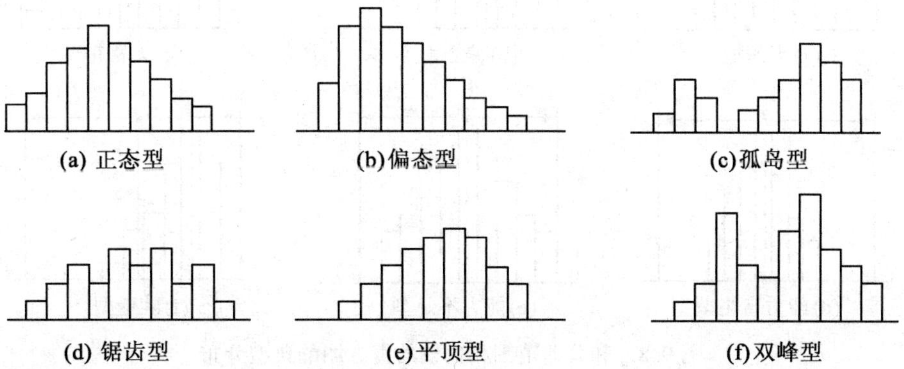

图 9.7　各种形态的直方图

(1)正态型。直方图的数据中心与公差中心重合，中间高，两边低，左右对称，呈钟形正态分布。并且分布两端均在公差限内，与公差上、下限裕量适当，说明工序处于统计控制状态，这是生产正常情况下常常呈现的图形。

(2)偏态型。这里有两种常见的形状，一种是峰偏在左边，而右面的尾巴较长，另一种是峰偏在右边，而左边的尾巴较长。造成这种形状的原因是多方面的，有时是剔除了不合格品后作的图形，也有的是质量特性值的单侧控制造成的，譬如加工孔的时候习惯于孔径“宁小勿大”，而加工轴的时候习惯于“宁大勿小”等。

(3)孤岛型。这种图形往往表示出现某种异常，譬如原材料发生了某种变化，生产过程发生了某种变化，有不熟练的工人替班等。

(4)锯齿型。这个图形的出现可能是由于测量方法不当，或者是量具的精度较差引起，也可能是分组不当引起的。

(5)平顶型。这种情况往往是由于生产过程中有某种缓慢变化的因素造成的，如刀具的磨损等。

(6)双峰型。这种情况的出现往往是将两批不同的原材料生产的产品混在一起，或将两个不同操作水平的工人生产的产品混在一起等造成的。

当我们观察到的直方图不是正态型的形状时，需要及时加以研究，如出现平顶型时可以检查一下有无缓慢变化的因素，又如出现孤岛型时可以检查一下原材料有无变化等，这样便于及时发现问题，采取措施，改进质量。

2. 直方图分布和公差范围的比较

我们经常用直方图分布和公差范围相比较，以判定生产过程中的质量情况。当出现异常情况时，立即采取措施，预防不合格品的产生。图 9.8 是直方图分布和公差范围的比较。

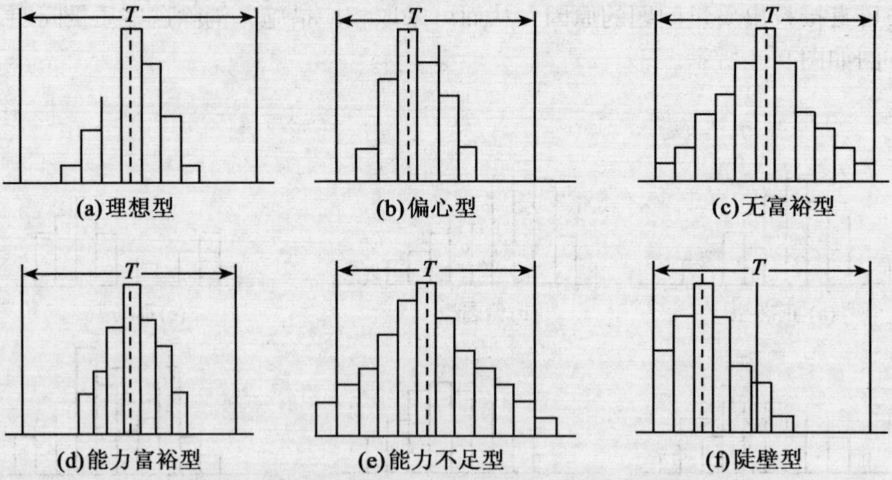

图 9.8　和公差范围相比较的直方图的典型分布

(1)理想型。直方图的分布中心与公差中心重合，直方图的分布在公差范围内，并且两边有些余量，是理想状态。此时，应保持控制和监督办法。

(2)偏心型。直方图的分布在公差范围内，但分布中心与公差中心有较大偏移。这种情况下，工序稍有变化，就可能出现不合格品。因此，要调整分布中心，使分布中心与公差中心重合。

(3)无富裕型。直方图的分布在公差范围内，两边均没有余地。这种情况下，应该减少标准差，减少分布的离散。

(4)能力富裕型。直方图的分布在公差范围内，且两边有过大的余地。这种情况下，虽然不会出现不合格品，但是很不经济，属于过剩质量，可以考虑改变工艺，放宽加工精度或者减少检验频次，以降低成本。

(5)能力不足型。虽然数据分散程度可能比公差幅度小，但是直方图的分布已超过公差范围，已出现不合格品。因此，要多方采取措施，减少标准差或者放宽过严的公差范围。

(6)陡壁型。已造成不合格品，应采取措施，使分布中心与公差中心重合。

3. 计算和分析工序能力

根据直方图，把数据的实际分布(直方图)与质量标准(公差范围)进行比较，即可看出生产过程能否满足质量标准的要求。如本例为：

$$T=3.6-3.4=0.20,\quad M=(3.6+3.4)\div 2=3.5$$

$$s=0.0519,\quad \bar{x}=3.5269,\quad \varepsilon=|3.5-3.5269|=0.0269$$

$$C_{pk}=(0.2-2\times 0.0269)\div(6\times 0.0519)=0.4695$$

说明本例工序能力指数严重不足。

六、散布图

(一)散布图的概念

散布图，又称相关图，是指借助统计图表的形式，在直角坐标系上表示质量特性与影响因素之间、两种质量特性之间、两种影响因素之间的相互依存关系，即两者之间既有关系，但又不是一种严格的函数关系。将两种有关的数据用点标注在坐标系中，研究分析点的分布状况，推断数据间有无关系及其相关关系密切程度的图示方法。

(二)散布图的作图方法

(1)收集数据。收集不少于 30 组相对应的数据。由于散布图是研究相互有一定关联因素间的依存关系，所以，收集的数据必须一一对应。然后，将这具有一一对应关系的数据列成数据表。

(2)在坐标纸上画出纵、横坐标。通常用横坐标表示影响因素，纵坐标表示质量特性值。纵、横坐标应分别给予适当的标度。在选取坐标刻度时，应使横坐标数据最大值与最小值在 X 轴上的距离，基本上等于纵坐标数据最大值与最小值在 Y 轴上的距离，以便于分析。

(3)描点。将一一对应的数据在坐标图上找出对应点。

(4)判断。研究点的分布状况，确定其相互关系的类型及密切程度。

(三)散布图的作用

在质量管理中，在应用因果图找出质量特性波动和影响因素间的关系后，往往需要进一步了解“因”与“果”之间的变化关系，才能有效地消除产生不良结果的原因。通过散布图研究这种变化关系，就可以通过控制一种因素，而使另一种因素也得到控制。

在使用散布图时，可以采用数学方法，如回归分析来确定两者之间的函数关系。但有时并不需要知道两者之间的严格的数学关系。而且，在很多情况下这种数学关系是不存在的。因此，只要知道了其中一种因素变化时，另一种因素所发生的变化，就可以采用散布图的形式来揭示因素之间的这种关系。

另外，在生产实践中，有些因素易于测量、确定，有些因素难以测量、确定。应用散布图时，以易于测量的数据为横坐标，以难以测量的数据为纵坐标，就可以用易于测量的特性值来替代不宜于测量的特性值，从而使问题较易得到解决。

(四)散布图的观察分析

散布图完成后，就可以从散布图中点的分布状况，观察分析数据间的关系及其密切程度，如图 9.9 所示。

(1)强正相关。强正相关，即 x 增大，y 也显著增大，如图 9.9(a)所示。对此，一般控制了 x，y 也能得到相应的控制。

(2)弱正相关。弱正相关，即 x 增大，y 也增大，但增大不明显，如图 9.9(b)所示。对此，除考虑 x 因素外，还要分析是否有其他因素的影响。如进行分层处理，寻找 x 以外的其他影响因素。

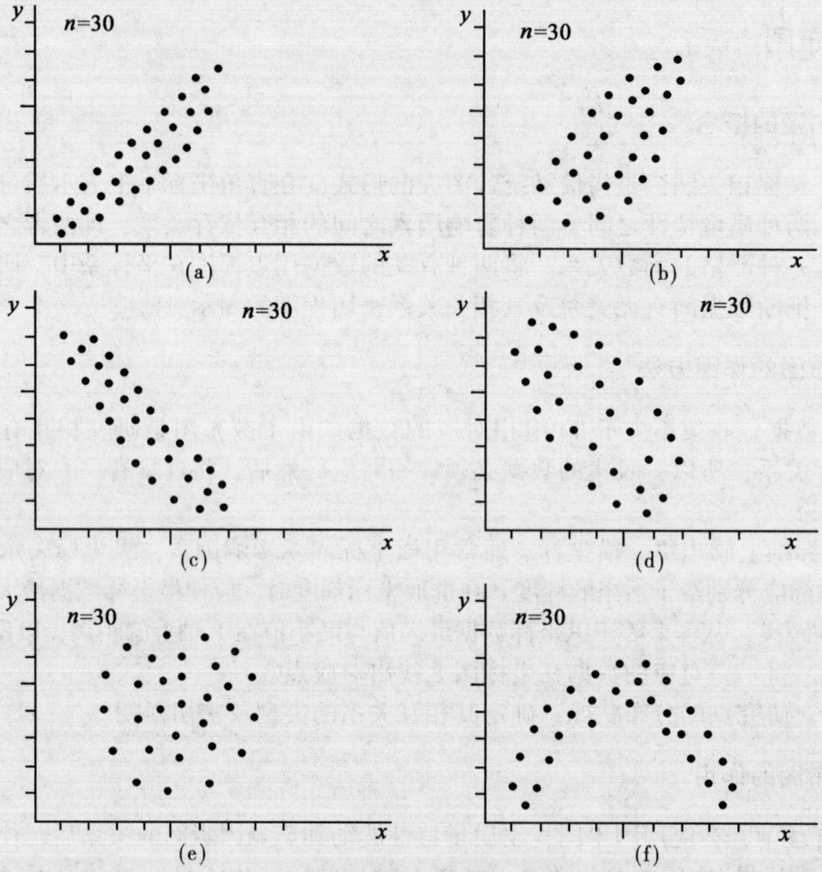

图 9.9　散布图

(3)强负相关。强负相关，即 x 增大，y 显著减小，如图 9.9(c)所示。对此，一般控制了 x，y 也能得到相应的控制。

(4)弱负相关。弱负相关，即 x 增大，y 减小，但不明显，如图 9.9(d)所示。对此的处理与弱正相关相同。

(5)不相关。不相关，即从图中看不出 x 与 y 之间的关系，如图 9.9(e)所示。

(6)非线性相关。非线性相关，即 x 增大，y 也增大或减小，但当 x 增大到一定程度时，x 再增大 y 反而减小或增大，如图 9.9(f)所示。对此，x 在某一数值前，按正(负)相关处理；超过该数值后，按负(正)相关处理。

七、控制图

控制图是一个简单的过程控制系统，其作用是利用控制图所提供的信息，把一个过程维持在受控状态，一旦发现异常波动，就分析对质量不利的原因，采取措施加以消除，使质量不断提高，并把一个过程从失控状态变为受控状态，以保持质量稳定。我们将在第七章中重点介绍控制图。

第三节　质量改进的新七种工具

一、关联图

（一）关联图的概念和特征

把若干存在的问题及其因素间的因果关系用箭线连接起来，用以作为解决问题的手段的方法称为关联图，它是谋求解决那些有着原因—结果、目的—手段等关系复杂问题的方法。

关联图的基本结构是用标记把问题和有关因素用词汇与语句表示出来，并用箭头表示它们的因果关系。箭头的方向对于原因—结果型是从原因指向结果，对于目的—手段型是从手段指向目的。但为了完成 A 而需要 B 手段或方法时，有时可规定由 A 指向 B 更易理解。因此，在绘制关联图时需要预先在小组内决定箭头的方向和意义。语言的表达原则可由绘图者自由决定，但要短、小、准确，至少要使用动词和名词。

关联图是从因果关系入手，经过整理、运用语言资料表达的一种方法，其主要特征有：(1)适用于整理各种因素复杂地交织在一起的问题；(2)可以从计划阶段就开展，在广泛范围内观察和展望问题；(3)能够准确地抓住重点项目；(4)成员取得一致看法较为容易；(5)不受形式限制，可自由表示，因此能够更好地把存在的问题和有关因素联系起来；(6)有助于构思的转换和展开；(7)有助于打破固有的成见。

（二）关联图的类型

关联图的类型比较灵活，大体可分为以下四种类型：

(1)中央集中型。把应解决的问题或重要项目安排在中央位置，从和它们最近的因素开始，把有关的各因素排列在它的周围，如图 9.10 所示。

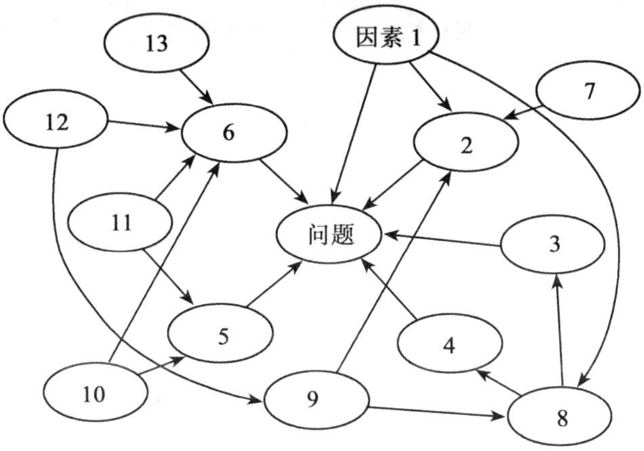

图 9.10　中央集中型关联图

(2)单向汇集型关联图。把应解决的问题或重要项目安排在右(或左)侧，按各因素的因果关系尽量从左(或右)向右(或左)侧排列，如图 9. 11 所示。

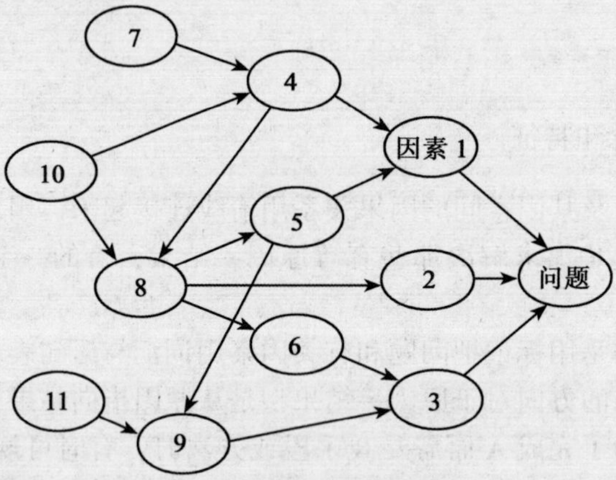

图 9. 11　单向汇集型关联图

(3)关系表示型关联图。用以表示项目之间或因素之间的因果关系，因此，在排列上比较自由灵活，如图 9. 12 所示。

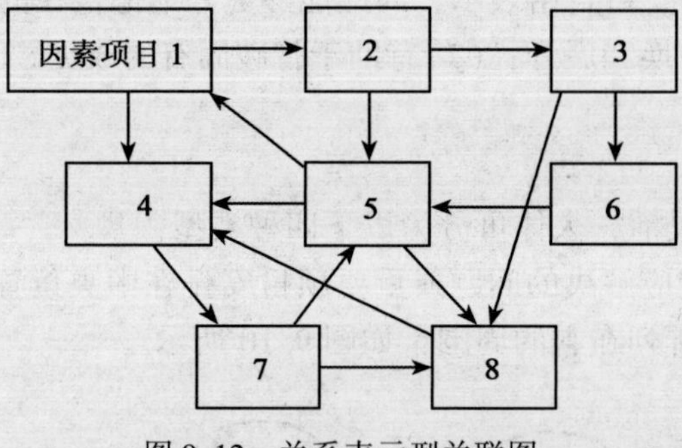

图 9. 12　关系表示型关联图

(4)应用型关联图。以上述三种类型关联图为基础进行综合利用的图称为应用型关联图，如图 9. 13 所示。

(三)关联图的应用

应用的具体步骤如下：(1)提出认为与此问题有关的所有因素；(2)用灵活的语言简明扼要地表示各主要因素；(3)用箭头把因果关系有逻辑地连接起来；(4)根据图形纵观和掌握全局；(5)提出重点，拟订措施计划。

在绘制关联图的过程中，有关人员应明确认识目标或问题，充分交换意见，促进设想转换，抓住核心问题，以便有效地解决问题。应用方式有以下两种：

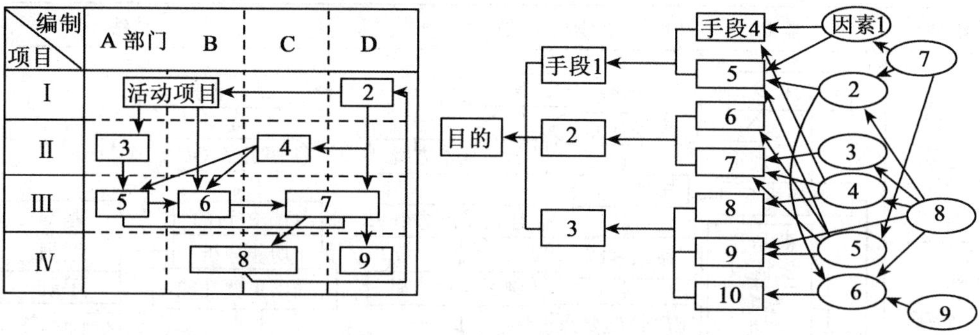

图 9.13 应用型关联图

(1)应用于多目的的问题，即多目的型，用于处理全面质量管理的推广、方针管理、业务改善等具有两个以上目的的课题。

(2)应用于单一目的的问题，即单一目的型，用于解决减少不合格品、制定解决索赔措施或缩短日程等问题。只有把有关人员分成小组，各自从不同的角度出发提出意见并讨论许多因素相互掺杂在一起的关联图，才容易解决问题。

对于多目的型，应用顺序可根据课题的不同而异，大致如下：(1)按目的编组；(2)由小组会议筛选出课题和因素，以简洁的语言写出；(3)绘制关联图；(4)从全局观点修改关联图；(5)提出重要项目；(6)重要项目的具体实施计划；(7)重新评估关联图并进行补充、修改或改画。

对于单一目的型，一般以协作方式绘制，小组由4~5个与问题有关的人员组成，要让小组成员事先了解问题是什么，了解关联图的方法以及怎样去处理。然后，以会议方式明确问题，讨论因素间的因果关系，绘制关联图，进行调整验证、补充修改、检查行动结果等。

应用要点具体包括：(1)尽可能广泛地收集情况；(2)尽可能用简洁语言按原样表达；(3)依靠小组成员绘图，务必使小组成员均能理解；(4)对绘制的关联图要不厌其烦地进行修正；(5)从中间因素抓住根本要素。

对于单一目的型的原因—结果型课题以“为什么……是这样的”形式较易绘制。当绘制遇阻时，采用“为什么”的问答方式是有效的。另外，能采取行动时应立即实施，新想法可立即通过现场进行试验。对那些相互有牵连的因果关系，应认真思索是否有中断的地方。

(四)关联图的适用范围

关联图不仅用于解决企业活动中的问题，而且广泛应用于分析社会现象等领域。在质量管理中可应用于：(1)全面质量管理的推行活动；(2)质量管理、质量保证方针的展开；(3)制造工序缺陷的解决；(4)小组活动的推广和展开；(5)市场索赔的解决措施；(6)业务的改善。图 9.14 是一个关联图的实例。

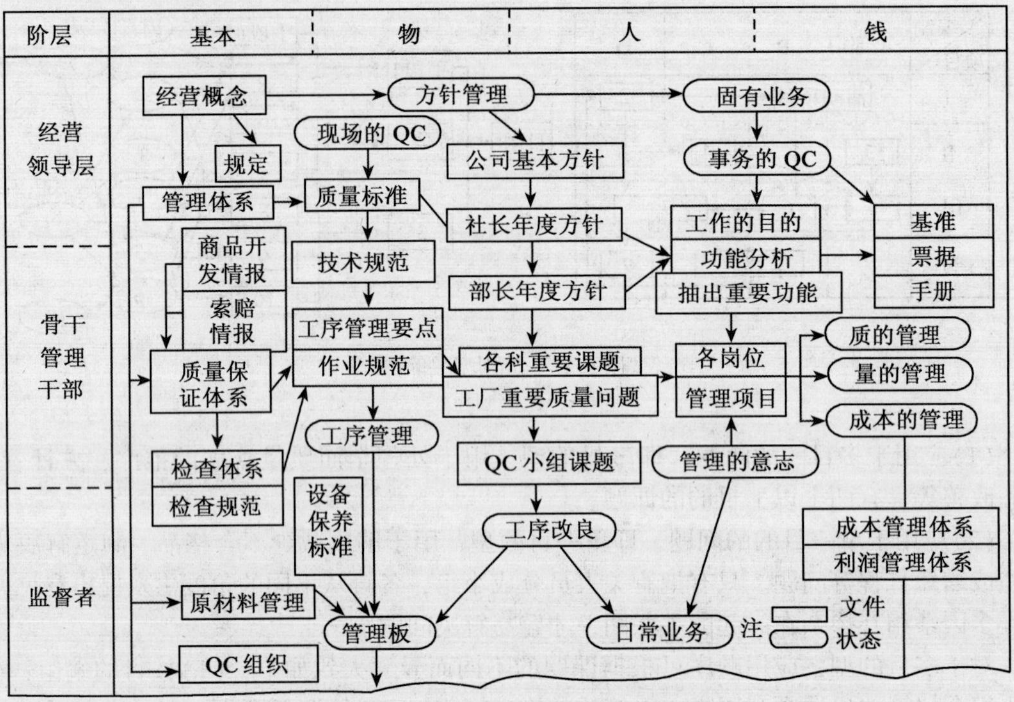

图 9.14　实施全面质量管理的关联图

二、亲和图

(一) KJ 法的概念

KJ 法是日本人川喜田二郎(Kawakita Jiko)发明的，KJ 是其名的缩写。KJ 法泛指利用卡片对语言资料进行归纳整理的方法。它包括亲和图(又称 A 型图解、近似图解、卡片法)、分层图等多种方法。

亲和图是 KJ 法的主体方法。它是一种图示技术，把收集到的大量有关某特定主题的意见、观点、想法等语言文字资料，按其相互亲近的程度用图形加以归纳、汇总。亲和图接近关联图，但关联图用逻辑推理来明确因果关系，而亲和图则按情理归类。

(二) 亲和图的应用程序

第一，确定主题。确定主题的范围包括以下几个方面：(1)把尚未掌握的杂乱无章的事物进行系统的整理；(2)把尚未综合的杂乱思想进行整理；(3)破除已被采用的不正确的固有概念，形成新的见解；(4)逐个分析既成的思想体系和理论体系，并从中归纳出新的思想体系；(5)把不同的人组织在一起，不一定强行一致，而是让他们相互理解，组成工作小组；(6)领导应不断听取下级的意见，使自己的观点、方针可以彻底贯彻下去。

第二，收集语言资料。收集语言资料的方法有：(1)直接观察法。指亲自到现场去看、去听，和问题直接接触，去掌握事实。(2)面谈。找知情人个别谈话，掌握第一手资料。(3)查阅资料。到图书馆、资料室以及专利馆查阅有关资料。(4)头脑风暴法。包括个人头脑风暴法和集体头脑风暴法，以便产生和澄清大量的意见、信息与反映。

第三，语言资料卡片化。把收集到的所有语言资料分别按条制成卡片，以便进行整理。

第四，汇总整理卡片。把所有的卡片都汇集在一起，一张一张地去阅读，反复多次，先横向再纵向全部看过几遍以后，把内容相近似或比较接近的卡片归类在一起，也就是按语言资料的密切归成若干类。这种归类不是按逻辑性而是按情理归类。对于不能归类的"孤立"的卡片依然保留。

第五，制作标签卡片。对内容相似或相近的卡片组，写出一张能代表该组内容的主卡片即标签卡。标签卡不能遗漏卡片组的原意，要表达生动，不能抽象化。标签卡覆盖于这组卡片上，当作一张卡片对待。

例如，图 9.15 中，工艺不稳定、焊接变形、焊接夹具精度差等，都属于工艺过程问题，所以归为一类，并可用"工艺过程有问题"作为主卡片(标签卡)。

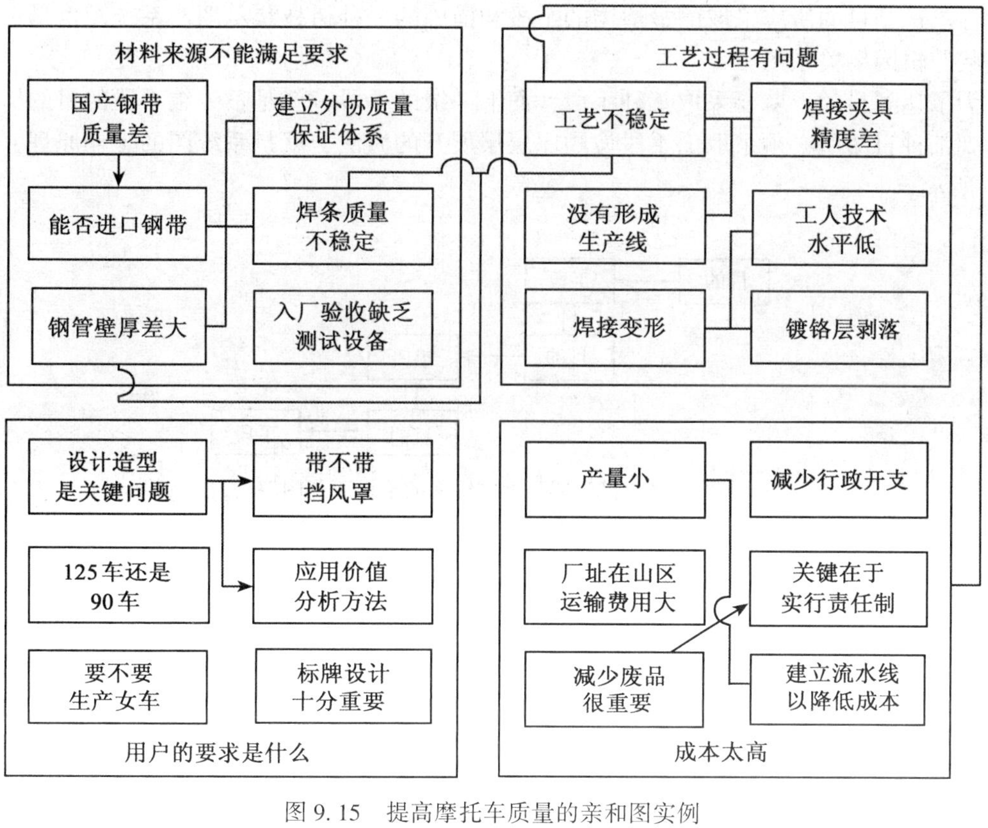

图 9.15　提高摩托车质量的亲和图实例

第六，作图。把归类过程图形化即形成亲和图。把整理好的卡片展开安排在使人容易理解的位置上并用适当的符号画出卡片之间的联系。

(三)亲和图运用中常见错误

(1)运用范围的错误。对于简单问题或需要迅速解决的问题运用亲和图会造成舍简就繁、舍近求远的弊病。例如，用排列图、矩阵图、因果图等能解决的问题，就不需要用亲和图。

(2)使问题复杂化。同时用亲和图和其他几种质量改进工具证明同一问题，会给人以啰唆之感。

(3)用亲和图法作要因论证。亲和图作为创造性思考问题的方法，不宜用作论据，更不能在采用排列图、统计表及其他数理统计方法之后再反过来用亲和图法作证明。

(4)整理卡片时，采用逻辑思维进行整理，画成了关联图。

图 9.15 是一个亲和图的实例。

三、系统图

(一)系统图的概念和工作原理

系统图又称树图，是表示某个质量问题与其组成要素之间的关系，从而明确问题的重点，寻求达到目的所应采取的最适当的手段和措施的一种树枝状示图。系统图也是一种倒立树状逻辑因果关系图。

为了达到目的，就要采取某种手段，而上一级的手段，就是下一级手段的目的，这种把达到某种目的所必须采取的手段按顺序层层展开的做法，就是系统图的工作原理，如图 9.16 所示。

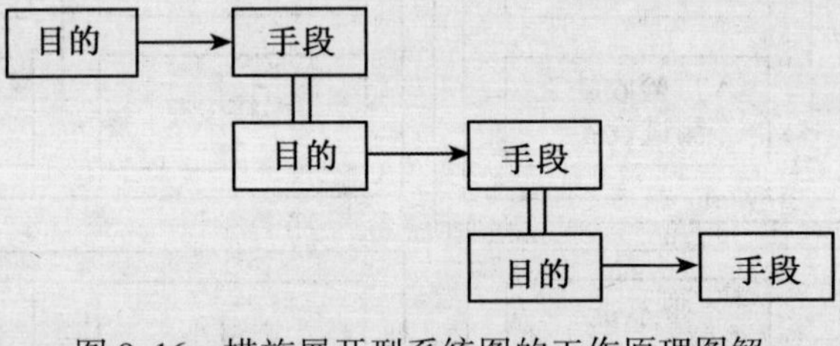

图 9.16　措施展开型系统图的工作原理图解

(二)系统图的分类、形式和用途

我们一般将系统图分为两类：(1)措施展开型系统图。把解决问题或实现目的、目标的手段和措施加以系统的展开，又称方法展开型系统图。(2)因素展开型系统图。把构成系统对象的因素加以系统的展开，又称组成因素展开图。因果分析系统图是其中的一种。

系统图的形式有以下两类：

(1)单侧展开型(自左向右)，如图 9.17 所示。

(2)宝塔型(自上而下)，如图 9.18 所示。

系统图法可用于以下几个方面：(1)企业方针、目标实施项目的展开；(2)在新产品

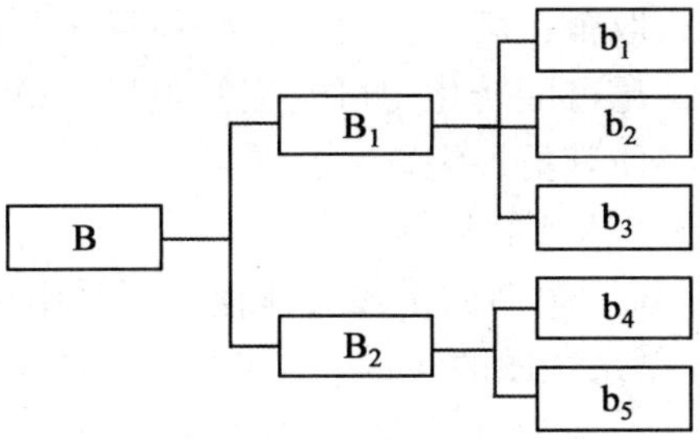

图 9.17 单侧展开型(自左向右)

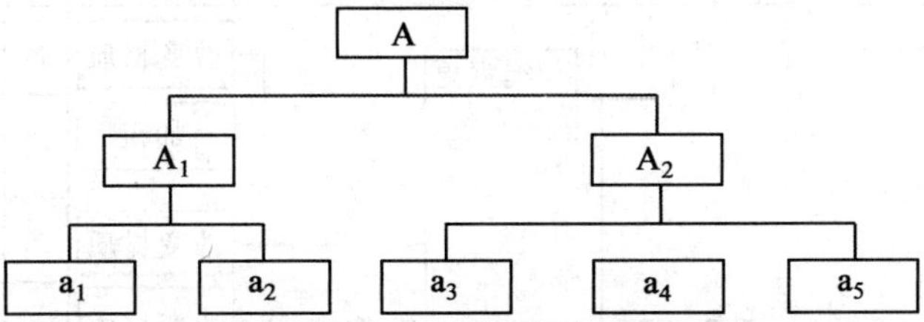

图 9.18 宝塔型(自上而下)

开发中进行质量设计展开；(3)解决企业内质量、成本、产量等各种问题的措施展开；(4)用来明确部门职能、管理职能和寻求有效的措施；(5)和矩阵图配合使用；(6)作为因果分析图使用；(7)工序分析中对质量特性进行主导因素的展开；(8)质量功能与业务功能的展开，功能分析等。

(三)系统图的应用程序

1. 措施展开型系统图的应用程序

具体程序是：

(1)确定目的(或目标)。明确应达到的最终目的(或目标)，当然首先应论证“为什么要完成这样的目的(或目标)”。

(2)提出手段(方法、措施)。一般是从高一级手段(实现总目的应采取什么手段)开始，逐级展开。第一级展开的手段就成为第二级展开的目的。也可以从最低一级的手段的提出开始，逐级收敛，直到认为可以实现最终目的为止。当无法区分高级和低级时，可以广泛收集各类手段，然后用亲和图法进行层次整理。无论哪一种方法，都是为了寻求解决问题的最适宜的方法。

(3)手段(方法、措施)评价。对展开到末端的(最低级的)手段，应进行评价。评价所采取的手段(方法、措施)是否恰当，以决定舍取。

评价用○、△、×等符号表示。○表示可以实施；△表示尚不能确定是否可以实施，需进一步调查；×表示不可行。

对属于△的手段应再次通过调查和试验，将其转化为○或×。

评价时应注意：第一，不可用肤浅的见解评价，即不能简单地决定“不可能”而了事，要有论证过程，说清楚为什么取舍；第二，否定一些项目时要特别慎重，要注意项目的二次开发，要研究建议的内涵，尽可能转化为可实施的项目；第三，评价过程中产生的新设想，要补充到原有项目之中，使其更加完善。

(4)确定每一项实施项目应达到的目标。

(5)制订实施计划。将系统图最后的手段具体化，可采用对策表。

图 9.19 是一个措施展开型系统图的实例。

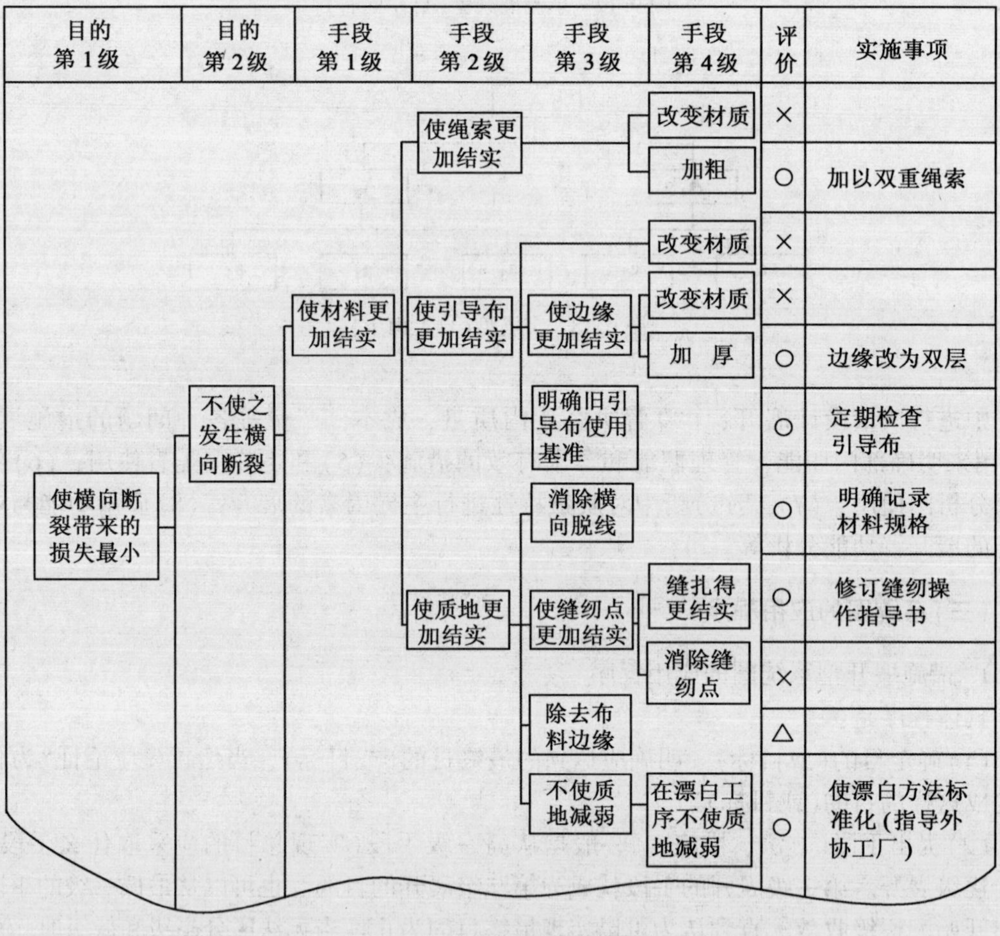

图 9.19　措施展开型系统图

2. 因素展开型系统图的应用程序

具体程序为：(1)清楚和简要地阐述将要研究的主题；(2)确定该主题的主要类别(利用头脑风暴法或使用亲和图中的主卡片)；(3)绘制图形，把主题放在左框内，把主要类别放在右边；(4)针对每一主要类别确定其组成要素和子要素；(5)把针对每一个主要类别的组成要素及其子要素放在相应的右边；(6)对系统图进行评审，确保在顺序或逻辑上都没有空当。

图 9.20 是一个因素展开型系统图的实例。

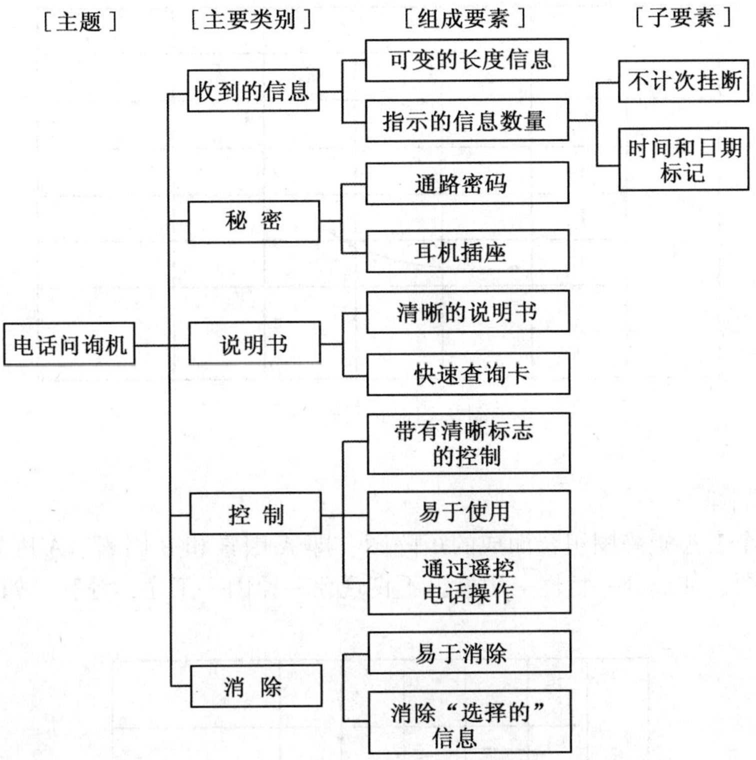

图 9.20 因素展开型系统图

四、矩阵图

(一) 矩阵图的概念、特点和用途

矩阵图是从作为问题的事项中，找出成对的因素群，分别排成行和列，在其交点上表示成对因素间相关程度的图形。矩阵图是通过多元思考明确问题的方法。它是一种寻求对应因素之间定性关系的图形，不以数据做定量分析。

矩阵图的主要用途有：(1)确定系列产品的研制；(2)原材料的质量展开；(3)寻找产品的不良现象与原材料、设备、工艺之间的关系；(4)拟定与市场相关联的产品战略方案；(5)确定产品质量特性与负责部门的关系；(6)明确用户质量要求与工序管理项目之间的关系等。

(二) 矩阵图的类型

1. L 型矩阵图

它是最基本的矩阵图，如图 9.21 所示，一般是将两个对应事项 A 因素和 B 因素，分别按行和列排列而成，适用于若干个目的和手段、原因与结果之间的关联。

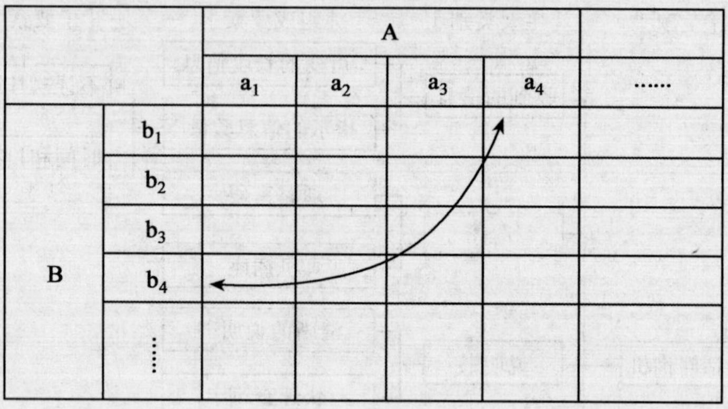

图 9. 21　L 型矩阵图

2. T 型矩阵图

它是由两个 L 型矩阵图组合而成的矩阵图。即 A 因素和 B 因素、A 因素和 C 因素分别对应的矩阵图，如成分—特性—用途、不良现象—原因—工序，等等，如图 9. 22 所示。

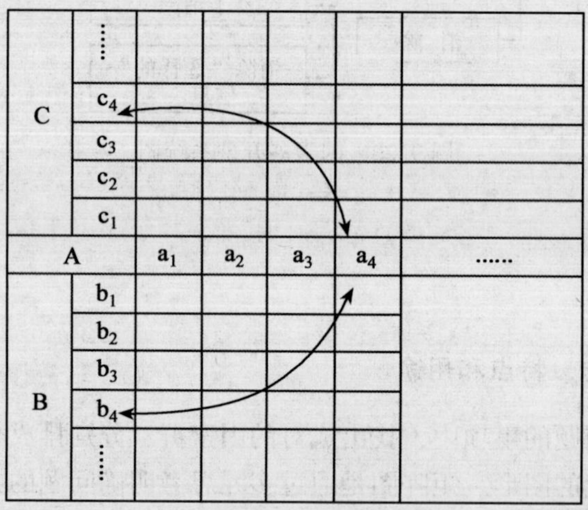

图 9. 22　T 型矩阵图

3. Y 型矩阵图

Y 型矩阵图中有三个事项，其中两两相对应的事项分别构成三个 L 型矩阵图，所以 Y 型矩阵图是三个 L 型矩阵图的组合，如图 9. 23 所示。

4. X 型矩阵图

它由四个 L 型矩阵图组合而成，如图 9. 24 所示。

5. C 型矩阵图

它有三个事项 A、B、C，分别以 A 的元素、B 的元素、C 的元素为边画出长方体（或

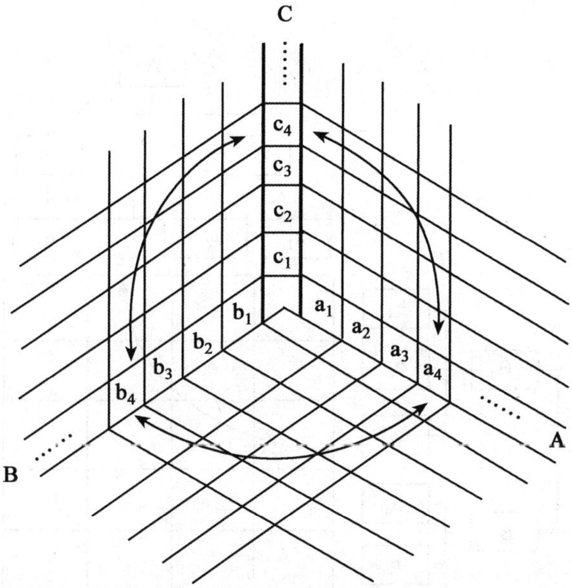

图 9. 23　Y 型矩阵图

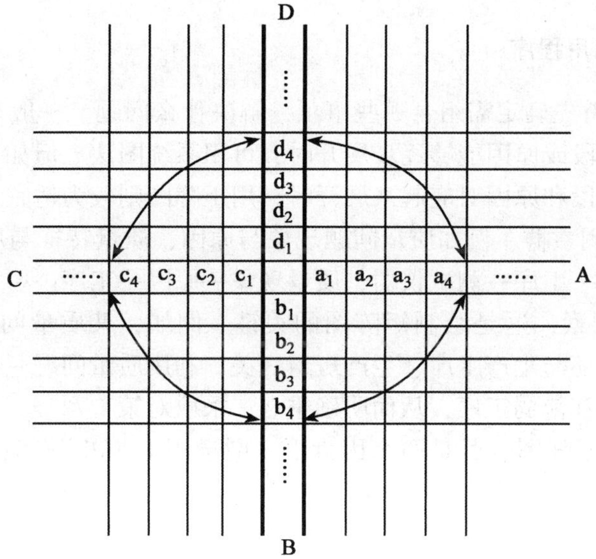

图 9. 24　X 型矩阵图

正方体)，因此 C 型矩阵图中元素的交叉点是三维空间点。

应根据实际情况绘出适用的矩阵图。绘制矩阵图的关键是找出与问题有关的属于同一水平的对应因素，这些因素可用系统图展开。若联合使用系统图与矩阵图，则分析和解决问题更为有效，如图 9. 25 所示。

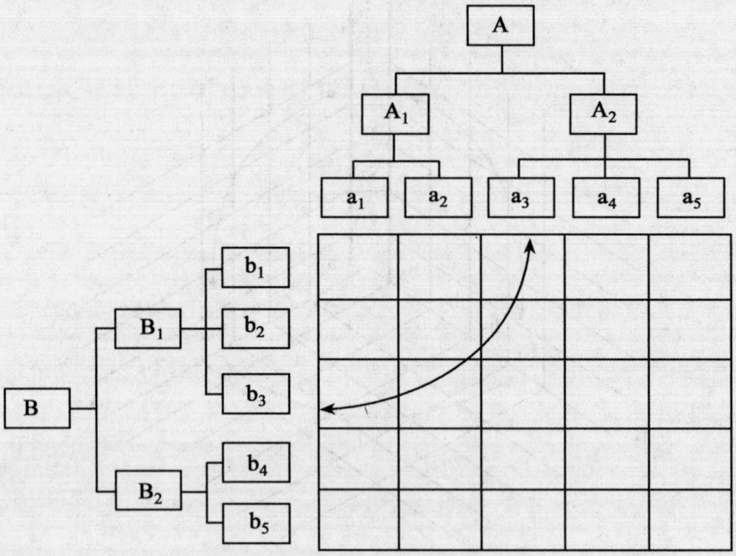

图 9.25　系统图与矩阵图的组合

(三)矩阵图的应用程序

(1)确定事项。首先确定需组合哪些事项，解决什么问题。一般来说，对于对象的单一目的或结果，其手段或原因能够逐步展开时，可用系统图法。但如果目的或结果有两种以上，可把它们的手段和原因对应起来展开时，用矩阵图则较为适宜。

(2)选择对应的因素群。例如质量问题现象与原因，质量特征与质量因素，成分—特性—用途，测试项目—工序—测试仪器，质量现象—原因—工序……找出与问题有关的属于同一水平的对应因素，这是绘制矩阵图的关键。例如，某质量问题既与人、机、料、法、环等因素有关，还与生产工序、生产班组有关，利用质量问题—原因—工序矩阵图就可同时找出质量原因和薄弱工序，从而明确重点，采取对策。

(3)选择适用的矩阵图。若是两个因素群，则选用 L 型矩阵图；若是三个对应因素群，则选用 T 型或 Y 型矩阵图；若是四个对应因素群，则选用 X 型矩阵图；等等。

(4)分析确认、评价各因素间的关联关系。根据经验、集思广益、征求意见、展开讨论，用理性分析和经验分析的方法，用符号在对应的因素群交点上作出相应关联程度的标志。一般来说，有几种表示法：①有关系用●表示，无关则不标符号；②○表示有关系，△表示可能有关系；③用●(或◎)表示有密切关系(强相关)，○表示有关系(弱相关)，△表示可能有关系(或不相关)。到底采用何种，可根据需要确定。

(5)在行列的终端，对有关系或有密切关系的符号进行数据统计，以评价重要程度，并明确解决问题的着眼点和重点。

可采用打分法，对各交叉点关联符号所表示的强弱程度分别打分。例如，◎为 3 分，○为 2 分，△为 1 分。按行和列统计总分，进而给出各个项目的总评价。这种方法适用于根据积分来评价重要程度和优先程度。

下面，我们举例介绍 T 型矩阵图的应用。假如某厂为了使产品质量全面赶超行业先进水平，以提高产品的性能为重点，从各工序原料入手，分析查找原因，通过做 T 型矩阵图，如图 9.26 所示，对影响质量的工序和原料进行分析筛选，找出了影响质量的主要工序和原料，并采取了有效措施，改进了质量。

	影响因素 / 质量特性 / 影响工序	透光率	挥发粉	灰粉	水分	澄清度	外观	黑点
原料	1.× 酚色泽深							
	2.催化剂含量大	○				△	△	
	3.甲酯酸值大	○				△	△	
生产工序	1.烷化	△						
	2.加成	○					○	
	3.中和	○						
	4.酯交换	●				○	○	
后处理工序	5.过滤	○		○		△	○	○
	6.结晶	○	△				△	
	7.离心	○	○			△	○	
	8.洗涤	○				△	○	
	9.运料	△		○			△	○
	10.干燥	○	○	△	○	○	△	○
	11.包装			○	△			
检验工序	12.取样代表性	○	○	○	○	○	○	○
	13.仪器误差	○	△	△	△			△
	14.随机误差	○		△	△			△

注：●表示有强关系；○表示有关系；△表示可能有关系。

图 9.26　抗氧剂产品质量矩阵图

五、矩阵数据分析法

矩阵数据分析法是当矩阵图上各要素之间的关系能够定量表示时，通过计算来分析、整理数据的方法。主要是数量化方法和主成分分析法等方法的具体应用，它属于数学上的多元分析方法。矩阵数据分析法可用于各种因素复杂、由大量数据组成的质量问题。目前，这种方法一般很少采用，我们不做展开。

六、PDPC 法

(一) PDPC 的概念和用途

PDPC(process decision program chart)是过程决策程序图，指在制定达到预期目标的计划时，应事先预测过程中可能发生的各种情况和结果，采取相应的预防和纠正措施，提出适应各种情况和结果的可能实施方案，以达到最终状态(理想状态或不理想状态)的一种动态管理程序方法。

PDPC 法在解决问题的过程中，能提供所有的手段和措施，迅速处理已发生的使目标难以实现的事态，具有极灵活的性质。作为处理方法，PDPC 法兼备预见性和随机性。

PDPC 法的基本表达形式如图 9.27 所示。图中，A_0 表示初始状态，Z 表示最终状态。最终状态可以是期望的(理想)状态，也可以是不期望的(不理想)状态。对于期望的理想状态 Z，如"不良品减少"，就应设法使 A_0 至 Z 的路径畅通；对于不期望的状态 Z，如"重大事故发生"，就应设法使 A_0 至 Z 的路径不通。

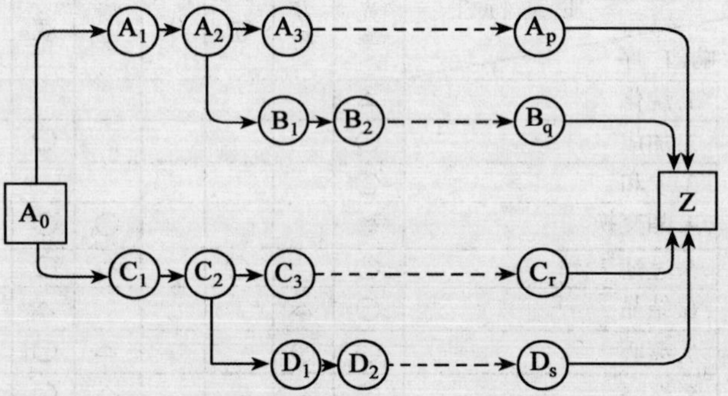

图 9.27　PDPC 法示意图

PDPC 的主要用途是：制定方针目标实施计划；制定新产品开发设计的实施计划；预测系统的重大事故并制定防范措施；提出备选的处理质量纠纷的方案；制定生产过程中防止发生质量问题的措施等。

(二) PDPC 的应用步骤

1. 从不良状态 A_0 到实现理想状态 Z 的 PDPC 法

包括以下两步：

第一步：充分预测。假定图 9.27 表达的是从不良状态 A_0 到实现理想状态 Z 的 PDPC 示意图。

(1)要解决的问题是从不良状态 A_0 转变为理想状态 Z。

(2)根据以往的分析、经验和专业技术知识等，先设计一个初步程序如 A_1，A_2，A_3，…，A_p。

(3)在一般情况下潜在的质量问题决不会像想象的那么简单。因此，有必要召集各方面的有关人员对已初步制定的程序逐个环节去讨论分析。若认为预计的措施在情况发生变化时会使某些环节（如 A_3)难以实现，应考虑设计新的可实现的程序(如 A_2 后转经 B_1，B_2，B_3，…，B_q)去实现目标。

(4)还有可能设计出若干可实现目标的程序(如 C_1，C_2，C_3，…，C_r 以及 C_1，C_2，

D_1，D_2，…，D_s 等）。

第二步：注意在实施中随机应变。(1)原则上讲，所设计的多种程序都是可行的，但具体实施时只能选择其中一种程序。这就需要根据当时的具体情况，以随机应变的审查，选择一种最有利于实现目标的程序。(2)应注意到，第一步的所有判断未必是完全有利的，随着分析的继续，又会出现意想不到的技术问题或新的情况，这就要求根据情况的变化随时补充新的程序。(3)执行过程中还会获得许多新的信息、知识，要善于不断在应用过程中去补充、完善原来的设想。

2.“防止重大事故发生”所采取的 PDPC 法

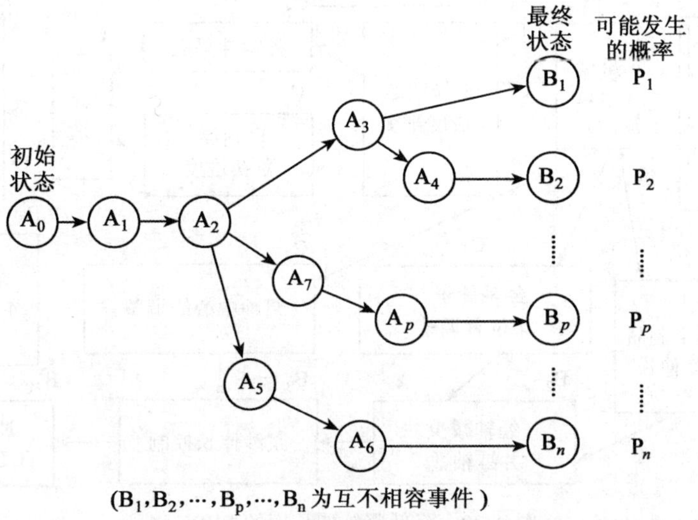

图 9.28　防止重大事故发生的 PDPC 法

图 9.28 是 PDPC 的一种表达形式。A_0 是系统的正常状态，由于种种外部干扰影响系统，状态 A_0 经一系列中间状态 A_i，最终变化到 B_i 状态(可认为是不正常状态，$i=1$，2，…，n；B_i 为互不相容的事件)。这里，发生各个事件 B_i 的可能性是不同的。现不妨假设 B_p 是系统发生重大事故可能性最大的一种状态，这当然是不希望的状态。这时，处置的对策就应使 A_0，A_1，A_2，…，A_p，B_p 所示的一系列事件不要发生。为此，必须切断这个通路中的某一环，将状态 A_2 引开，比如引导到 A_3 或 A_5 这两条比较安全(发生的概率小)的路径上来，这就是“防止重大事故发生”所应采取的 PDPC 方法。

(三) PDPC 法应用及绘制中的常见错误

(1)和系统图混淆。PDPC 法和系统图在目的—手段形式的展开方面有相似之处，但系统图以目的—手段的体系展开，它是静止的；而 PDPC 法是把用线连接的展开事项系列从某种状态按时间顺序转移到另一状态，因而它是动态的。

(2)和网络图混淆。网络图是按时间排列的，这和 PDPC 法有相同之处；网络图原则上用于日程管理，PDPC 法也能进行日程管理；然而网络图处理的对象比较确定，其精度很高，比如产品制造，可精确估算出每天的日程安排；PDPC 法则更多用于预测，例如质量问题往往不能从最初状态估计出最终状态，此时用 PDPC 法比较适用。

(3)错把关联图当 PDPC 图。

图 9.29 是一个 PDPC 法的实例。

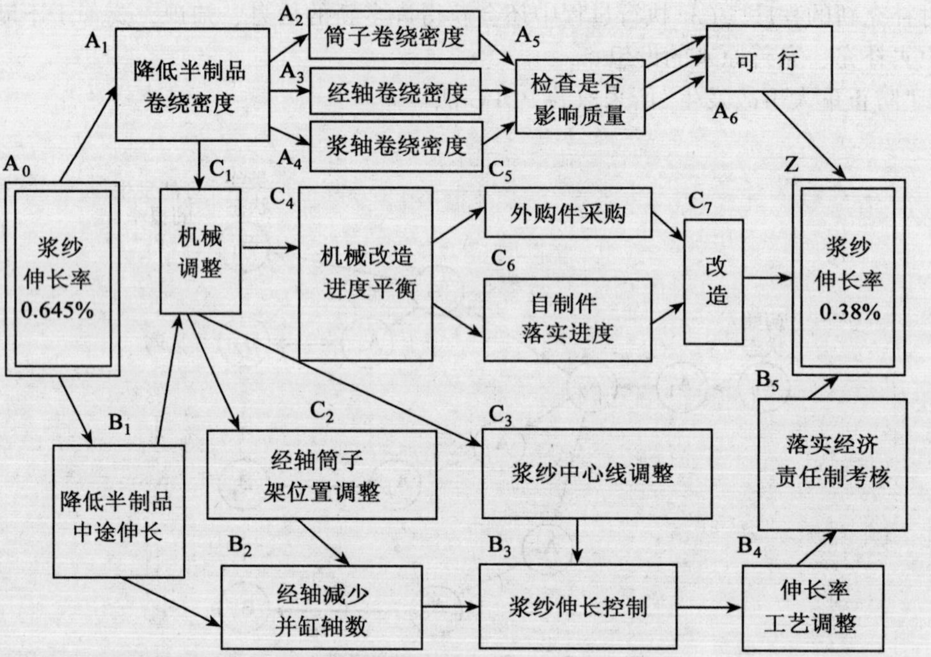

图 9.29　降低浆纱伸长率的 PDPC 法

七、网络图

网络图又称矢线图、箭条图，是一种进行时间的计划管理方法。它通过绘制和运用工序流程图，对生产、科研、技术改造等工程项目进行必要的统筹安排和合理调度，以达到缩短工期、节约资源、保证时间要求的目的。由于网络技术分析在运筹学中和企业生产管理中都有详细介绍，故在这里从略。

第四节　质量改进的其他工具

一、流程图

流程图就是将一个过程，如工艺过程、检验过程、质量改进过程等的步骤用图的形式表示出来的一种图示技术。通过对一个过程中各步骤之间关系的研究，一般能发现故障的潜在原因，知道哪些环节需要进行质量改进。流程图可以用于从材料到产品销售和售后服务的全过程的所有方面。流程图可以用来描述现有的过程，亦可用来设计一个全新的过程。流程图法在 QC 小组活动、质量改进活动中都有广泛的用途。

流程图由一系列容易识别的标志构成，一般使用的标志如图 9.30 所示。

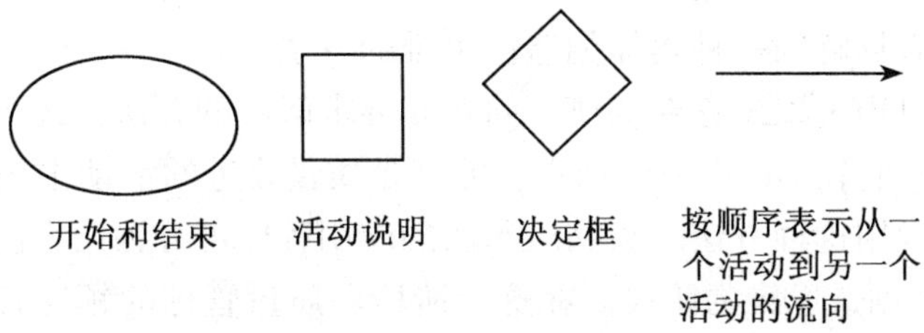

图 9.30　流程图标志

(1)描述现有过程的流程图应用步骤如下：①识别过程的开始和结束；②观察从开始到结束的整个过程；③规定该过程的步骤(输入、活动、判断、决定、输出)；④画出表示该过程的一张流程图草图；⑤与该过程所涉及的有关人员共同评审草图；⑥根据评审结果改进流程图草图；⑦与实际过程比较、验证改进后的流程图；⑧注明正式流程图的形成日期，以备将来使用和参考，既可用作过程实际运行的记录，亦可用来判别质量改进的程度、机会等。

(2)设计新过程的流程图应用步骤如下：①识别过程的开始和结束；②使此新过程中将要形成的步骤(输入、活动、判断、决定、输出)形象化(符号化)；③确定该过程的步骤(输入、活动、判断、决定、输出)；④画出表示该过程的流程图草图；⑤与预计该过程将要涉及的有关人员一起评审流程图草图；⑥根据评审结果改进流程图草图；⑦注明形成正式流程图的日期，以备将来使用和参考，它既可用作设计该过程的运作记录，亦可用于判别质量改进的程度、机会等。

图 9.31 是一个使用复印机复印文件的流程图案例。

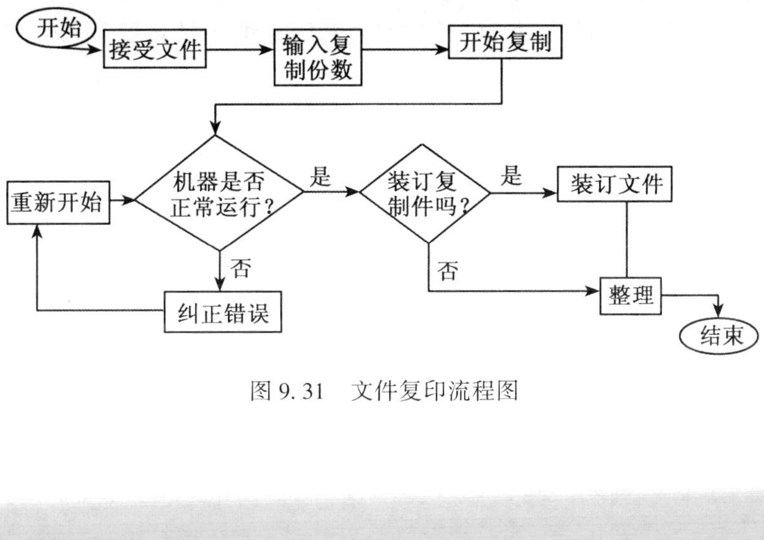

图 9.31　文件复印流程图

二、头脑风暴法

头脑风暴法，又叫畅谈法，是采用会议的方式，引导每个参加会议的人围绕某个中心议题，如质量问题等，广开言路，激发灵感，在自己的头脑中掀起思想风暴，毫无顾忌、畅所欲言地发表独立见解的一种集体创造性思维的方法。

头脑风暴法可以用来识别存在的质量问题并寻求解决的办法，还可用来识别潜在质量改进的机会。因此，它在QC小组活动中，尤其是质量改进的活动中用途很大。比如画因果图、树图时就可运用这种方法。头脑风暴法的应用程序可分为两个阶段：

(1)引发和产生创造思维的阶段。在这个阶段，质量管理的领导者、推进者，应熟悉并重温头脑风暴法的意义、精神实质和做法，搞头脑风暴法的目的，在于为与会者创造一个激发思想火花的氛围，让与会者都能"眉头一皱，计上心来"，积极发表自己的意见和看法，做到知无不言，言无不尽。在这个阶段，不论领导者、推进者，还是一般成员，大家都要共同遵守头脑风暴法的一些规则：①领导同与会者是平等的，无领导和被领导之分；②明确头脑风暴会议的目的；③与会的每位成员依次发表一条意见、一个观点；④成员可以补充别人的观点，但不能评论，更不能批驳别人的观点；⑤当面把每个成员的观点毫无遗漏地记录下来；⑥会议持续到无人发表意见为止；⑦将每个人的观点重述一遍。

(2)整理阶段。将每个人的观点重述一遍，使每个成员都知道全部观点的内容；去掉重复的、无关的观点；对各种见解进行评价、论证；最后集思广益，按问题进行归纳。

三、标杆管理

标杆管理又称水平对比法，就是将过程、产品和服务质量用公认的处于领先地位的竞争者的过程、产品和服务质量进行比较，以识别自身质量改进的机会。运用标杆管理，有助于认清目标并确定为使自己在市场竞争中有利所应编制的赶超计划的重点内容。标杆管理在确定企业质量方针、质量目标和质量改进中都十分有用。

标杆管理就是我们常说的"找差距"或"比先进、学先进、赶先进"的方法。

标杆管理的应用步骤是：

(1)确定对比的项目。对比项目应是过程及其输出的关键特性，如性能、可靠性、成本、价格、耗油量等。过程输出的对比应直接同顾客的需要联系起来。

(2)确定对比的对象。对比的对象可以是直接的竞争对手，也可以不是竞争对手，但其有关项目、指标却是公认的领先水平的组织。

(3)收集资料。可以通过直接接触、考察、访问(包括访问顾客)、人员或专家相互交往、广告和报刊等方式，得到有关的信息与资料。

(4)归纳、整理和分析资料。目的是针对有关项目确立最好的奋斗目标。

(5)进行对比。根据顾客需要、竞争对手或虽非竞争对手却是对比对象的有关质量指标，确定其质量改进的内容并制定实施计划。在对比时应注意以下几种情况：①经过分析，如果竞争对手的对比项目的质量水平已超过了顾客的需要，则对比时至少应把它作为一个最好的直接奋斗目标。②经过分析，如果竞争对手的对比项目的质量水平没有满足顾客的需要，并且非竞争对手的有关项目的质量水平也未满足顾客需要，则应重新评价顾客的需要。③经过分析，如果竞争对手的对比项目的质量水平没有满足顾客的需要，而非竞争对手的有关项目的质量水平却满足了顾客的需要，则对比应以顾客的需要为准。

四、对策表

(一)对策表的概念

对策表也叫措施计划表，它既是实施的计划，又是检查的依据，是 PDCA 循环中 P(计划)阶段第 4 步骤(制定对策)的产物。

排列图、因果图和对策表在质量管理的活动中被称为“两图一表”，两图一表的联合应用体现在 PDCA 循环的 P 阶段(计划阶段)，详见表 9.11。

表 9.11　　**两图一表在 PDCA 循环 P 阶段的应用**

步骤	关键	应用工具
现状调查	找出存在的主要问题	排列图
原因分析	找出影响主要问题的全部原因	因果图
确认要因	从全部原因中找出主要原因	排列图
制定对策	针对主要原因制定措施计划	对策表

用排列图找出主要质量问题，用因果图找出质量问题的全部原因，再用排列图确定主要原因，针对主要原因利用对策表制定对策。

(二)制定对策表时应注意的问题

对策表的表头项目需要回答 5W1H 的问题：

(1)Why(为什么)：说明为什么制定对策，即项目(原因)、现状和问题。

(2)What(做什么)：做到什么程度，即目标值。

(3)Where(在哪里)：回答在哪里进行。

(4)Who(谁)：回答谁来做，即负责人是谁。

(5)When(何时)：回答何时进行和完成，即完成限期。

(6)How(怎样)：回答怎样进行和完成，即对策措施。

在制定其中的各项目标时最好用定量化数据表达，在无法量化时也应用肯定性语言表示，不应用模棱两可的抽象化的语言作为目标。对策表要反映参加质量管理、质量改进的全体人员的参与精神，即每位参与人员至少应承担一部分实施任务。表 9.12 是对策表的一个案例。

表 9.12　**中继线插头槽径大的对策表**

序号	要因	现状	目标	措施(对策)	负责人	预计完成日期
1	人员未培训	工程不良中，插头焊接不良占不良总数的 32%，而且工程返工率高，在客户不良返工品中，插头焊接不良占不良总数的 46%	从事插头焊接的作业员全部是培训后的合格人员，确保产品质量	1. 使现从事插头焊接的人员接受技术培训 2. 培训后的合格人员颁发资格认定上岗证 3. 建立统一的插头焊接人员管理档案，由质管科管理 4. 上岗人员固定，并佩戴上岗证	人事部张三	20××年×月×日
2	检测工具不完善	插头在检测工具上通过时未能做 180°全周确认。插头槽径大，占不良返品的 21.42%	研究出一种理想的工具使之真正能做到 180°全周确认，确保产品质量	1. 改善现有检测工具，解决作业者旋转 180°困难的现状，使之真正做到全周确认 2. 改善后理想工具在全公司内推广	李四 王五	20××年×月×日
	……	……				

第十章　精益与六西格玛管理

质量改进对当前绩效的突破旨在消除各种不良，如过久的缺陷、过久的延误、过长的周期时间，以及由于过程不佳产生的不良质量而导致的高成本。精益和六西格玛管理已经发展成为创造突破性改进的最受认可和最有效的方法。两者都是在朱兰质量改进的普遍方法的基础上演变而来的。精益是组织内部系统优化的过程，它消除或至少是减少系统内的浪费。六西格玛方法首先致力于识别和满足顾客的需求，其次才是企业的需求。用这种方法可以使收益增加并且降低成本，同时改善结果。精益六西格玛是精益方法(用以提高效率)和六西格玛(用以提高效益)的组合。本章分两节介绍精益管理与六西格玛管理的核心思想和实施阶段。

第一节　精益管理

一、精益管理概述

精益生产(lean production，LP)的基本思想是准时生产制(just in time，JIT)，就是只在需要的时候，按需要的量生产所需的产品，所有经营活动都要有益有效，具有经济性。因此，精益生产方式以产品生产工序为线索，组织密切相关的供应链，一方面降低企业协作中的交易成本，另一方面保证稳定需求与及时供应，以整个大生产系统为优化目标。在这种系统里，生产过程中的物品运动时间与供应商的交货时间经过了仔细的安排，在作业过程中的每一步，下一批都会恰在前一批刚结束时到达，因此，才称之为准时。这样的系统不存在等候加工的空闲物料，也没有等待加工物料的空闲工人与设备。

精益生产就是及时制造，消灭故障，消除一切浪费，向零缺陷、零库存进军。它是麻省理工学院在一项名为“国际汽车计划”的研究项目中提出来的。在做了大量的调查和对比之后，丰田汽车公司的生产方式被认为是最适用于现代制造企业的一种生产组织管理方式，称之为精益生产，以针对大量生产方式过于臃肿的弊病。精益生产综合了大量生产与单件生产方式的优点，力求在大量生产中实现多品种高质量产品的低成本生产。

精益生产系统的典型特征便是准时，运作过程中几乎没有多余，例如超额存货、额外工人、闲置空间等的存在。精益生产适合于为经由系统的零部件和物料进行时间安排，也适合于对服务进行时间安排。作为特色的是，使用准时生产制或精益生产方法的公司比那些使用较为传统的生产方法的公司具备竞争优势。准时生产制的加工成本更低，缺陷更少，柔性更强，能够更快地将新产品或改良产品投放市场。

准时生产制涉及生产计划与控制，这使它成为制造计划与控制的两种基本方法之中的一种，另一种是物料需求计划。有时，准时生产制被视为重复生产运作系统，而物料需求计划则被认为是批生产系统。然而，有时它们可被用于类似情形，但这两个系统的功能确实有点差异。物料需求计划系统比较复杂，需要广泛细致的车间控制。准时生产系统则简单得多，只需要最低限度的车间控制。另外，物料需求计划依靠基于计算机的构件进度安排系统触发生产和运送，而准时生产制则靠可视或可听信号触发生产和运送。

对准时生产制较为广义的理解可以是，它仅仅是一个导致在制品与存货低水平的生产时间安排系统而已。但从某一种最真实的意义上来说，准时生产制代表的是一种理念，它包含着生产过程的各个方面，从产品的设计到售后服务，无所不包。在这种理念指导下的系统运行，存货水平最低，浪费最小，空间占用最小，事务量最少。它必须是一个没有中断倾向的系统，根据产品品种及其所能控制的数量范围而具备柔性，其最终目标是达到一个使材料平滑、迅速地流经整个系统的和谐系统。

二、精益和质量管理的关系

传统的生产方式将一定量的次品看成生产中的必然结果。这是因为，通常在保证生产连续的基础上，通过对检验成本与次品所造成的浪费之间的权衡，来优化质量检测控制点。精益生产基于组织的分权与人的协作观点，认为让生产者自身保证产品质量的绝对可靠是可行的，且不牺牲生产的连续性。其核心思想是，这种概率性的质量问题产生的原因本身并非概率性的，通过消除产生质量问题的生产环节来“消除一切次品所带来的浪费”。

在准时生产制中，质量是产品与生产过程共同的基本考虑因素。使用准时生产制的公司必须先达到能使自己以小批量与紧密时间安排运行的质量水平。准时生产制系统的可靠性很高，导致无效与中断的原因也已被消除，受过培训的工人不仅能够运行系统还能不断地改进它。

在产品设计阶段，质量是准时生产制的必要条件。它对准时生产制系统至关重要，因为质量低劣将导致重大停产。系统的调整趋势使作业平滑流动，由于质量低劣出现问题会使作业流产生中断。由于批量小，不存在缓冲存货，一旦出现问题就必须立刻停产，直到问题解决才能重新开始。显然，停工使整个生产过程成本巨大，会降低计划输出水平，因此，尽量避免停工以及一旦出现问题便迅速解决势在必行。

准时生产制运用的是三分质量方法。其中一分是将质量设计到产品与生产过程中去。准时生产制进行标准化生产将引发标准化作业方法，工人也将非常熟悉自己的作业及标准化工具的使用，因此，才能达到较高质量水平。另外，产品设计质量成本，即在设计阶段就确定质量，覆盖许多单位，因而单位成本相应较低。最后，根据最终用户需求与公司制造能力选择适宜的质量水平也很重要。因此，产品设计与过程设计必须联合进行。

质量改进中，加工过程中出现的质量事故会使有序进行的工作流产生中断。因此在故障发生之时就将其解决极其重要。另外，质量改进对质量提出了无穷无尽的要求，主要是发现和消除问题起因，使问题不至于频繁地突然出现。

准时生产制有时通过自动检测减少缺陷，即在生产过程中自动检测缺陷。既可以用机器也可以用人工进行操作。它共有两套机制：一套是在缺陷发生时进行检测，另一套则是停止作业并矫正缺陷起因。像这样，一停工问题马上就会引起人们的注意，然后再进行调查，并施以矫正措施以解决问题。

如果我们比较精益生产和朱兰三部曲的话，就能够看出精益和质量的概念异曲同工，即所有的产品和服务都必须适合顾客目的。顾客对质量的定义，既要求特征又要求不能失效。因此，既然精益通过消除非增值活动来创造价值，那么，将质量管理包含在精益之中就显得非常重要了。精益被用于质量控制，是因为它能使工作标准化，从而实现更好的符合性。在改进中运用精益以通过减少浪费的形式减少过程中不符合的成本。目前，精益方法被用于质量计划方面，以实现精益设计。精益设计与质量设计很相似，如今的组织必须对产品或服务进行设计，以使产品或服务顺利实现从客户需求到客户使用的转变。

三、精益管理的基本目标

准时生产制或精益生产系统的主要优点是较低存货水平，高质量，柔性，较少交货时间，较高生产率和设备利用率，较少次品数与返工数，较少的空间需求等。精益化管理可以使企业节省时间和空间，提高生产效率，降低生产成本，改善生产环境等，对企业来说受益颇丰。

准时生产制是主要用于重复性制造业的精益生产系统，精益生产系统的最终目标是获得一个平衡、平滑的作业流。因此，精益管理的基本目标包括消除系统中断，使系统具备柔性，减少换产与交货时间，将存货降到最小，消除浪费，实施拉动式生产与看板管理等。

精益生产系统要求消除潜在的中断源，达到均匀工作流。高质量就很关键，因为质量问题会中断作业。迅速、低成本的换产，特殊布局，把工作拉过系统而非推过系统，合作精神等都是精益系统的重要特征。减少中断，提高系统效率，以及不断改进工作姿态等是精益系统的重要目标。

精益生产系统采用适度自动化，提高生产系统的柔性。精益生产方式并不追求制造设备的高度自动化和现代化，而强调对现有设备的改造和根据实际需要采用先进技术。按此原则来提高设备的效率和柔性。在提高生产柔性的同时，并不拘泥于柔性，以避免不必要的资金和技术浪费。柔性制造有利于提高企业快速反应能力，满足制造业多品种、小批量、短周期的发展趋势。

精益生产系统杜绝浪费，精益化管理的一个重要目标就是零浪费，消除一切无效劳动和浪费。通过改变生产流程，消除工人转换动作带来的时间浪费；减少和取消半成品，节约生产空间，有效提高生产效率；按物流顺序对生产工艺进行整合，取消或缩短相邻工序之间距离，有效减少搬运浪费；提高生产产品的质量，消除因为次品与废品造成的浪费等；不断降低库存以消灭库存产生的浪费，最大限度地减少企业生产所占用的资源以及降低企业管理和运营成本。

精益生产系统采用拉动式准时化生产，拉动式准时化生产以最终用户的需求为生产起点，强调物流平衡，追求零库存，要求上一道工序加工完的零件立即可以进入下一道工序。准时化即时生产，就是将必需的产品，按必需的数量，在必需的时间生产，是一套原则、工具与方法。它使公司能够缩短前置期，针对顾客的特定需要而小量生产与递送产品。

精益生产系统采用看板管理，拉动式生产往往遵循目视管理，目视管理是利用形象、直观、色彩适宜的各种视觉感知信息来组织现场生产活动，达到提高劳动生产率目的的一种管理方式，组织生产运作依靠看板进行，即由看板传递工序间的需求信息。生产中的节拍可由人工干预与控制，保证生产中的物流平衡。由于采用拉动式生产，生产中计划与调度实质上是由各个生产单元自己完成，在形式上不采用集中计划，但是操作程序中生产单元之间的协调则极为必要。

精益生产系统把工作任务和责任最大限度地转移到直接为产品增值的工人身上。每位员工在工作中不仅是执行上级的命令，更重要的是积极地参与，起到决策与辅助决策的作用。减少不直接增值的工人，并加大工人对生产的自主权。当生产线发生故障，工人有权自主决定停机，查找原因，做出决策。团队工作的基本氛围是信任，以一种长期的监督控制为主，而避免对每一步工作的稽核。任务分到小组，由小组内的工人协作承担，团队个人工作业绩受团队整体业绩的影响。要求工人精通多种工作，能够比较熟悉团队内其他工作人员的工作，保证工作协调、顺利进行。小组协同工作使工人工作的范围扩大，激发了工人对工作的兴趣和创新精神，更有利于精益生产的推行。

总之，精益生产系统不断改进，以追求完美为最终目标，即持续不断地改进生产，消除废品，降低库存，降低成本和使产品品种多样化。富有凝聚力、善于发挥主观能动性的团队、高度灵活的生产柔性、六西格码的质量管理原则等一系列措施，都是追求完美的有力保证。完美就是精益求精，这就要求企业永远致力于改进和不断进步。因此，精益生产是一种适应现代竞争环境的生产组织管理方法，它有着极强的生命力，受到各国企业的极大重视。

四、减少生产系统的八大浪费

精益生产系统以简化为手段，消除生产中一切不增值的活动。精益生产方式把生产中一切不能增加价值的活动都视为浪费。丰田公司阐述了可被消除的七种主要类型的浪费，包括过量生产、等待时间、运输、库存、工序、动作、产品缺陷的浪费。为杜绝这些浪费，它要求毫不留情地撤掉不直接为产品增值的环节和工作岗位。精益生产管理思想最终目标必然是企业利润的最大化，但管理中的具体目标，则是通过消灭生产中的一切浪费来实现成本的最低化。对于不良品的加工只能是浪费，且掩盖了生产中隐藏的问题，造成进一步的浪费。

在《朱兰质量手册》(第6版)中史蒂文·M. 德曼与R. 凯文·考德威尔提出，这些是通过使组织内部或外部的过程按照顾客要求的节拍连续流动来实现的。各种浪费，如时间、材料、劳动力、空间和运动得到了消除，总体上说，精益的目标就是通过顾客来拉动整个价值流或者供应链，以驱动减少波动并消除浪费。

在沃马克和琼斯的著作《精益思维》中，他们提出了精益的关键原则，内容包括：第一，明确顾客心目中的价值，即顾客的声音。第二，识别每个产品的价值流。第三，确保价值不间断地流动。第四，减少产品的缺陷和过程的不足。第五，让客户拉动价值。第六，追求完美——六西格玛水平。第七，消除短期和长期的波动。

大野耐一(1988)提出了七种存在于多数过程和组织系统中的浪费。如果这些可识别的浪费没有得到处理或消除，就会导致不良质量成本。精益实践者和精益专家必须把重点放在减少或消除这些浪费上，而这也是改善或快速改进活动的一部分。

大野耐一提出的针对生产的七种浪费和适用于所有过程的第八种浪费的内容如下：

第一，过量生产——生产或制作的比需求多，或比需要的时间早，即生产过剩。过早或过多地生产出产品，这通常会造成其他的浪费，例如人员过多、因存货过多而导致储存与输送成本。存货可能指的是实物存货，或是排队等候的大批信息。

第二，等待——等待信息、原材料、人员和维修，即在现场等候的时间。员工必须站在一旁等候下一个处理步骤、工具、供应、零部件等，或是因为存货用完、整批处理延迟、机器设备停工、生产力停滞不前等因素造成员工暂时没有工作可做。

第三，搬运——人员或货物在工作现场周围或站点之间移动，即不必要的运输。在流程中把在制品从一地搬运到另一地，或是必须进出仓库或在流程之间搬运原材料、零部件或最终成品。

第四，过程设计不当——步骤过多或过少，缺乏标准化，进行事后检查而不是预防，即过度处理或不正确的处理。采取不必要的步骤以处理零部件；因为工具与产品设计不良，导致不必要的动作及产生瑕疵而造成缺乏效率的处理；当产品超出必要的质量时，也会造成浪费。有时，必须做一些额外的工作，以填补多出的时间，避免无所事事地等候。

第五，库存——原材料、在制品、成品、纸张、电子文档等，即存货过剩。过多的原材料、在制品或者最终的成品，导致较长的提前期，堆积过时品、毁损品、较高的运输与储存成本及延迟。此外，过多的存货还造成其他的隐性问题，例如生产不均衡、供应者延迟递送、瑕疵品、机器设备停工、拉长准备期等。

第六，多余动作——工作站、办公室布局不合理，工效差，即不必要的移动搬运。员工在执行工作的过程中，必须做一些不必要、不能创造价值的动作，例如寻找、前往取得或堆放零部件和工具等。此外，走动也是浪费。

第七，缺陷——错误、报废、返工、不合格，即瑕疵。生产出瑕疵品或必须修改的东西。修理或重做、报废、更换、检验等都代表浪费的成本、时间和精力。

第八，未被充分利用的人力资源和创意——未被聆听采纳的想法，未被运用的技能，即未被使用的员工创造力。由于未使员工参与以及未能倾听员工意见而造成未能善用员工的时间、构想、技能，从而使员工失去改进和学习的机会。

因此，必须树立以下精益成本的管理思想：

第一，以精益采购成本管理为切入点。精益采购成本管理依托于精益采购来实现，要建立健全企业采购体系，使采购工作规范化、制度化，建立决策透明机制，实行必要的招标采购，使隐蔽的信息公开化，防止暗箱操作，在保证质量的前提下，使采购价格降到最低。

以公正、公开的原则，选择好供应商，并通过与之建立长期、互惠互利的战略伙伴关系，实现供应渠道的稳定和低成本。

第二，以精益设计成本管理为重点。确定新产品开发任务的同时要规定新产品开发成本，并按照产品结构分解落实到产品的各个总成本和零件上，在开发的每个阶段对目标成本和实际成本进行预测和对比分析。发现问题，通过价值工程和价值分析方法，研究降低成本措施。

在精益成本管理的过程中，产品开发人员的业务素质至关重要，设计人员既要精通产品设计开发技术，又要掌握必要的成本业务知识；而成本控制人员也应当既懂技术经济分析，又了解产品设计制造。

第三，以精益生产成本管理为主要内容。精益生产成本的改善可以通过改进制造技术、开展价值工程和价值分析、杜绝浪费、采用作业成本管理等方法进行。

五、实施精益价值流分析

精益的重点是找出价值流。这些价值流包括产品从构思到商品化的所有活动。这些活动涵盖所有关键业务过程，如设计、获得订单、调度、生产、销售、营销及交货。史蒂文·M. 德曼与R. 凯文·考德威尔提出，了解价值流可以使人们识别出增值步骤、非增值但必要的步骤，以及非增值的步骤。增值活动可以将原材料或信息改造成或塑造成满足顾客需求的东西。非增值活动虽然花费时间或占用资源，却不会为顾客需求增加价值，但是它们可能满足企业的要求。

价值流的改进过程往往始于培训。团队接受有关精益关键概念的培训，并运用价值流图来绘制现状图。价值流图中包含原材料和信息流，以及任何与过程相关的信息，例如，周期时间、停机时间、生产能力、等待时间、产量，以及库存水平等。

价值流管理的目标是识别出所有能够实现产品销售的必要条件，以及过程中所固有的浪费，并从中找出改进的机会。然后将期待的未来状态描绘出来作为未来价值流图，并朝着期待的未来目标实施改进措施。我们可以为单一的产品或服务绘制价值流图，但更多的时候，一个过程会支持多个单端项目。当产品共享相同的设计和制造过程时，它们被称为一个产品家族。在实践中，人们经常围绕一个产品家族开发价值流图。价值流图常会在行进过程中与其他产品家族混合。

价值流包括产品家族整个过程中所需的所有任务。价值流是使一个特定产品通过任何一项商务活动的三项关键性管理任务时所必需的一组特定活动。这三项任务是：第一，在从概念设想，通过细节设计与工程到投产的全过程中解决问题的任务；第二，在从接订单到制定详细进度再到送货的全过程中的信息管理任务；第三，从原材料制成最终产品到用户手中的物质转化任务。

价值流分析的方法包括价值流图、价值分析法和增值/非增值活动的分解分析。

价值流图是用一些简单的符号和流线从头到尾描绘每一个工序状态、工序间的物流、信息流和价值流的当前状态图。通过价值流图的分析，可以发现运营流程中存在的潜在的、不增值的浪费活动。价值流图有三个典型的绘制圈：从理念到启动(设计圈)，从原材料到顾客(制造圈)，从交付到回收(保持圈)。其中绘制最多的是制造圈。价值流图分析需要关注和改善八大浪费。

企业进行价值流程图分析由五个步骤组成，分别是选择分析对象、发现问题点、进行现状分析、描绘未来状态图及设计新的价值流程。

价值流分析还可以使用价值分析法与价值工程法即VA/VE法，它是对制品的功能、费用和价值加以深入研究，并通过系统的功能分析、功能定义、功能评价等方法对价值流中增值和不增值的功能进行区分、简化、变更、替代，最后以最小成本提供必要功能，从而达到降低成本的目的。

VA/VE法最著名的案例是通用电器公司的石棉事件。第二次世界大战期间，原材料供应十分紧张，通用电器公司急需石棉板，但该产品的货源不稳定，价格昂贵，时任通用电器公司工程师的劳伦斯·戴维斯·麦尔斯针对这一问题开始研究材料代用问题，通过对公司使用的石棉板的功能进行分析，发现其用途是铺设在给产品喷漆的车间地板上，以避免涂料玷污地板引起火灾。后来，麦尔斯在市场上找到一种防火纸，这种纸同样可以起到以上作用，并且成本低，容易买到，既解决了上述问题，又取得很好的经济效益。

价值流分析从客户的角度发现流程中的浪费，在识别价值流的同时，开展拉动式生产，使整个企业的运营工作流动起来，大大降低生产成本。

不断变化的需求导致节拍时间的变化，由此又会导致所需资源的变化。节拍时间是指顾客购买单一部件的收货速度。如果需求变化非常明显，就一定要开发出多种价值流，每种都有特定的节拍时间和特定的资源，以满足顾客的期望。

生产能力和需求必须保持平衡，以保证合适的工作流。如果生产能力太小，顾客就会不满意，而生产能力太大，则会产生浪费。生产能力是指一个系统在特定时间内能够持续产出的数量，它可以简单地用可用时间除以最长周期时间来计算。理论能力(也称为设计能力或最大能力)可视为理想状态下的产出数量，它可能标示在一台机器的铭牌上。它需要在理想的条件下运行，但大多数设施无法实现这一点。实际能力可以基于当前的现实情况进行计算。理论能力和实际能力之间的差距正是改进的机会。需求与能力不能混为一谈，需求是顾客的要求，独立于生产者的能力之外。

价值流分析的第三种方法是增值/非增值活动的分解分析。实现精益生产管理，最基本的一条就是消灭浪费，而在企业的生产经营活动中，要消灭浪费，就必须判别企业生产中的两个基本构成：增值和非增值活动。统计研究发现，企业生产活动中，增值活动约占企业生产和经营活动的5%。必要但非增值活动约占60%，其余35%为浪费。价值流管理就是通过绘制价值流图，分解分析增值与非增值活动，并消灭浪费、降低成本，赢取最高的边际利润。

精益生产的主要目标是识别和消除浪费。只要我们对当前的过程有个扎实的认识，我们就会实现这个目标。改进的第一步是确定什么是顾客认同的价值，什么不是。如上所述，任何不能为顾客提供价值的东西，都可被视为浪费。如果精心构造现状图的话，该图就能提供丰富的改进机会。增值与非增值分解分析的基本前提只需要简单地问个问题，即顾客愿意为此付费吗？对每个过程步骤都应该进行此提问。如果顾客不愿为此付费，那么我们应该做什么来减少浪费或完全消除浪费？在某些情况下，鉴于过程当前能力有限，非增值活动仍然是必需的，至少暂时是必需的。非增值但必要活动的例子，包括检验或其他质量检查。为保证顾客满意，这项活动需一直保留，直到该过程足够稳健，不需要非增值活动为止。

第二节 六西格玛管理

一、六西格玛管理概述

六西格玛(6σ)管理是20世纪80年代，由美国摩托罗拉(Motorola)公司创立的一种在提高顾客满意程度的同时降低经营成本的过程革新方法。它是通过提高核心过程的运行质量，使组织赢利能力提升的管理方式。十几年来，6σ管理在摩托罗拉、通用电气(GE)、联合信号(Allied Signal)等著名企业中得到了成功的应用。当今在世界范围内，越来越多的组织开始了6σ管理的实践。尽管摩托罗拉公司首创了6σ管理，但真正使6σ管理名声大振的是美国通用电气公司。6σ管理因杰克·韦尔奇(Jack Welch)的强力实践而扬名全球企业界。通用电气在实施6σ管理实践中，首创并培养了“倡导者”“黑带大师”“黑带”“绿带”等不同层次的骨干，使6σ管理得以顺利地推行。

(一)6σ的含义

σ的定义来源于俄国数学家P. L. Chebyshtv(1821—1894年)的理论，用来描述任意过程参数平均值的分布或离散程度。根据过程能力指数的计算公式，当设计技术规格限为±6σ时，在过程无偏移量的情况下，过程能力指数为$12\sigma/6\sigma=2$。此时，过程不合格品率为$2[1-\Phi(6)]=0.000000002$，即每10亿单位产品有2单位不合格；过程有偏移量而且过程中心偏移为1.5σ时，过程能力指数为1.5，此时不合格率或差错率为3.4×10^{-6}，即每100万个产品只有3.4个落在规格限外。而传统上，如果产品某个质量指标控制在3σ程度时，产品在这个质量指标下的合格率为99.73%，或者说每1000件产品只有2.7件在该质量指标下出现缺陷。这种质量目前对于许多公司来说，可能会较为满意。可见，6σ质量较之以往的质量观是一个飞跃。当然，如果σ的数量越多，质量就越好。在本质改善方面，6σ并不代表终极，8σ、10σ、12σ会继续出现。因此，所谓6σ其实只是一个口号，意在通过这样一种提法达到全面质量管理的目的，但从6σ的核心思想可以看出，6σ管理关注的不仅是质量的提高，而且通过质量的提高降低成本，提高顾客满意度，从而使企业竞争力得到提升。

应该注意的一点是，在6σ管理中，6σ质量不是对全部产品而言的，而是单个产品的关键质量指标(CTQ)的绩效目标。例如，一辆汽车是“6σ”水平，不是指100万辆中只有3.4辆是残次品，而是在一辆汽车里，在关键质量指标上出现一个缺陷的平均概率只有3.4×10^{-6}。

(二)隐藏工厂

许多企业认为，质量成本大约占总销售收入的3%~7%，但是Harry博士指出，如果采用合适的价值评估方法，实际的质量成本会占到总收入的15%~25%。二者的差距为什么这么大呢？主要原因有两个：一是许多低质量引起的成本没有在会计系统中得到反映。例如，当生产流程中出现许多有缺陷的零件时，不但会带来废品与返工的人工和材料成本，同时还会导致整件产品加工周期变长，库存费用加大；低劣的质量也会引起顾客满意度下降而导致顾客流失；低质量的产品需要耗费原本可以投资到其他方面创造更大收益的资金，但这些额外增加的时间、库存成本和机会成本却没有在会计系统中得到反映。二是传统的质量成本理论忽视了昂贵且可以避免的无效率行为。企业为了防止出现有缺陷的产品出厂，需要耗费时间、劳动、资金、设备、管理费用和原材料进行检查、分析和修复缺陷。事实上，如果残次概率降得很低(如 6σ)，甚至难得一遇，再专门“供养”一个检查和纠正缺陷的系统就没有必要。因此，Harry 博士将这些为纠正偏差而建立的特殊系统和流程称为“隐藏工厂”。这些流程占用了多余的资源，使得质量成本大幅度提高，却没有体现为会计成本。

例如，一个公司通过铸模流程生产塑料杯，同样的模子可以生产 10 个塑料杯。一个典型的塑料铸模流程包括：把塑料球倒入中空的模子，通过改变压力和温度使杯子成型，再用刀片修正四周边缘的多余塑料。流程进行完毕，操作员发现 10 个杯子中有 5 个残次品。他把 5 个残次品放入切碎机，以能重新加以利用。然后把 5 个好杯子拿去检验。检验结果是合格率达到 100%，不合格的杯子在报告上没有记录，因为它重新循环到流程中用来制造产品，原材料没有任何浪费。但是毫无疑问，原本能生产 10 个好杯子的时间、设备和人工只生产了 5 个，回收另外 5 个坏杯子又要占用时间、设备和人力。这些被白白浪费的资源就构成了一个“隐藏工厂”。

又例如，有一个生产过程，在 S_2、S_5、S_7 设置质量检验点，如图 10.1 所示。在最终检验处，经检验发现 5 个产品不合格。因此，按传统分析和计算方法得到的最终合格率为 $Y_1=p=95\%$。如果计算各个过程的合格率，则为：

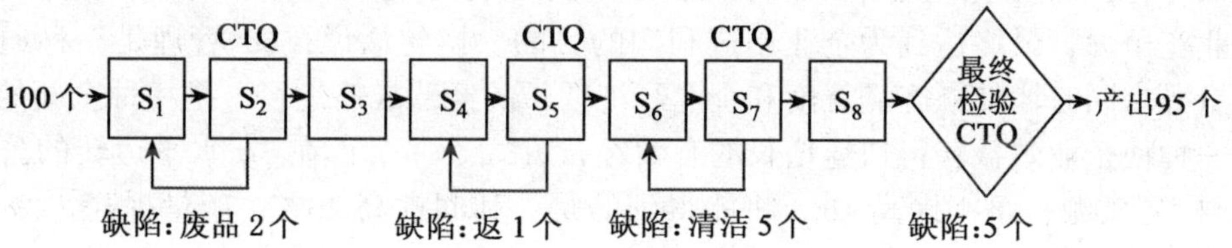

图 10.1　一个生产过程的流程图

$$Y_2=1-\frac{2}{100}=98\% \quad Y_5=1-\frac{1}{100}=99\% \quad Y_7=1-\frac{5}{100}=95\%$$

则整个生产过程的合格率为：$Y_2\times Y_5\times Y_7=0.98\times0.99\times0.95=87.6\%$。

所以，传统的合格率计算不是针对过程缺陷而是针对最终结果的，对于 S_2、S_5、S_7 这三个过程中发现缺陷并进行返修的活动没有考虑。而这些活动却耗费了人力、设备和时间成本。整个生产过程的合格率有效地揭示了“隐藏工厂”的存在。

因此，如果提高了 σ 水平，就能消除“隐藏工厂”所带来的成本，这就是 6σ 管理的本质所在。表 10.1 列出了在不同 σ 水平下的质量成本。

表 10.1　**不同 σ 水平下的质量成本**

σ 水平	缺陷率(PPM)	质量成本
2	308537(无竞争力公司)	不适用
3	66807	销售收入的 25%~40%
4	6210(行业平均水平)	销售收入的 15%~25%
5	233	销售收入的 5%~15%
6	3.4	销售收入的 1%
每一次 σ 变化使净收入增加 10%		

(三)6σ 的核心思想及其实施意义

可见，如果企业能够在设计和生产过程中就减少产品出现缺陷的概率，就意味着那些原来需要耗费大量资源的“隐藏流程和控制系统”可以逐渐被消除，从而极大地节约了有关费用，并缩短了产品生产周期。而这样的结果是大幅度提高了产品质量，使交货变得更为快速和准时，价格也能降低。从顾客角度看，按照经济学理论，价值=质量/价格。高质量和低价格的产品为顾客创造了价值。同时，由于缺陷率很低，还可以免除顾客进行维修和退货所花费的时间成本，准时交货还消除了顾客的等待时间。因此，质量高的产品无疑能够提高顾客的满意度和忠诚度，增加企业的市场份额和利润。

由以上分析可知 6σ 管理的核心思想是，通过运用各种统计技术对产品设计和生产流程进行严格控制，逐步消除那些无价值的返工、检查和修复流程，从而降低成本，提高质量，降低库存，缩短生产周期和加快产品或服务开发，并增加市场占有率，提升顾客满意度和企业竞争力，最终达到为企业创造利润的目的。换句话说，6σ 管理是一种通过提高过程质量寻求同时增加顾客满意度和企业经济增长的经营战略途径，是一种全新的质量战略，是一种使企业效益获得快速增长的有效经营方式。一个正在 3σ 水平运转的公司如果围绕 6σ 配置资源，每年提高 1σ，将能得到的是：利润提高 20%；产量提高 12%~18%；雇员精简 12%；资产增加10%~30%。

通用电气公司前任总裁杰克·韦尔奇说，“6σ 是 GE 从来没有经历过的最重要的发展战略”。他把 6σ 定为 GE 的三大发展战略之一。GE 公司从 1995 年末开始推行 6σ 以来，1997 年节约的成本收益为 3 亿美元，1998 年为 7.5 亿美元，1999 年达到 15 亿美元，利润率从 1995 年的 13.6%提高到 1998 年的 16.7%，市值突破 30000 亿美元。联合信号公司从 1994 年开始推行 6σ，收益累计超过 20 亿美元，1999 年利润率超过 14%，成为市值增长最快的企业。

当然，许多公司也可能存在这样的疑问，当它们提高了 σ 标准之后，后续的项目是否会和早先的项目一样有利可图。因为大部分公司是以 3σ 为起点，所以每个参加 6σ 战略的员工实际上都对公司产生了平均不低于 23 万美元的回报。这种情况延续到 4.7σ 水准。在此之后，成本不再有显著节约。但是，6σ 的影响远不止迅速提高企业的当前利润，事实上节约下来的成本和增加的销售利润可以使公司创造出更具特色、功能更强的产品或服务，并最终导致市场份额扩大，超过其竞争对手，从而进一步提高了企业竞争力。

(四)6σ的应用领域

6σ 管理是面向流程的质量突破模式。所谓流程，是指单个或一组行动，先获取输入，使之增值，再向内部或外部用户提供输出。它分为生产流程(依靠机器对原材料进行物理加工，并把最终产品交付给用户)和交易流程(为生产流程提供支持的服务性流程，如定购原材料、整理工资单和处理客户订单等)。在航空公司、会计师事务所、快餐店等服务行业，主要依靠交易流程获利，而生产型企业利润的产生同时要依靠生产流程和交易流程。公司所从事的活动都包括一个流程，不管规模大小，每天都在利用成千上万个流程创造产品和提供服务。因此，要提高产品或服务质量，使顾客满意，最终要落实到制造产品和提供服务流程的质量改进上来。传统的质量管理方法注重于生产现场和与流程无关的个别环节。而 6σ 关注的是一个流程中所有环节的全面改进，如此效果的产生更加迅速有力并且持续。6σ 的真正焦点在于建立一套系统化的指导方针，通过对信息的吸收、同化和重组来降低流程中的偏差，减少流程中耗费资源的不必要环节，提高最终产品或服务的质量并节约成本。

6σ 聚焦于流程的观点使其不但能够用于制造业，而且也能够应用于服务业。事实上，凡是与提供产品和服务的所有有关流程环节，都在 6σ 的改进范围。有一些公司拥有高质量的产品，然而由于服务质量低劣而导致客户流失。按照摩托罗拉前任 CEO Robert W. Galvin 的说法，摩托罗拉在工业领域花费大力气实施 6σ，却忽略了商业领域，这使摩托罗拉公司在 4 年内损失了 50 亿美元。因此，通用电气、联合信号和索尼等公司开始意识到这个问题，逐渐将 6σ 战略应用到开发票、客户服务、订单处理等交易流程上，用于提高服务质量。通用电气还率先在其资本服务事业部所辖的 28 个独立服务型单位推行 6σ。其结果是，通用电气的有轨电车出租业务减少了 62%的周转时间，业务处理速度比最接近的竞争对手还快 2~3 倍，商业融资公司交易数量增加了 160%。资本服务事业部把 6σ 当作本部门成为世界最佳金融服务机构的必要条件。1998 年，它的净收入有 3 亿多美元来自 6σ 改进行动，并一举赢得专门颁发给服务企业的“RIT/今日美国质量杯”，该奖所垂青的是那些令顾客满意，在系统或流程取得重大质量进步的企业。

二、6σ 战略及其实施阶段

(一)6σ 战略概述

Harry 博士指出，“6σ 是翡翠城，6σ 战略是指引我们的黄金路”。如果要在某个流程、部门或公司实现 6σ，就必须实施 6σ 质量战略。6σ 战略是通过严格的数据收集和统计分析对流程进行评估，找到错误的准确来源并消除错误的一个追求质量持续改进的循环过程。它有四个核心阶段，即测量(measure)、分析(analysis)、改进(improve)和控制(control)阶段。6σ 战略的运用方法是：先选定一个待改进的项目，组织项目团队对这个项目按照 MAIC 分步进行，直到项目流程缺陷被纠正。MAIC 是 6σ 战略的基本步骤，主要用于对现有流程进行改善。除了 MAIC 外，6σ 战略还有四种逻辑步骤：(1)DMAIC (define, measurement, analysis, improvement, control)，应用于改进现有系统或流程的变革；(2) DMADV (define, measurement, analysis, design, validation)，打破现有系统的变革；(3) DEOVI (define, evaluate, optimize, validate, incorporate)，以最有效的方式在第一时间内达成目标的作业方式；(4) DFSS (design for six sigma)，以 6σ 为目标设计流程或产品。

6σ 战略可以运用在企业各个层次的运作上。几乎所有的企业都可以分为三个层次：经营层级(最高级别)、业务层级(事业部)和基层流程级。经营级管理人员应用 6σ 战略增加市场份额，提高利润，确保公司能长期生存，但四个步骤完整实施可能要花费 3~5 年；业务级经理应用 6σ 增加产量，抑制潜在的竞争对手，降低劳动力和材料成本，整个 MAIC 过程完整实施可能需要 12~18 个月时间；在流程级，"黑带"利用 MAIC 减少缺陷和波动，在与经营或业务级目标保持一致的基础上改进流程运作能力，达到迅速增加利润和提高顾客满意度的目的，项目完成平均需要 2~3 个月。因此，上到经营级管理人员，下至流程级的"黑带"，虽然实施的方式、时间和速度不同，但都可以应用 MAIC 进行运作流程改进，但三者的目标必须协调一致，共同致力于达到企业的整体战略目标。

(二) 6σ 战略的四个阶段

1. 测量阶段

在这个阶段主要进行过程的描述和测量。首先将各个过程文件化、图示化，收集有关数据，测量短期和长期过程能力，将测量结果记录在过程控制卡上，以达到识别产品特性和过程参数，了解过程并测量其性能的目的，并使 6σ 管理从开始就对过程现状有一个准确的评估。

(1) 过程的描述与分析。利用过程流程图可说明产品(服务)形成的全过程。为了说明过程所有可能的波动和偏差，应把所有人力资源、文件、程序方法、设备、零部件和测量仪器都包括在过程的说明中。过程流程图应使用标准或公认的图形符号(或语言)及结构来绘制。图 10.2 给出了一个企业"提供某项电讯服务"的过程流程图。过程描述后，可以对过程循环进行分析。分析的结果包括：过程之间的关系、是否有多余的环节和问题的发生点等。

(2) 识别顾客需求质量。通过调查，识别顾客需求，了解顾客的质量需求，尤其是关键顾客需求。因为过程所提供的产品或服务特性(感知质量)如果不能满足顾客的需求将直接影响顾客的满意度。

(3) 确定关键产品的特性和过程参数。这是提高质量、降低成本的一个重要步骤，在新产品和过程中存在众多重要的并且需要加以控制的性能(或标准)。然而对于那些影响产品的安全、国家法规、装配产品功能或制造和服务部门产品质量的关键产品，其特性(KPC)和关键过程参数(KCC)需要特别的控制。对于 KPC 和 KCC 的识别，应在设计开发过程中标志关键产品特性(KPC)，规划控制系统和过程参数(KCC)，在检验和产品确认时保持关键产品性能 KPC。

(4) 测量过程能力。过程能力指数用于反映过程是否处于正常状态，通过计算过程能

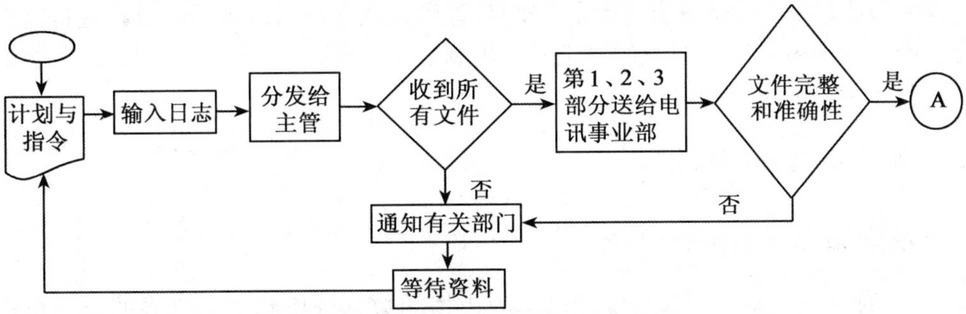

图10.2　电讯服务流程图示例

力指数能够知晓过程质量和产品缺陷率。

2. 分析阶段

这个阶段需要对测量阶段中得到的数据进行收集和分析，将主要产品性能与基准值相比较，应用方差分析、直方图等工具找出波动源，提出并验证波动源与质量结果之间因果关系的假设。在因果关系明确之后，确定影响过程业绩的决定因素，这些决定因素将成为改进阶段关注的重点。这一阶段应完成的主要任务是把握需要改进的问题，并找出改进的切入点，即绩效的决定因素。这一阶段的主要工作包括：

(1)收集并分析数据。制订数据收集计划，包括数据收集的地点、具体收集方法、数据收集的人员等，在收集数据时，应对数据进行审核，以确保收集过程能遵循所规定的程序，并没有偏误。此时可应用实时的数据系统，记录并保存测量到的数据，也可应用数据收集单、数据检验单等形式收集数据。这些数据单在企业中已得到广泛的应用。针对收集到的数据要利用一定的工具进行处理，以便更清晰和直观地分析数据，找出数据变化的趋势，常用的工具有坐标图、直方图等。

(2)分析导致波动的影响因素。掌握了数据(特性)的偏差状态之后，要对其有所改进，首先要了解哪些因素会造成其波动，即哪些因素是这一特性的波动源。影响特性值的因素会有很多，此时可用头脑风暴法、因果图、散布图、关联图等找出所有的相关因素。

(3)确定过程业绩的决定因素。找出影响因素和因果关系后，还要确定哪些是“关键的少数”因素。解决问题时应该把握重点方向，也就是说要集中力量改进那些能够产生明显效果的因素，相关工具有排列图等。

3. 改进阶段

选择必须改进的因素，用实验设计(DOE)方法或田口方法对因子参数进行优化，确定影响因素的最佳参数，以减少主要的变异来源。

实验设计法由英国学者 R. A. Fisher 于 1920 年首创。20 世纪 50 年代，田口玄一博士发展了英美的实验设计法，创立了用“正交表”来安排实验和分析结果，即所谓的“正交实验设计”。正交实验设计法是一种多因素的选优法，它利用一种规格化的表——正交表，科学地选择实验条件，合理分析实验结果。这种方法的优点是：能在很多的实验条件中，选出代表性强的少数条件，通过这少数几次实验，选取最佳设计方案。

4. 控制阶段

过程参数改进后，需要采用控制图等统计过程控制技术对改进后的过程进行监控，保持新的水准，并通过系统和组织的修正使改进制度化。经过一段时间，如果出现新的变化因素，过程能力需要重新测量。

三、如何推行 6σ 战略

（一）推动 6σ 战略的四个“车轮”

6σ 管理的关键是通过一套以统计科学为依据的数据分析和建立恰当的组织结构，聚焦于成本、流程、客户交货等问题，通过 6σ 战略消除生产或服务过程中存在的缺陷，并最终对整个系统进行改进，获得长期和更高的收益率。为了保证 6σ 战略的顺利推行，实施 6σ 管理的企业需要领导者推动、统计技术、组织结构和企业文化四个要素的保证。

1. 领导者推动

企业的任何改革都需要最高层领导的大力支持。推行 6σ，首先要说服领导，使其在实施的全过程给予资源支持，6σ 才有成功的可能。通用电气的成功应大部分归功于韦尔奇的全力推动。为此，首先要对领导开展 6σ 短期培训，目的不是让领导们掌握 6σ 的理论与方法，而是让他们明白 6σ 能带给企业的好处以及企业推行 6σ 的必要性。

2. 统计技术

从 MAIC 各步骤可以看出，统计技术在 6σ 管理中起着非常重要的作用。要实施 6σ 管理，企业从领导层到基层员工都必须掌握必要的统计技术和工具，这些技术主要包括：

(1)度量技术，包括百万机会缺陷数(defect per million opportunities，DPMO)的计算方法，过程能力分析技术(包括长期和短期过程能力分析)。

(2)基本技术，如新老七种质量改进的工具等。

(3)高级技术，包括 SPC(度量、分析、改进和监控过程的波动)、DOE(改进过程设计、使过程能力达到最优水平)、田口方法和优化设计技术(改进产品设计)、FMEA(风险分析技术、辅助确定改进项目、制定改进目标)、QFD(顾客需求分析技术、辅助将顾客需求正确地转换为内部工作要求)和防错技术(从根本上防止错误发生的方法)等。

3. 组织结构

6σ 管理不仅仅是统计技术的运用，它的顺利实施需要组织的保证，以保障各级组织和全体人员都能够参与到项目的执行中来。在 6σ 管理启动、部署和实施过程中，要求安排以下角色分别担当各个层次的管理职责，这些角色构成了 6σ 的实施组织框架。

(1)首席执行官(CEO)。一个成功的企业是由领导的理念和价值观驱动的。作为 6σ 理念的驱动者，首席执行官必须使这种理念深入员工的心里，并保证员工具有足够的自由去开拓新思路，以对权利和资源进行决策，最终使员工百分之百地支持这种理念。

(2)倡导者(champion)，即企业高层管理者中负责 6σ 实施的管理者。其负责部署 6σ 实施和全部支援工作，负责确定或选择 6σ 项目，跟踪或监督 6σ 的进展。倡导者分为应用倡导者和计划倡导者两类：应用倡导者在战略层次上主管 6σ 的成功实施，通常可由执行副总担任；计划倡导者监督黑带，在项目水平上关注 6σ。每个部门或生产地只有一个

倡导者。

(3)大黑带(master black belt)，即被倡导者选中在组织中执行和传播 6σ 策略知识的专家，总负责 6σ 的实施技术，协助倡导者选择项目和培训，制定实施计划和时间框架表，向黑带提供 6σ 高级技术工具的支援，负责动员、协调和沟通工作。每 30 个黑带需要一个大黑带。

(4)黑带(black belt)。黑带来自企业的各个部门，经过 6σ 管理过程和工具的全面培训，在大黑带带领下把 6σ 战略的工具和知识运用到具体项目中，对绿带提供培训和指导。专职黑带任期 2 年，1 个黑带每年完成 5~7 个项目，节约成本约 100 万，并要训练 100 名绿带。每 100 个员工需要一名黑带。

(5)绿带(green belt)。绿带是经过培训，在自己的岗位上参与 6σ 项目的人员。绿带的责任较小，主要精力放在与他们日常工作相关的项目上。每 20 名员工需要一个绿带。

在上述五个角色中，黑带拥有全面的 6σ 知识和技能，负责 6σ 方法和理论在整个公司内的传播，应用 6σ 战略使项目达到 6σ 水平。倡导者关心的是做什么，而黑带则负责如何去做，一个优秀的黑带通过每年连续完成 4~6 个项目(大概每 2~3 个月一个项目)的速度，在直接成本费用和产品改善方面为净收益至少增加 60 万美元，最好的达 100 万美元。因此，黑带是 6σ 成功的最关键角色。实施 6σ 战略的企业应尽可能进行“黑带补偿”，留住黑带。对于黑带，可以确定一个标准薪水并每年给予一定数量的股权。对于那些依靠黑带项目团队才能取得项目成功的公司，还可以允许项目节约成本的 20%在团队成员中分配。倡导者不需要专职负责项目计划，但必须投入必要的时间和精力，以确保计划执行的成功；大黑带和黑带为专职，并要在岗位上任职至少两年；6σ 项目只是绿带的一部分工作，绿带岗位可以是专职也可以是业余，通常不需要像黑带那样把全部时间投入到 6σ 项目。

4. 企业文化

杰克·韦尔奇认为，只有在一个新理念被明确定义后，企业才能变革。也就是说，为了实现企业的某种目标的变革，企业全体员工必须形成符合这种目标的共同观念、价值取向和行为准则。Harry 博士指出，那些企业变革失败的主要原因是让变革基于既定的企业文化，甚至对变革进行改造来适应文化，而不是改造文化适应变革。霍德盖茨先生在总结美国波多里奇奖获奖企业的 20 条经验教训后也给出了类似的结论：(1)当战略与文化发生冲突时，文化恒胜；(2)当企业文化与变革的精神不相容时，变革的努力将遭到失败。因此，实施 6σ 的企业，首要任务是在企业最高层管理者心目中形成强烈的推行 6σ 并取得成功的愿望。实际上，任何改革如果企业领导没有足够的理解和追求都是不可能成功的。在此基础上，管理者应建立起合适的激励和沟通机制，通过不断的宣传，使员工理解 6σ，并将 6σ 的成功与员工的切身利益结合起来，瓦解员工的变革抗拒心理，最终建立起实施 6σ 变革所必须的企业文化。欧美一些世界级公司的经验为 6σ 企业文化的建立提供了有益的借鉴。ABB 首席执行官 Percy Barnevik 认为，“人类都受到习惯、传统和后视镜的驱策。如果你想改变倾向，不是通过威逼，也不是通过利诱，而是要利用类似的场景把未来的成功描绘出来。”为了不让原有的企业文化阻碍 GE 的 6σ 实施，韦尔奇的做法是：(1)鼓励员工批评 GE 的工作方式并保证不对他们的职业产生不利影响；(2)授权员工；

(3)员工被鼓励找出问题并提出解决方法，哪位经理要是干扰他们的工作就将被清理出公司；(4)要求员工工作时讲究技巧，而不是苦干；(5)如果谁要晋升高级经理的话，就必须接受黑带或绿带培训。

(二)实施6σ战略的基本步骤

6σ的实施是一个需要较长时间的系统工程，而不是一件能够一蹴而就的事情。它需要企业做好文化、组织、人力资源、操作技能、信息系统等多方面的一系列准备，需要长期的努力，才可能收到预期的效果。推行6σ，大致可以分为三个层次：管理层面、计划层面和具体实施层面。

第一，6σ管理。6σ并非只是统计学上一个与质量管理有关的名词，它涉及组织文化的改变，亦即组织变革。要推行6σ首先必须通过教育训练，改变组织内既有的思维模式，改善组织的操作能力，以获得企业的最佳绩效。MFSS的目的就是从根源做起，为企业提高绩效活动配置必要的资源，尤其是必需的人力资源，探讨有关6σ的创新、配置、激活与资源的综合运用，并支持PFSS以及DFSS所必需的报告系统和实施架构。6σ管理的成员由执行官、倡导者、大黑带、黑带和绿带组成，每一成员都有明确的职责。6σ管理的全面推行要求整个企业从上至下使用同样的6σ语言和采用同样的6σ工具。因此，要建立一支符合项目要求的6σ专业队伍，选择技术骨干，成立专门小组，并进行专业技术培训，保证6σ持续实施。

第二，6σ计划。6σ管理成功的关键是要求找出合适的有突破性的项目，也就是项目界定。项目界定是6σ管理的基础，也是6σ成功实施的前提。项目界定的目的是识别、评估和选择正确的项目。项目的信息有多种多样，来自不同渠道，包括来自顾客(内部和外部)的调查报告。在项目界定阶段，策略规划要根据自身的客观实情，深入体察顾客需求，广泛收集客观数据，并作必要的资金投入，同时要注意识别潜在的6σ项目。

第三，6σ过程。6σ管理不是简单地要求企业每百万产品不合格品少于3.4，而是一套增强企业核心竞争力，保持持续发展的理论和实施方法。在项目界定之后，企业需要依照MAIC过程实施6σ管理。

以上三个层次可具体分为七个步骤：

(1)高层培训。6σ的推动力来源于企业最高层领导的价值观和理念。只有先使企业领导人认识6σ对于企业的意义，了解推行的方法，才能保证6σ由上至下的顺利实施；也只有得到企业管理层的承诺，黑带项目的改进计划才能得以执行，并转化为财务上的收益率。因此，在推行6σ之前，企业高层领导应该接受6σ专职人员的培训，认识6σ的主要概念、工具和实施过程，知晓6σ在世界知名公司的实施状况和所取得的成果，了解6σ系统实施策略和成功的关键要素，树立通过6σ项目使公司业绩实现最大程度突破的信念。

(2)制订计划时间表。计划时间表由企业高层领导制定，用于规划6σ总体目标和各阶段的实施计划，也是6σ推行的纲领性指导文件。计划时间表制定后，就必须严格执行，以实现预期目标。例如，通用电气公司1996年初制定了6σ实施时间表，并且预估在5年内成为一家最有竞争力的6σ公司。以当时GE的质量状况而言，平均大约低于3.5σ，只比美国同业的质量平均水准高一点。因此，想要在2000年达到预定目标，意味着每年必须降低84%的失误率及缺陷率。这对任何一家企业而言，都是一个相当大的考验，就算是率先实施导入6σ的摩托罗拉，十年的努力也只不过才达到5.5σ。

(3)总经理动员会。宣布6σ系统在本公司实施的计划、日程安排及相关规定，对与会人员进行动员，激发他们对实施此系统的兴趣。

(4)成立6σ推行委员会。推行委员会可以从财务部、质量部、工程部、生产部等抽调有统计基础，接受和协调能力强的有关人员组成。该委员会负责统筹6σ系统的建立、推广、日常运作以及6σ方法工具和实施方面的培训，并在适当的时候协助供应商的6σ系统建立。

(5)执行人员培训。参加培训的人员为各部门初级以上的管理人员。培训目的是使各层管理人员掌握6σ知识、实施6σ的利益和程序、知晓国外企业6σ实施的状况。6σ推行的具体执行人员包括倡导者、大黑带、黑带、绿带和项目团队成员。由于这些人员在6σ的责任和任务不同，因此培训内容和时间也不尽相同。倡导者的训练时间要一个星期。大黑带必须有深厚的统计基础和教学、领导的特长，要求必须经过绿带、黑带训练，领有资格执照并有实践经验，表现优异。另外还需要指导至少10人获得黑带资格后，经过推行委员会倡导者评议通过，方可获得大黑带资格。大黑带必须专职工作至少两年的时间，所需要的课程训练时间至少两星期。黑带必须经过绿带的培训，有带领绿带从事改善工作的经验，且必须专职工作至少两年时间，通常课程训练时间约两星期。绿带利用业余时间参加培训，培训主要目的是希望这些绿带在被训练后，成为各部门6σ的种子教师，并将6σ实施的方法运用到日常作业中。每一位绿带至少要完成一个实施项目才能结束培训，通常课程训练时间约为两星期。倡导者、大黑带和黑带接受培训后，应该掌握6σ战略以及高级和基本的统计工具。绿带需要掌握基本的统计工具并协助黑带应用这些工具，解决6σ中的问题。除上述6σ领导阶层外，其他包括项目团队成员在内的所有公司员工都必须接受有关6σ知识、SPC和统计技术的基础培训。培训计划安排应结合具体项目进行，以使学习的课程能够立即应用到实践中并积累经验。

(6)建立6σ行动小组，实施6σ战略。在所需人员经培训后，根据经营需要和成功的可能性选择多个项目，指派一定数目的员工专门从事6σ工作，并组成不同的6σ行动小组。这些行动小组根据倡导者制定的执行计划，确定执行的场地和日期，在大黑带和黑带的率领下，通过MAIC等逻辑步骤实施项目的质量改进。

(7)绩效评定。实施6σ后，在各个阶段需要进行绩效评估，以得知执行的效果是否达到预期的目标。效果是不是真的达到了，不能仅凭经验或是高层主管的一句话就决定，而应该依据比较客观的评价标准来评断。根据GE公司推行6σ的经验，可以从客户满意度、质量成本、产品质量、流程质量、生产能力及财务结果等几个方面的衡量指标来进行考核。

(三)选择6σ黑带项目的方法和原则

无论是黑带培训还是6σ的全面推行，都需要选择具体的项目实施。因此，在6σ战略中，正确选择需要改进的项目显得非常重要。如果项目选得不好，不但不能够顺利实施，也无法取得预期效果，而且还会打击员工的士气，动摇对实施6σ的信心。

1. 6σ项目选择的方法

无论是在商业流程或者生产流程中选择项目，6σ项目必须和公司的最高战略相联系，并且直接支持特定的业务目标。这些项目必须得到管理层和实际操作层的同时认可，必须指派专人对项目承担直接责任，同时也必须有专人执行该项目。具体项目的选择有两种方法：

(1)自上而下。“自上而下”的方法是指首先认真考虑公司主要的业务问题和目标，然后指定一个最受这些问题困扰并关注该问题的高级管理者，由他粗略定义改善的目标，建立业绩评估指标，并且制定一个战略性改进计划。这个计划能在一定时期内实现，并具有明确的、可评估的目标。在此之后，一个导师领导的6σ团队开始确定流程和关键质量指标、实施流程基准、识别改善机会。

(2)自下而上。“自下而上”的方法就是由承担生产任务的生产管理者来选择项目，通常用于达到精简预算、解决特定质量问题或提高流程速度的目标。这些项目由于并不总是能和公司的战略目标配合得很默契，所以选中的项目被称为“幸运靶”。

“自上而下”的方法具有结构上、管理上的诉求，而“自下而上”的方法则可以保证公司在较低层面上的关键机遇不会流失，最佳的选择是二者的理性结合。

在项目选择和确定过程中，必须有高层领导的全力支持。因为一个单独的项目可能涉及多个业务单位，项目的执行往往要跨越组织的界限。例如，工厂A为工厂B提供原材料，当工厂B产生巨大的节约并极大推动收益增长时，工厂A却承受着年复一年的亏损。甚至在公司整体利润不断增长情况下，有些单位还会因为支持别的单位利润提高而遭受财务损失。因此，企业的最高层必须对这些做出贡献的单位预先进行鼓励，防止他们产生抵触情绪。

2. 项目评估的关键指标

成功的项目选择关键在于确定和改善业绩评估指标，这些指标能够衡量项目对于财务结果和客户满意度的影响程度。项目可以通过下列关键指标进行评估：

(1)DPMO，百万个单位某质量指标产生缺陷的机会总数。这个指标可以直接转化为σ值。例如，6210 DPMO意味着流程质量为4σ。

(2)净成本节约，可证实的固定或变动成本的节约。

(3)低质成本，首次生产未能达到100%质量所造成的损失。

(4)产量，特定时期内一个流程能够生产的产品单元的数量。

(5)生产周期，生产一件产品或服务的耗时。

(6)客户满意度，调查结果显示的客户对于某项产品或服务的满意程度。

(7)供应商质量，供应商提供的产品或服务的缺陷率。

上述指标如果某一项不能令人满意，则预示着现有流程需要改进，6σ项目可能就此产生。对于这些指标，企业应该建立基准，以能够揭示下面的问题：当前工作流程的状态；理论上该工作流程应该达到什么样的状态；流程有多大的改善空间；流程的改善能在多大程度上影响顾客满意度；有多少效果在成本上得以体现。

3. 区分 6σ 项目的优先次序

在上述关键指标衡量下，可能会有多个项目被要求实施。为此，需要基于以下两个原则进行项目的筛选：

(1)项目对于公司的价值。6σ 战略应该用于那些能够显著影响公司整体业绩和利润的项目。不能显著降低成本的项目不值得应用 6σ 方案。正如 Harry 博士所指出的，6σ 关心的不是计划三年或者未来某年的目标，而是现有阶段所能实现的财务目标，因此，项目选择应立足于当前能够带来多大效益。项目实施的价值体现在成本的节约、产品和服务的质量提高以及对客户的影响力增强上。

(2)项目执行的组织和技术可行性。执行 6σ 项目需要花费各方面的资源，包括配置适当数目的合格员工、设备升级等。这些成本只有通过项目实施带来的巨大利润收益和市场份额进行弥补。如果项目所需成本太高，得不偿失，就不能优先考虑。

根据联合信号公司的经验，在 6σ 实行初期，有许多项目是可以通过对流程稍加修改就能带来利润或是通过简单的工具就可以较为容易地改善流程，这些项目被称为“唾手可得的果实”。这些项目并不复杂，易于改进，并能立即带来好的效益。因此，在选择项目时，不要期望黑带立即解决公司长期存在的难以治愈的痼疾，应该由易到难，通过项目的实施逐渐积累经验，最终实现各环节的全面改进。

参 考 文 献

1. 约瑟夫·M. 朱兰，约瑟夫·A. 德费欧. 朱兰质量手册：通向卓越绩效的全面指南(第6版). 焦叔斌，苏强，杨坤，等，译. 北京：中国人民大学出版社，2017.
2. 约瑟夫·A. 德费欧，弗兰克·M. 格里纳. 朱兰质量管理与分析(翻译版·原书第6版). 苏秦，张鹏伟，等，译. 北京：机械工业出版社，2017.
3. 詹姆斯·R. 埃文斯，威廉·M. 林赛. 质量管理与卓越绩效(第11版). 中国质量协会，译. 北京：中国人民大学出版社，2021.
4. 詹姆斯·R. 埃文斯. 质量管理(第7版). 苏秦，刘威延，等，译. 北京：机械工业出版社，2020.
5. S. 托马斯·福斯特. 质量管理：整合供应链(第6版). 何桢，译. 北京：中国人民大学出版社，2018.
6. 克劳士比. 质量免费. 杨钢，林海，译. 太原：山西教育出版社，2011.
7. 石川馨. 质量管理入门. 刘灯宝，译. 北京：机械工业出版社，2016.
8. 托马斯·派兹德克. 六西格玛手册：绿带、黑带和各级经理完全指南. 王其荣，译. 北京：机械工业出版社，2018.
9. 陈国华，贝金兰. 质量管理(第3版). 北京：北京大学出版社，2018.
10. 邓富民，唐建民，梁学栋. 质量管理学. 北京：科学出版社，2021.
11. 孙磊. 供应商质量管理. 北京：机械工业出版社，2020.
12. 焦叔斌. 质量管理学. 北京：中国人民大学出版社，2018.
13. 韩福荣. 现代质量管理学(第4版). 北京：机械工业出版社，2018.
14. 龚益鸣，等. 质量管理学(第4版). 上海：复旦大学出版社，2020.
15. 张坚. 质量管理实战. 北京：人民邮电出版社，2021.
16. 胡铭. 质量管理学. 武汉：武汉大学出版社，2004.
17. 胡铭. 现代质量管理学. 武汉：武汉大学出版社，2010.
18. 胡铭. 现代质量管理前沿问题研究. 武汉：武汉出版社，2010.
19. 胡铭. 我国研究生教育质量需求与保证体系研究. 武汉：武汉大学出版社，2017.
20. 张智勇. 内审员实战通用教程(第2版). 北京：机械工业出版社，2018.
21. 茆诗松，周纪芗，周迎春，王亚平. 试验设计(第3版). 北京：中国统计出版社，2020.
22. 周纪芗，茆诗松. 质量管理统计方法(第2版). 北京：中国统计出版社，2011.
23. 刘广第. 质量管理学(第3版). 北京：清华大学出版社，2018.
24. 孙宗虎. 全过程质量管理流程设计与工作标准. 北京：人民邮电出版社，2020.

25. 全国质量专业技术人员职业资格考试办公室. 质量专业理论与实务：中级 . 北京：中国人事出版社，2014.
26. 全国质量专业技术人员职业资格考试办公室. 质量专业理论与实务：初级 . 北京：中国人事出版社，2014.
27. 张智勇. 质量管理体系五大工具(第 2 版). 北京：机械工业出版社，2017.
28. 苏秦. 质量管理 . 北京：中国人民大学出版社，2011.
29. 苏秦. 质量管理与可靠性(第 2 版). 北京：机械工业出版社，2013.
30. 陈荣秋，马士华. 生产运作管理(第 6 版). 北京：机械工业出版社，2022.
31. 刘通，曾庆辉. 服务管理认证指南(第 2 版). 哈尔滨：哈尔滨工业大学出版社，2021.
32. 洪生伟. 计量管理(第 7 版). 北京：中国质检出版社，2018.
33. 崔立新. 服务质量管理理论与技术. 北京：北京理工大学出版社，2020.
34. 洪涛. 质量分析与改进实验教程：基于 Minitab 和 Excel 软件 . 北京：中国质检出版社，2014.
35. 中国认证认可协会. 审核概论 . 北京：高等教育出版社，2022.
36. 中国认证认可协会. 管理体系认证基础 . 北京：高等教育出版社，2022.
37. 中国认证认可协会. 产品认证基础 . 北京：高等教育出版社，2022.
38. 中国认证认可协会. 质量管理方法与工具 . 北京：高等教育出版社，2022.
39. 张崇澧. 质量管理体系基础考试宝典 . 北京：机械工业出版社，2022.